鎖編み目《くさりあみめ》

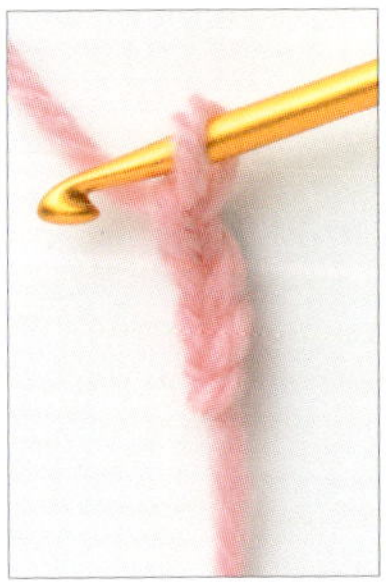

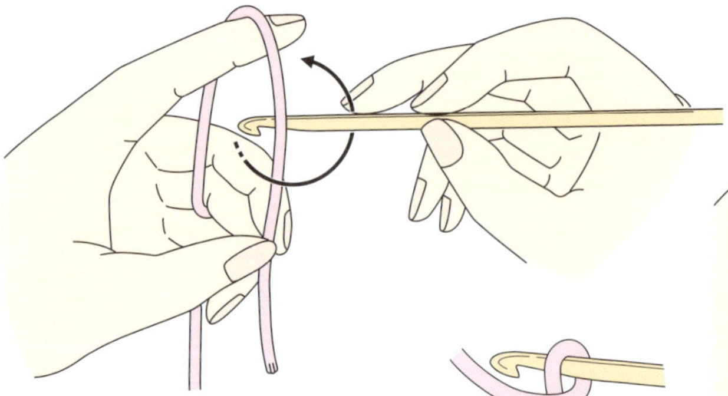

❶かぎ針を糸の向こう側にあてて一回転させます。

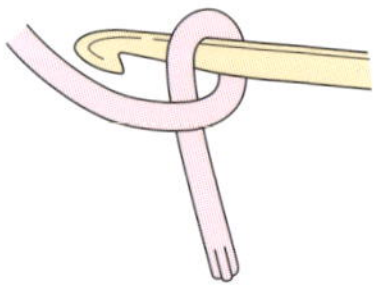

❷かぎ針に糸を巻きつけます。

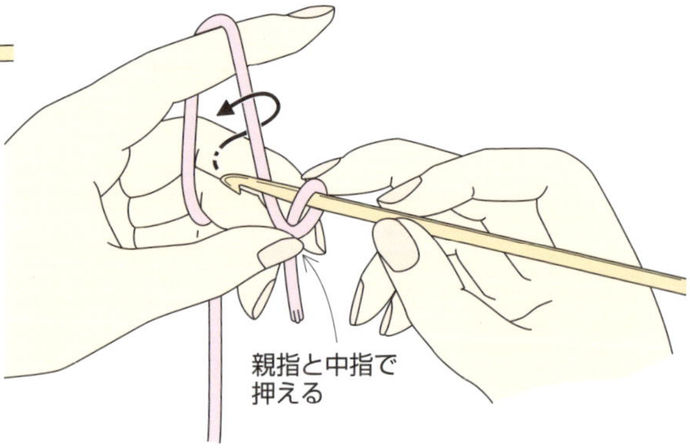

❸矢印のようにかぎ針を動かしてかぎ針に糸をかけます。

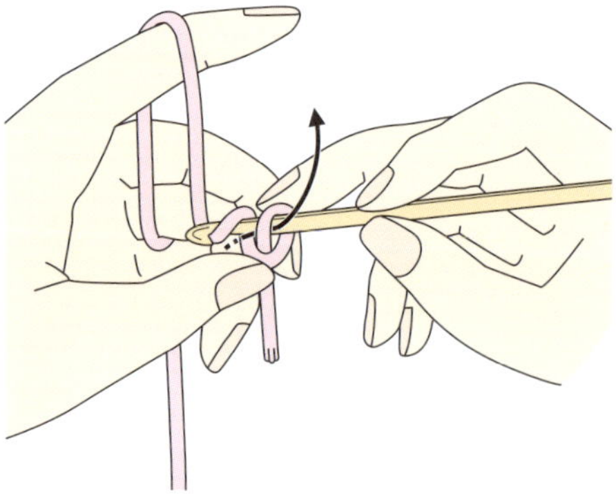

❹糸を引き出します。

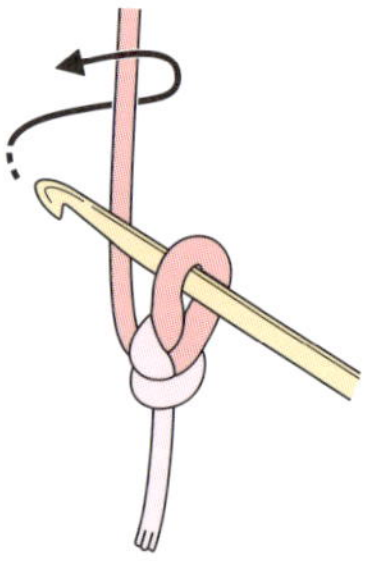

❺矢印のようにかぎ針を動かして、糸をかけます。

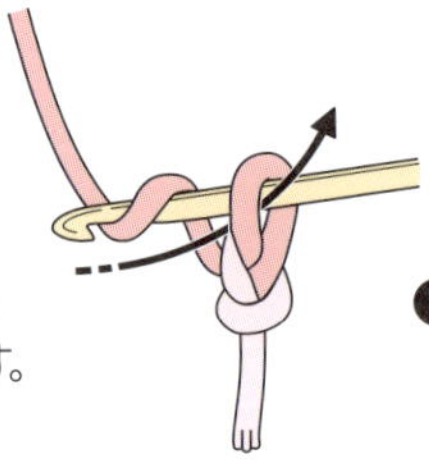

❻かぎ針にかかった目の中から糸を引き出すと、鎖１目が編めます。

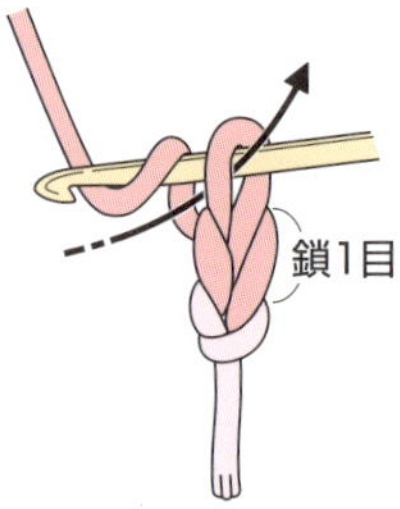

❼糸をかけて、かぎ針にかかった目の中から2目めの鎖編みを引き出します。

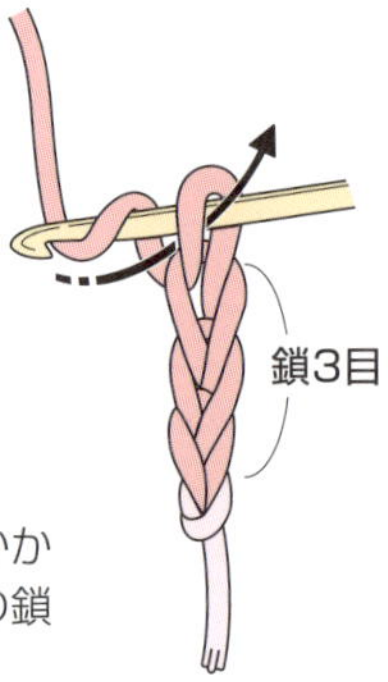

❽「糸をかけて引き出す」をくり返して編み進みます。

引き抜き編み目《ひきぬきあみめ》

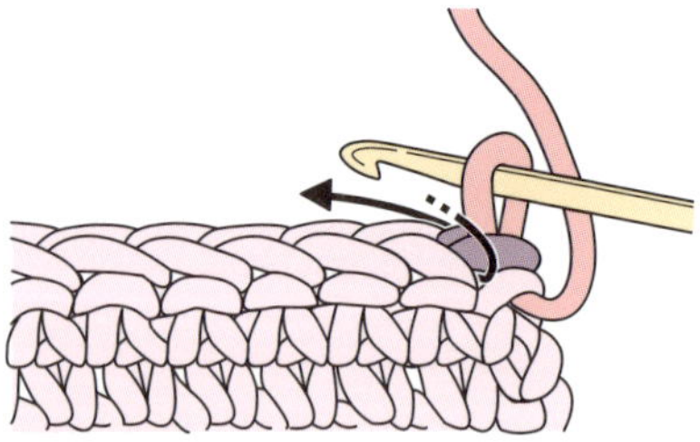

❶編む糸を向こう側において、矢印のように前段の編み目の頭鎖2本にかぎ針を入れます。

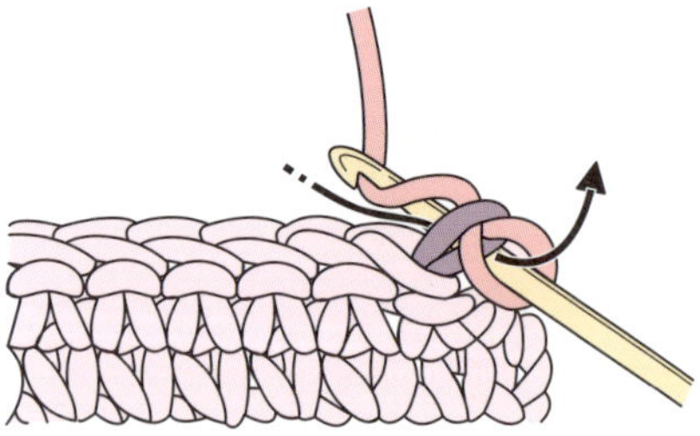

❷かぎ針に糸をかけて、矢印のように糸を引き抜きます。

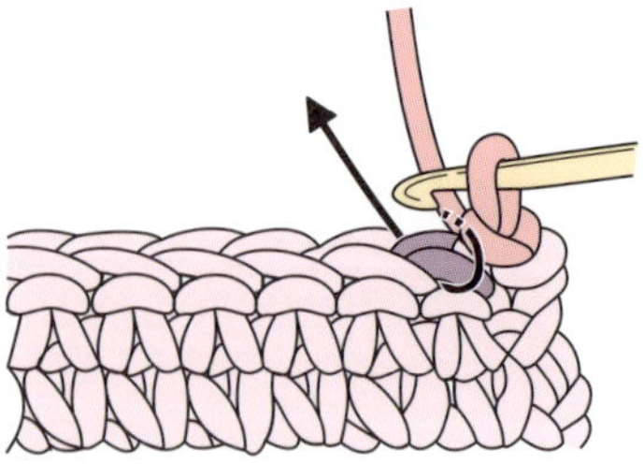

❸2目めも前段の編み目の頭鎖2本にかぎ針を入れ、糸をかけて糸を引き抜きます。

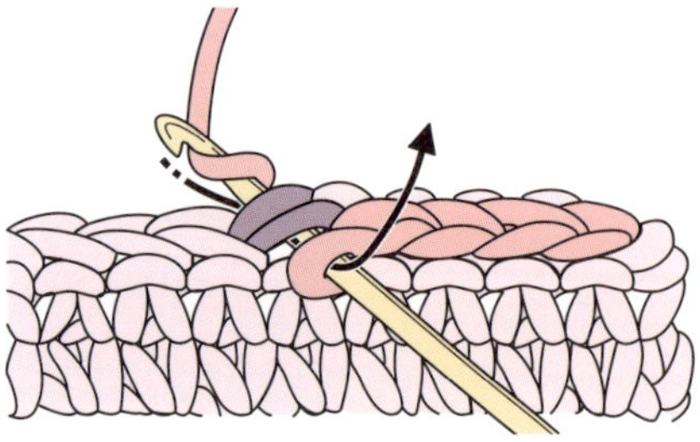

❹以降、前段の編み目の頭鎖2本にかぎ針を入れ、糸をかけて引き抜きます（つれやすいので、糸はゆるめに引き抜きましょう）。

●長編みの上に編む場合

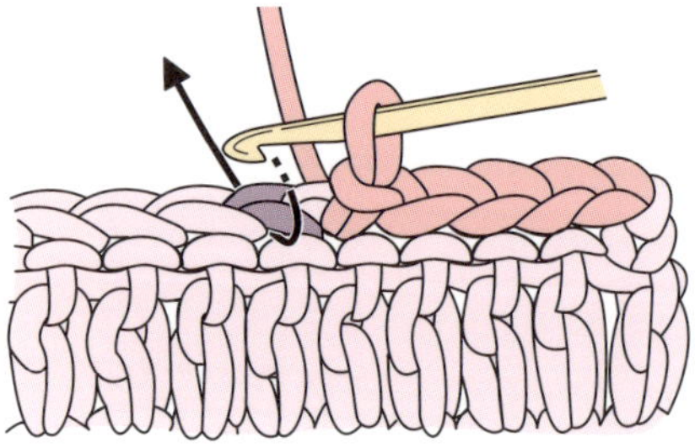

編み地の土台が長編みになっても、編み方は細編みと同じです。

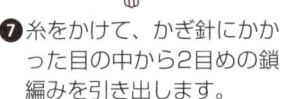

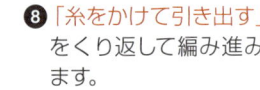

細編《こまあ》み目《め》

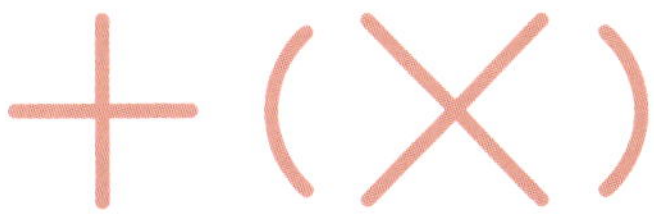

弊社の記号　　JIS記号

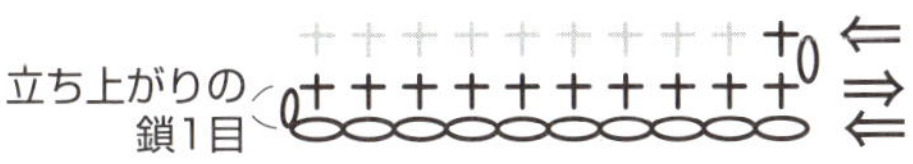
立ち上がりの
鎖1目

1段めの表側

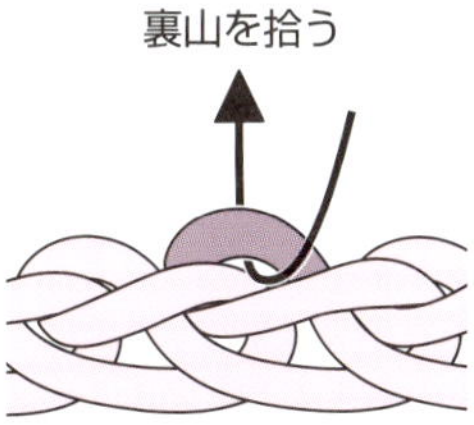
裏山を拾う

1段め

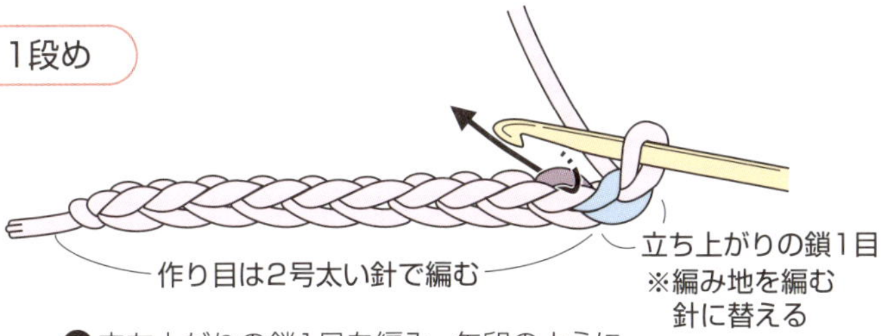
立ち上がりの鎖1目
※編み地を編む
針に替える
作り目は2号太い針で編む

❶立ち上がりの鎖1目を編み、矢印のように
鎖の裏山にかぎ針を入れます。

❷かぎ針に糸を向こうから手前にかけて、矢印の
ように鎖1目分の高さの糸を引き出します。

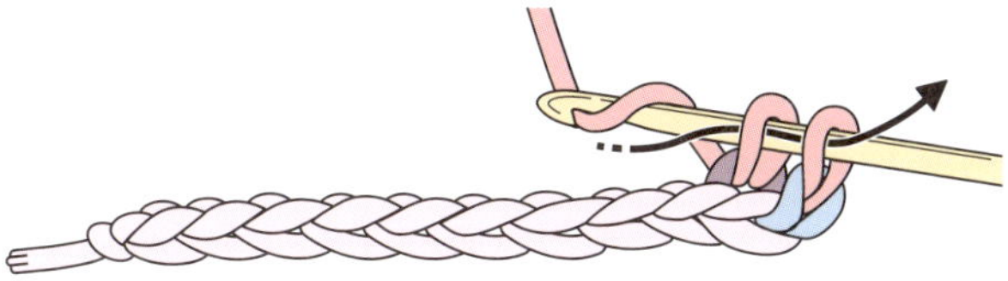

❸もう一度かぎ針に糸をかけて、かぎ針にかかって
いる2ループを一度に引き抜きます。

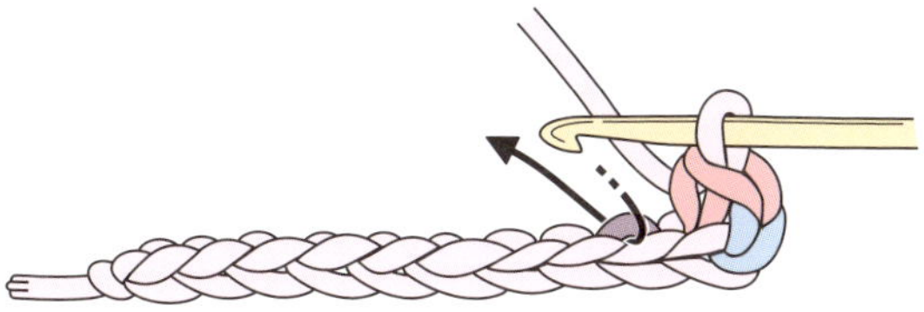

❹細編み目が編めました。①〜③をくり返します。

2段め

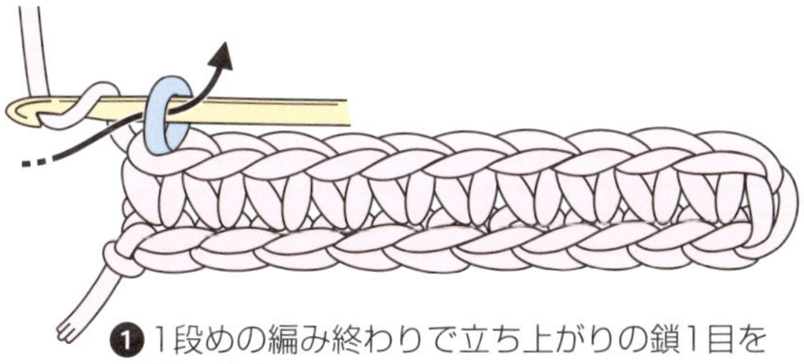

❶1段めの編み終わりで立ち上がりの鎖1目を
編みます。

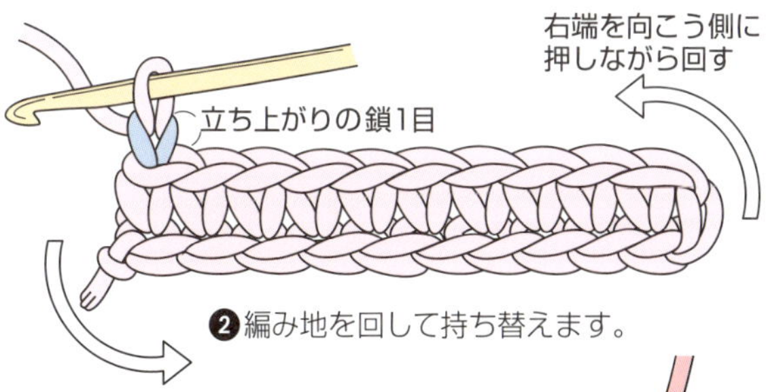
右端を向こう側に
押しながら回す
立ち上がりの鎖1目

❷編み地を回して持ち替えます。

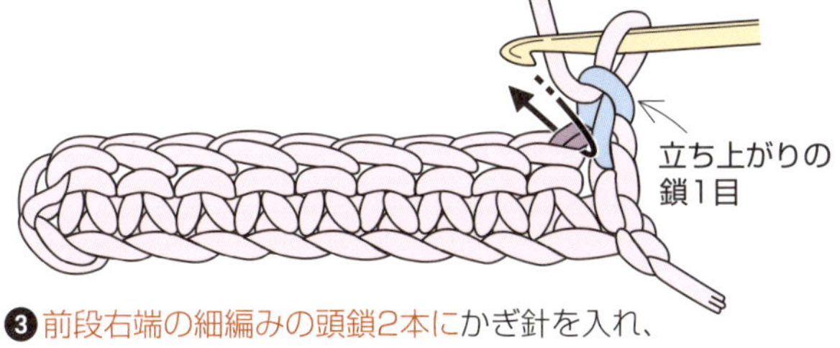
立ち上がりの
鎖1目

❸前段右端の細編みの頭鎖2本にかぎ針を入れ、

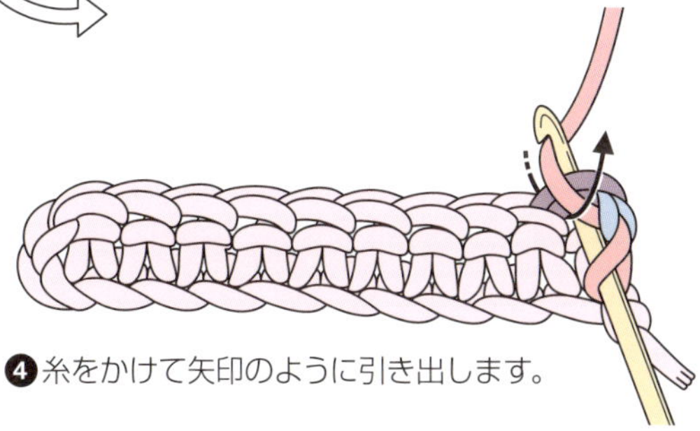

❹糸をかけて矢印のように引き出します。

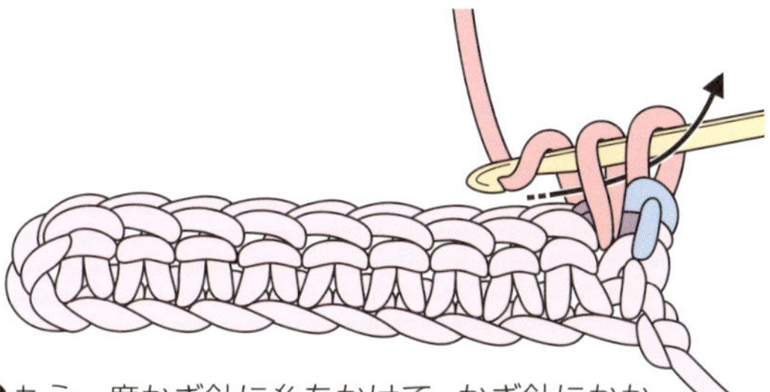

❺もう一度かぎ針に糸をかけて、かぎ針にかか
っている2ループを一度に引き抜きます。

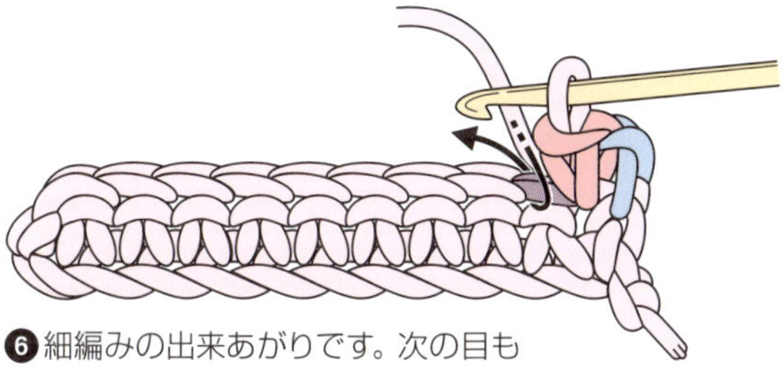

❻細編みの出来あがりです。次の目も
前段の頭鎖2本を拾って編みます。

中長編み目《ちゅうながあみめ》

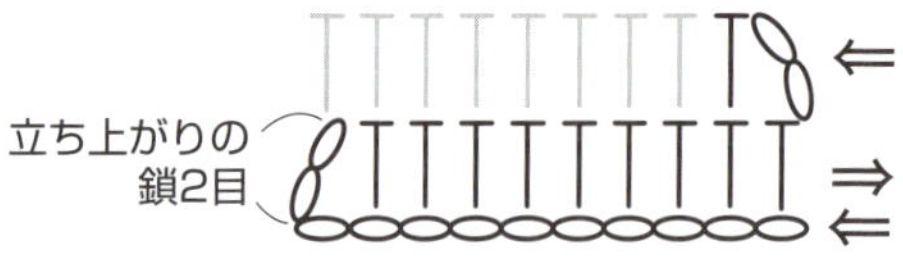
立ち上がりの
鎖2目

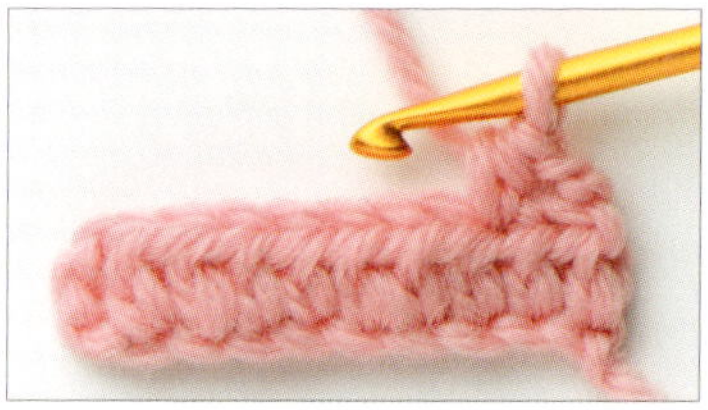

1段めの表側

1段め

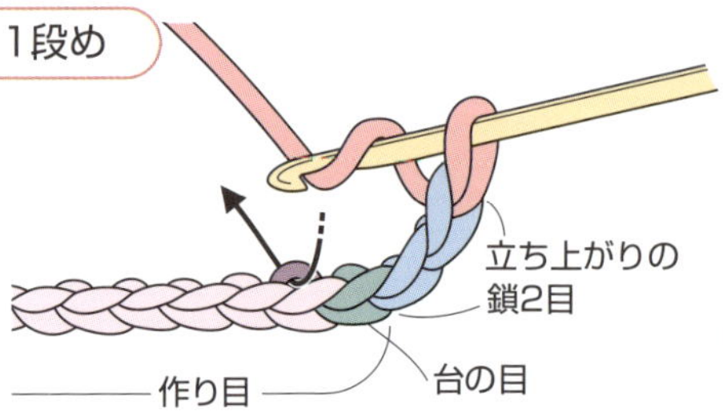
立ち上がりの
鎖2目
台の目
作り目

❶かぎ針に糸をかけて、かぎ針にかかっている次の目から4目めの鎖の裏山に矢印のようにかぎ針を入れます。

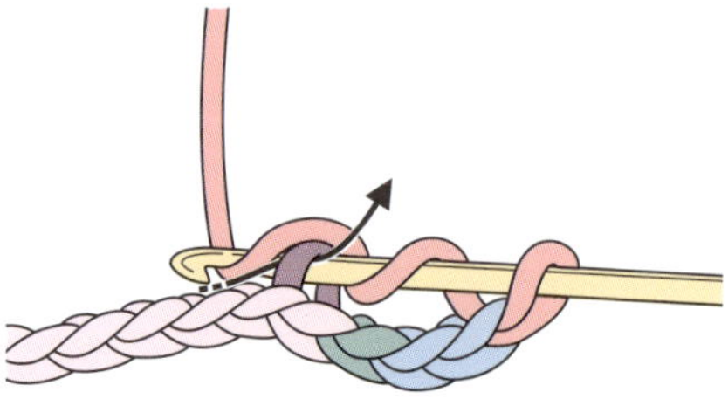

❷ かぎ針に糸をかけて、矢印のように

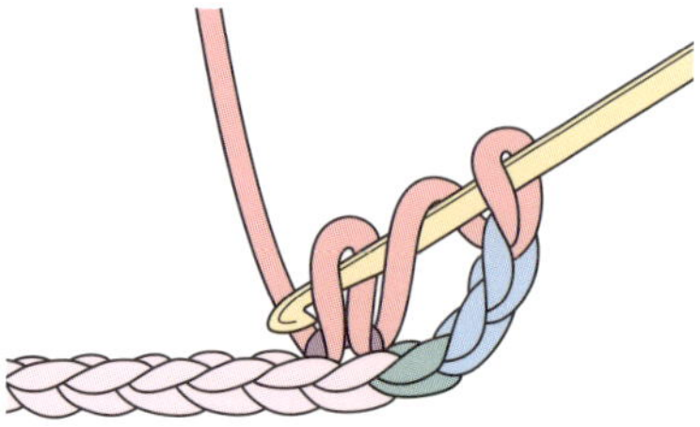

❸糸を鎖2目分の高さで引き出します。

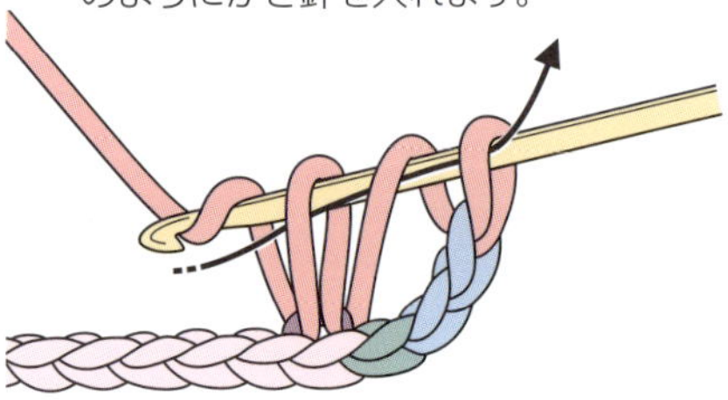

❹もう一度かぎ針に糸をかけて、矢印のようにかぎ針にかかっている3ループを一度に引き抜きます。

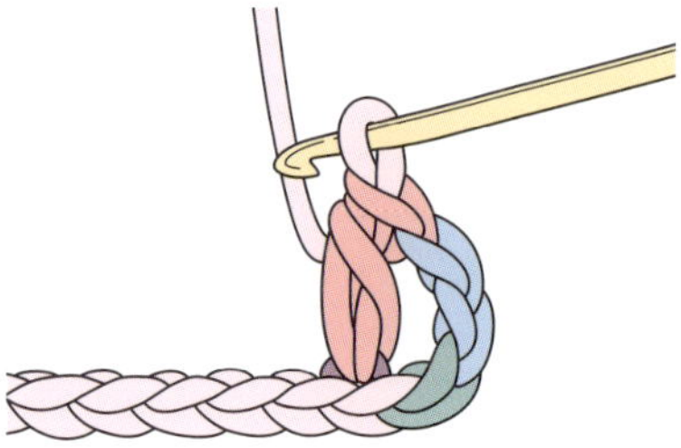

❺中長編み目が編めました。

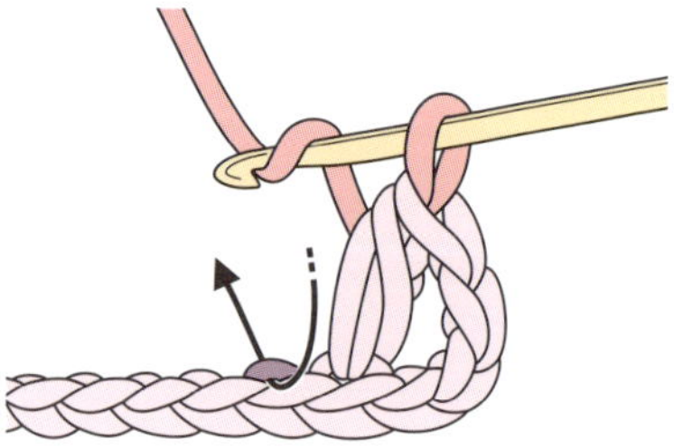

❻次の目もかぎ針に糸をかけて、鎖の裏山に矢印のようにかぎ針を入れます。

2段め

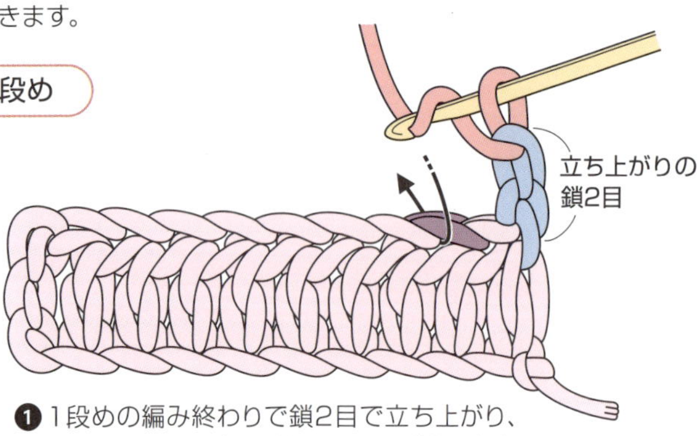
立ち上がりの
鎖2目

❶ 1段めの編み終わりで鎖2目で立ち上がり、編み地を回して持ち替えます。かぎ針に糸をかけて、前段の2目めの編み目の頭鎖2本に

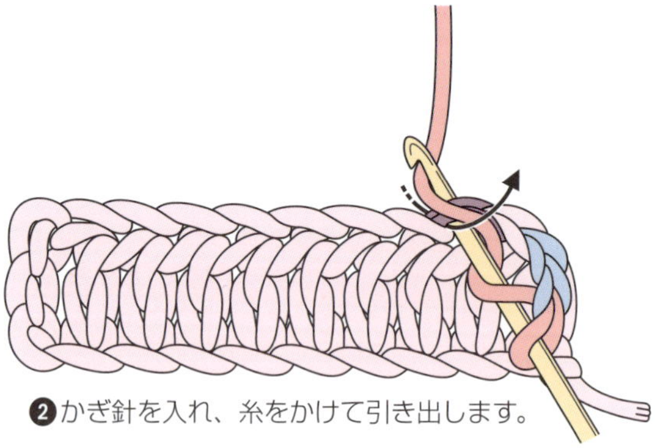

❷かぎ針を入れ、糸をかけて引き出します。

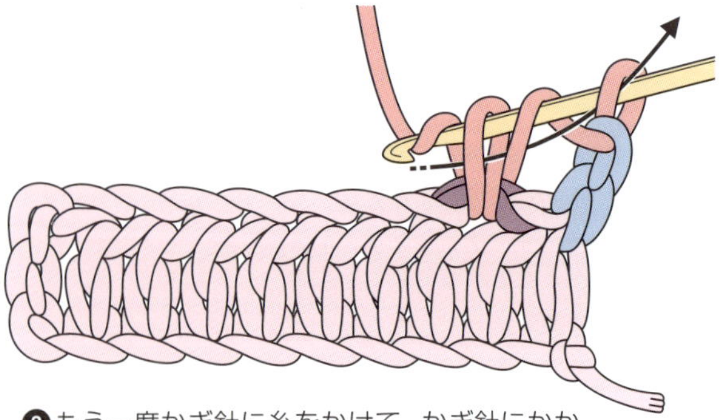

❸もう一度かぎ針に糸をかけて、かぎ針にかかっている3ループを一度に引き抜きます。

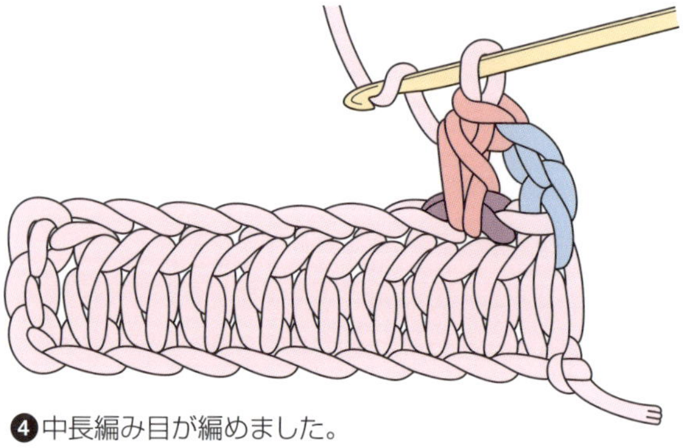

❹中長編み目が編めました。

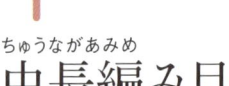

長編み目《ながあみめ》

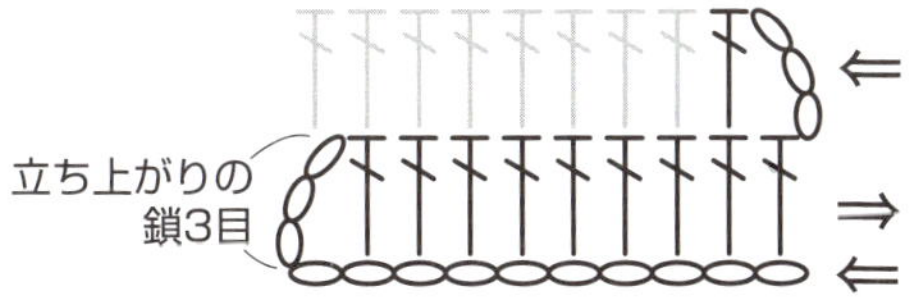
立ち上がりの
鎖3目

1段めの表側

1段め

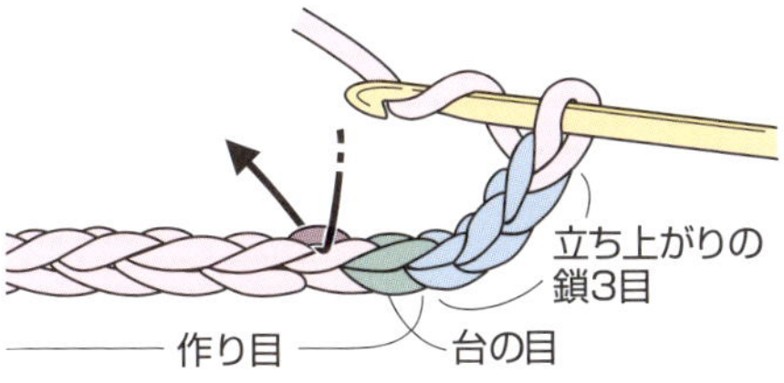
立ち上がりの
鎖3目
作り目
台の目

❶かぎ針に糸をかけて、かぎ針にかかっている次の目から5目めの鎖の裏山に矢印のようにかぎ針を入れます。

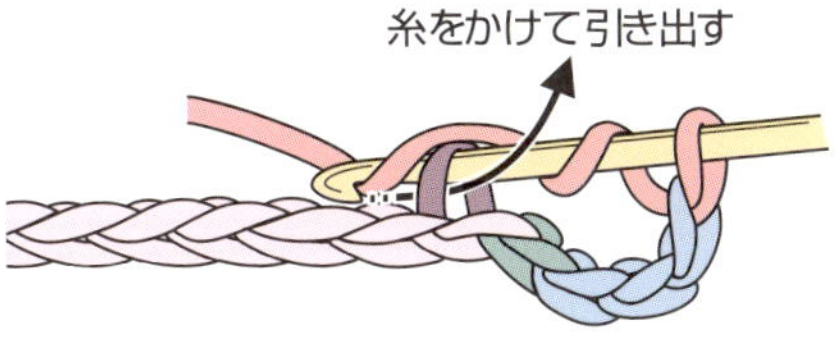
糸をかけて引き出す

❷ かぎ針に糸をかけて、矢印のように

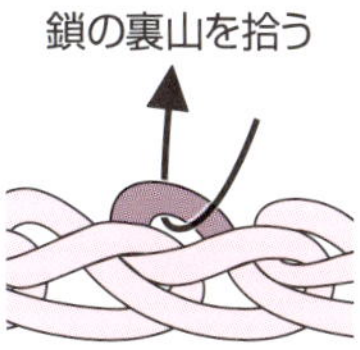
鎖の裏山を拾う

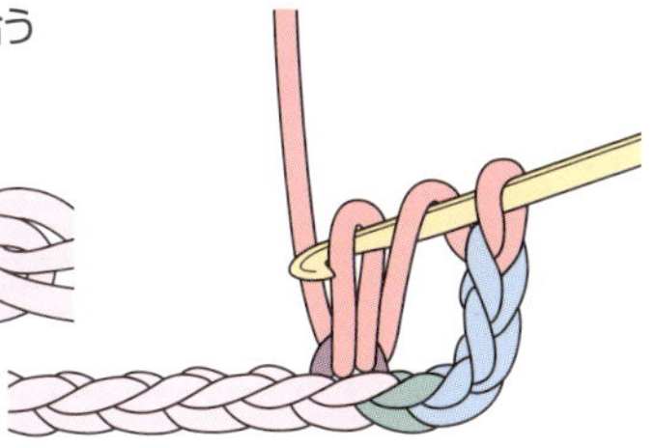

❸糸を鎖2目分の高さで引き出します。

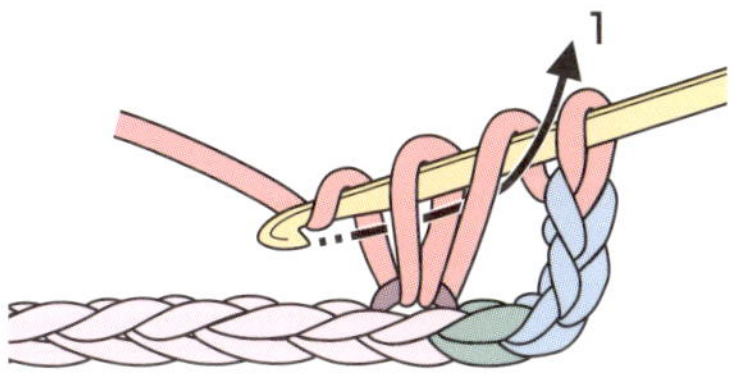
1

❹かぎ針に糸をかけて、かぎ針にかかっている針先から2ループを矢印のように引き出します。

2

❺もう一度かぎ針に糸をかけて、かぎ針に残っている2ループを引き抜きます。

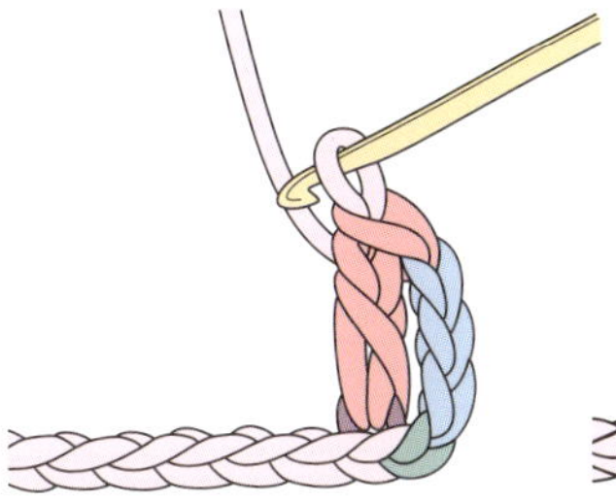

❻長編み目が編めました。

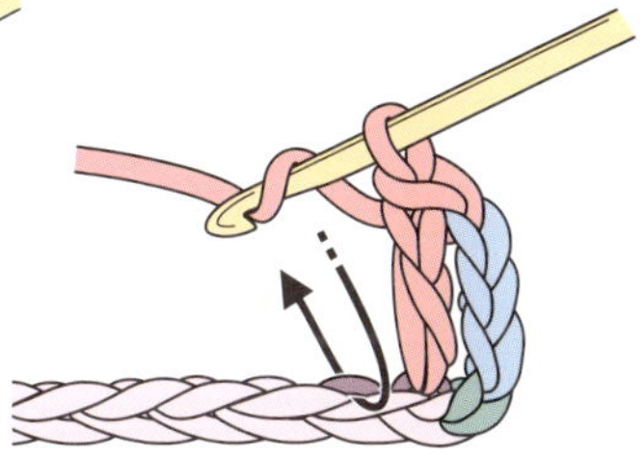

❼次の目もかぎ針に糸をかけて、鎖の裏山に矢印のようにかぎ針を入れます。

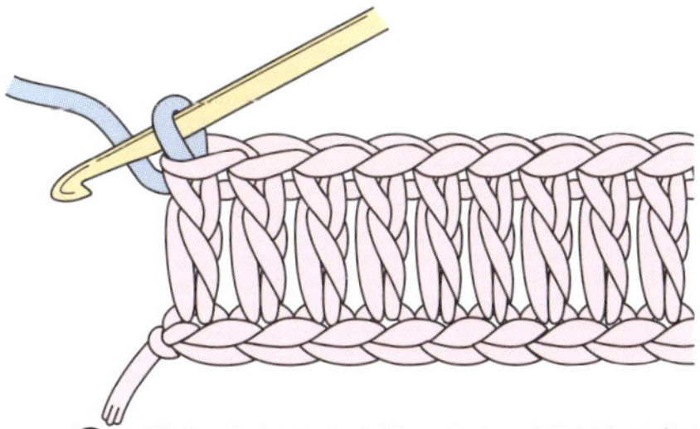

❽1段めの出来あがりです。1段めの編み終わりで鎖3目で立ち上がり、編み地を回して持ち替えます。

2段め

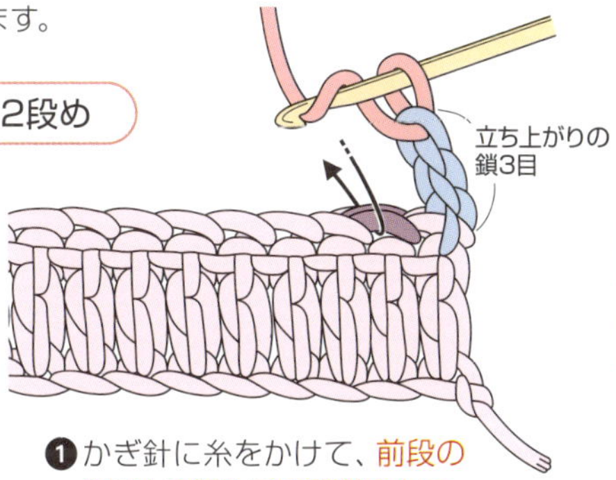
立ち上がりの
鎖3目

❶かぎ針に糸をかけて、前段の2目めの編み目の頭鎖2本に

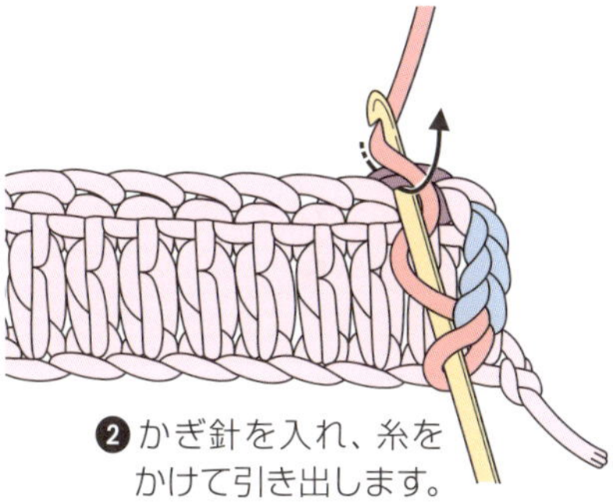

❷かぎ針を入れ、糸をかけて引き出します。

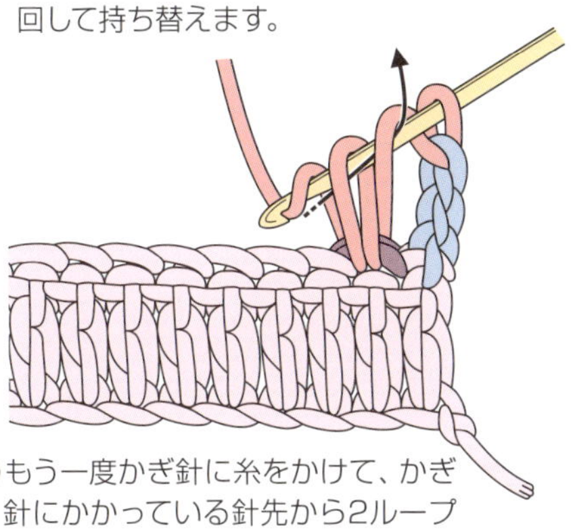

❸もう一度かぎ針に糸をかけて、かぎ針にかかっている針先から2ループを矢印のように引き出します。

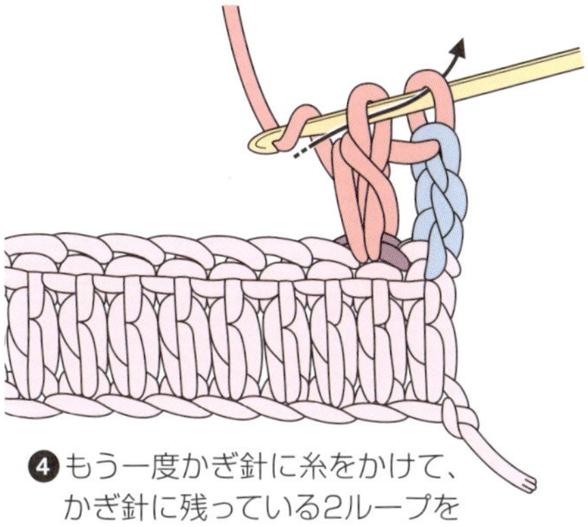

❹もう一度かぎ針に糸をかけて、かぎ針に残っている2ループを引き抜きます。

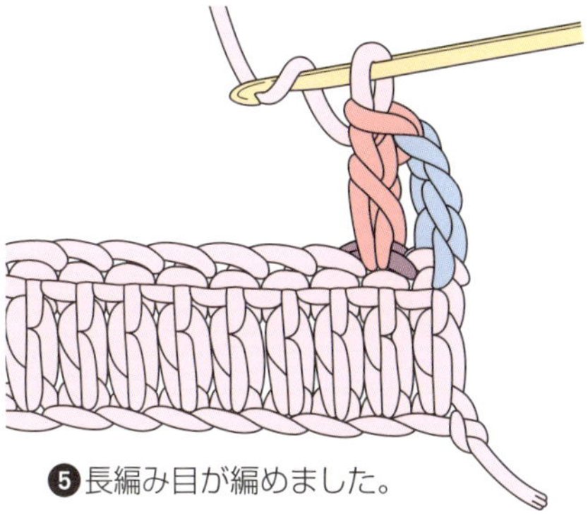

❺長編み目が編めました。

長々編み目《ながながあみめ》

1段めの表側

1段め

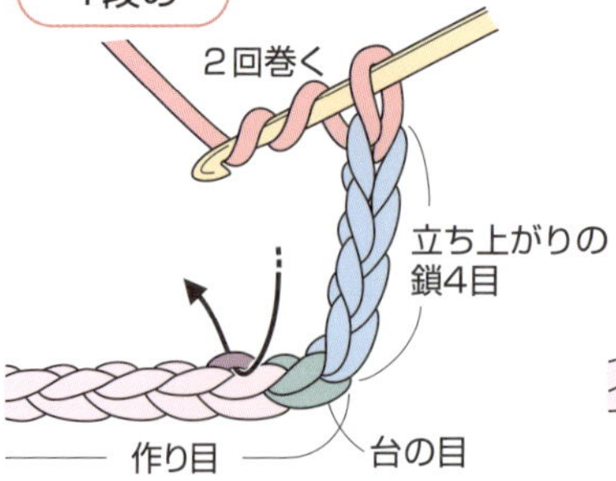
2回巻く
立ち上がりの
鎖4目
作り目
台の目

❶かぎ針に2回糸を巻いて、かぎ針にかかっている次の目から6目めの鎖の裏山に矢印のようにかぎ針を入れます。

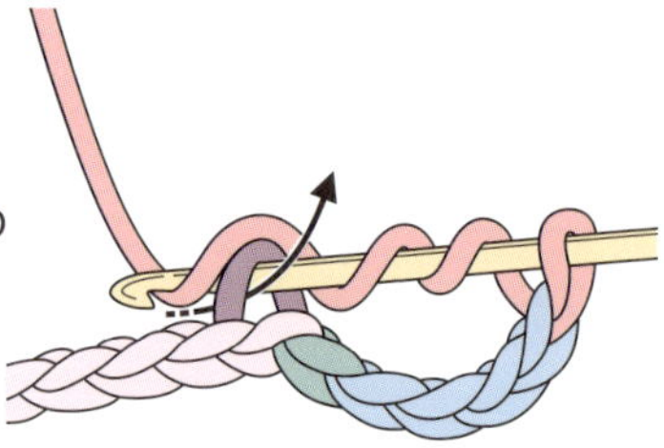

❷かぎ針に糸をかけて、矢印のように

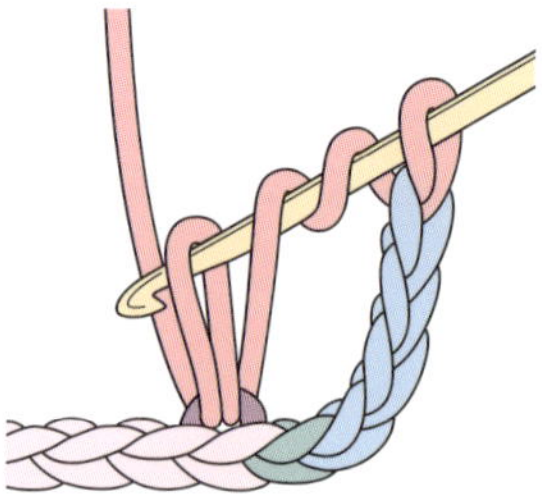

❸糸を鎖2目分の高さで引き出します。

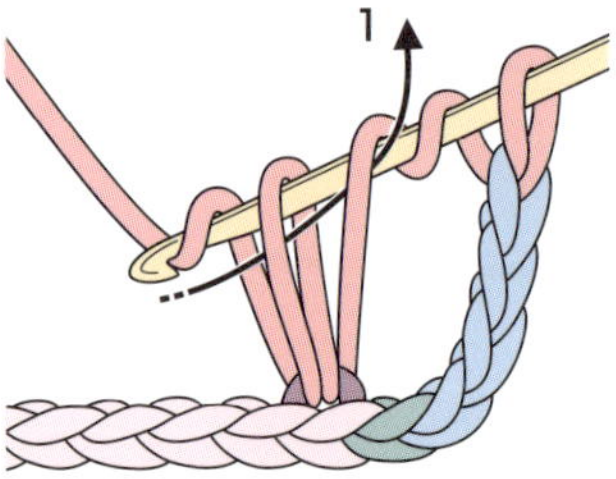
1

❹かぎ針に糸をかけて、かぎ針にかかっている針先から2ループを矢印のように引き出します。

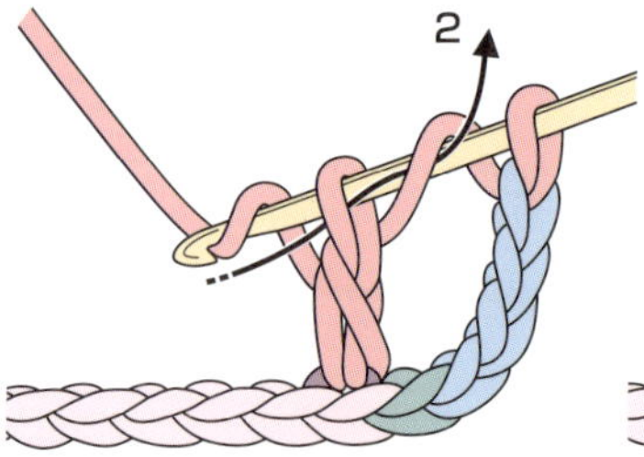
2

❺もう一度かぎ針に糸をかけて、かぎ針にかかっている2ループを引き出します。

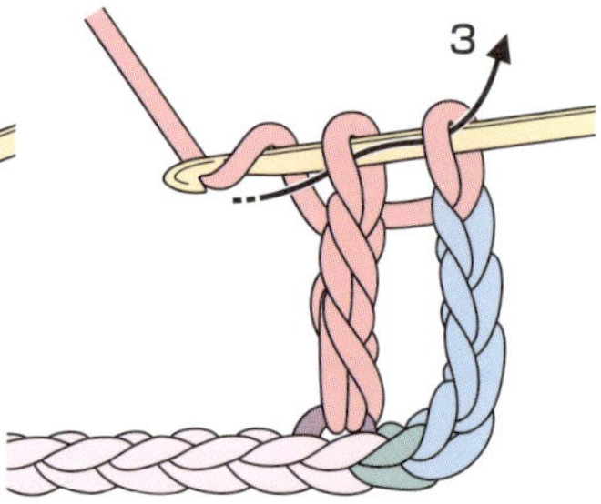
3

❻もう一度かぎ針に糸をかけて、かぎ針に残っている2ループを引き抜きます。

❼長々編み目が編めました。

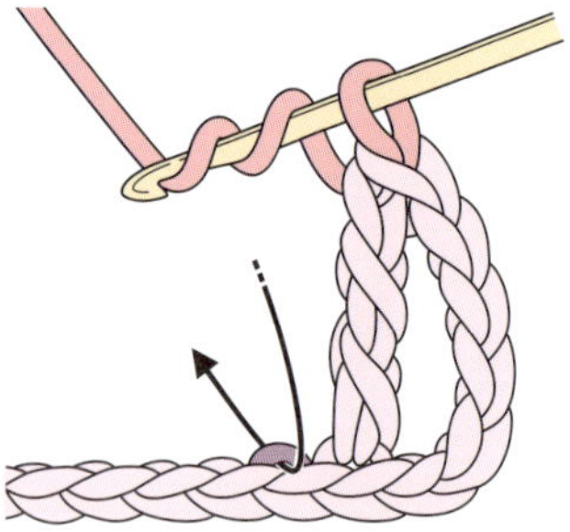

❽次の目もかぎ針に2回糸を巻いて、鎖の裏山に矢印のようにかぎ針を入れます。

2段め

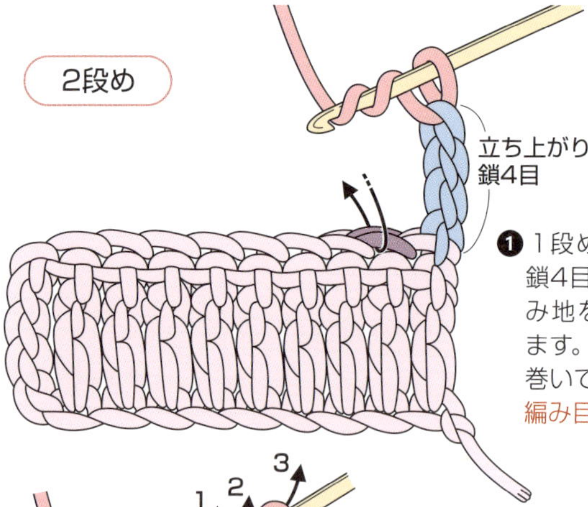
立ち上がりの
鎖4目

❶1段めの編み終わりで鎖4目で立ち上がり、編み地を回して持ち替えます。かぎ針に2回糸を巻いて、前段の2目めの編み目の頭鎖2本に

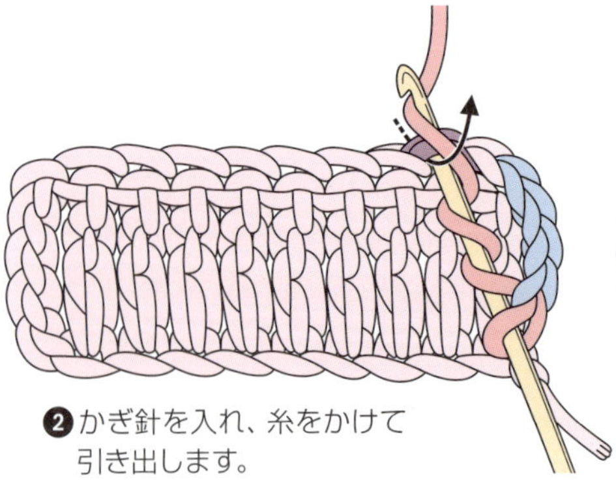

❷かぎ針を入れ、糸をかけて引き出します。

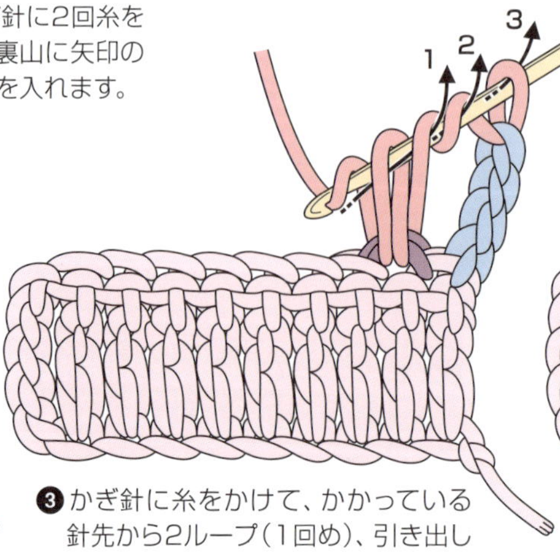
1
2
3

❸かぎ針に糸をかけて、かかっている針先から2ループ（1回め）、引き出した目と次の1ループ（2回め）、もう一度引き出した目と残りの1ループを矢印のように引き抜きます。

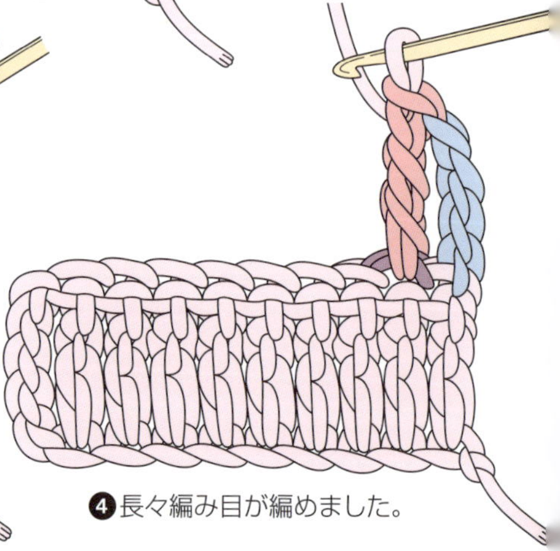

❹長々編み目が編めました。

三つ巻き長編み目《みつまきながあみめ》

1段め

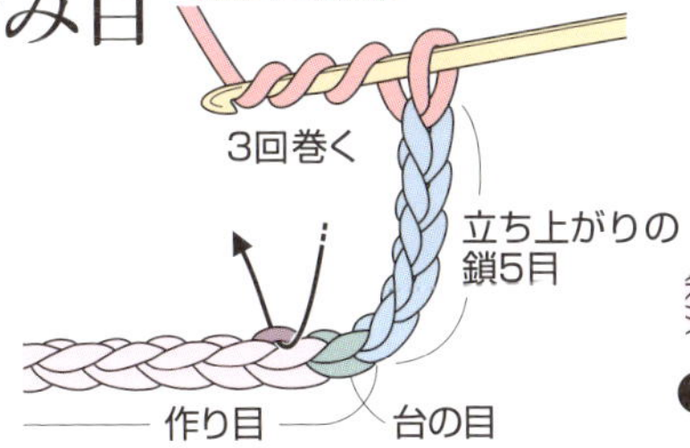

❶かぎ針に3回糸を巻いて、かぎ針にかかっている次の目から7目めの鎖の裏山に矢印のように

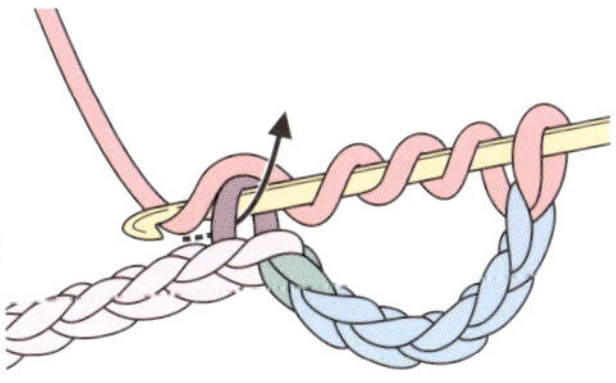

❷かぎ針を入れます。かぎ針に糸をかけて、矢印のように

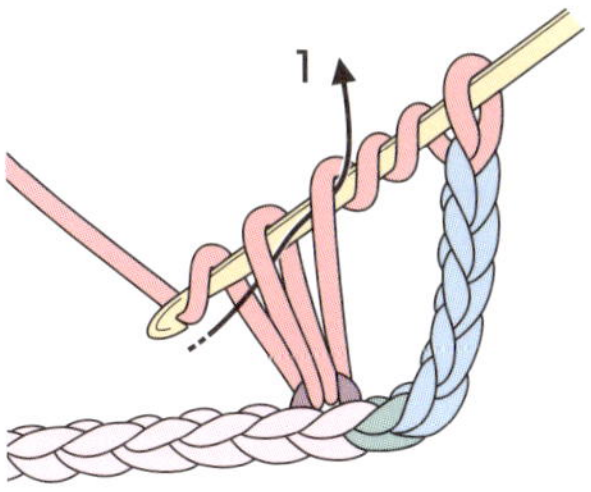

❸糸を鎖2目分の高さで引き出します。かぎ針に糸をかけて、かぎ針にかかっている針先から2ループを矢印のように引き出します。

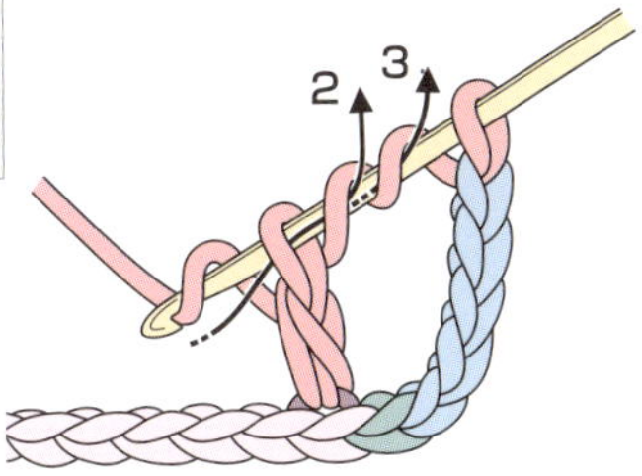

❹もう一度かぎ針に糸をかけて、引き出した目とかぎ針に残っている1ループを引き出します。以上を2回くり返します。

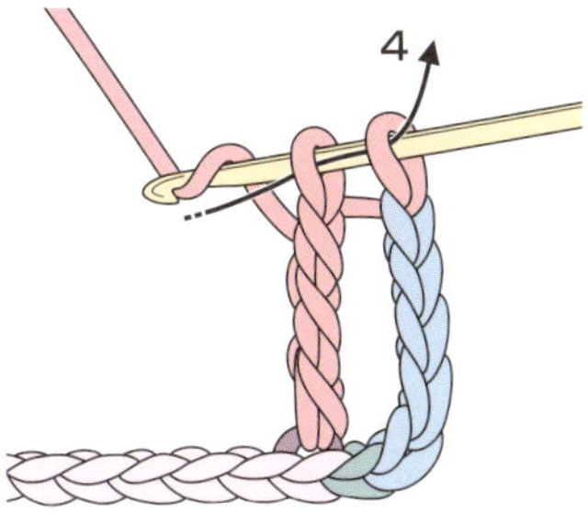

❺もう一度かぎ針に糸をかけて、かぎ針に残っている2ループを引き抜きます。

❻三つ巻き長編み目が編めました。

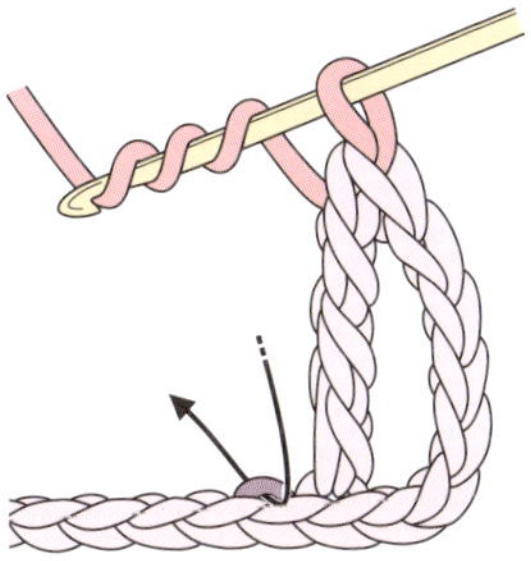

❼次の目もかぎ針に3回糸を巻いて、鎖の裏山に矢印のようにかぎ針を入れます。

2段め

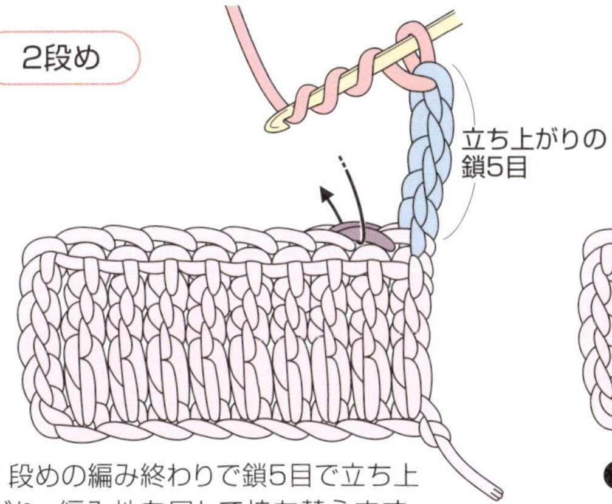

❶1段めの編み終わりで鎖5目で立ち上がり、編み地を回して持ち替えます。かぎ針に3回糸を巻いて、前段の2目めの編み目の頭鎖2本に

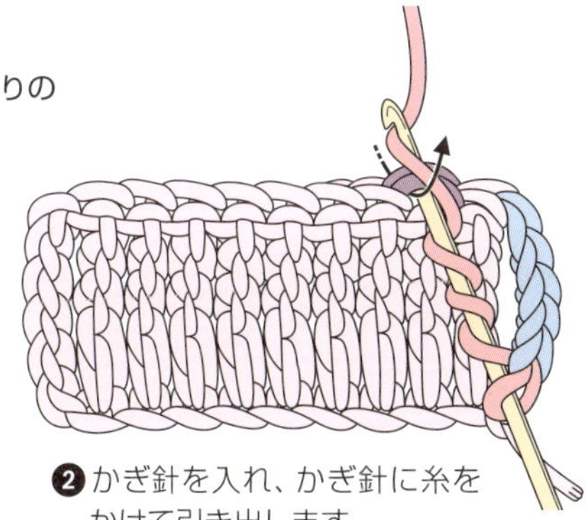

❷かぎ針を入れ、かぎ針に糸をかけて引き出します。

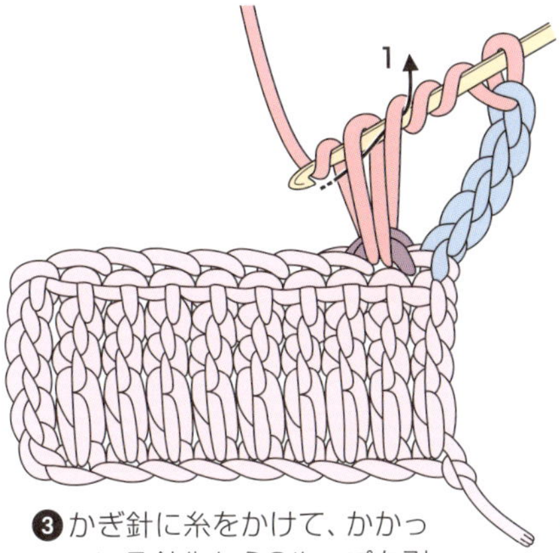

❸かぎ針に糸をかけて、かかっている針先から2ループを引き出します（1回め）。

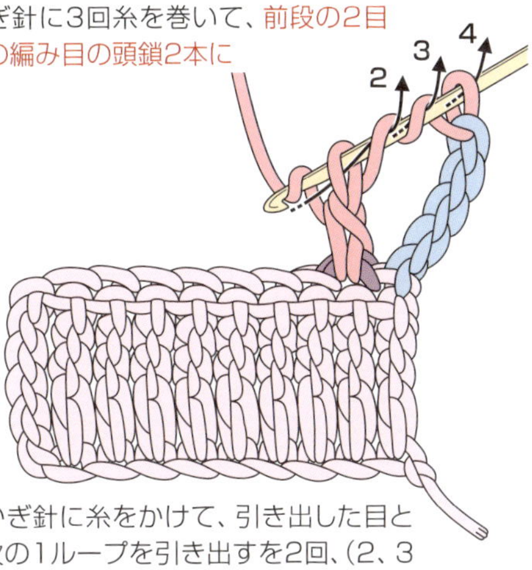

❹かぎ針に糸をかけて、引き出した目と次の1ループを引き出すを2回、（2、3回め）、もう一度引き出した目と残りの1ループを矢印のように引き抜きます。

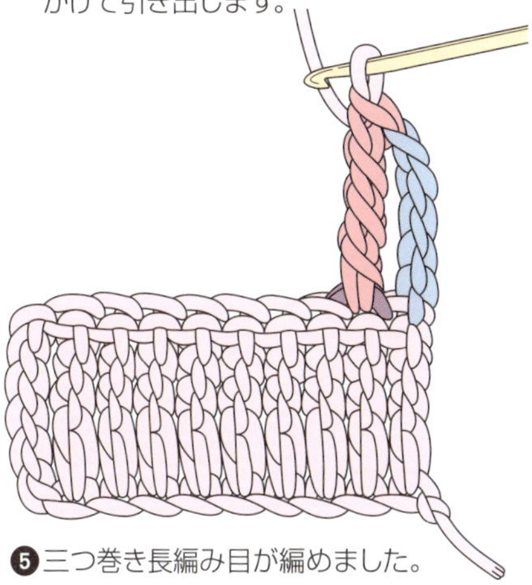

❺三つ巻き長編み目が編めました。

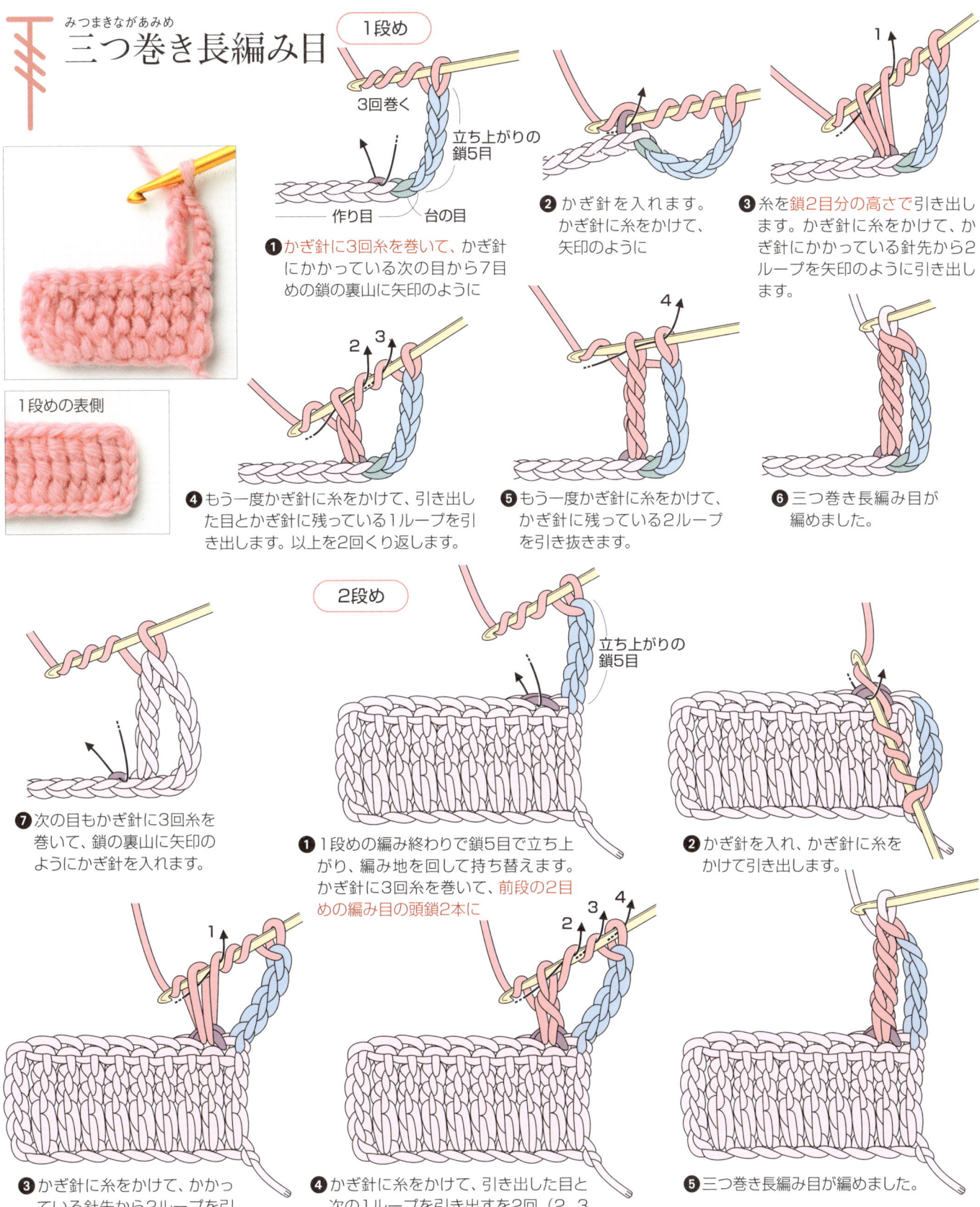

四つ巻き長編み目《よつまきながあみめ》

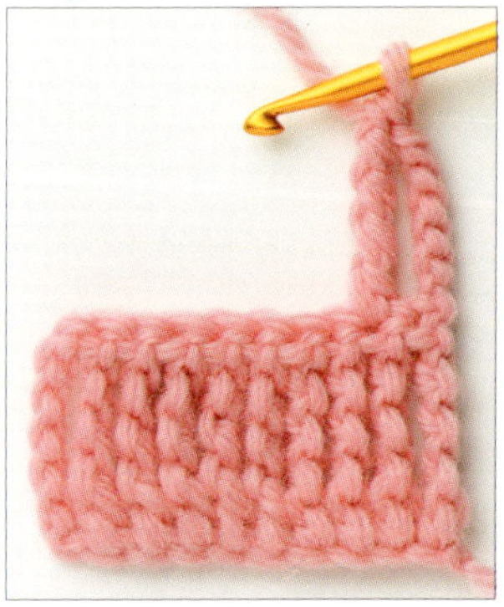

1段めの表側

1段め

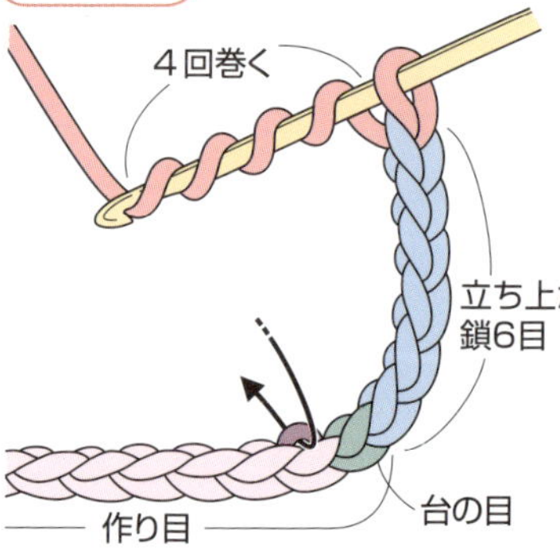
4回巻く
立ち上がりの
鎖6目
台の目
作り目

❶かぎ針に4回糸を巻いて、かぎ針にかかっている次の目から8目めの鎖の裏山に矢印のようにかぎ針を入れます。

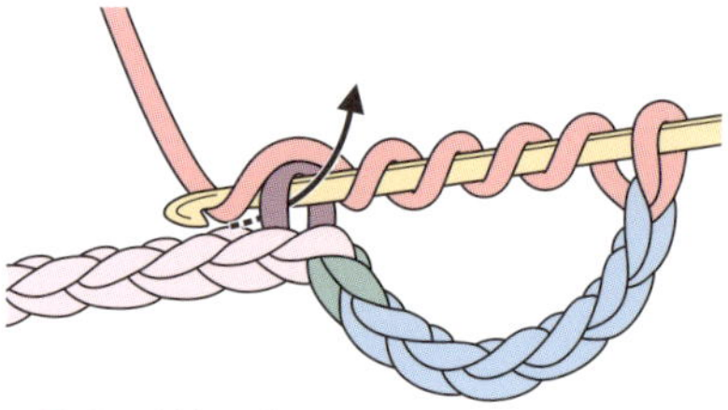

❷かぎ針に糸をかけて、矢印のように

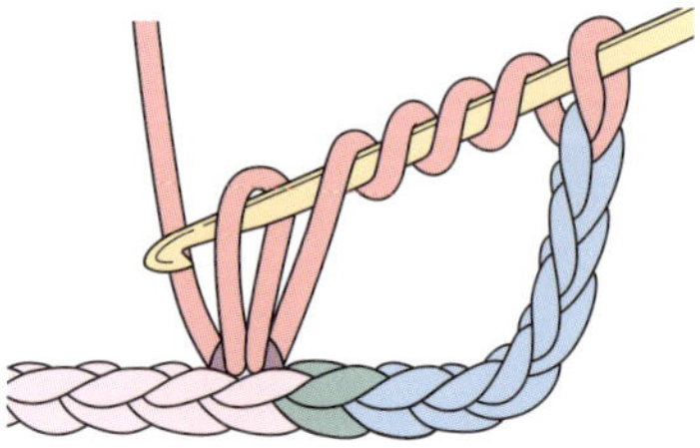

❸糸を鎖2目分の高さで引き出します。

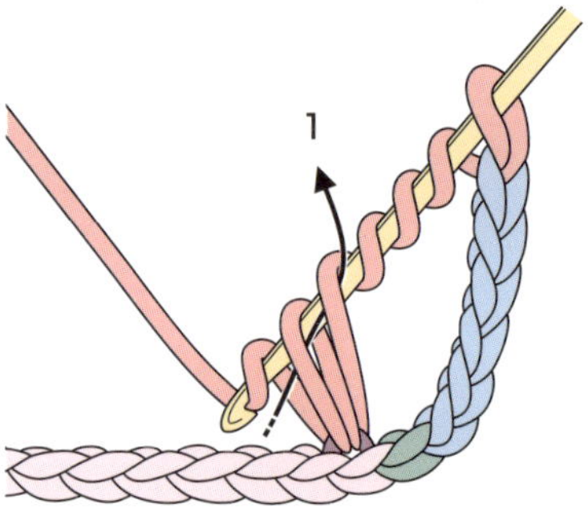
1

❹かぎ針に糸をかけて、かぎ針にかかっている針先から2ループを矢印のように引き出します。

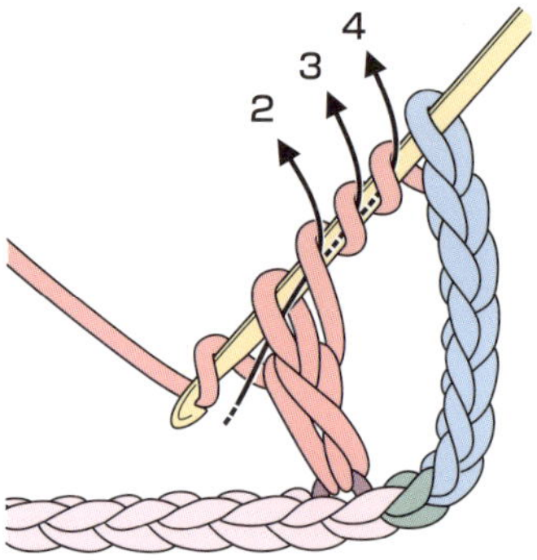
2
3
4

❺もう一度かぎ針に糸をかけて、引き出した目とかぎ針に残っている1ループを引き出します。以上を3回くり返します。

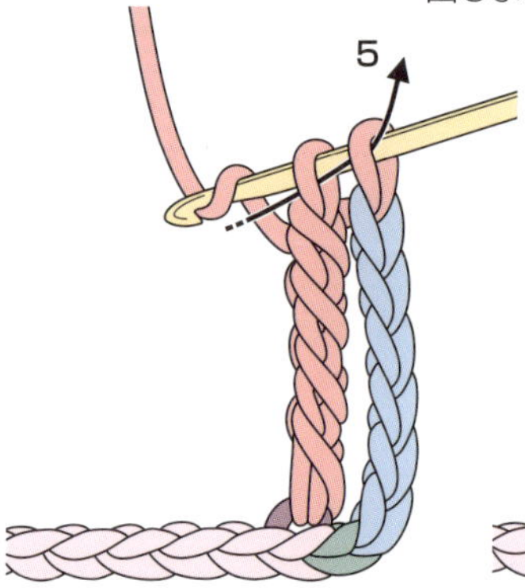
5

❻もう一度かぎ針に糸をかけて、かぎ針に残っている2ループを一度に引き抜きます。

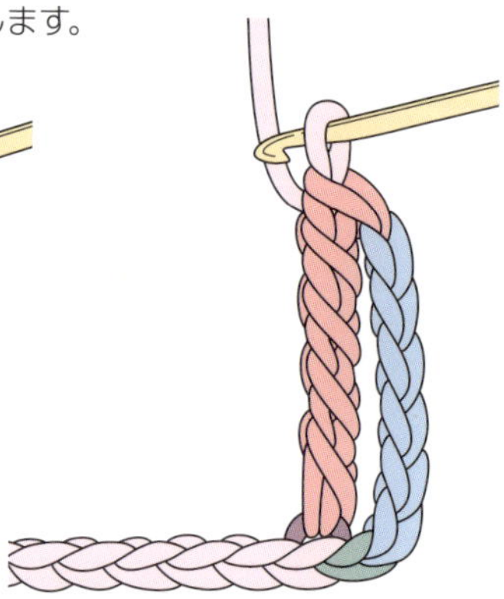

❼四つ巻き長編み目が編めました。

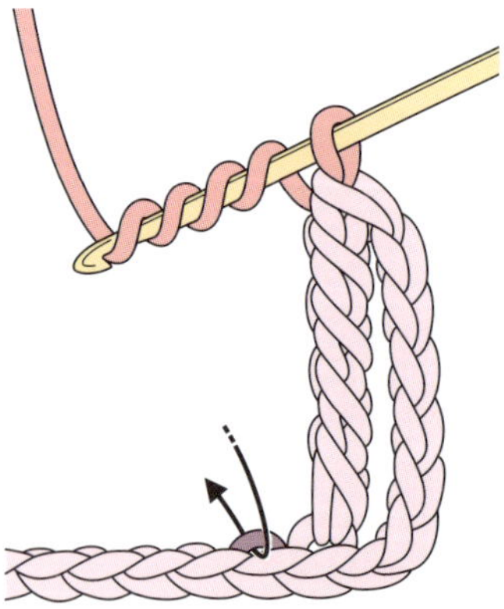

❽次の目もかぎ針に4回糸を巻いて、鎖の裏山に矢印のようにかぎ針を入れます。

2段め

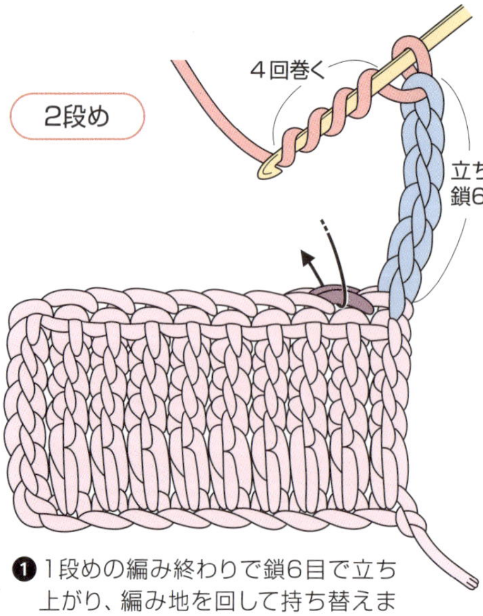
4回巻く
立ち上がりの
鎖6目

❶1段めの編み終わりで鎖6目で立ち上がり、編み地を回して持ち替えます。かぎ針に4回糸を巻いて、前段の2目めの編み目の頭鎖2本に

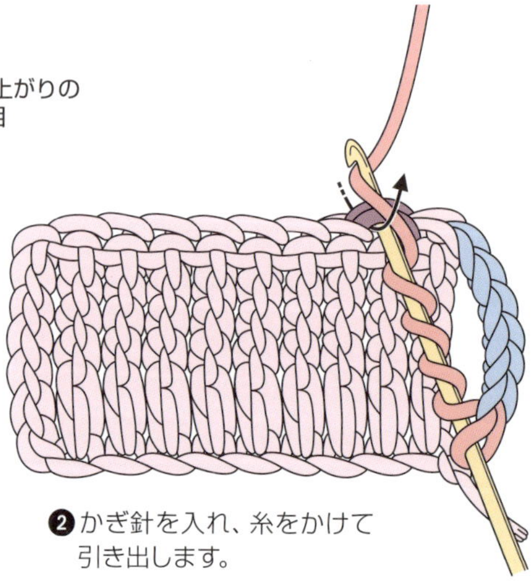

❷かぎ針を入れ、糸をかけて引き出します。

編み終わりの拾い方

●細編みの場合

2段め

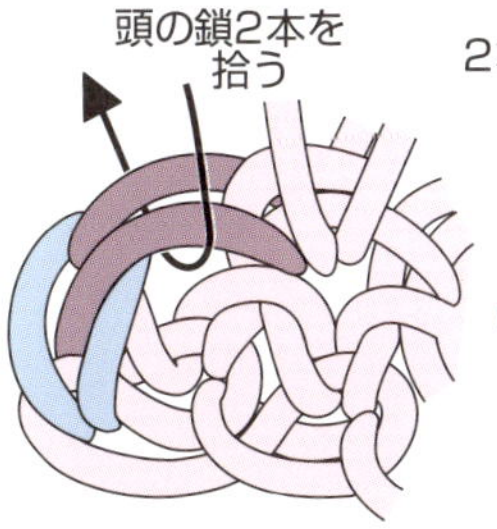
頭の鎖2本を
拾う
2本拾う

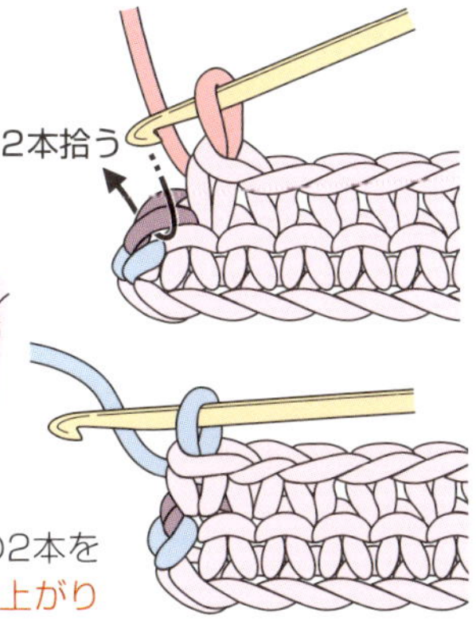

前段の細編みの頭鎖の2本を拾って編みます(立ち上がりの鎖からは拾わない)。

3段め

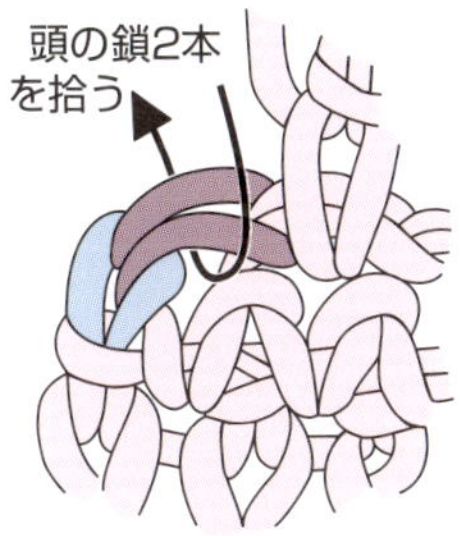
頭の鎖2本
を拾う

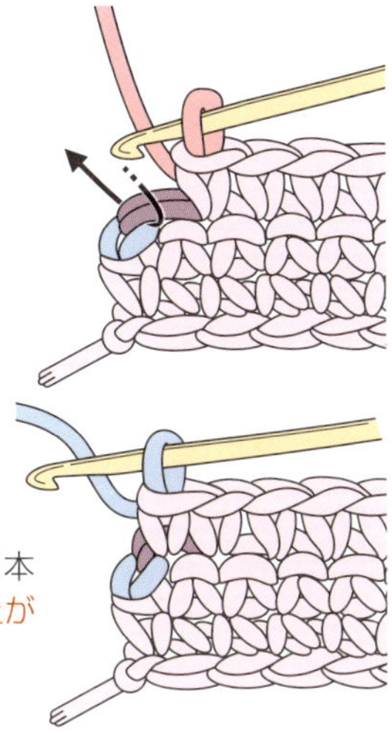

前段の細編みの頭鎖の2本を拾って編みます(立ち上がりの鎖からは拾わない)。

●長編みの場合

2段め

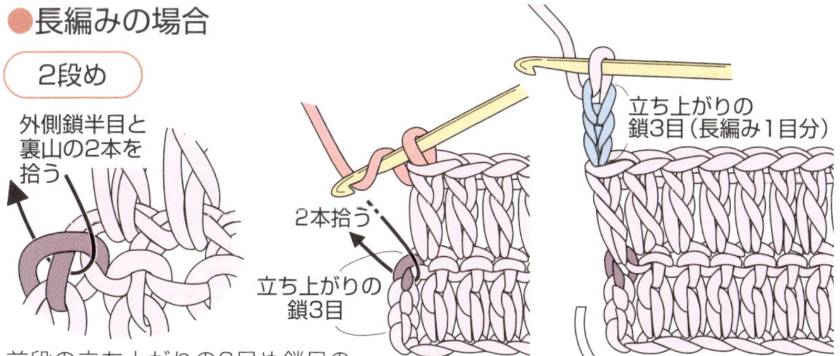
外側鎖半目と
裏山の2本を
拾う
2本拾う
立ち上がりの
鎖3目
立ち上がりの
鎖3目(長編み1目分)

前段の立ち上がりの3目め鎖目の半目と裏山の2本を拾って編みます(鎖目が裏を向いている)。

3段め

前段の立ち上がりの3目め鎖目の半目と裏山の2本を拾って編みます(鎖目が表を向いている)。

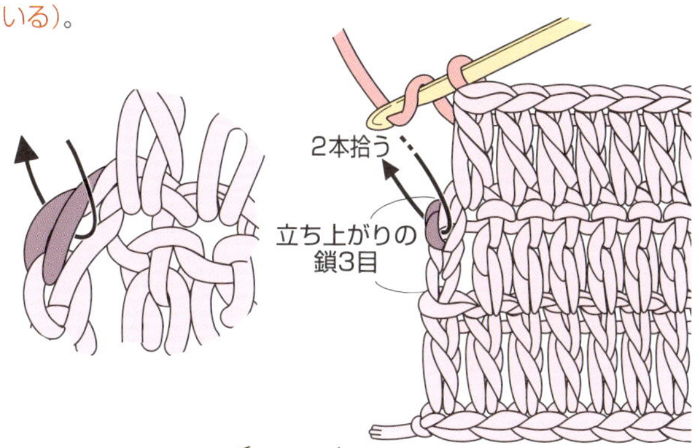
2本拾う
立ち上がりの
鎖3目

●鎖編みの場合

前段の立ち上がりの3目め鎖目の半目と裏山の2本を拾って編みます。

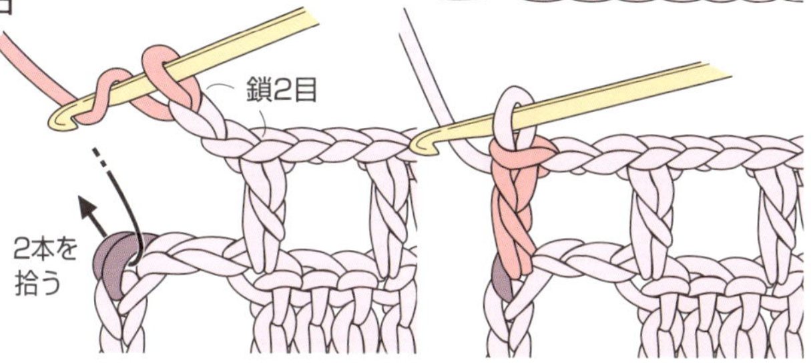
鎖2目
2本を
拾う

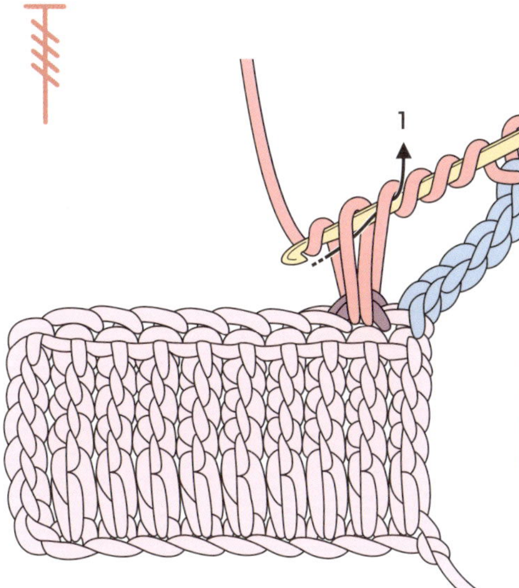
1

❸かぎ針に糸をかけて、かかっている針先から2ループを引き出します(1回め)。

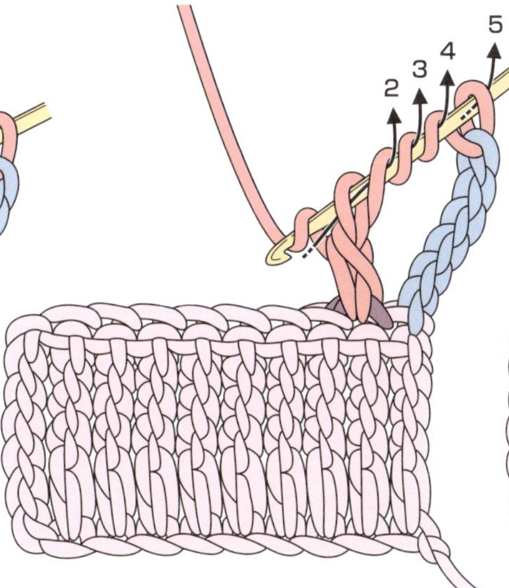
2
3
4
5

❹かぎ針に糸をかけて、引き出した目と次の1ループを引き出すを3回、(2、3、4回め)、もう一度引き出した目と残りの1ループを矢印のように引き抜きます。

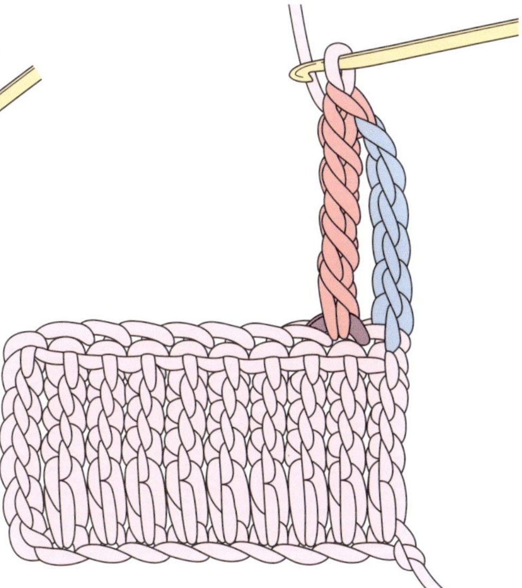

❺四つ巻き長編み目が編めました。

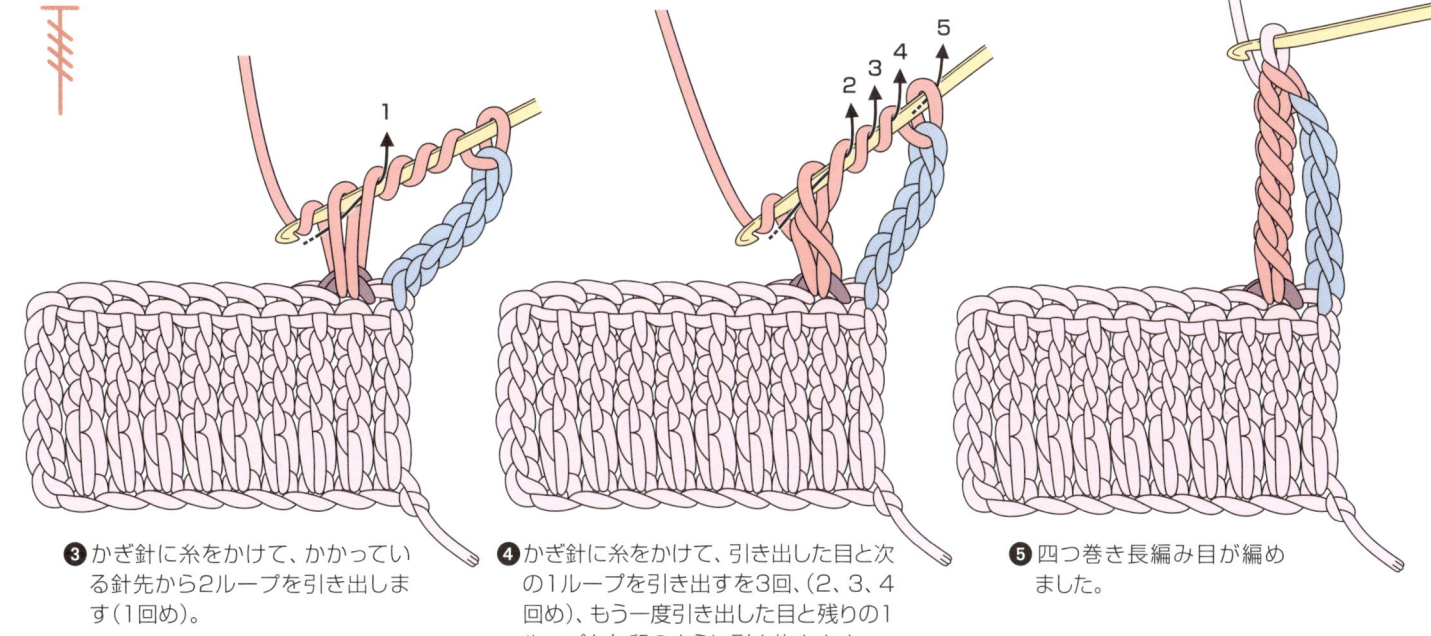

ねじり細編み目《ねじりこまあみめ》

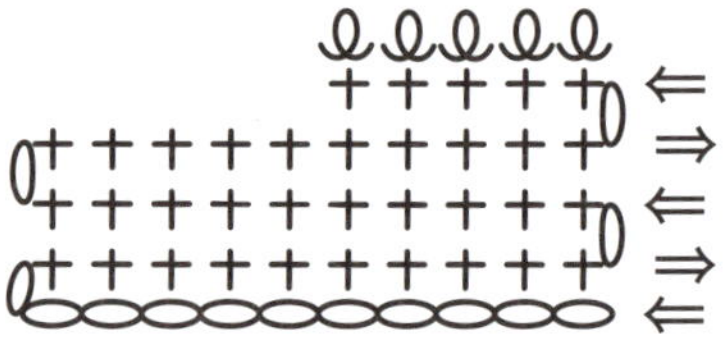

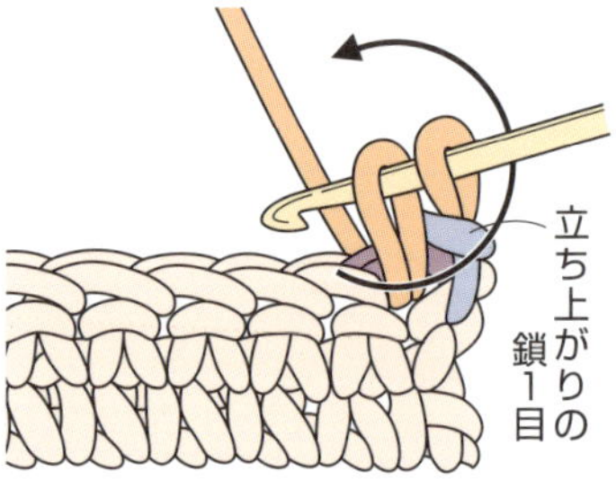

❶立ち上がりの鎖1目を編み、前段右端の細編みの頭鎖2本にかぎ針を入れ、糸をかけて引き出します(引き出す糸は長め)。かぎ針の針先を手前、後ろを向こう側に回します。

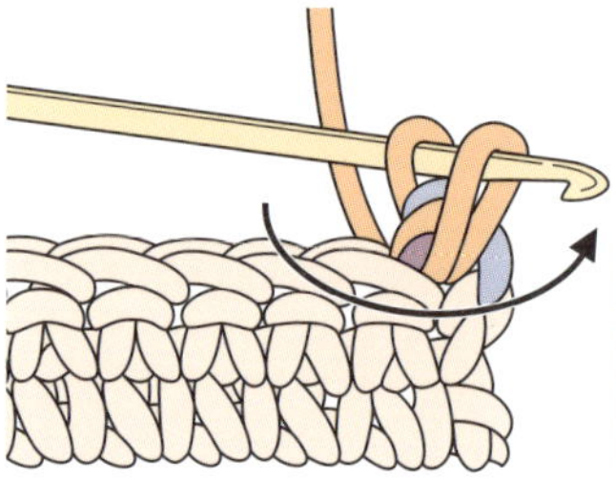

❷回している途中です。

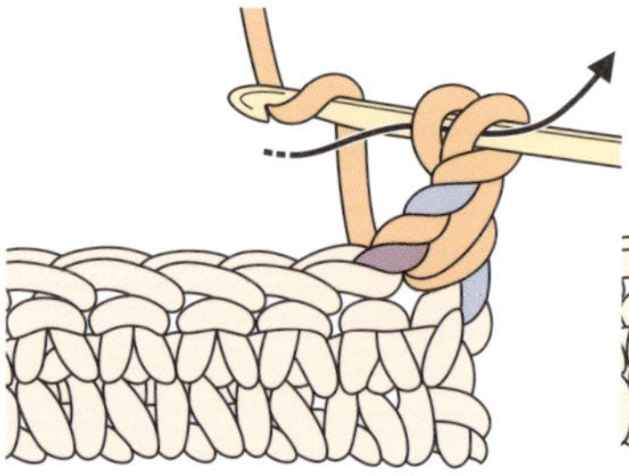

❸かぎ針に糸をかけて、かぎ針にかかっている2ループを一度に引き抜きます。

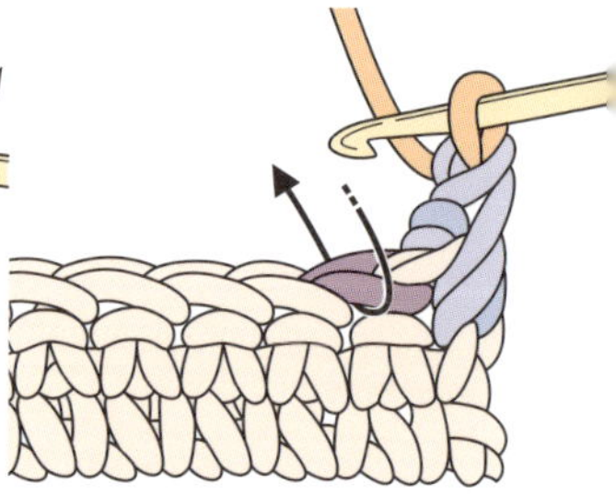

❹ねじり細編みの出来あがりです。次の目も前段2目めの細編みの頭鎖2本にかぎ針を入れて

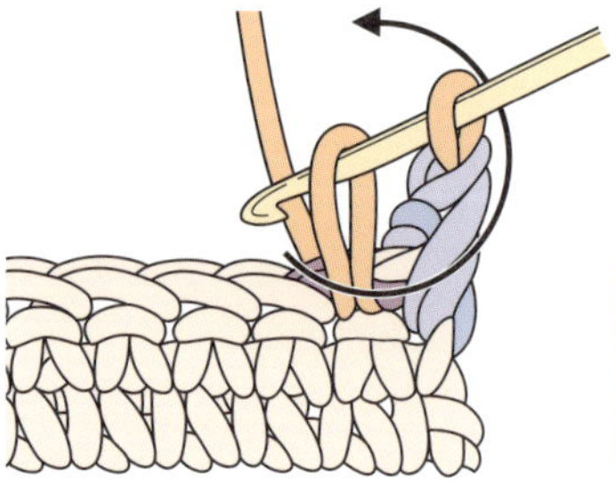

❺①と同じように糸を引き出し、かぎ針を回します。

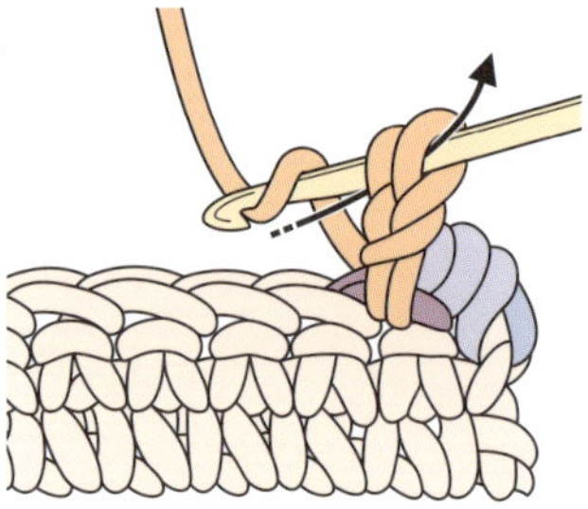

❻かぎ針に糸をかけて、かぎ針にかかっている2ループを一度に引き抜きます。

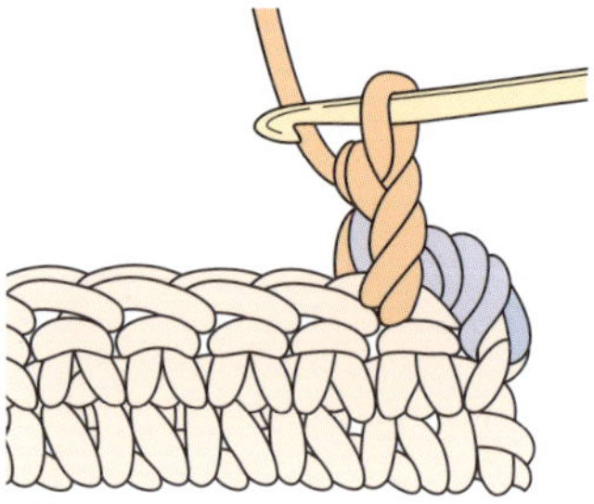

❼2目めの出来あがりです。

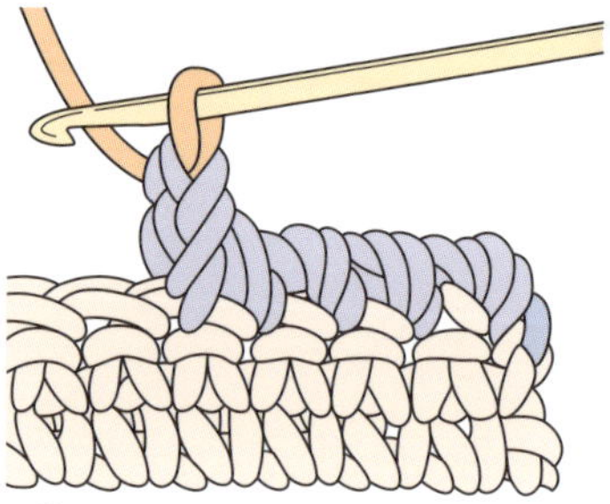

❽以降、④〜⑥をくり返して編みます。

引き出しねじり細編み目《ひきだしねじりこまあみめ》

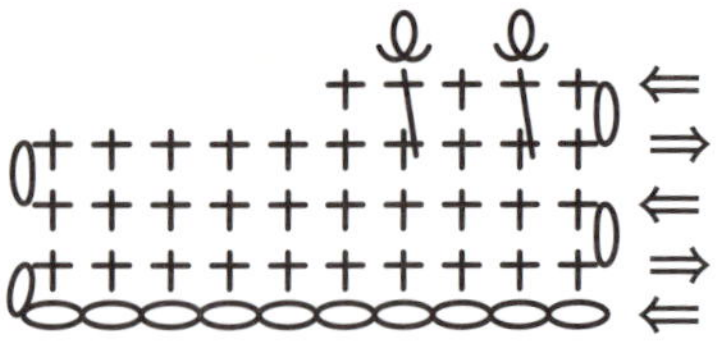

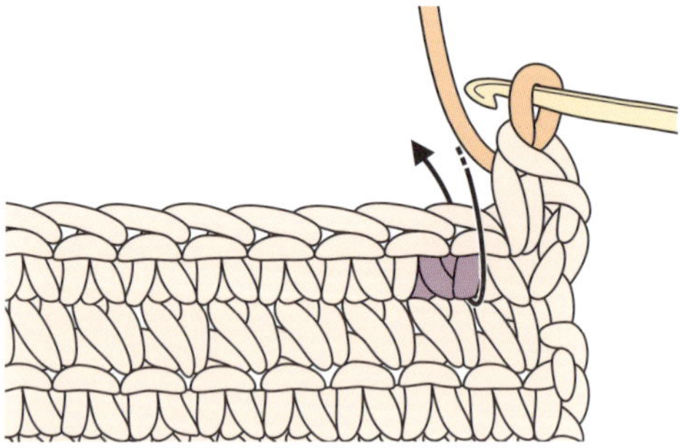

❶1目めは細編みを編みます。前々段の細編みの頭にかぎ針を入れて、

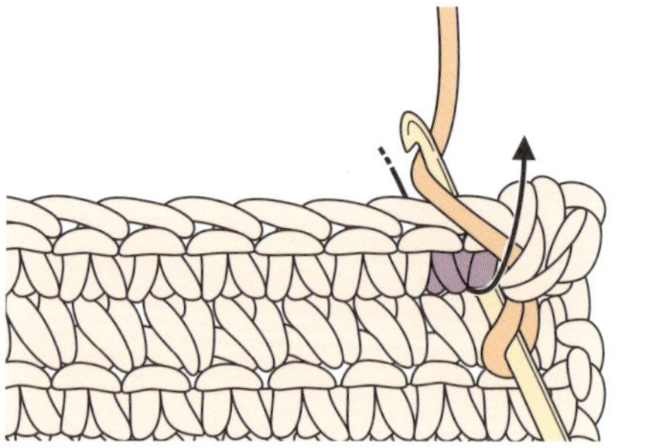

❷かぎ針に糸をかけて

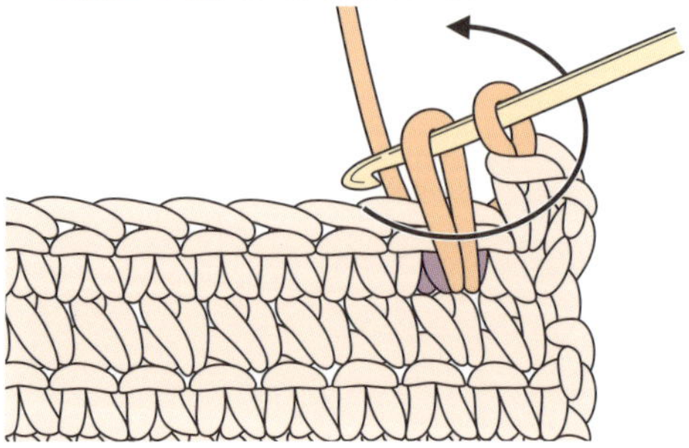

❸引き出し(引き出す糸は長め)、ねじり細編みと同じようにかぎ針を回します。

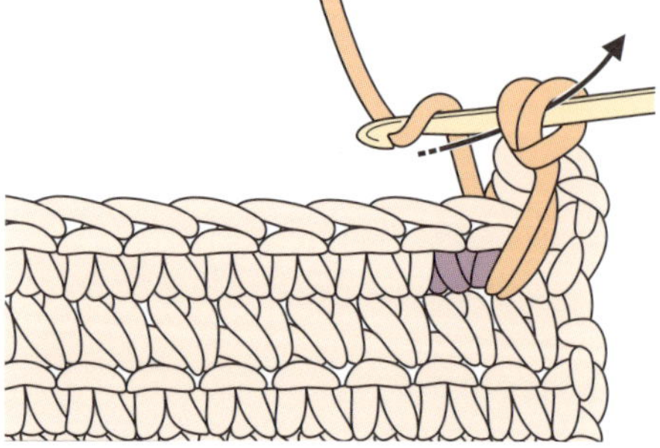

❹かぎ針に糸をかけて、かぎ針にかかっている2ループを一度に引き抜きます。

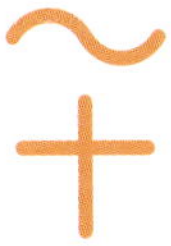

バック細編み目《ばっくこまあみめ》

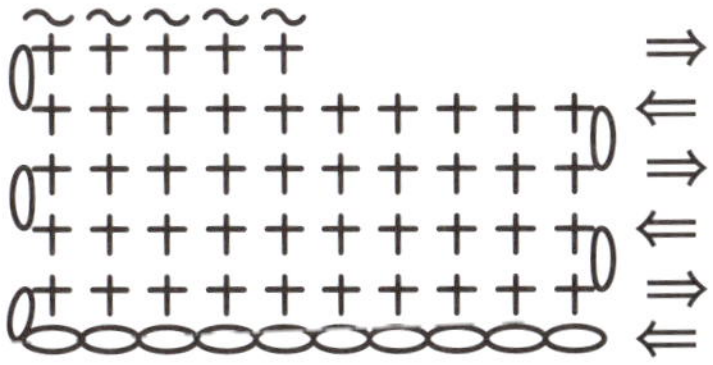

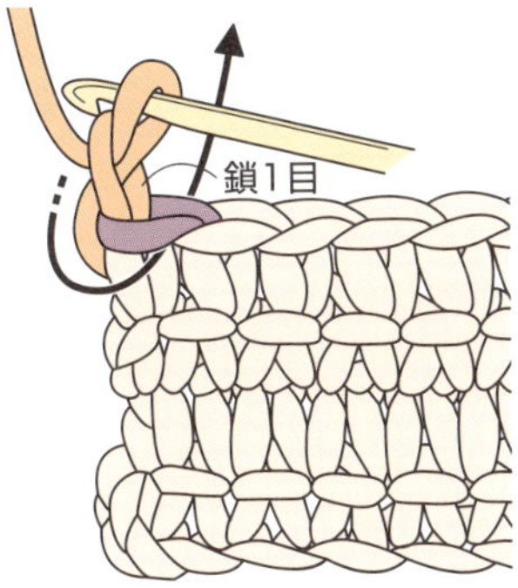

❶編み地の方向はそのままで、立ち上がりの鎖1目を編み、矢印のようにかぎ針を回転して、前段の頭鎖2本に手前から入れます。

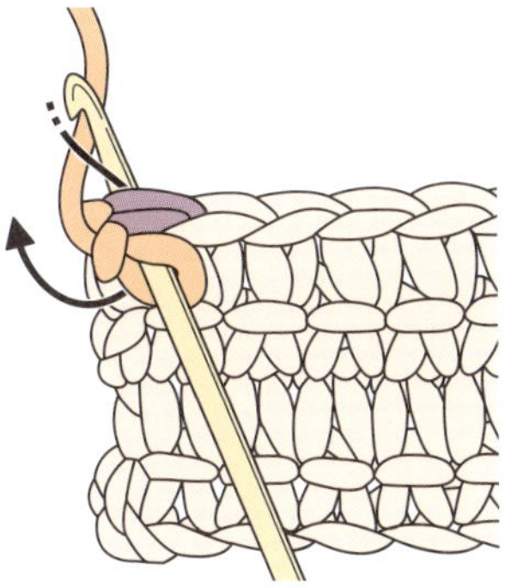

❷糸の上からかぎ針に糸をかけて、そのまま糸を手前に引き出します。

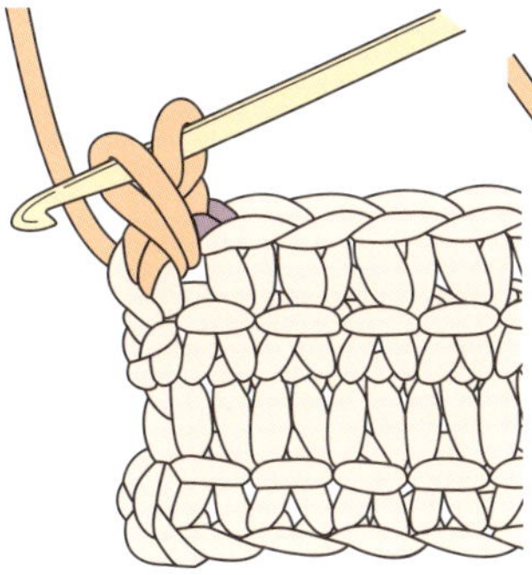

❸糸を手前に引き出したところです。

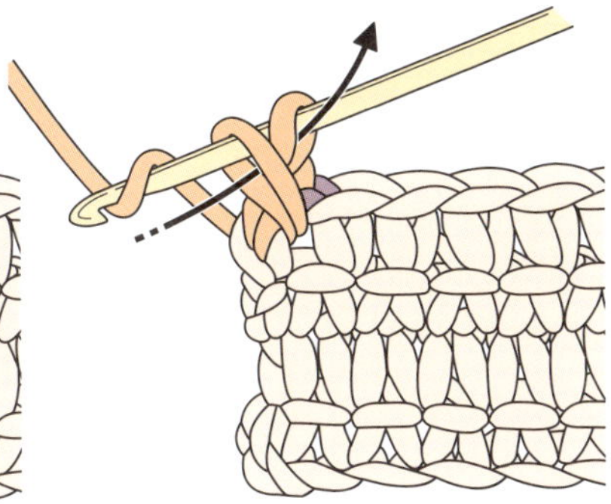

❹かぎ針に糸をかけて、矢印のように2ループを一度に引き抜き、細編みを編みます。

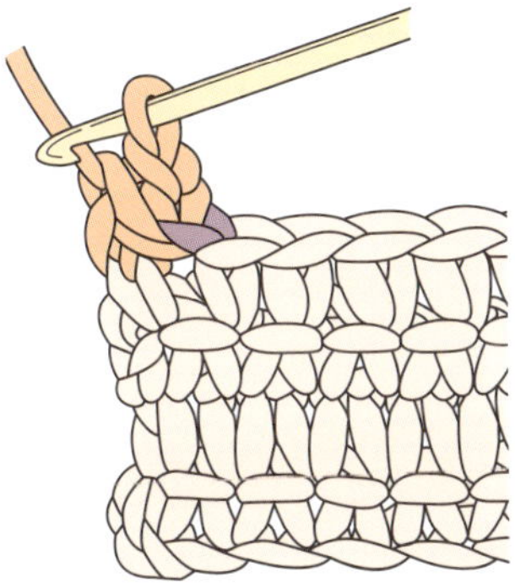

❺「バック細編み目」が1目編めました。

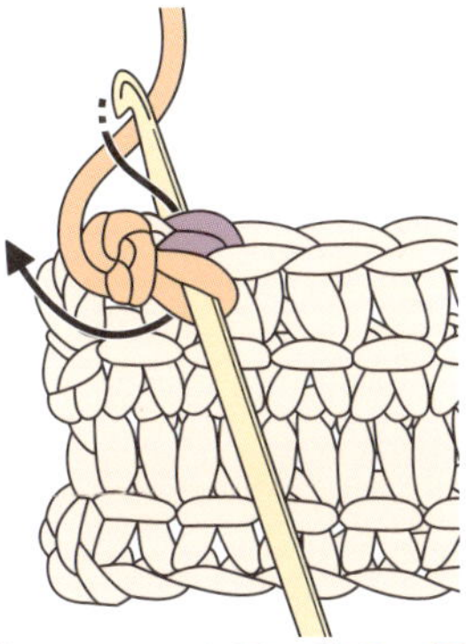

❻次の目も右側の前段の頭鎖2本にかぎ針を入れ、矢印のようにかぎ針に糸をかけて、糸を手前に引き出します。

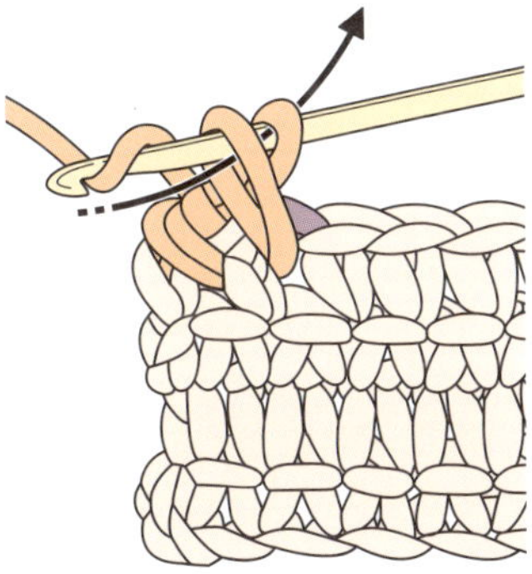

❼かぎ針に糸をかけて、矢印のように2ループを一度に引き抜き、細編みを編みます。

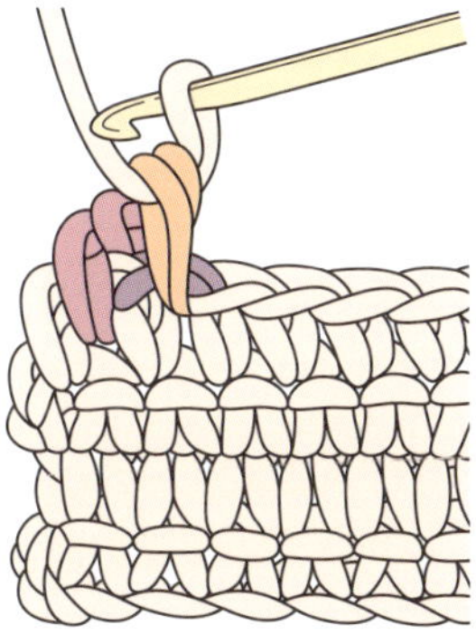

❽2目めの出来あがりです。⑥・⑦をくり返し、左から右へ編みながら戻ります。

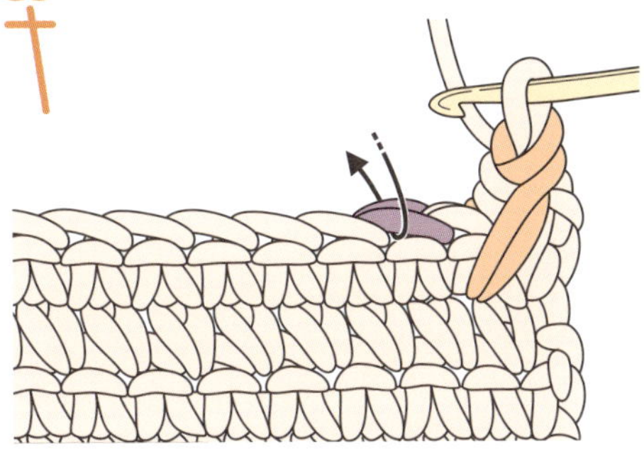

❺引き上げねじり細編みが編めました。次の目は細編みを編みます。

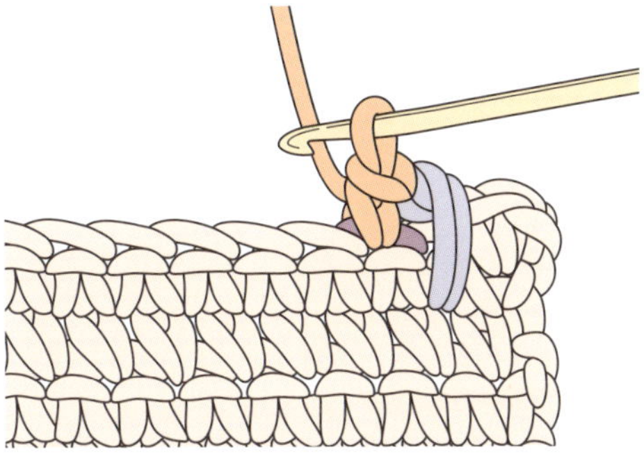

❻引き上げねじり細編みと細編みを交互に編みます。

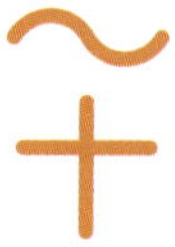

変わりバック細編み目《かわりばっくこまあみめ》（2本拾い）

縁編みの最終段に使うと効果的です。編み地の方向はそのままで、左から右へ編みながら戻っていきます。13ページの「バック細編み」のバリエーションです。

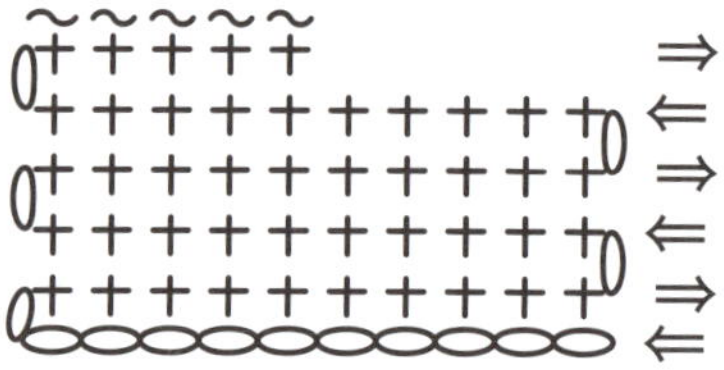

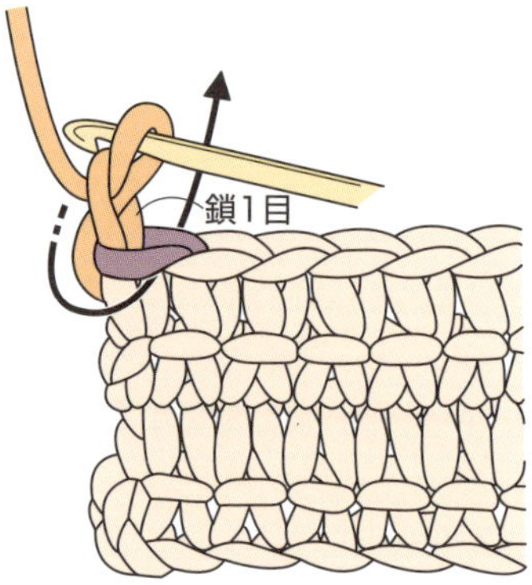

❶編み地の方向はそのままで、立ち上がりの鎖1目を編み、矢印のようにかぎ針を回転して前段の頭鎖2本に手前から入れます。

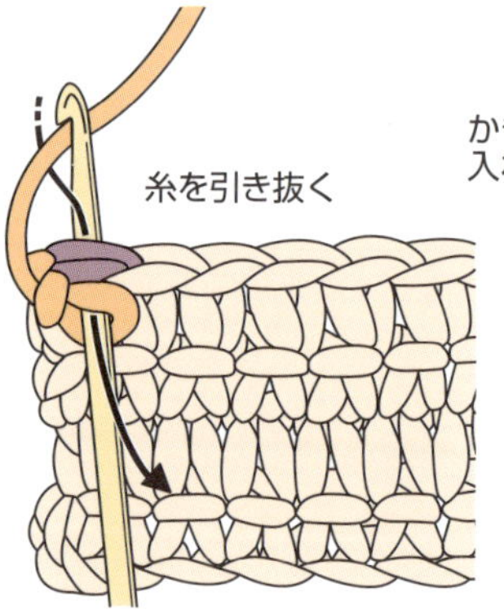

❷糸の上からかぎ針をかけて、かぎ針の目も一緒に糸を引き抜きます。

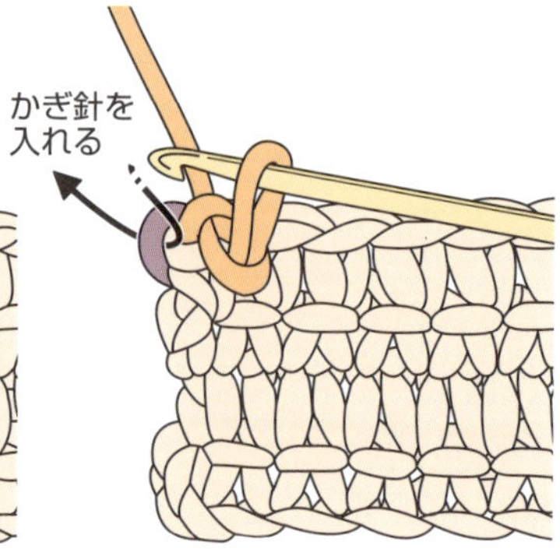

❸矢印の目（立ち上がりの目の裏山1本）にかぎ針を入れます。

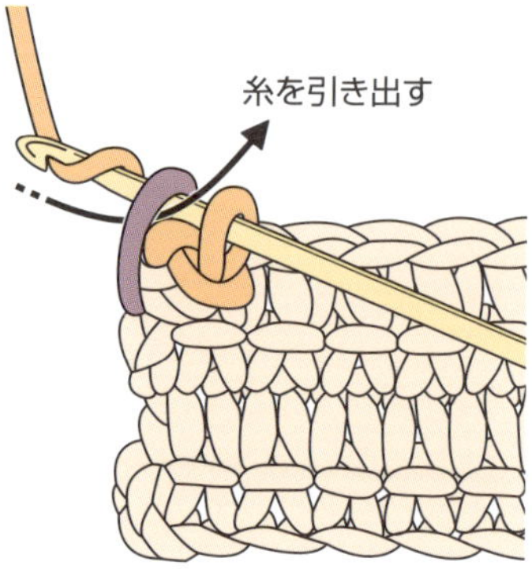

❹かぎ針に糸をかけて、矢印のように引き出します。

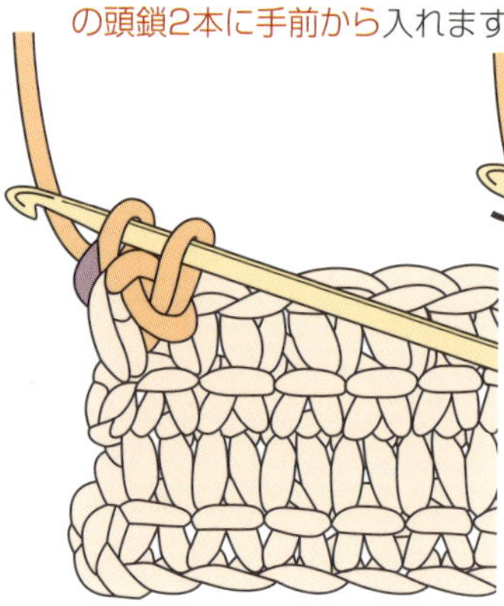

❺糸を引き出したところです。

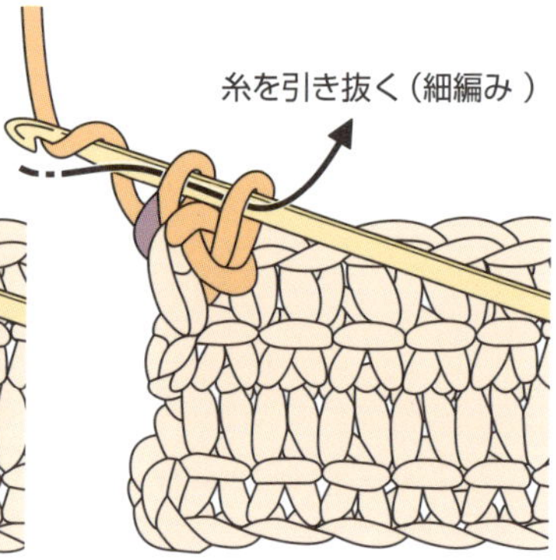

❻もう一度かぎ針に糸をかけて引き抜きます。

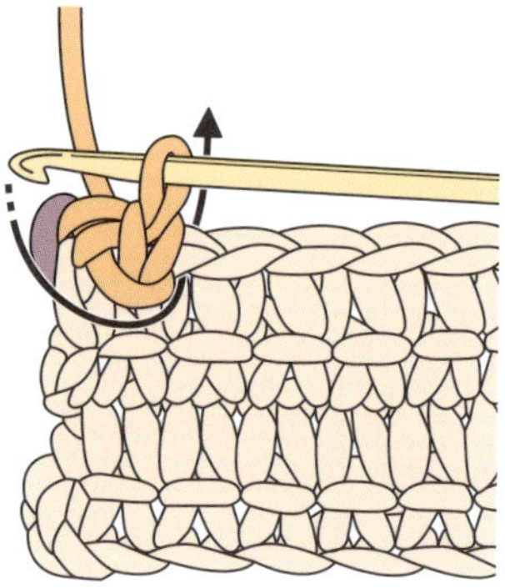

❼変わりバック細編み目が1目編めました。次の目は右側の前段の頭鎖2本にかぎ針を入れ、

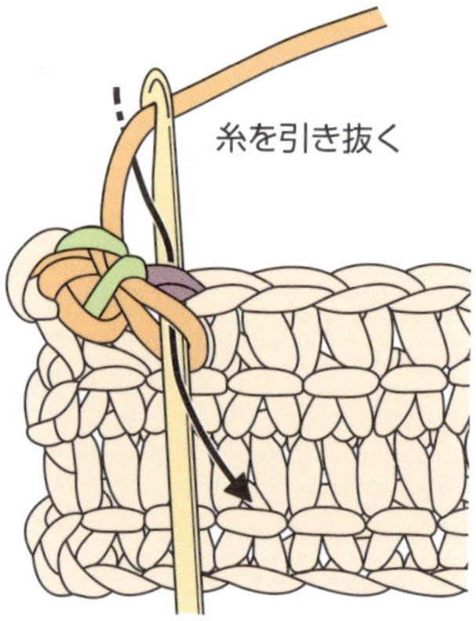

❽矢印のように糸をかぎ針の目も一緒に引き抜きます。

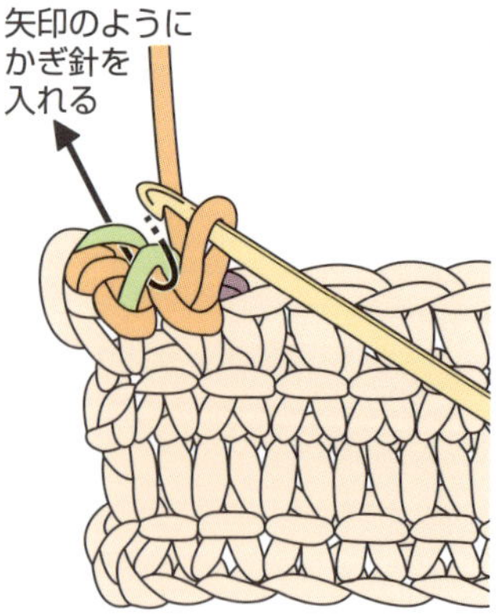

❾1目戻って矢印のように2本にかぎ針を入れます。

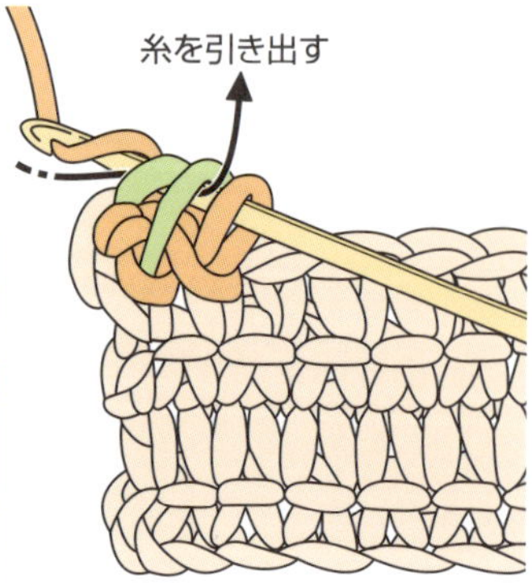

❿かぎ針に糸をかけて矢印のように糸を引き出します。

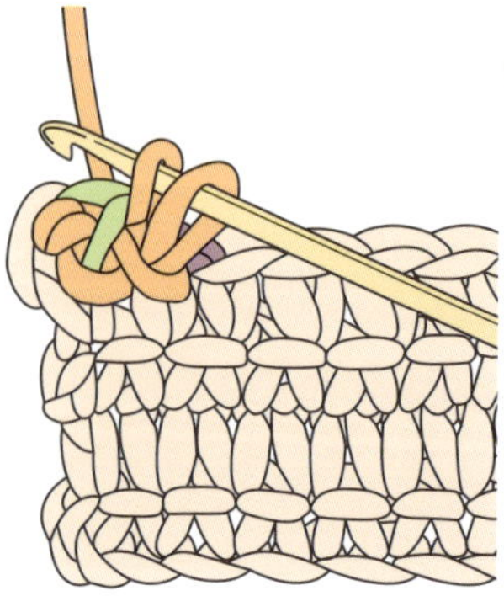

⓫糸を引き出したところです。

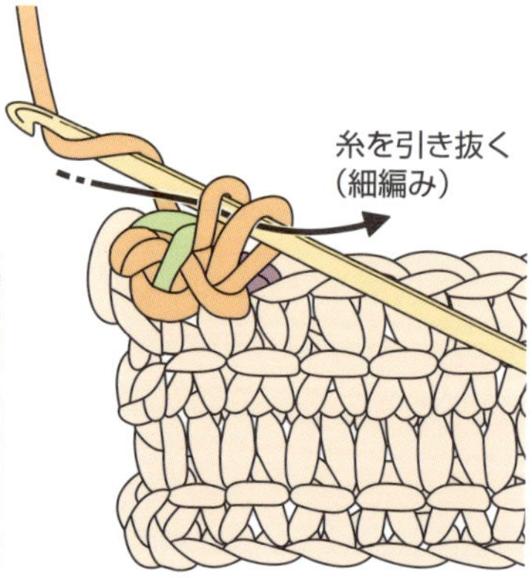

⓬もう一度かぎ針に糸をかけて、かぎ針の2ループを引き抜きます。

糸かけ細編み目《いとかけこまあみめ》

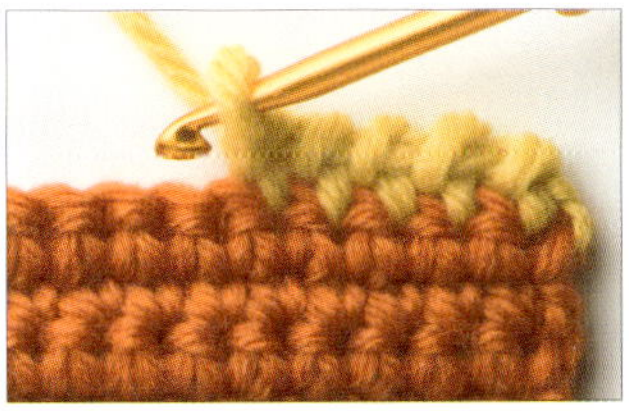

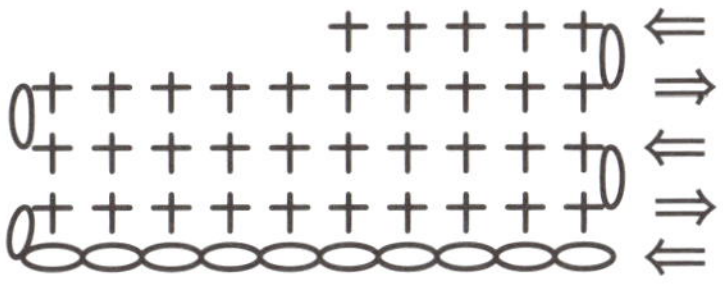

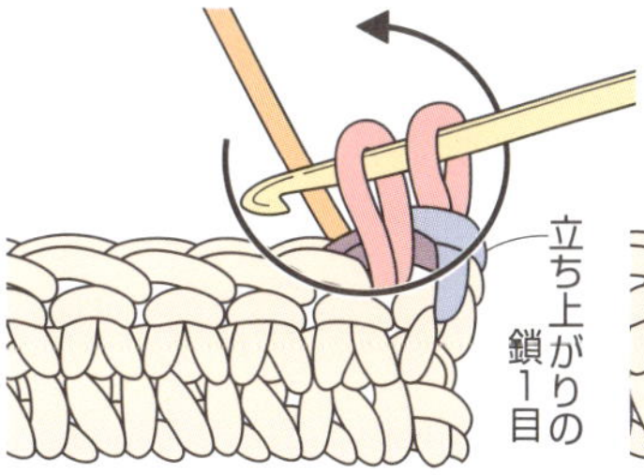

❶1目めは細編みを編むように糸を引き出し、編んでいく糸を左から右に回してかけます。

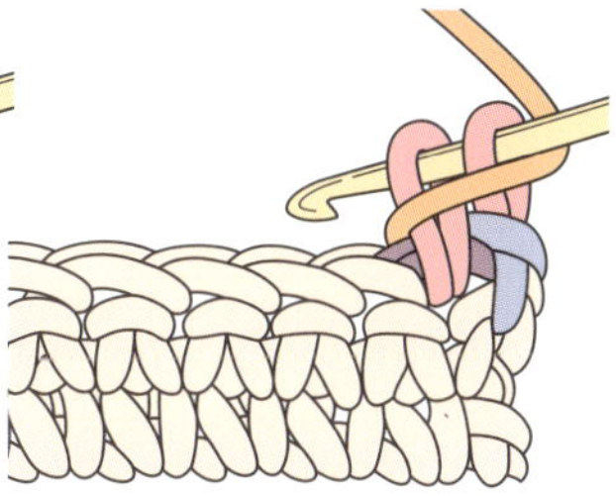

❷糸をかけているところです。

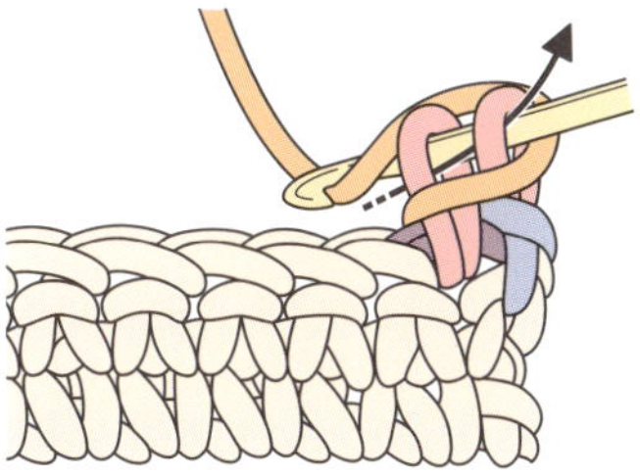

❸回してきた糸をかぎ針にかけて、矢印のように引き抜きます。

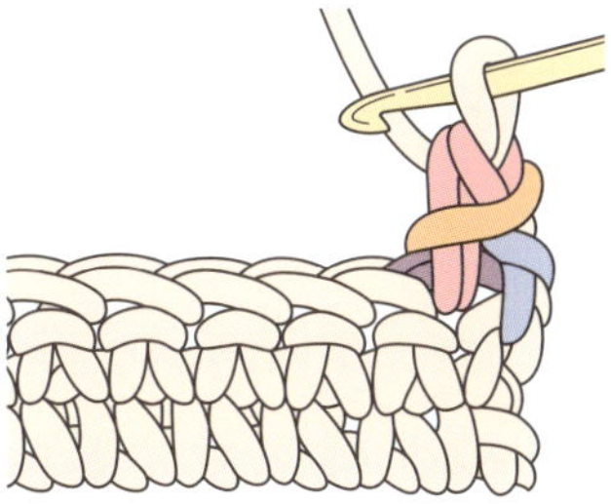

❹糸かけ細編みが1目編めました。

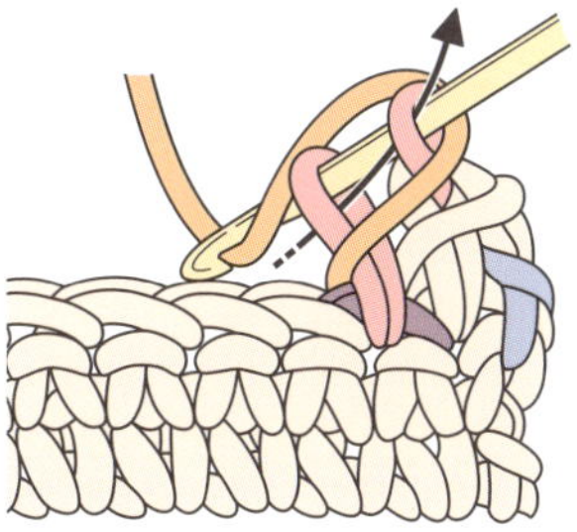

❺次の目も未完成の細編みを編み、目に糸をかけて引き抜きます。

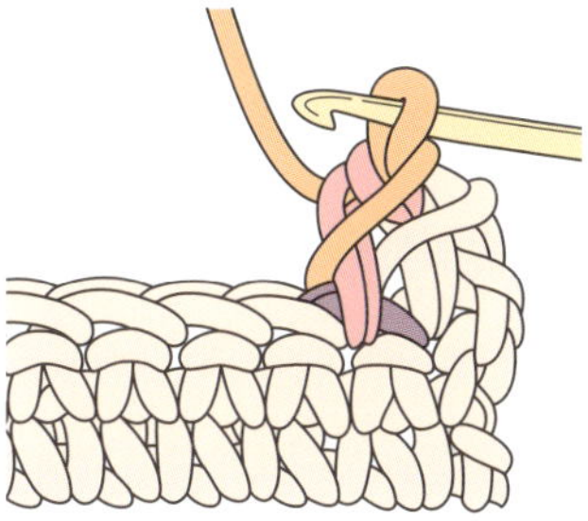

❻糸かけ細編みが2目編めました。

変わりバック細編み目《かわりばっくこまあみめ》（1本拾い）

戻った目を1本拾う編み方です。

❶〜❽までは2本拾いの編み方と同じです。

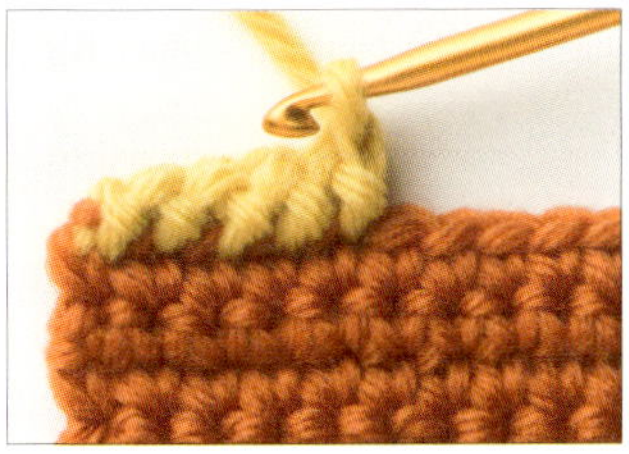

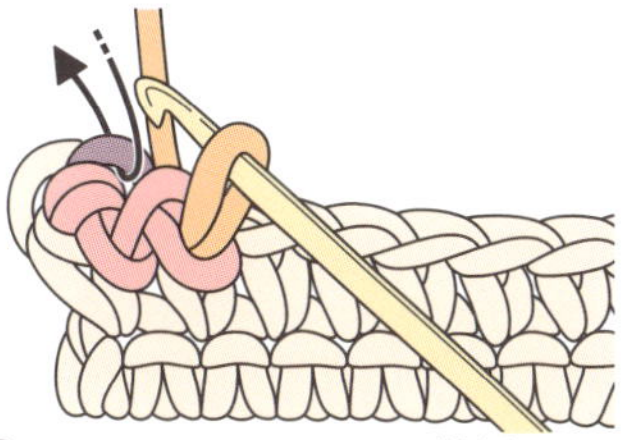

❶矢印の戻った目にかぎ針を入れて、

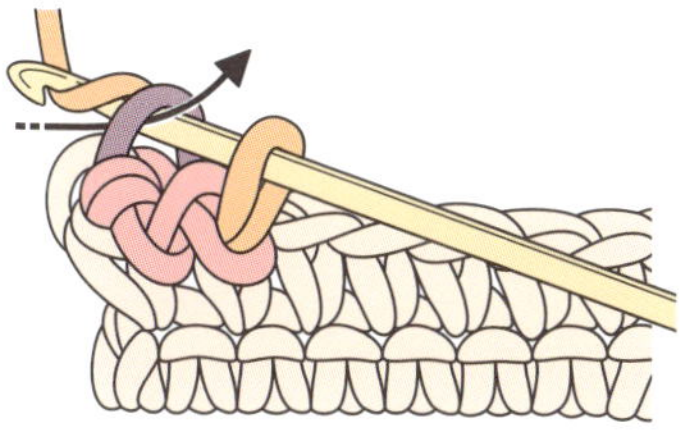

❷かぎ針に糸をかけて矢印のように糸を引き出します。

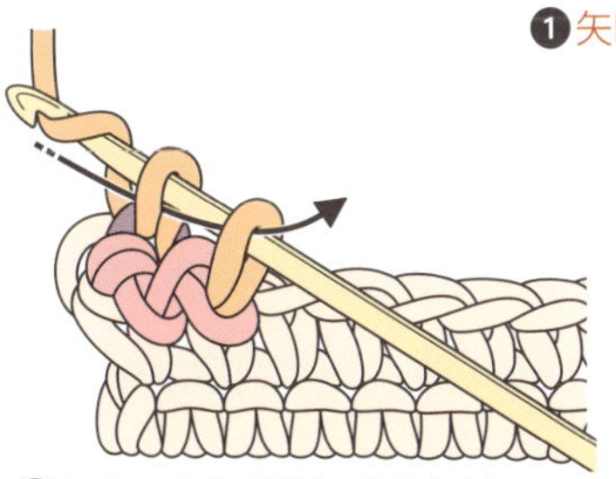

❸もう一度かぎ針に糸をかけて、かぎ針の2ループを引き抜きます。

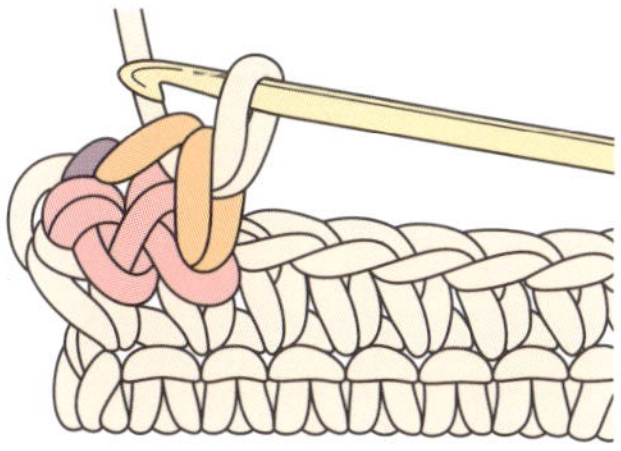

❹出来あがりです。以降、戻った目は1本拾って編みます。

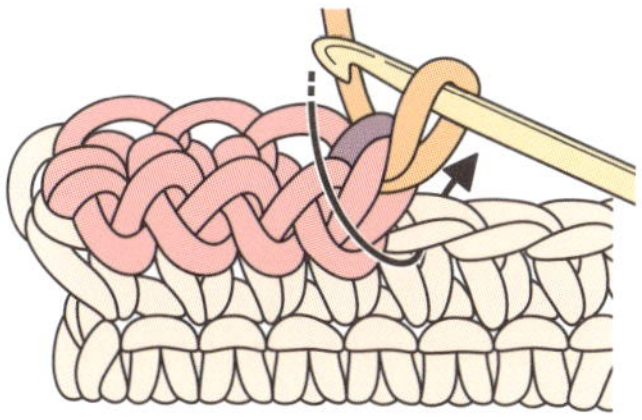

❺変わりバック細編みを4目編んだところです。

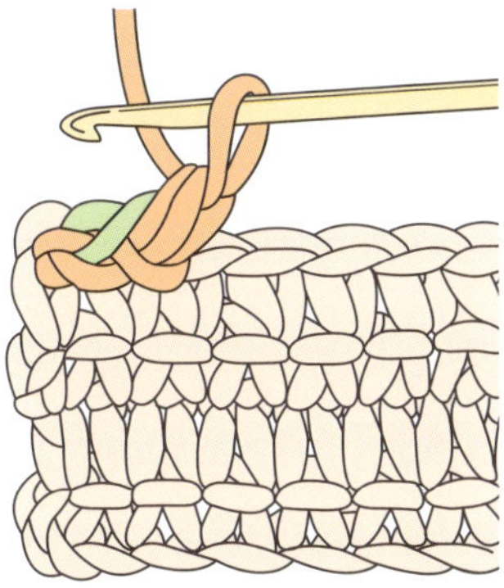

⓭変わりバック細編み目の2目めが編めました。次から⑦〜⑫をくり返します。

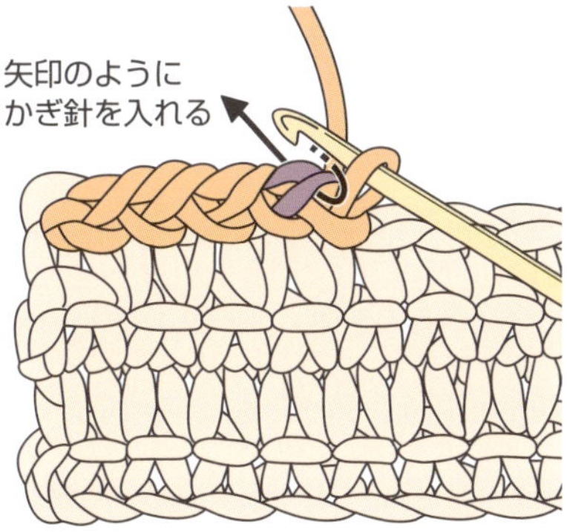

⓮5目編んだところです。

十 細編《こまあ》みのうね編《あ》み目《め》

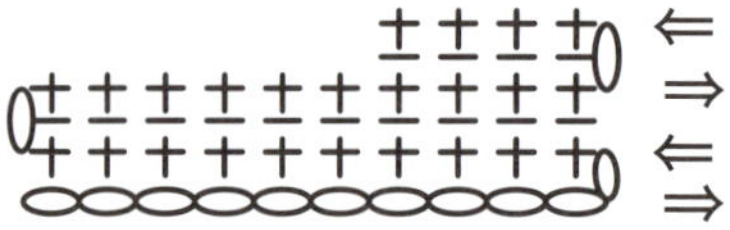

1段め

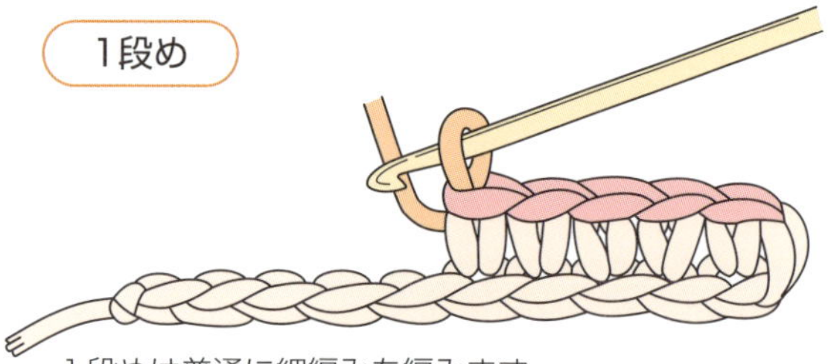

1段めは普通に細編みを編みます。

2段め

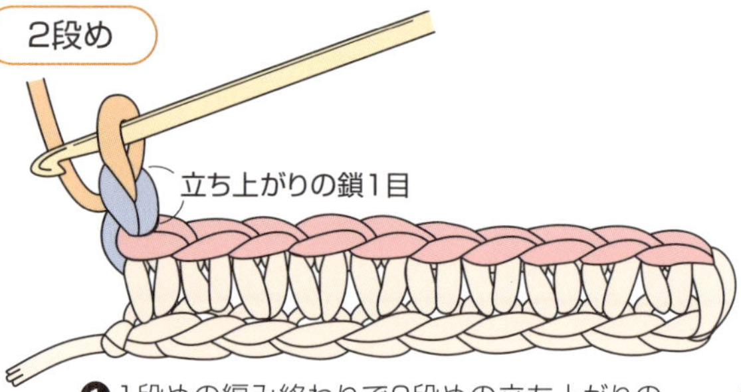

❶1段めの編み終わりで2段めの立ち上がりの鎖1目を編み、編み地を持ち替えます。

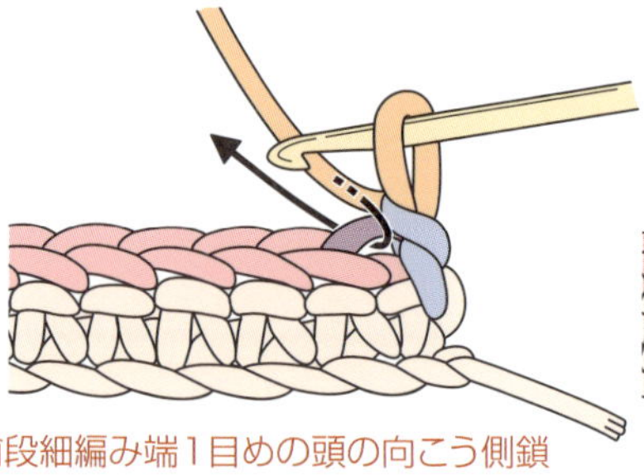

❷前段細編み端1目めの頭の向こう側鎖半目にかぎ針を矢印のように入れます。

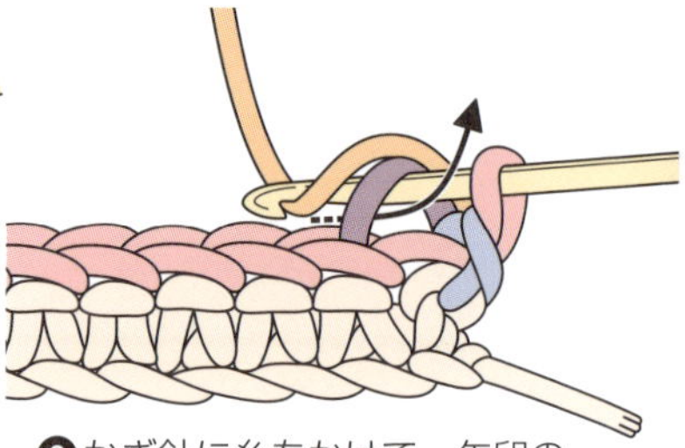

❸かぎ針に糸をかけて、矢印のように糸を引き出します。

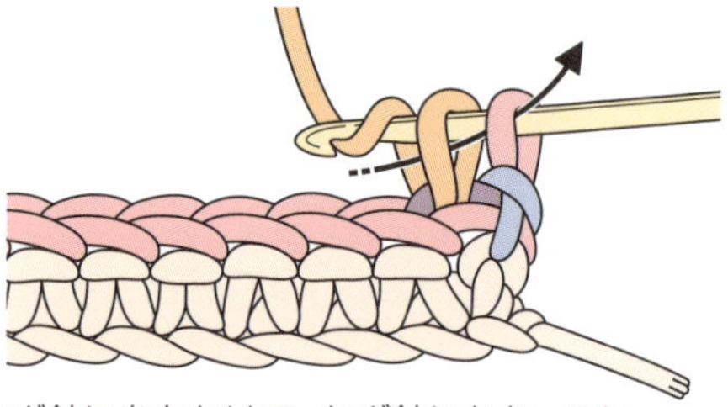

❹かぎ針に糸をかけて、かぎ針にかかっている2ループを矢印のように引き抜きます。

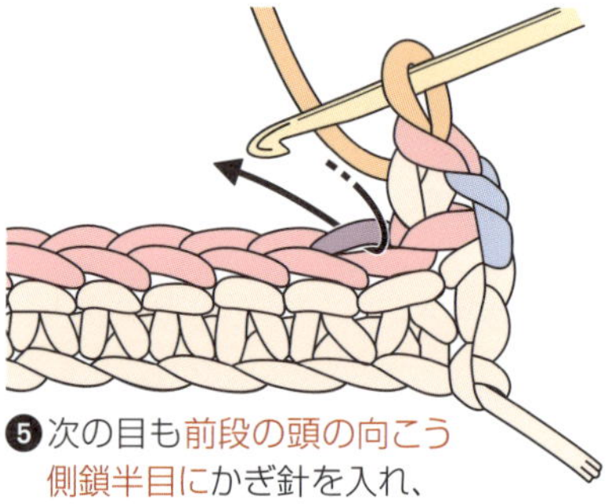

❺次の目も前段の頭の向こう側鎖半目にかぎ針を入れ、

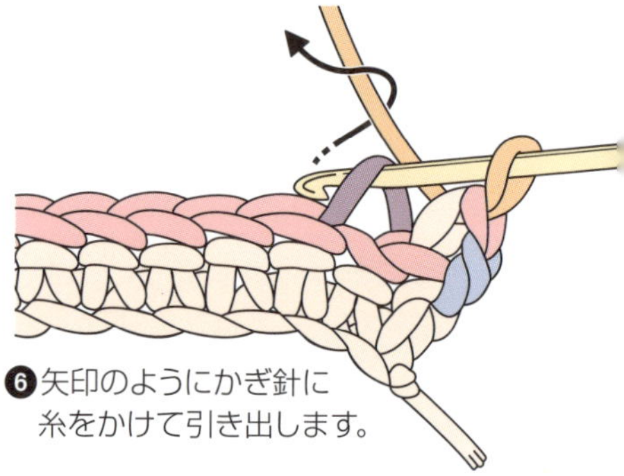

❻矢印のようにかぎ針に糸をかけて引き出します。

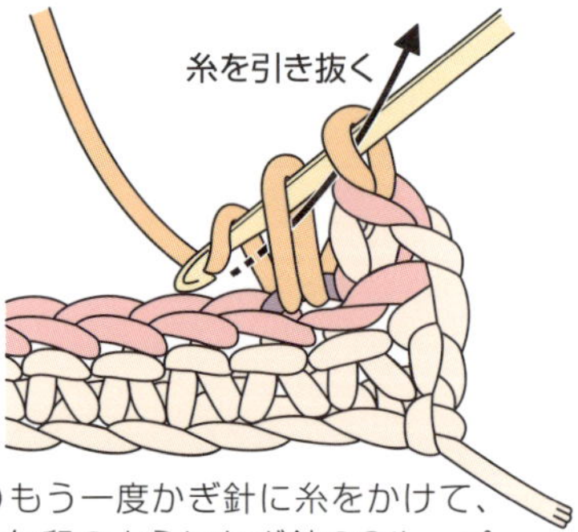

❼もう一度かぎ針に糸をかけて、矢印のようにかぎ針の2ループを引き抜くと細編みが編めます。

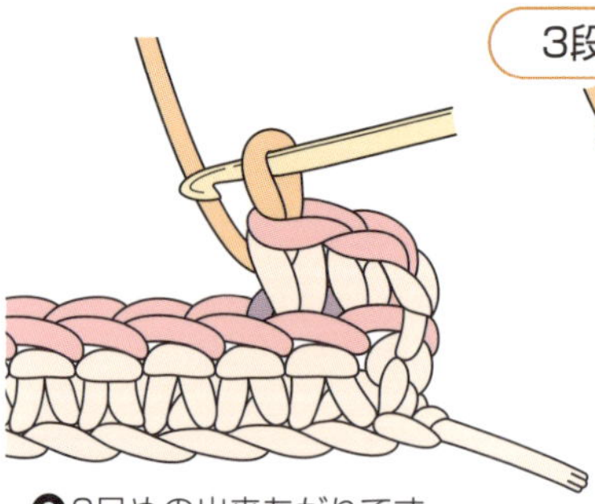

❽2目めの出来あがりです。

3段め

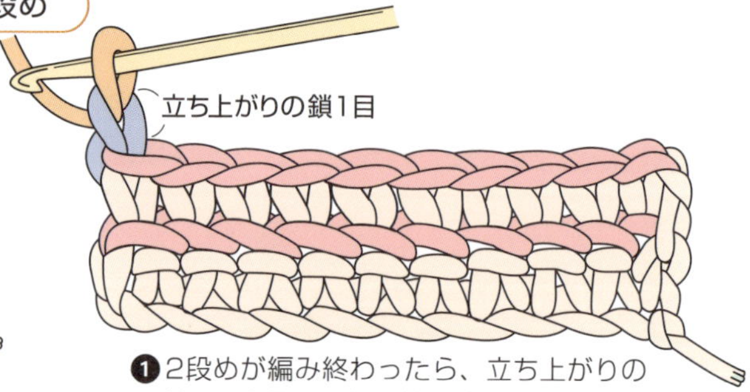

❶2段めが編み終わったら、立ち上がりの鎖1目を編み、編み地を持ち替えます。

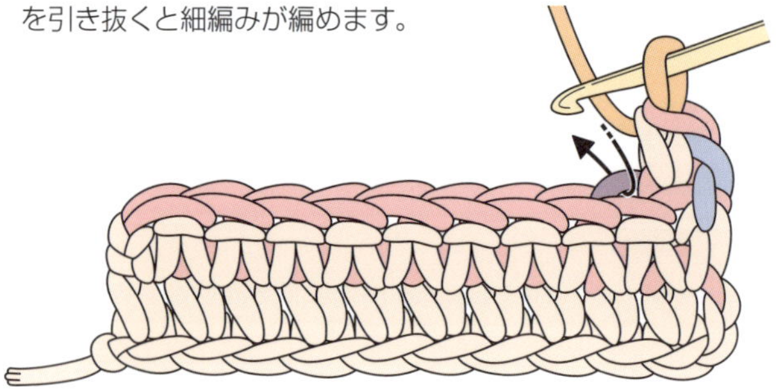

❷2段めと同じように前段の頭の向こう側鎖半目に細編みを編みます。

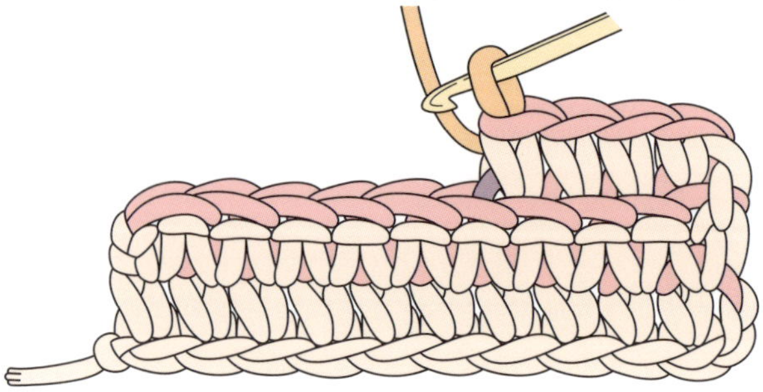

❸4目編んだところです。

十 細編みのすじ編み目《こまあみのすじあみめ》(平編み)

輪編みのすじ編みは、毎段前段の向こう側鎖半目を拾いながら編みますが、平編みの場合は前段の頭の手前側鎖半目と向こう側鎖半目を毎段交互に拾いながら編みますので、表側に鎖半目の「すじ」が表われます。

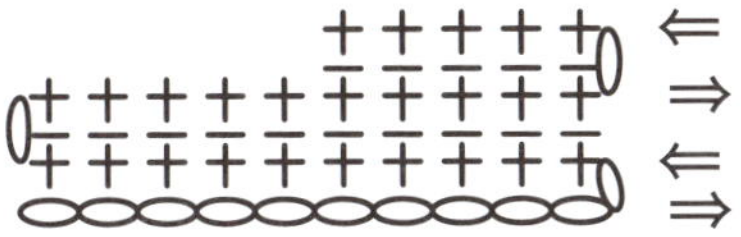

2段め

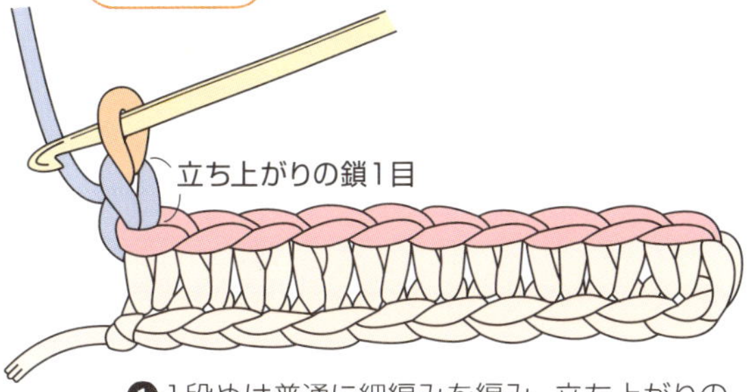

❶1段めは普通に細編みを編み、立ち上がりの鎖1目を編んでから編み地を持ち替えます。

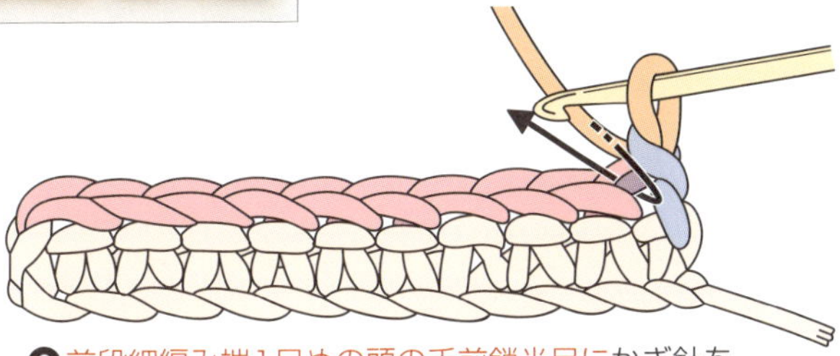

❷前段細編み端1目めの頭の手前鎖半目にかぎ針を入れます。

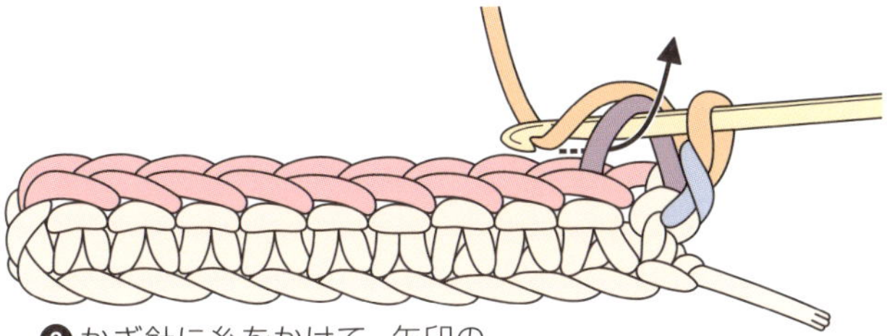

❸かぎ針に糸をかけて、矢印のように糸を引き出します。

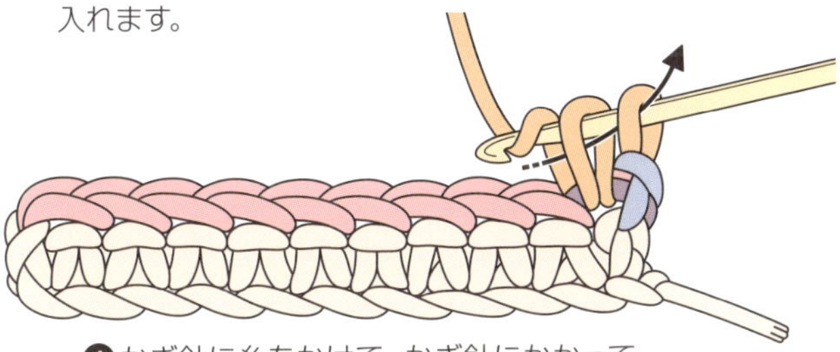

❹かぎ針に糸をかけて、かぎ針にかかっている2ループを矢印のよう引き抜きます。

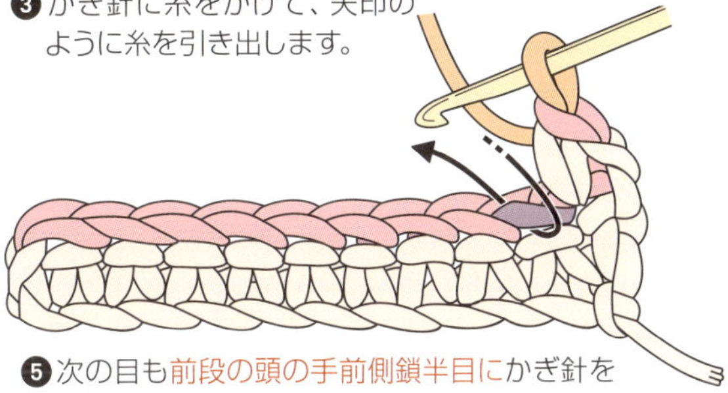

❺次の目も前段の頭の手前側鎖半目にかぎ針を入れて細編みを編みます。

3段め

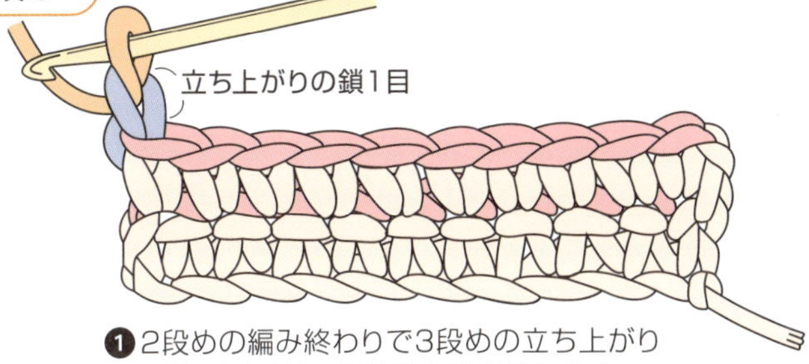

❶2段めの編み終わりで3段めの立ち上がりの鎖1目を編み、編み地を持ち替えます。

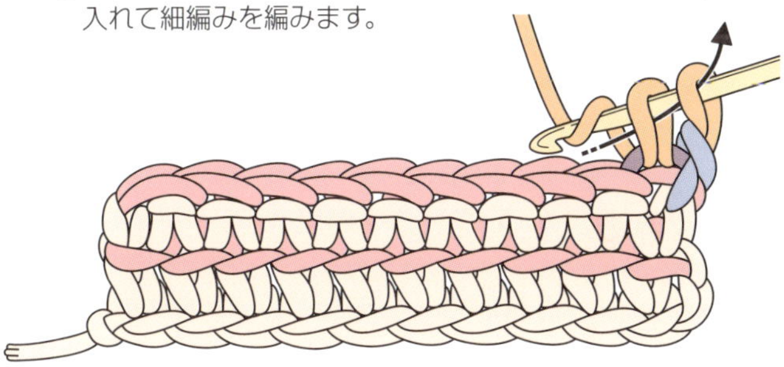

❷前段の頭の向こう側鎖半目にかぎ針を入れて糸を引き出し、かぎ針に糸をかけて引き抜きます。

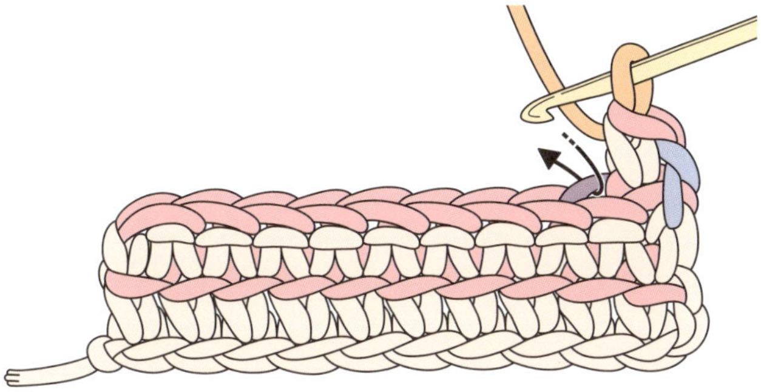

❸細編みが1目編めました。次の目も前段の頭の向こう側鎖半目に細編みを編みます。

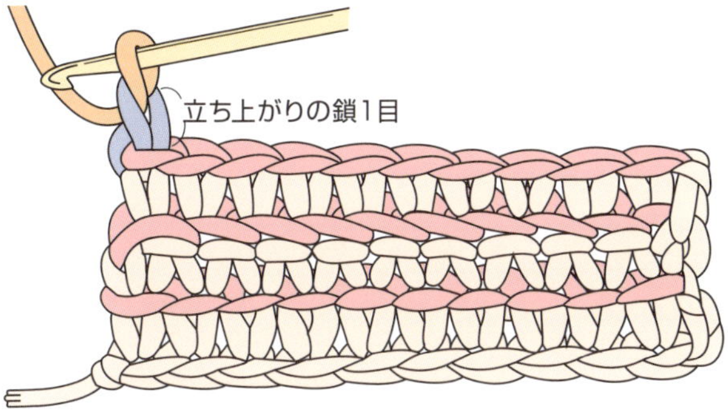

❹前段の頭の向こう側鎖半目を拾いながら 最後まで細編みを編みます(表側に鎖半目のすじが表れる)。前段の頭の手前側鎖半目と向こう側鎖半目を交互にくり返して編みます。

細編《こまあ》みのすじ編《あ》み目《め》（輪編み…毎段表を見て編む）

細編みの頭の向こう側鎖半目を毎段拾いながら、輪に編んでいきます。手前の鎖半目が「すじ」のように表われるところから「すじ編み」といいます。

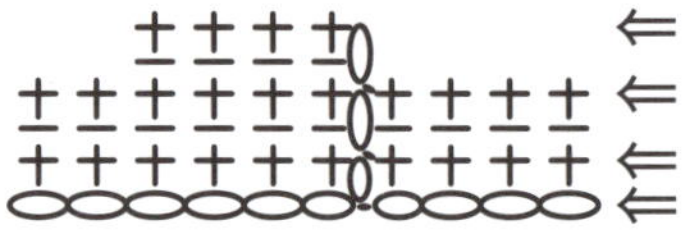

1段め

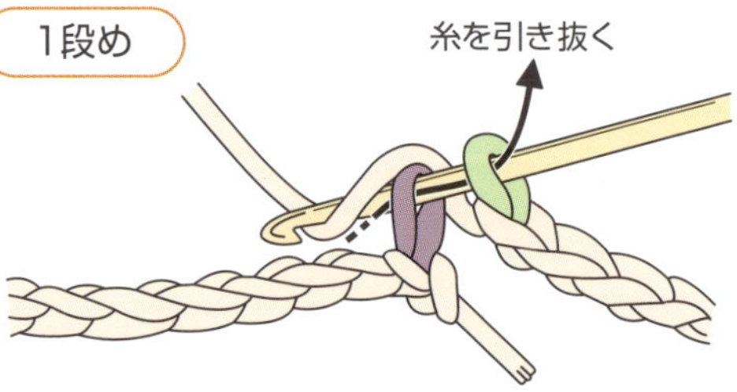

❶編み始めの鎖の裏山に引き抜いて「輪」にします（作り目の鎖がねじれないように注意してください）。

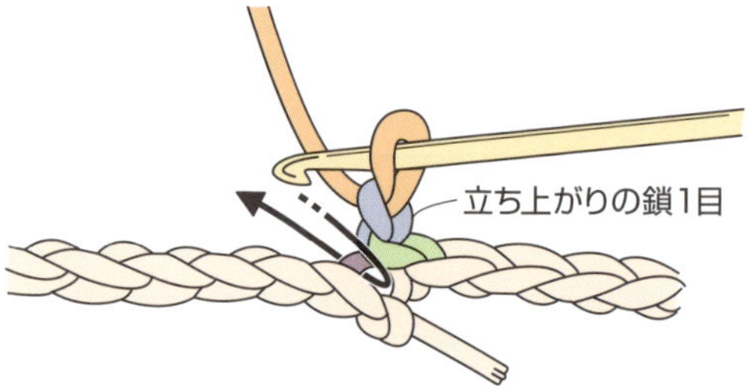

❷鎖1目で立ち上がり、①と同じ鎖の裏山を拾って細編みを編みます。

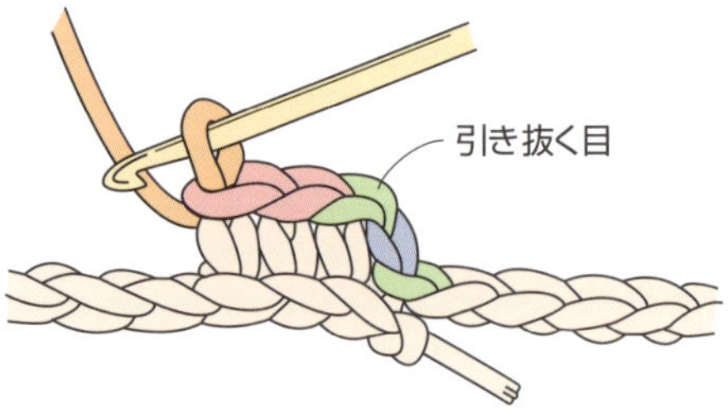

❸細編みを3目編んだところです。

2段め

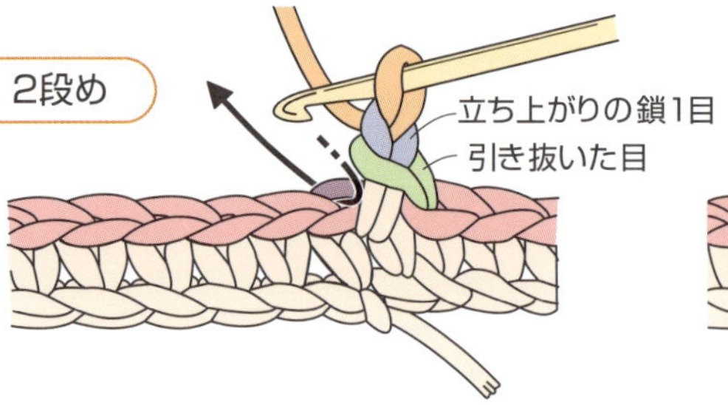

❶細編みを一周編んだら、最初の細編みの頭鎖2本に引き抜きます。立ち上がりの鎖1目を編み、前段の頭の向こう側鎖半目（引き抜いた目）に

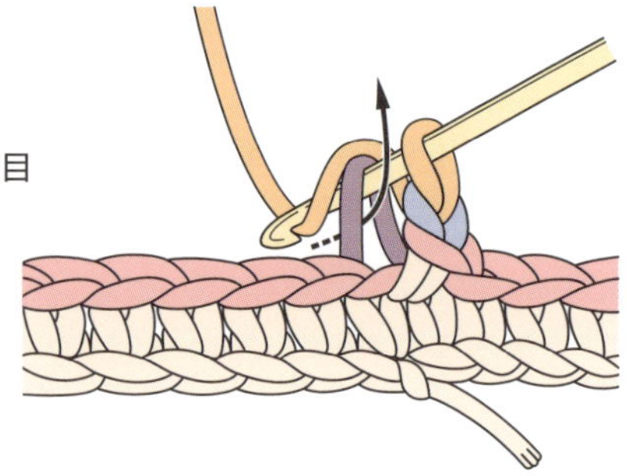

❷かぎ針を入れます。かぎ針に糸をかけて、

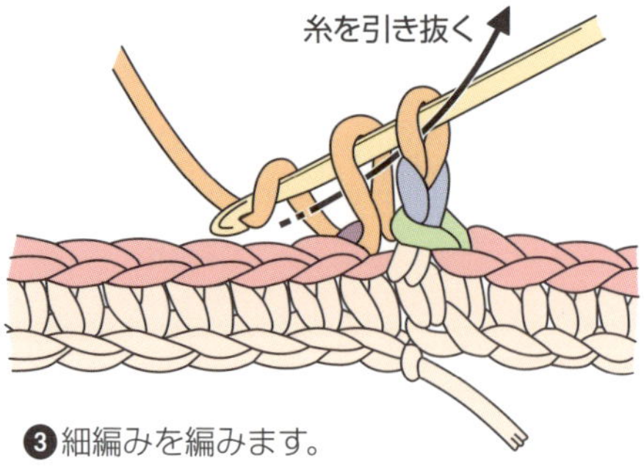

❸細編みを編みます。

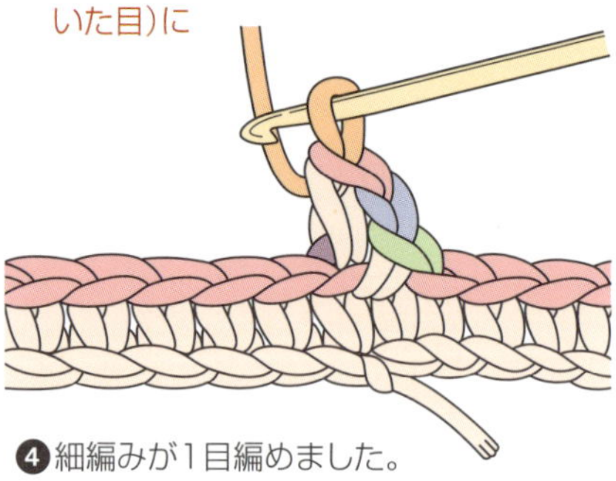

❹細編みが1目編めました。

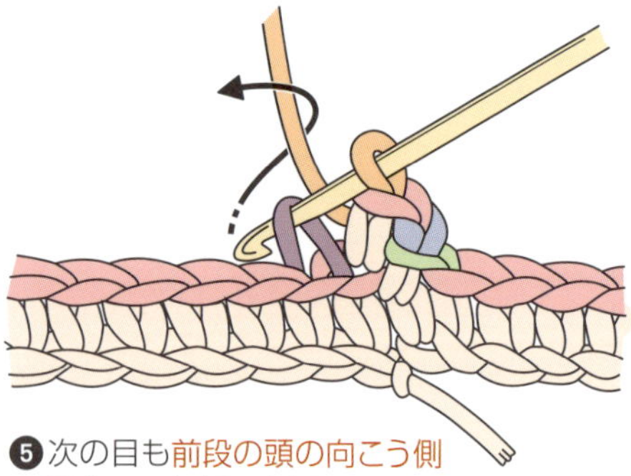

❺次の目も前段の頭の向こう側鎖半目に細編みを編みます。

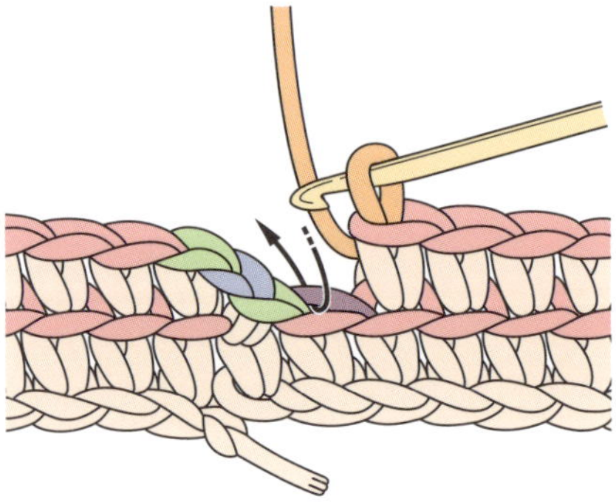

❻2段めも一周編んだら、2段めの最初の細編みの頭鎖2本に引き抜きます。

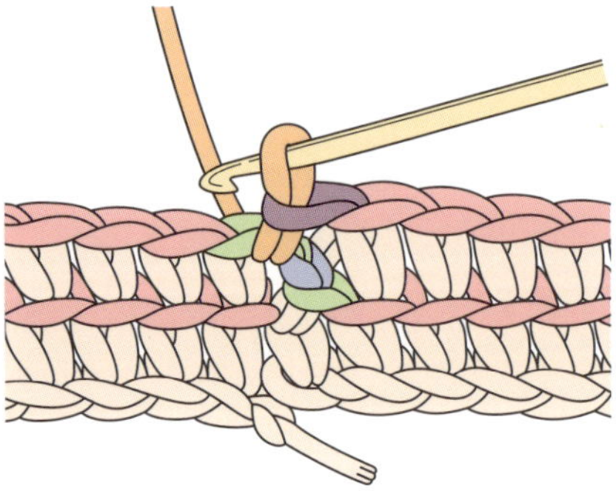

❼引き抜いて2段めの出来あがりです。

3段め

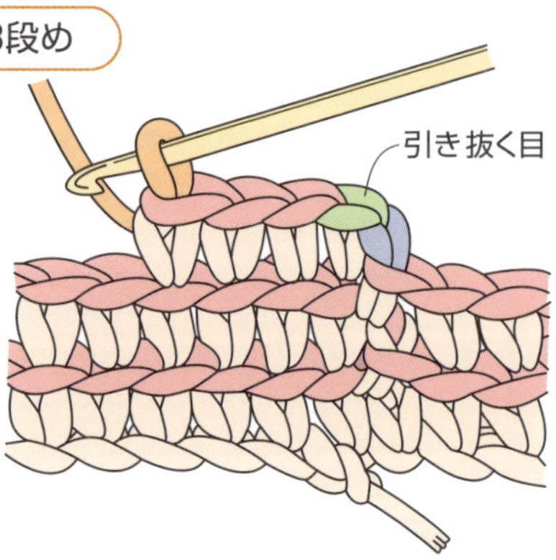

立ち上がりの鎖1目を編み、前段の頭の向こう側鎖半目を拾いながら細編みを編み進みます。

中長編みのすじ編み目《ちゅうながあみのすじあみめ》(輪)

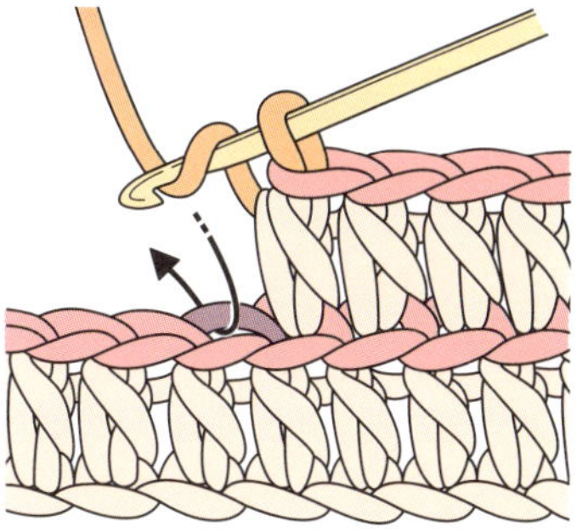

❶かぎ針に糸をかけて、前段の頭の向こう側鎖半目にかぎ針を入れます。

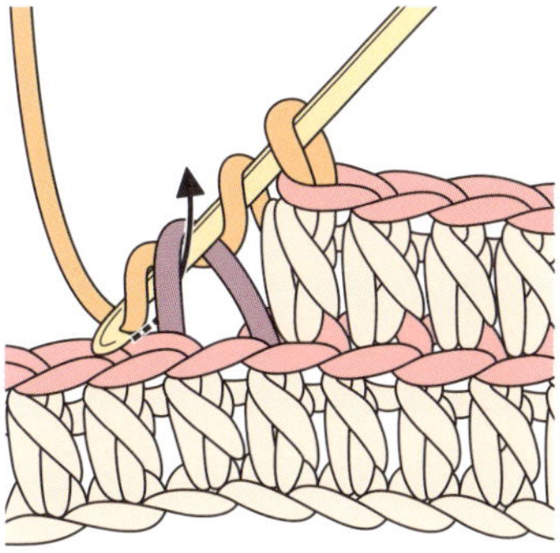

❷かぎ針に糸をかけて、矢印のように糸を引き出します。

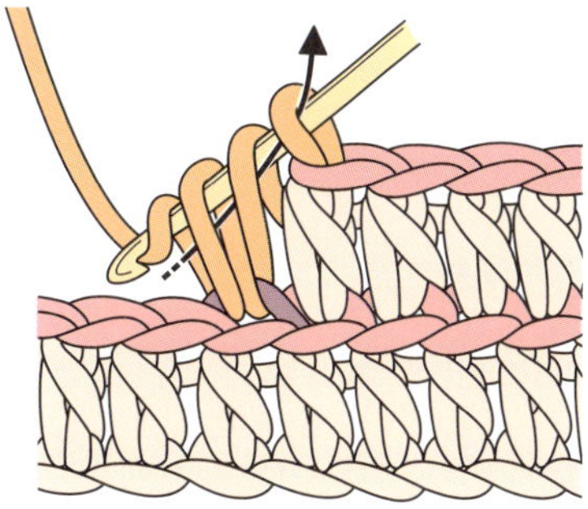

❸かぎ針に糸をかけて、かぎ針にかかっている3ループを矢印のように引き抜きます。

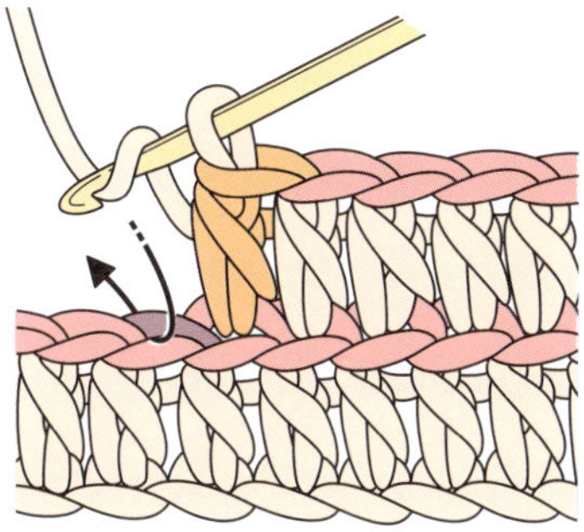

❹中長編みが編めました。次の目も前段の頭の向こう側鎖半目にかぎ針を入れて中長編みを編みます。

長編みのすじ編み目《ながあみのすじあみめ》(輪)

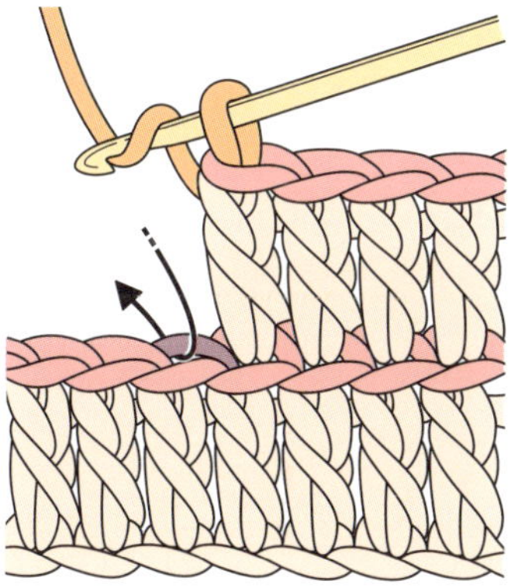

❶かぎ針に糸をかけて、前段の頭の向こう側鎖半目にかぎ針を入れます。

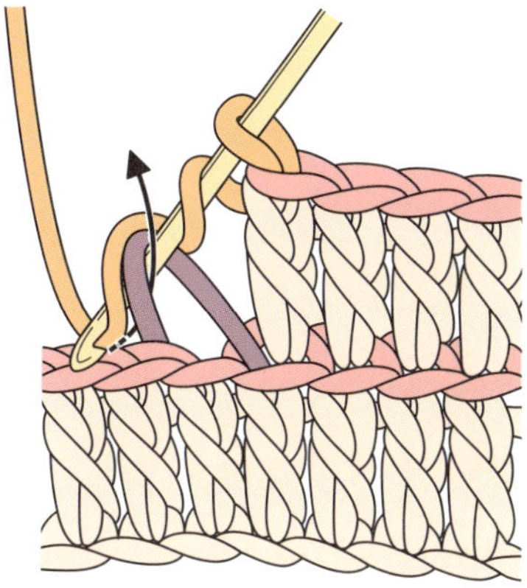

❷かぎ針に糸をかけて、矢印のように糸を引き出します。

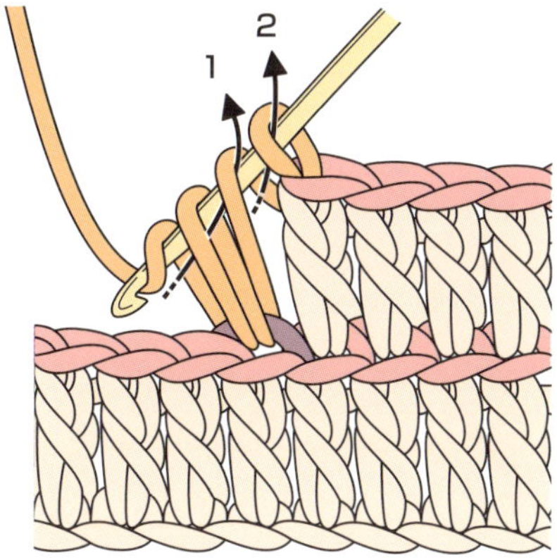

❸かぎ針に糸をかけて、針先にかかっている2ループを引き出し､もう一度かぎ針に糸をかけて、かぎ針に残っている2ループを引き抜きます。

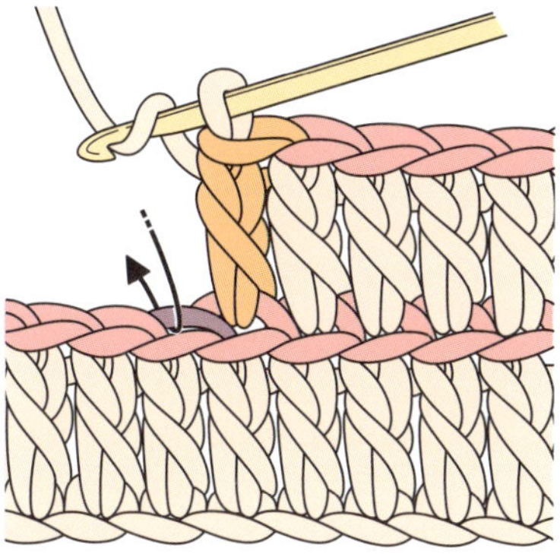

❹長編みが編めました。次の目も前段の頭の向こう側鎖半目にかぎ針を入れて長編みを編みます。

中長編み3目の玉編み目《ちゅうながあみさんめのたまあみめ》(1目から拾う)

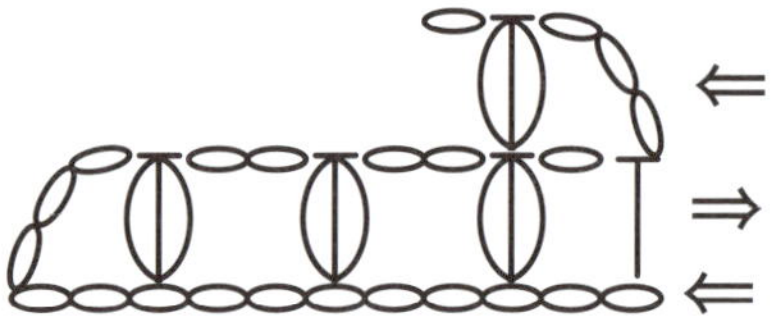

1段め

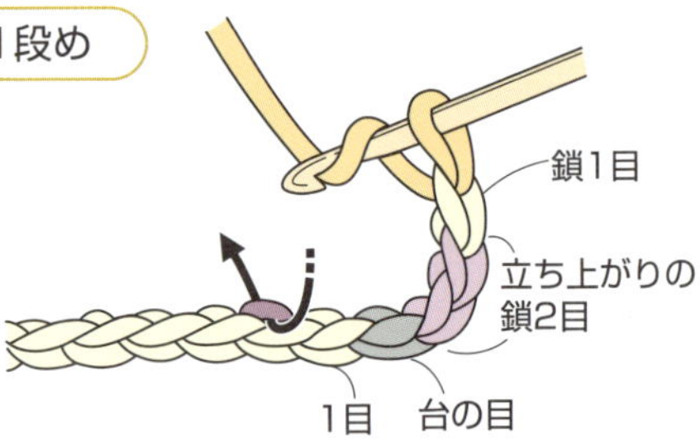

❶かぎ針に糸をかけて、矢印の鎖の裏山にかぎ針を入れます。

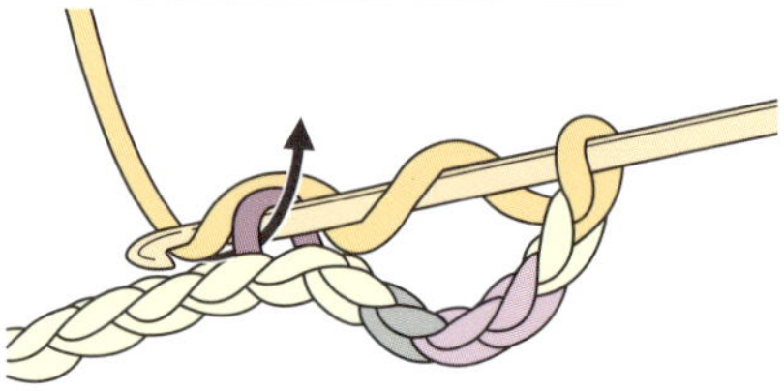

❷かぎ針に糸をかけて、鎖2目分の高さの糸を引き出し、

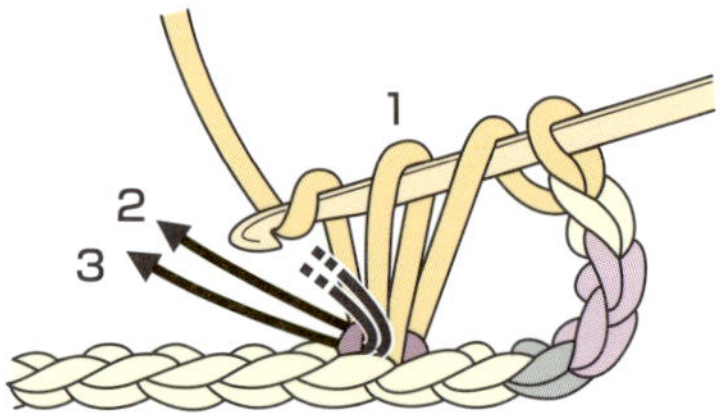

❸引き出したままにしておきます(中長編みは未完成)。あと同じ目に未完成の中長編みを2目編みます。

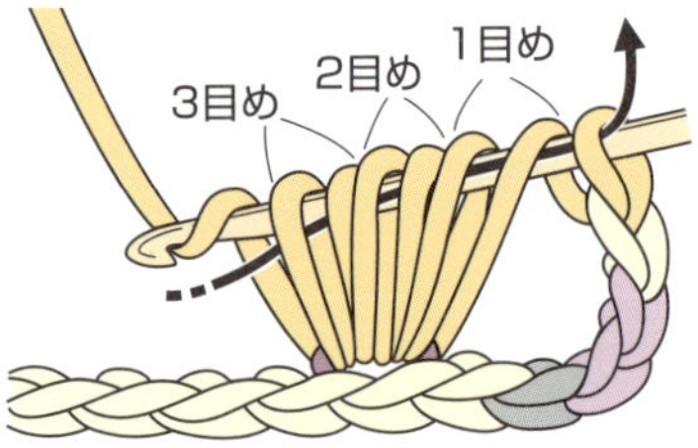

❹かぎ針に糸をかけ、矢印のようにかぎ針にかかった7ループを一度に引き抜きます。

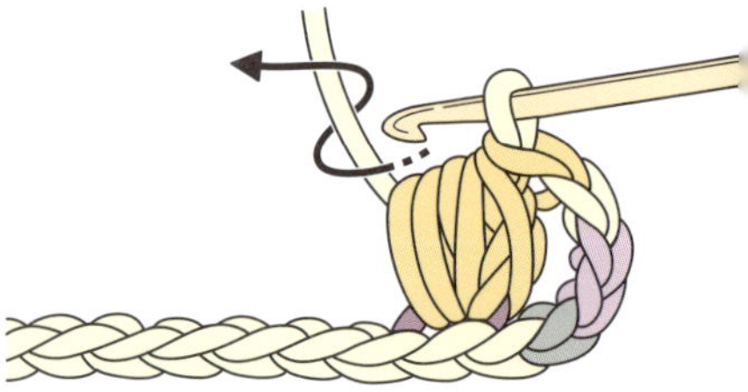

❺中長編み3目の玉編み目が編めました。

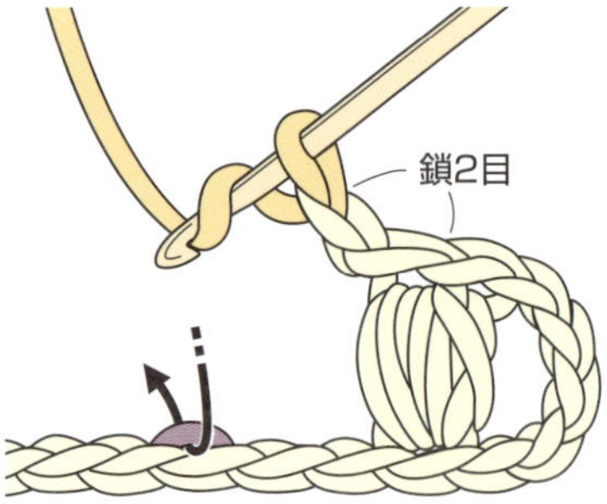

❻鎖2目を編み、次も作り目2目とばした鎖の裏山に①〜④をくり返して編みます。

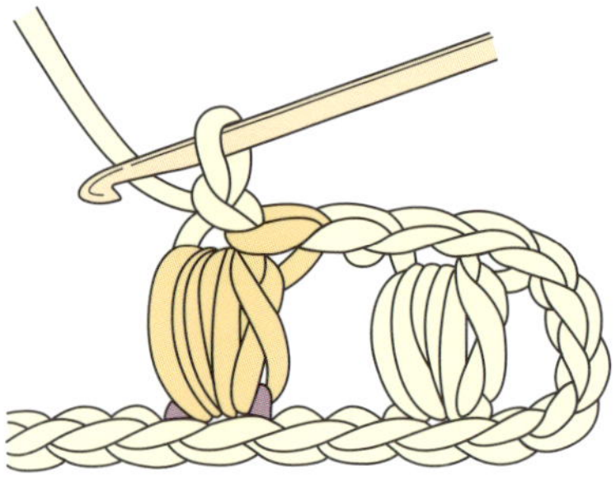

❼中長編み3目の玉編み目が2模様編めました。左端は鎖1目を編み、中長編みで終わります。

2段め

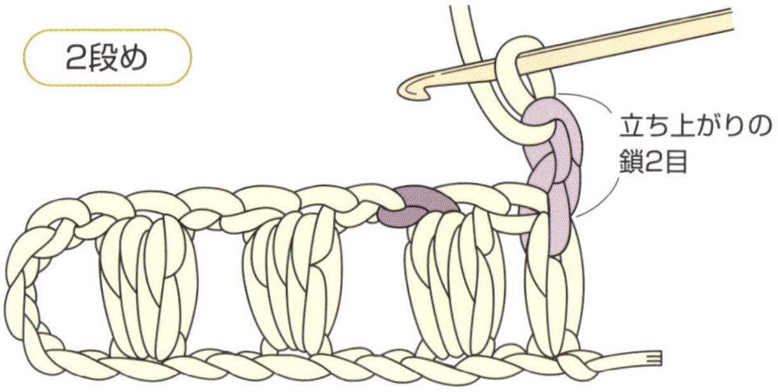

❶1段めの編み終わりで立ち上がりの鎖2目を編み、編み地を持ち替えます。

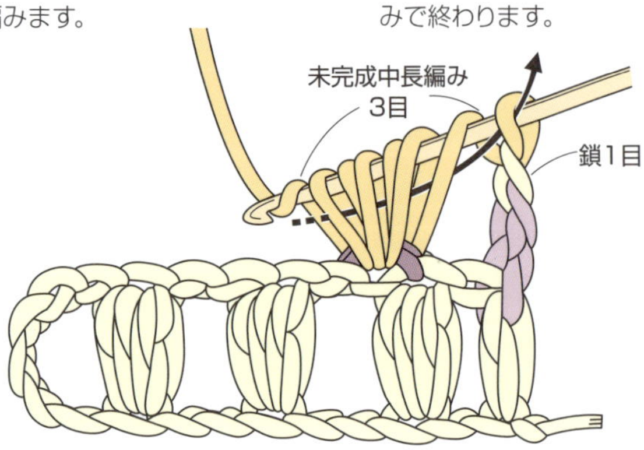

❷鎖1目を編み、前段玉編みの頭鎖2本を拾い、未完成の中長編み3目を編みます。かぎ針に糸をかけて、かかった7ループを一度に引き抜きます。

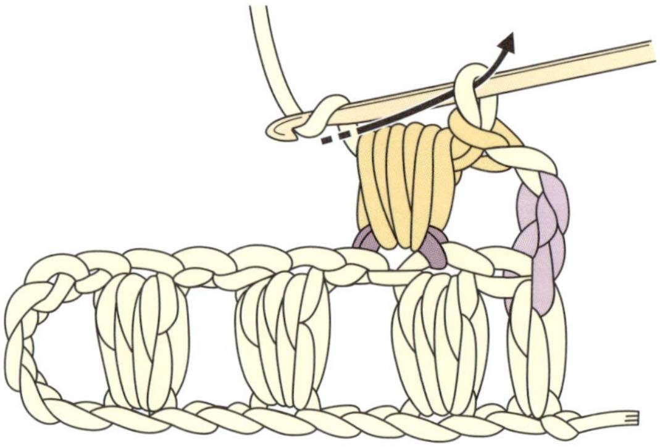

❸中長編み3目の玉編み目が編めました。
次の鎖1目を編むと安定します。

中長編み3目の玉編み目《ちゅうながあみさんめのたまあみめ》(束《そく》に拾う)

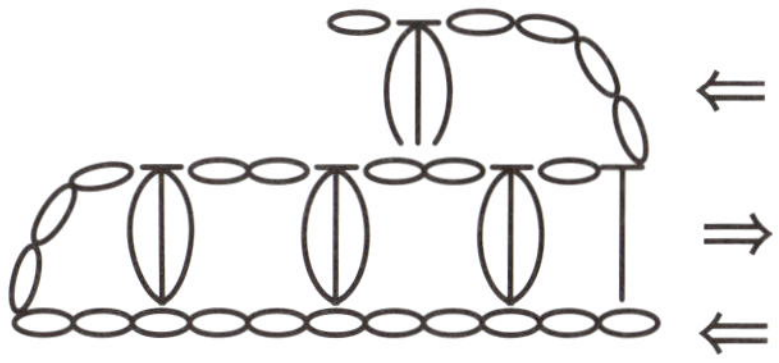

1段めは中長編み3目の玉編み目(1目から拾う)と同じです。

2段め

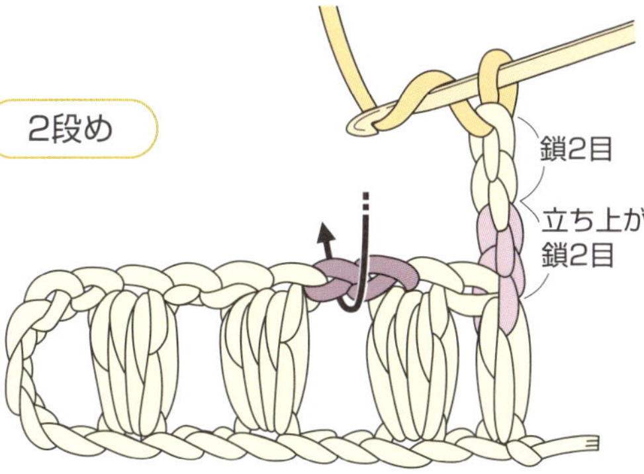

❶かぎ針に糸をかけ、前段の鎖目にかぎ針を束(すっぽりと入れる)に入れます。

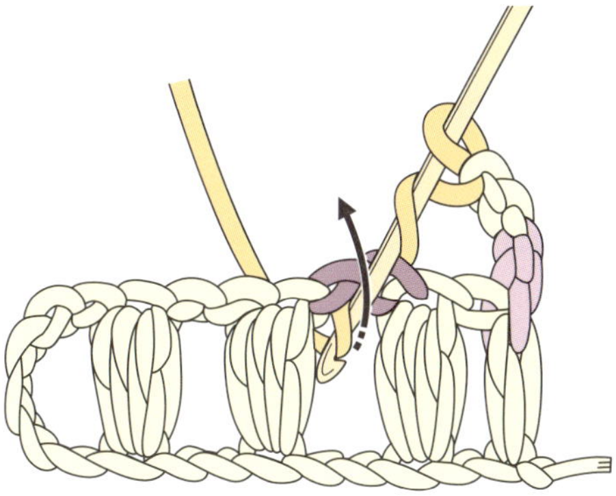

❷かぎ針に糸をかけて、鎖2目分の高さで糸を引き出し、

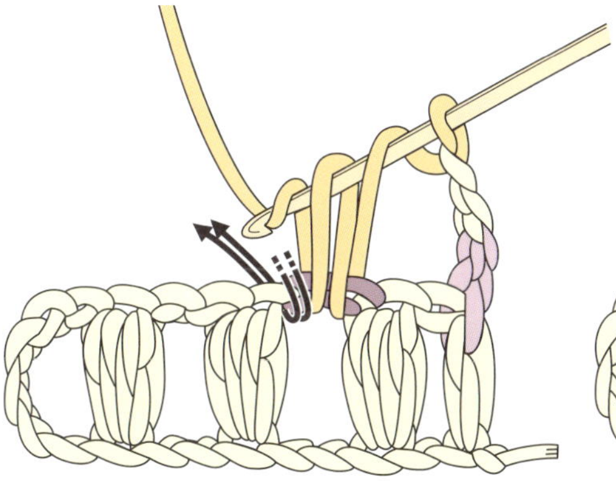

❸かぎ針に糸をかけて、あと2回同じように引き出します(未完成の中長編み3目)。

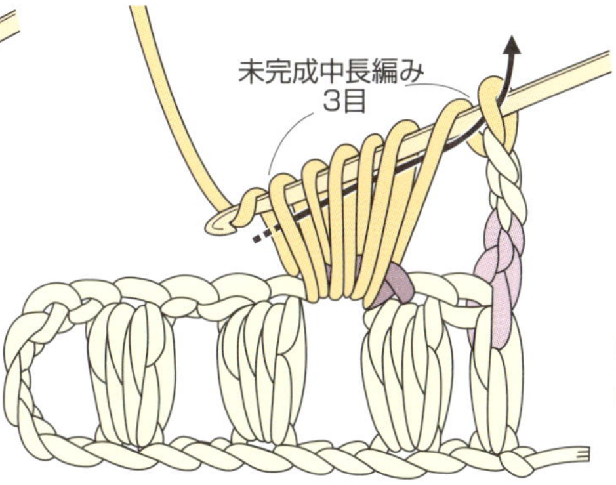

❹かぎ針に糸をかけて、矢印のようにかぎ針にかかった7ループを一度に引き抜きます。

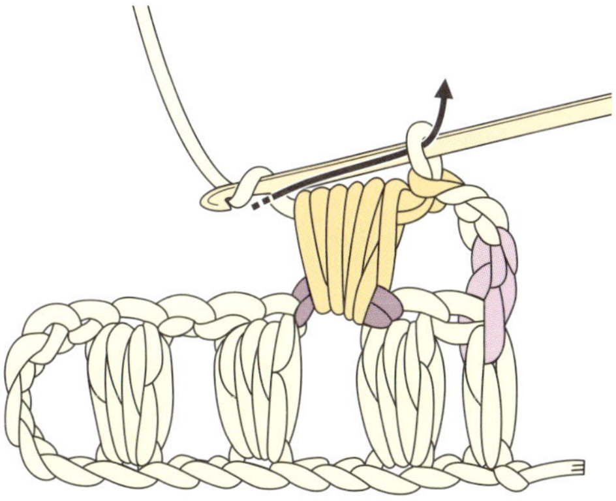

❺中長編み3目の玉編み目が編めました。次の鎖1目を編むと安定します。

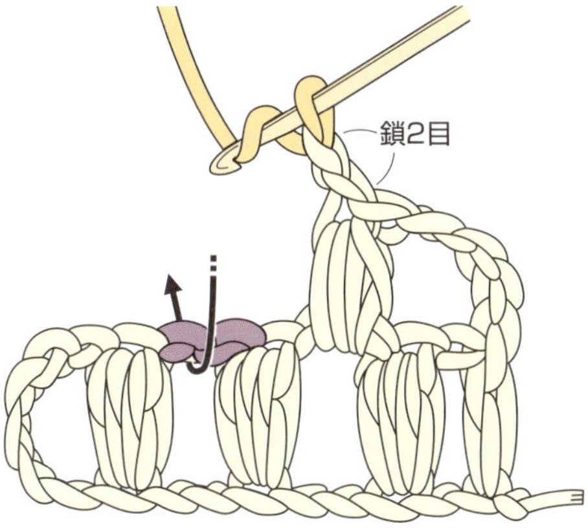

❻鎖2目を編みます。次も前段の鎖目を束(すっぽりと入れる)に拾って編みます。

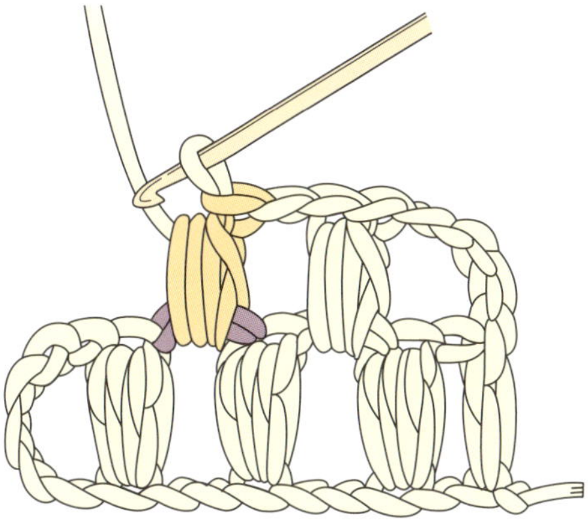

❼束に拾う中長編み3目の玉編み目が2模様編めました。

変わり中長編み3目の玉編み目《かわりちゅうながあみさんめのたまあみめ》(1目から拾う)

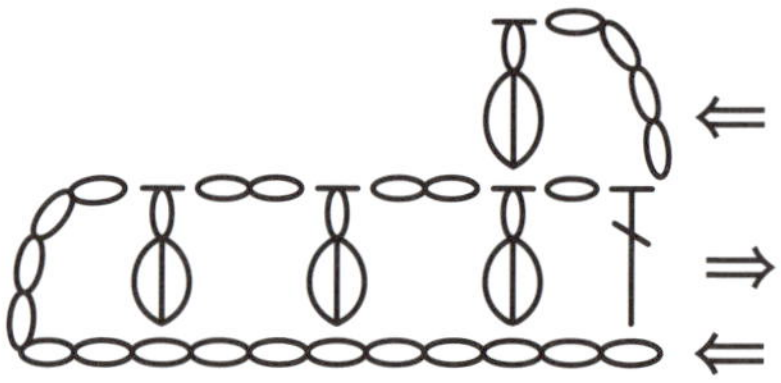

1段め

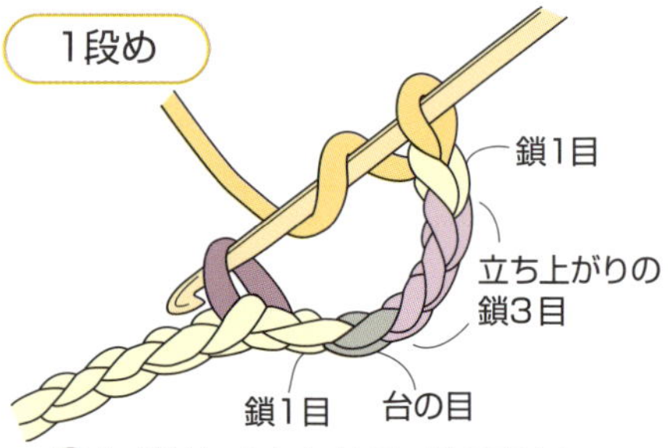

❶かぎ針に糸をかけて、鎖の裏山にかぎ針を入れます。

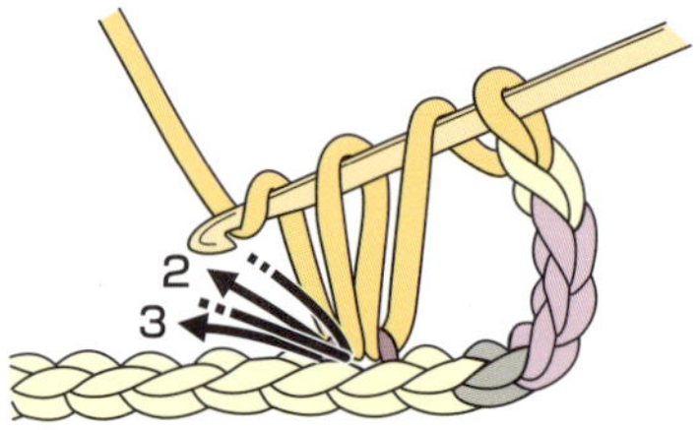

❷かぎ針に糸をかけて、鎖2目分の高さの糸を引き出し(中長編みは未完成)、かぎ針に糸をかけて、あと同じ目に未完成の中長編みを2目編みます。

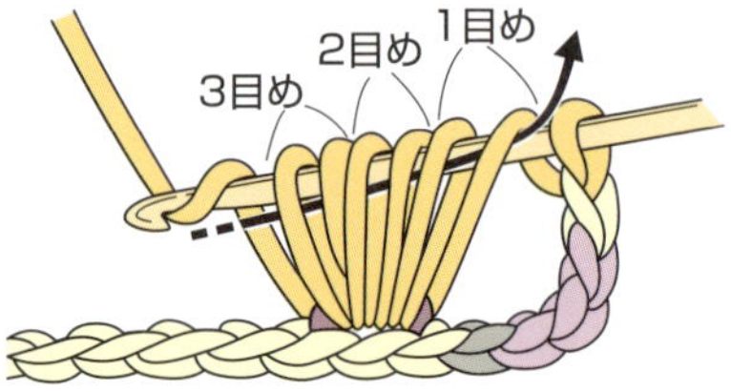

❸かぎ針に糸をかけ、矢印のようにかぎ針にかかった6ループを一度に引き抜きます。

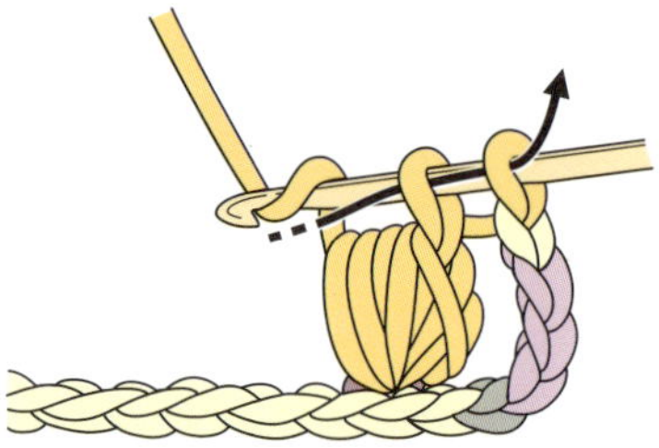

❹もう一度かぎ針に糸をかけて、残った2ループを引き抜きます。

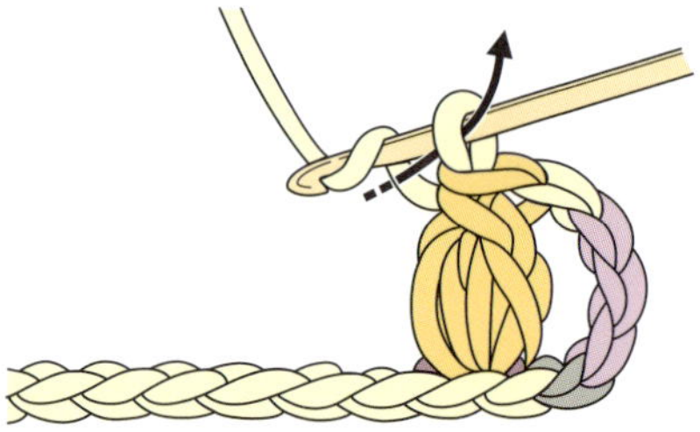

❺変わり中長編み3目の玉編み目が編めました。鎖2目を編み、

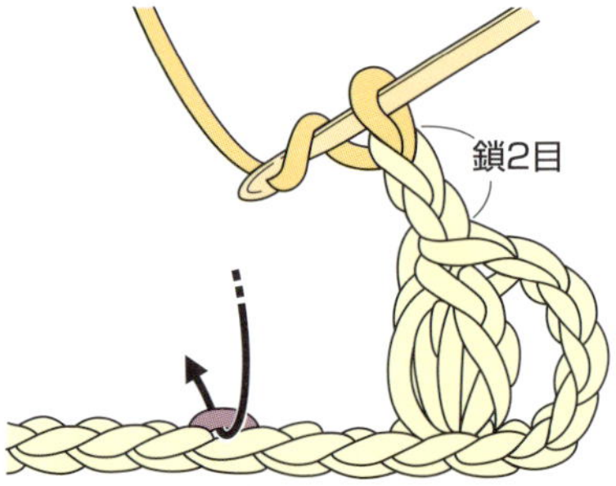

❻次も作り目2目とばした鎖の裏山に①～⑤をくり返して編みます。

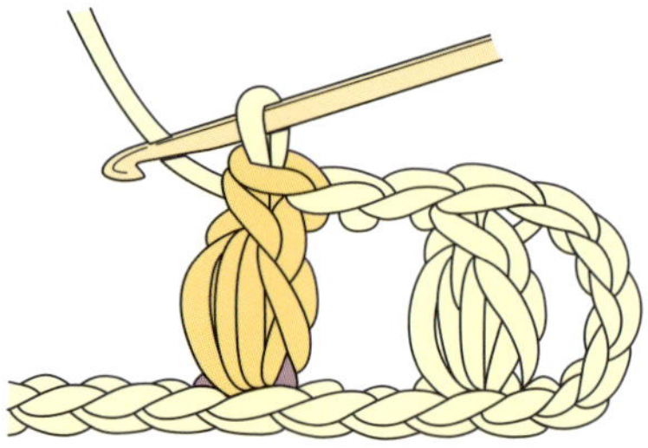

❼変わり中長編み3目の玉編み目が2模様編めました。

2段め

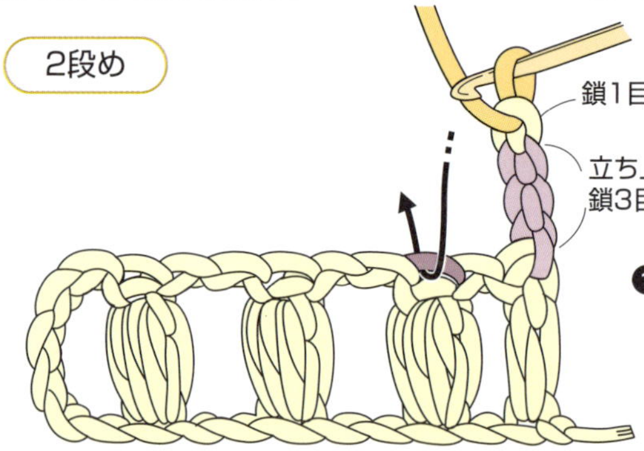

❶1段めの編み終わりで立ち上がりの鎖3目を編み、編み地を持ち替えます。鎖1目を編み、矢印のように前段玉編みの頭鎖2本を拾い、

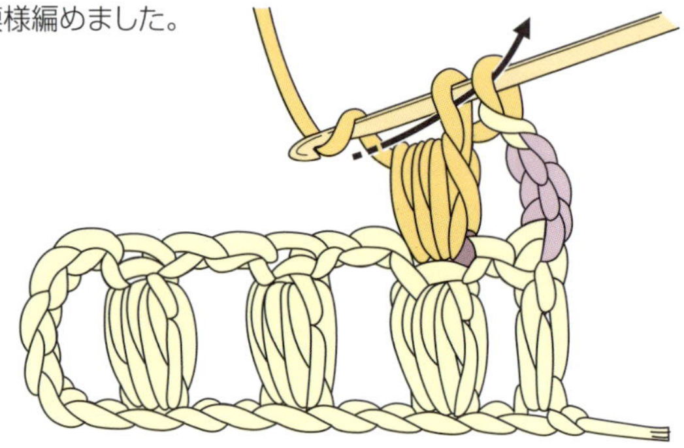

❷変わり中長編み3目を編みます。

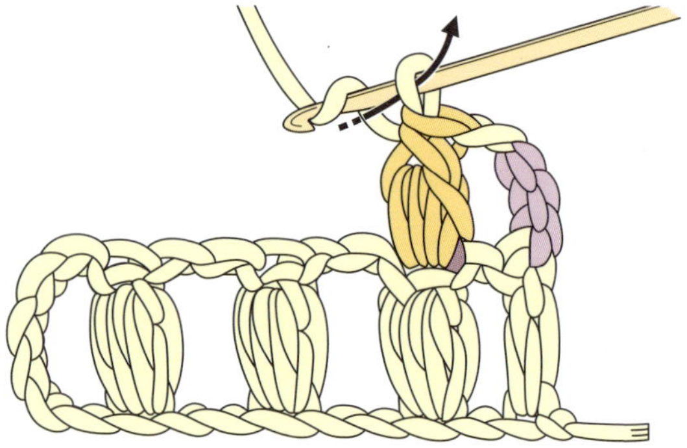

❸変わり中長編み3目の玉編み目(1目から拾う)が編めました。鎖2目を編みます。

変わり中長編み3目の玉編み目《かわりちゅうながあみさんめのたまあみめ》(束《そく》に拾う)

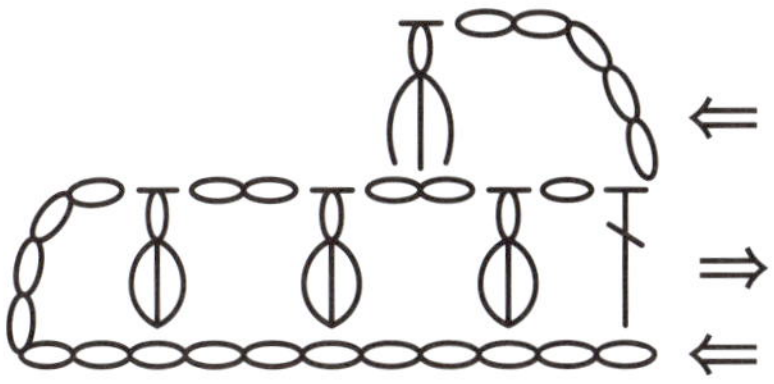

1段めは中長編み3目の玉編み目(1目から拾う)と同じです。

2段め

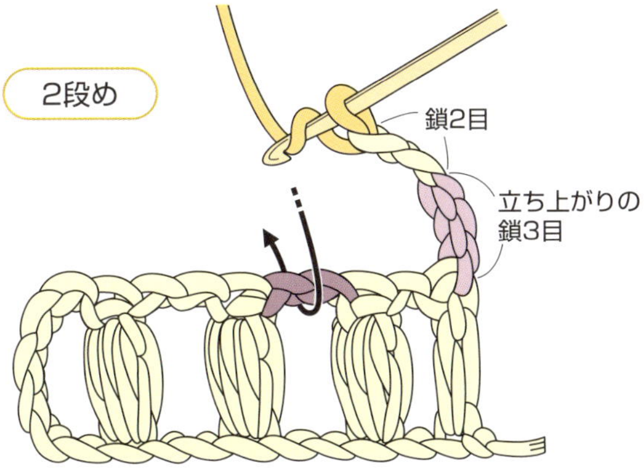

❶かぎ針に糸をかけ、前段の鎖目にかぎ針を束(すっぽりと入れる)に入れます。

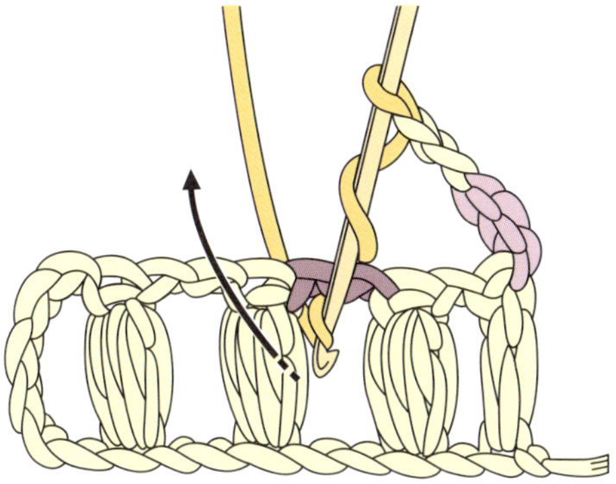

❷かぎ針に糸をかけて引き出し、

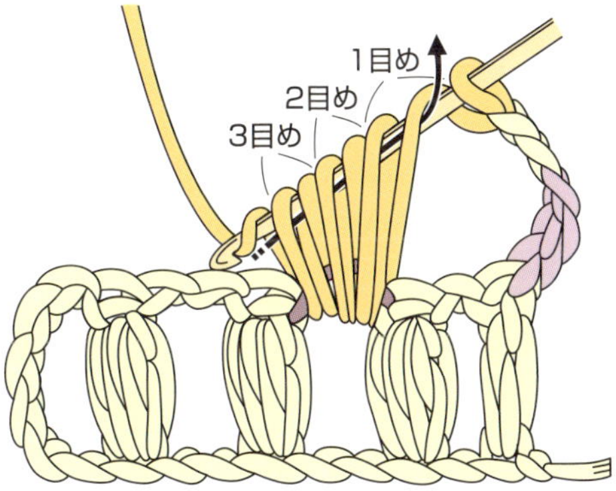

❸あと2回かぎ針に糸をかけて引き出します(未完成の中長編み3目)。かぎ針にかかった6ループを一度に引き出します。

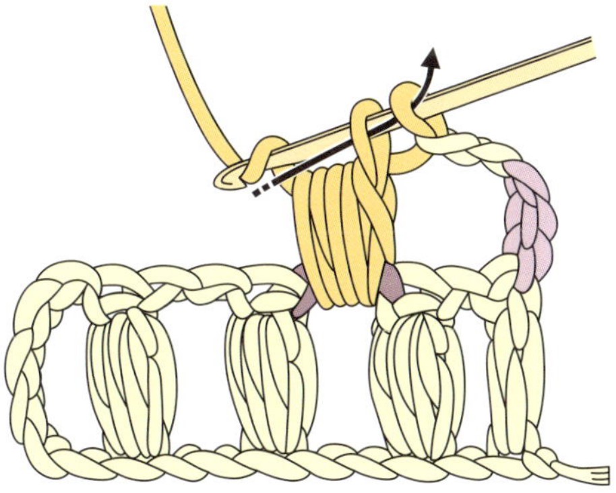

❹もう一度かぎ針に糸をかけて、残った2ループを引き抜きます。

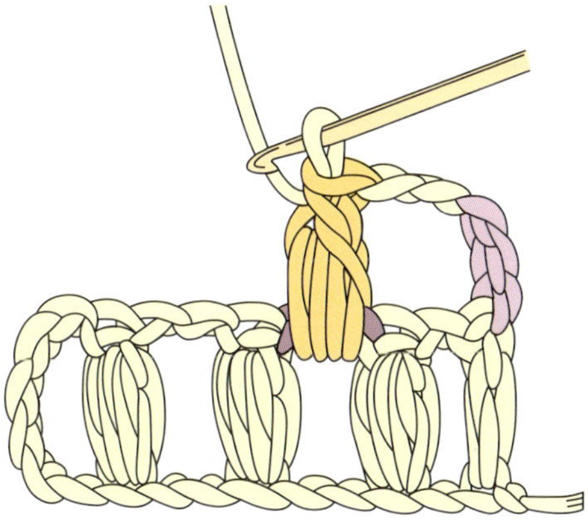

❺変わり中長編み3目の玉編み目(束に拾う)が編めました。

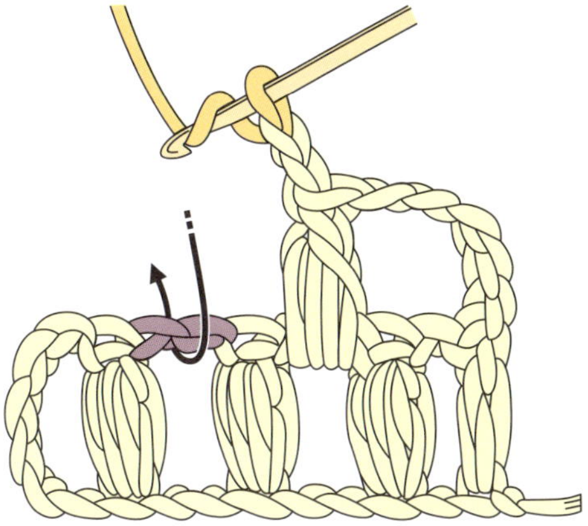

❻鎖2目を編み、次も前段の鎖目を束(すっぽりと入れる)に拾って、①〜④をくり返して編みます。

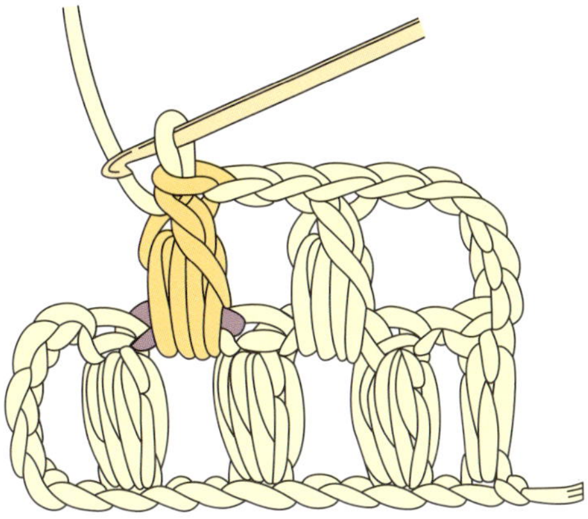

❼変わり中長編み3目の玉編み目が2模様編めました。

長編み3目の玉編み目《ながあみさんめのたまあみめ》(1目から拾う)

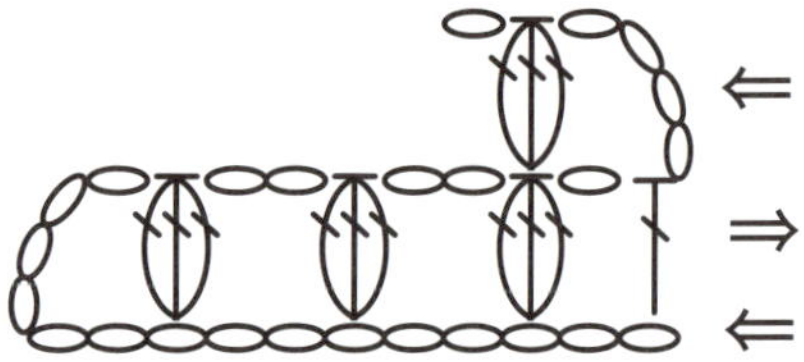

1段め

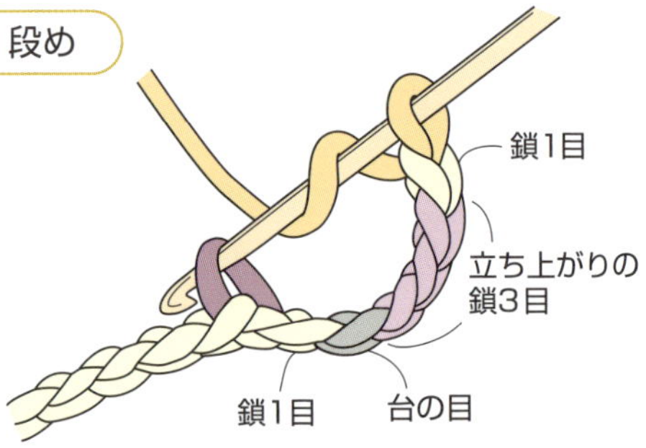

❶かぎ針に糸をかけて、鎖の裏山にかぎ針を入れます。

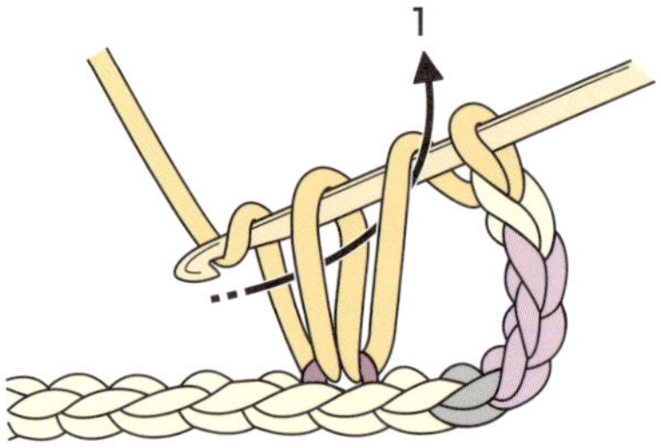

❷かぎ針に糸をかけて糸を引き出し、かぎ針に糸をかけて、針先から2ループを引き出します。

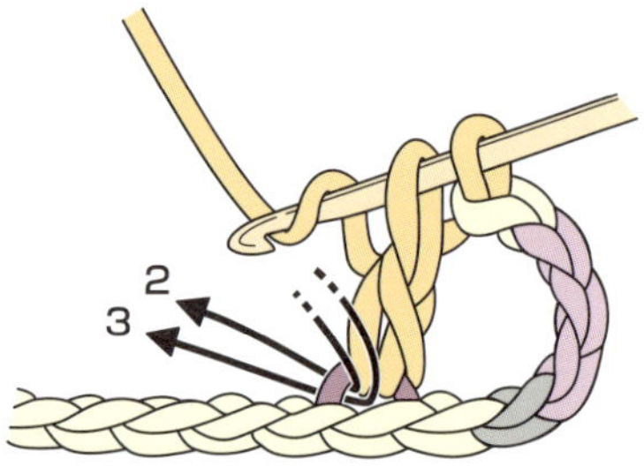

❸長編みは未完成です。あと同じ目に未完成の長編みを2目編みます。

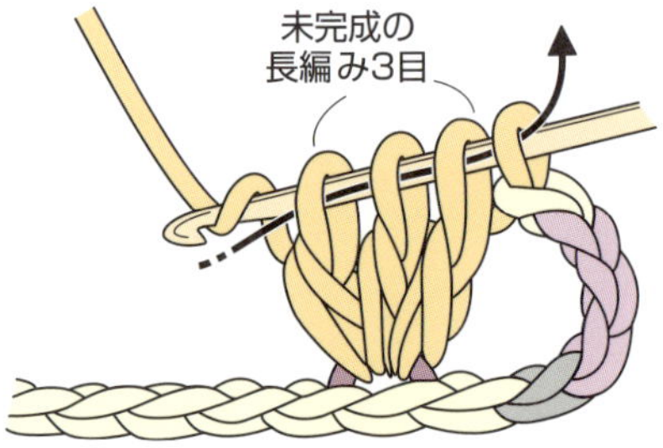

❹かぎ針に糸をかけ、矢印のようにかぎ針にかかった4ループを一度に引き抜きます。

❺長編み3目の玉編み目が編めました。

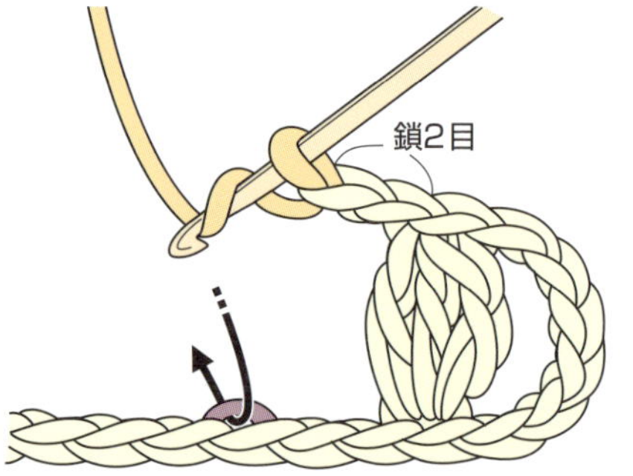

❻鎖2目を編み、次も作り目2目とばした鎖の裏山に①〜④をくり返して編みます。

2段め

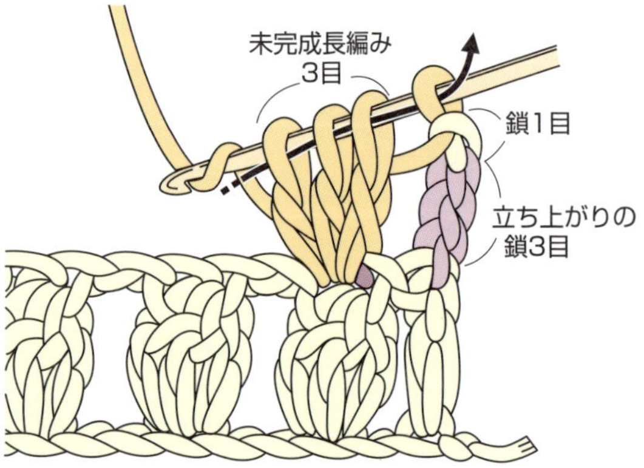

❶1段めの編み終わりで立ち上がりの鎖3目を編み、編み地を持ち替えます。鎖1目を編み、前段玉編みの頭鎖2本を拾い、未完成の長編み3目を編みます。かぎ針に糸をかけて、かぎ針にかかった4ループを一度に引き抜きます。

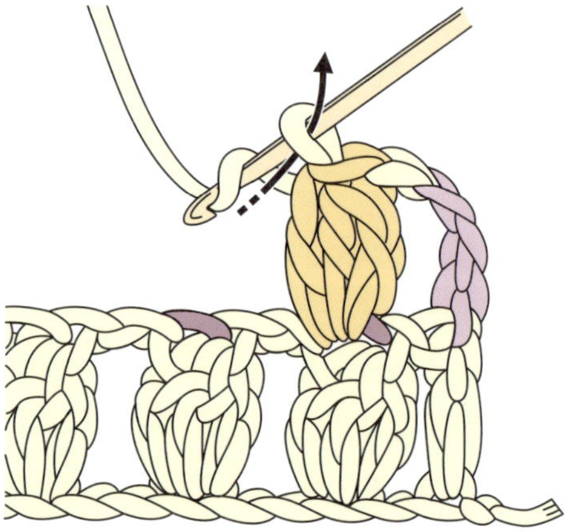

❷長編み3目の玉編み目が編めました。鎖2目を編みます。

長編み3目の玉編み目《ながあみさんめのたまあみめ》(束《そく》に拾う)

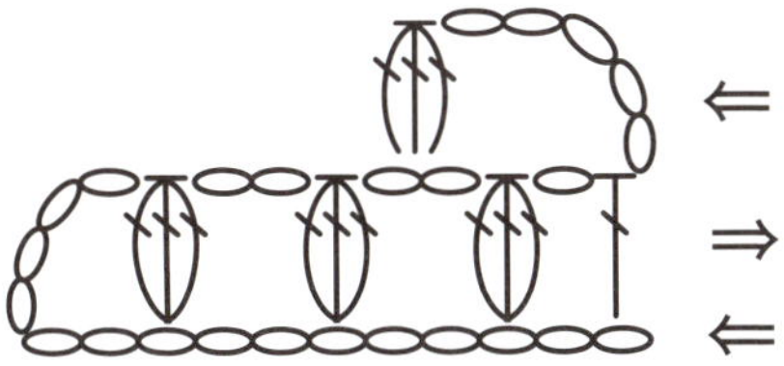

1段めは長編み3目の玉編み目(1目から拾う)と同じです。

2段め

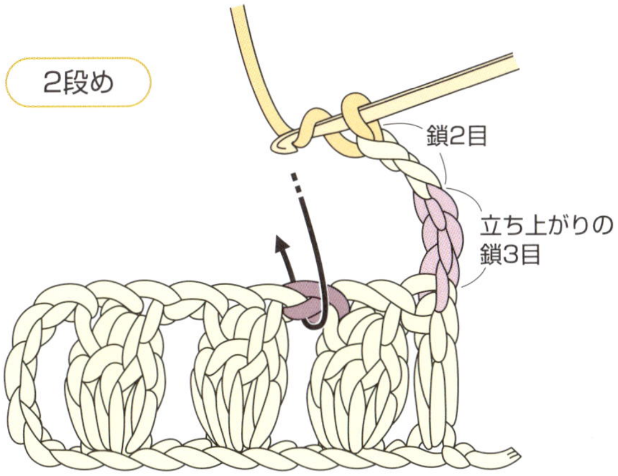

❶かぎ針に糸をかけ、前段の鎖目にかぎ針を束(すっぽりと入れる)に入れます。

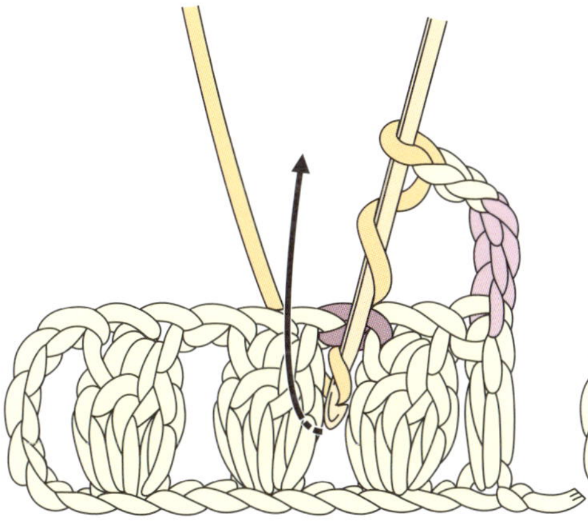

❷かぎ針に糸をかけて引き出し、

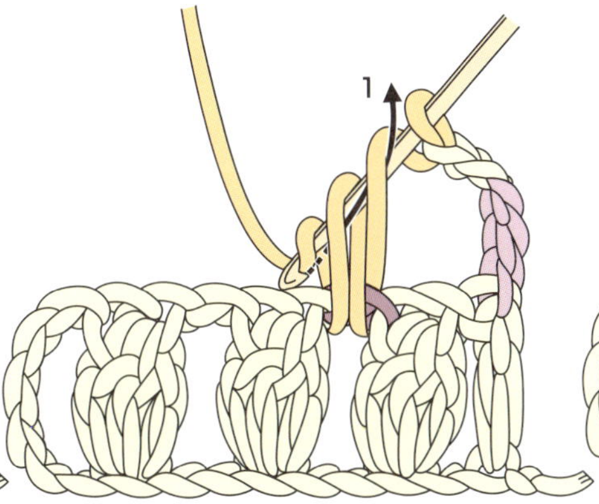

❸かぎ針に糸をかけて針先から2ループを引き出します。

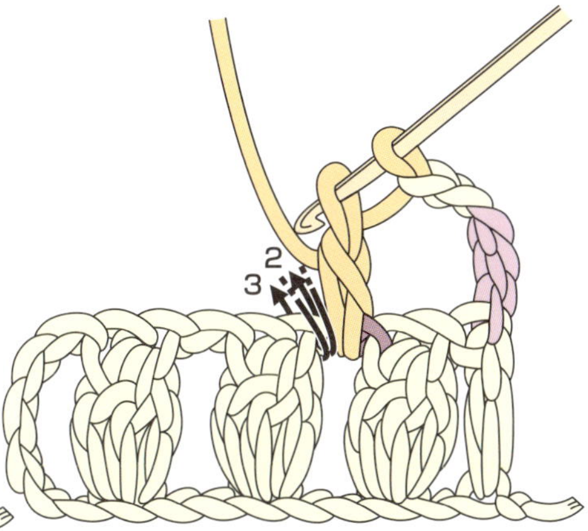

❹1目めの長編みは未完成です。あと同じように未完成の長編みを2目編みます。

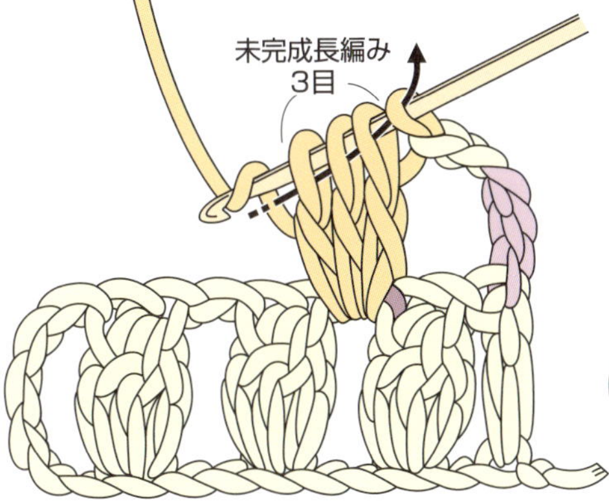

❺かぎ針に糸をかけて、矢印のようにかぎ針にかかった4ループを一度に引き抜きます。

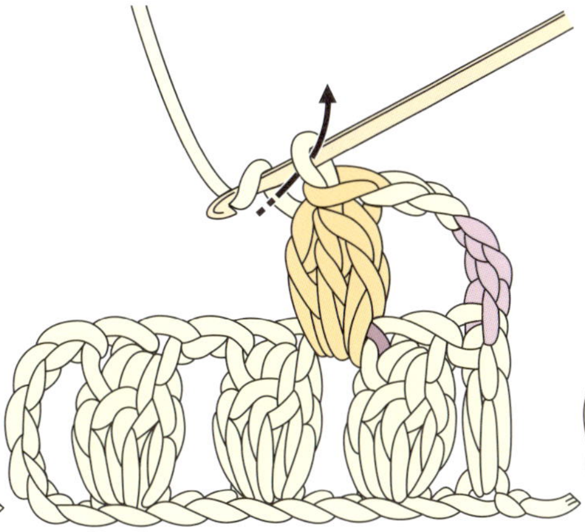

❻長編み3目の玉編み目が編めました。鎖2目を編みます。

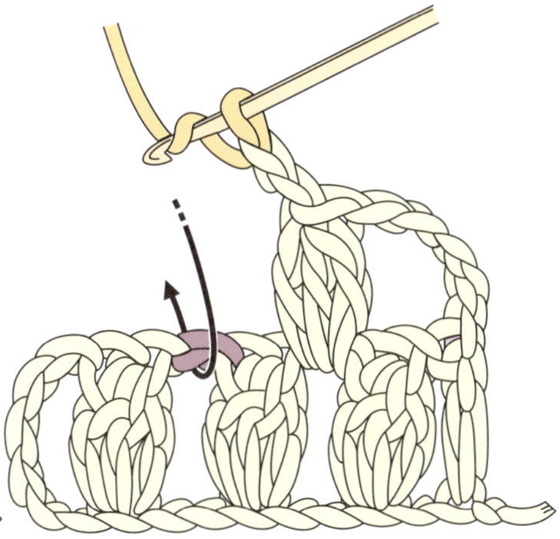

❼次も前段の鎖目を束(すっぽりと入れる)に拾って編みます。

長編み5目の玉編み目《ながあみごめのたまあみめ》(1目から拾う)

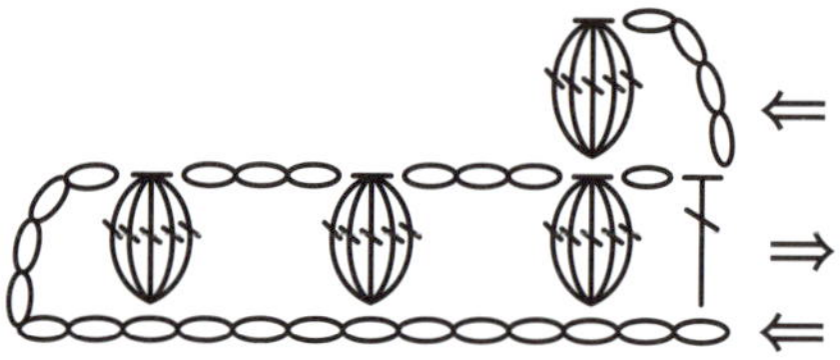

1段め

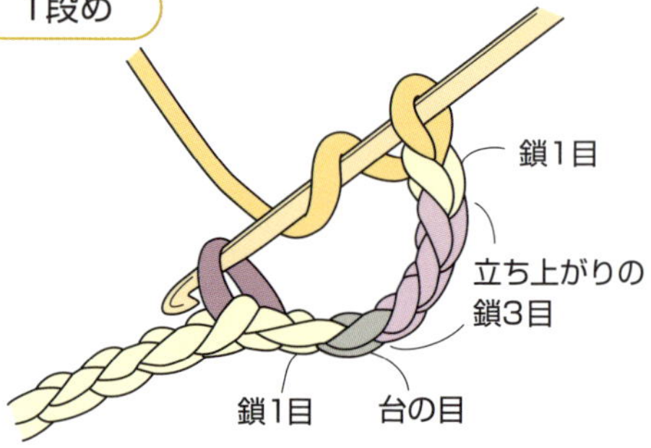

❶かぎ針に糸をかけて、鎖の裏山にかぎ針を入れます。

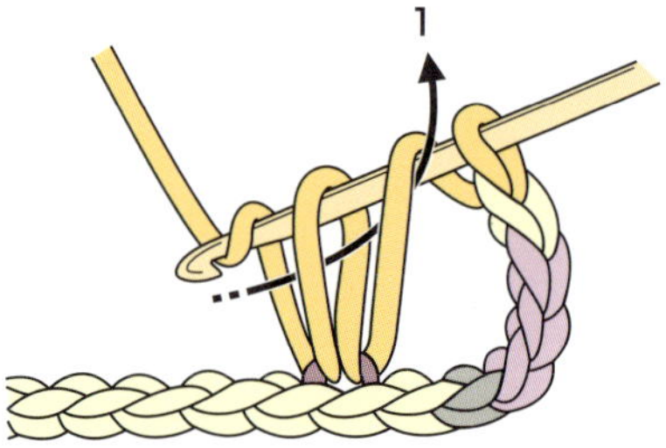

❷かぎ針に糸をかけて糸を引き出し、かぎ針に糸をかけて、針先から2ループを引き出します。

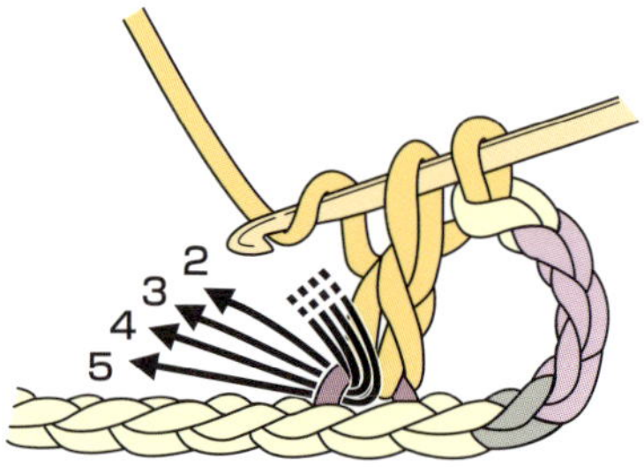

❸長編みは未完成です。あと同じ目に未完成の長編みを4目編みます。

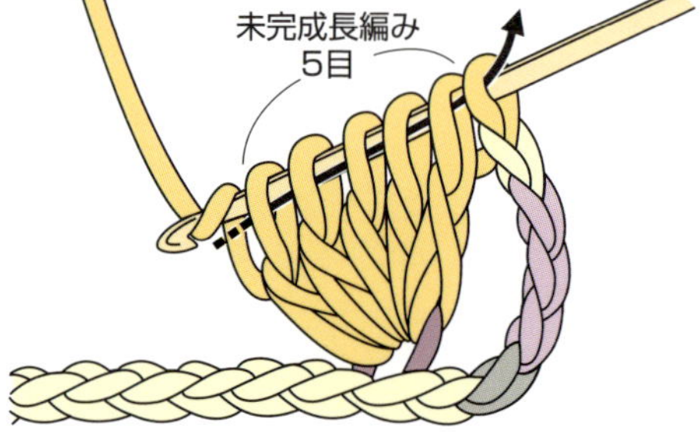

❹かぎ針に糸をかけ、矢印のようにかぎ針にかかった6ループを一度に引き抜きます。

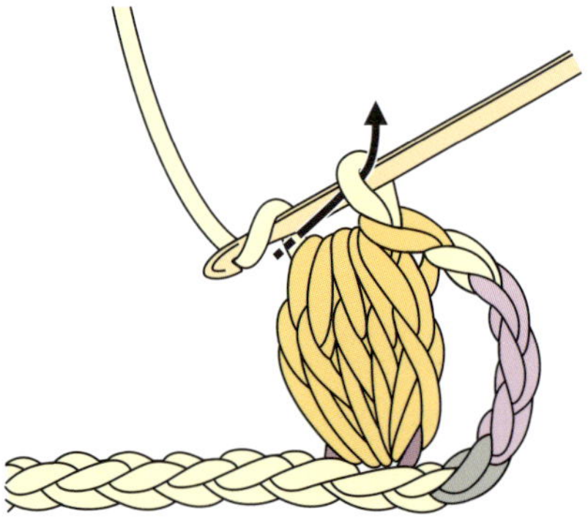

❺長編み5目の玉編み目が編めました。鎖3目を編み、

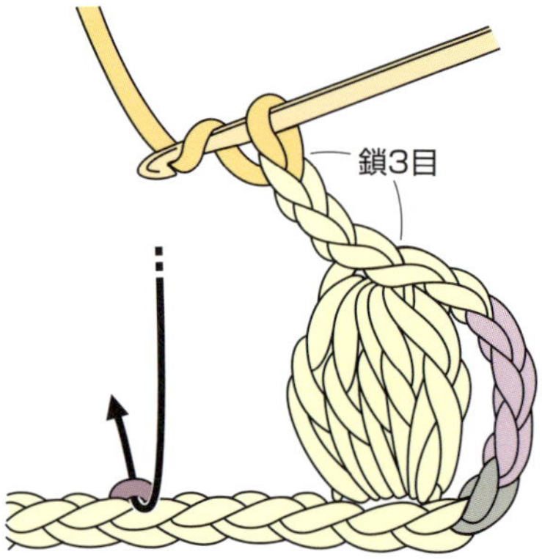

❻次も作り目3目とばした鎖の裏山に①〜④をくり返して編みます。

2段め

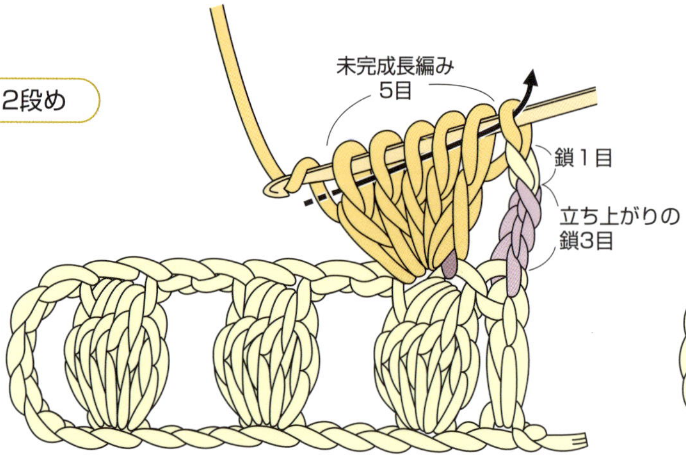

❶1段めの編み終わりで立ち上がりの鎖3目を編み、編み地を持ち替えます。鎖1目を編み、前段玉編みの頭鎖2本を拾い、未完成の長編み5目を編みます。かぎ針に糸をかけて、かぎ針にかかった6ループを一度に引き抜きます。

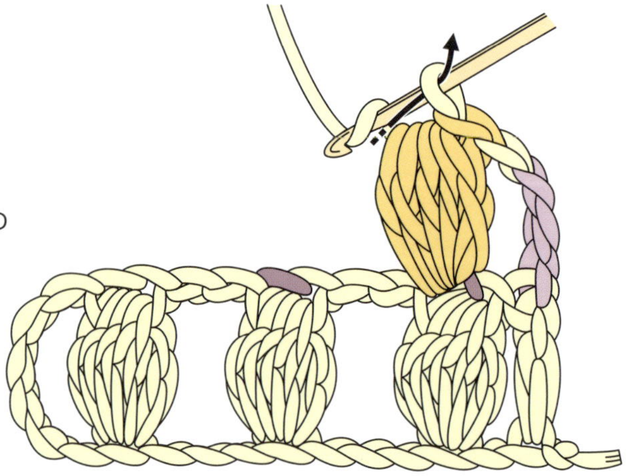

❷長編み5目の玉編み目が編めました。鎖3目を編みます。

長編み5目の玉編み目《ながあみごめのたまあみめ》(束《そく》に拾う)

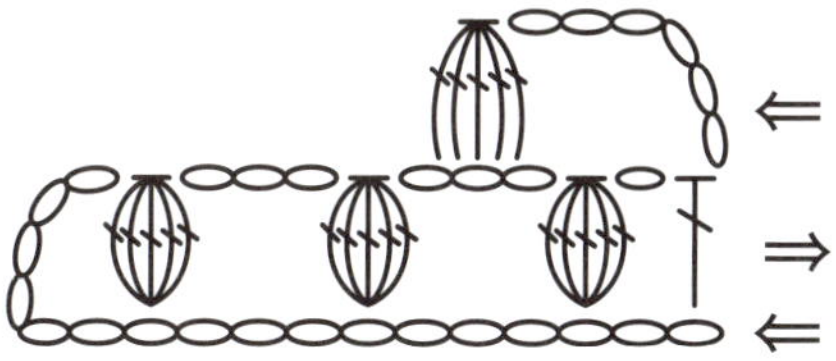

1段めは長編み5目の玉編み目(1目から拾う)と同じです。

2段め

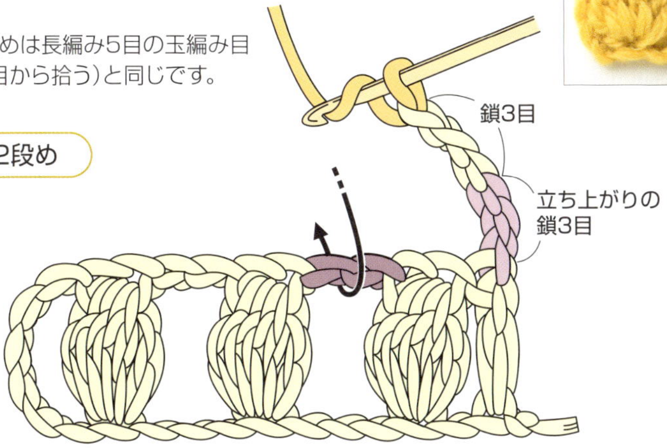

❶かぎ針に糸をかけ、前段の鎖目にかぎ針を束(すっぽりと入れる)に入れます。

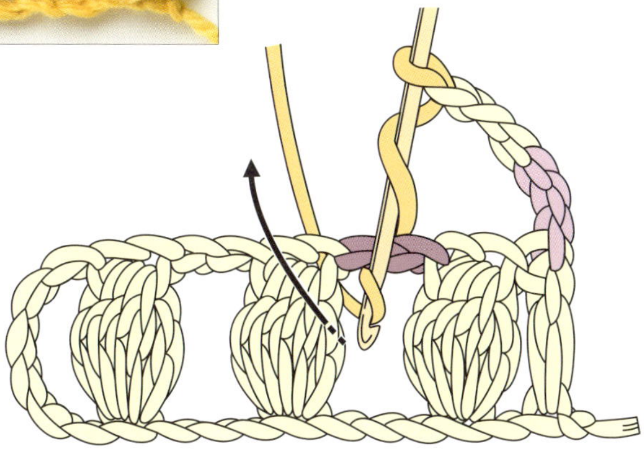

❷かぎ針に糸をかけて引き出し、

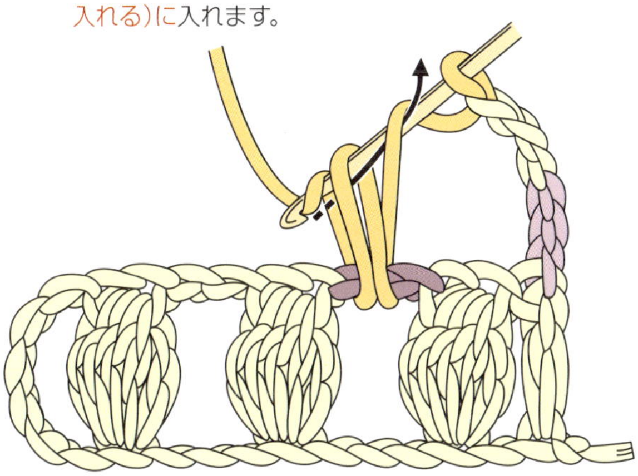

❸かぎ針に糸をかけて、針先から2ループを引き出します(未完成長編み)。

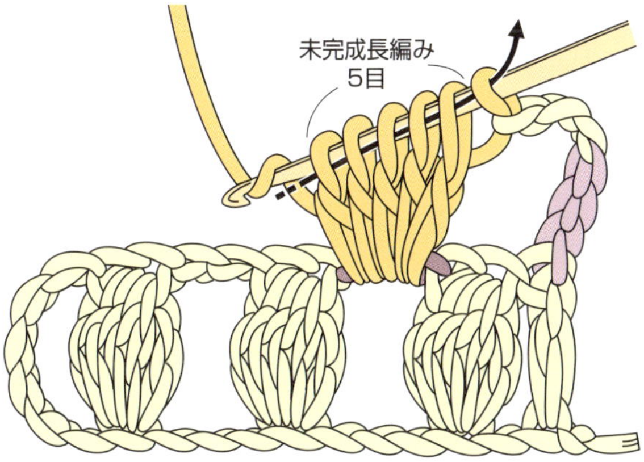

❹あと同じ目に未完成の長編みを4目編みます。かぎ針に糸をかけて、矢印のようにかぎ針にかかった6ループを一度に引き抜きます。

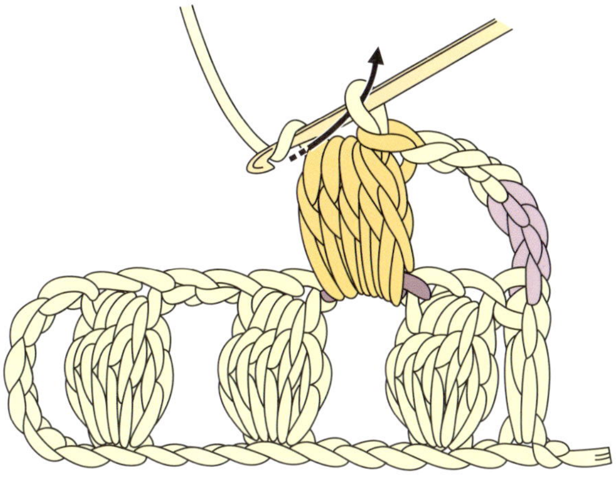

❺長編み5目の玉編み目が編めました。鎖3目を編み、

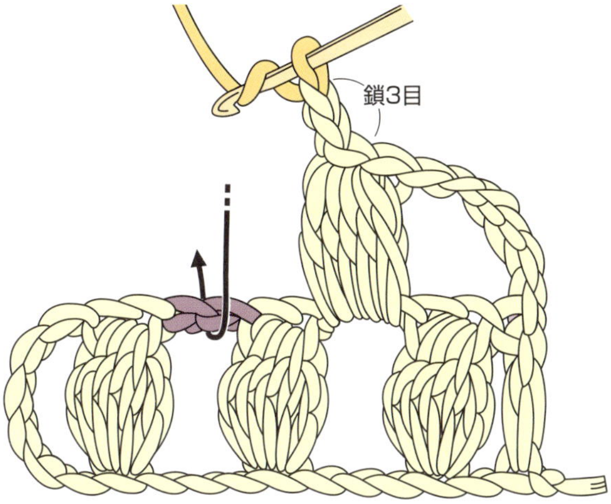

❻次も前段の鎖目を束(すっぽりと入れる)に拾って編みます。

長々編み5目の玉編み目《ながながあみごめのたまあみめ》(1目から拾う)

1段めは作り目の鎖の裏山を拾って、長々編みの玉編み(26ページの長編みを長々編みに変える)を編みます。

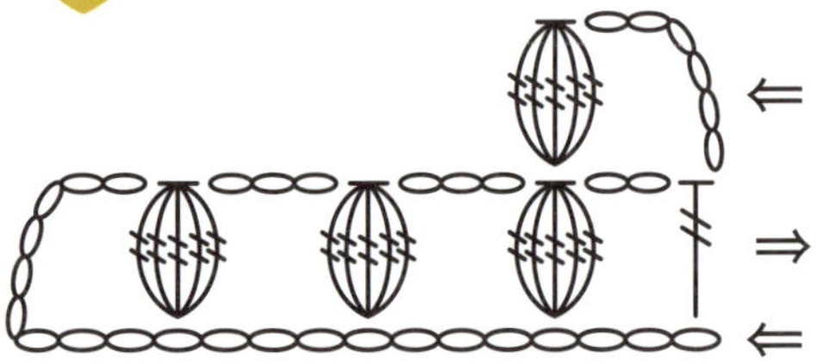

2段め

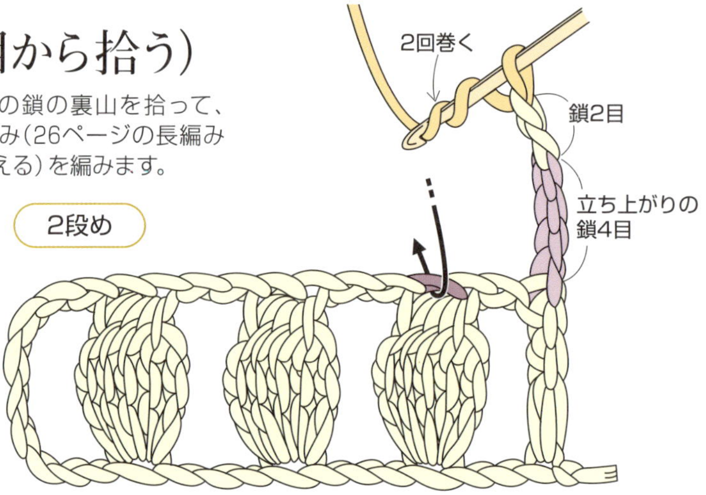

❶かぎ針に糸を2回巻いて、前段玉編みの頭鎖2本を拾い、

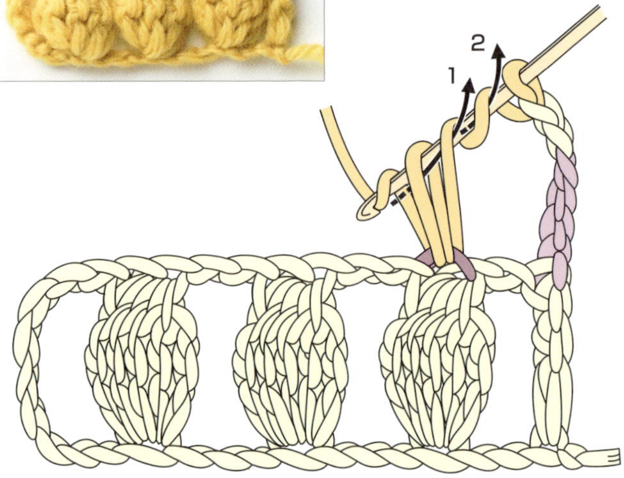

❷未完成の長々編み1目を編みます。かぎ針に糸をかけて、

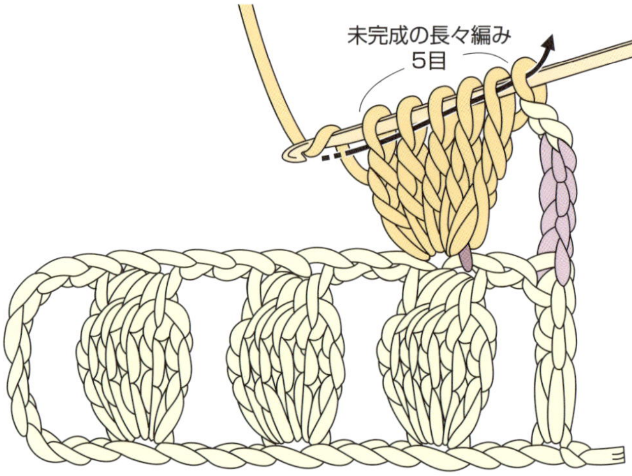

❸あと同じ目に未完成の長々編みを4目編みます。かぎ針に糸をかけ、矢印のようにかぎ針にかかった6ループを一度に引き抜きます。

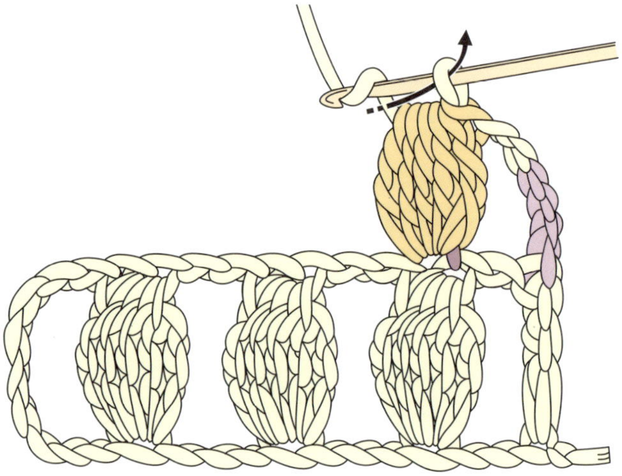

❹長々編み5目の玉編み目が編めました。鎖3目を編み、

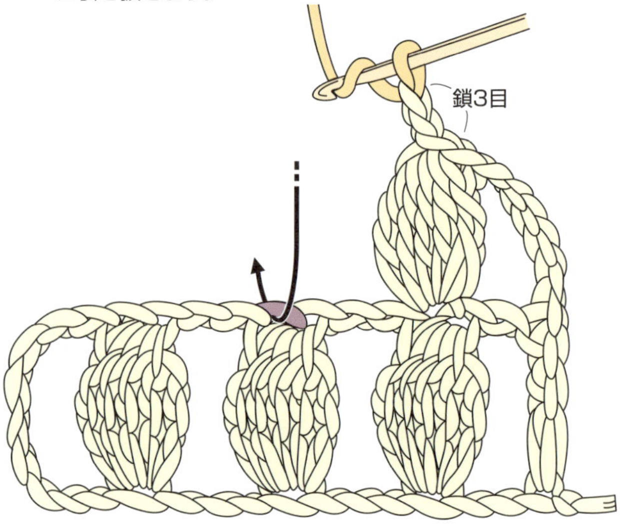

❺次も前段玉編みの頭鎖2本を拾い、①〜③をくり返して編みます。

長編み5目のパプコーン編み目《ながあみごめのぱぷこーんあみめ》(1目から拾う)

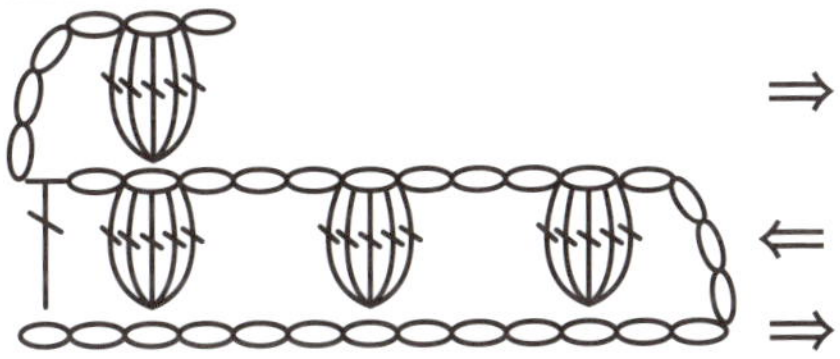

1段め(表側)

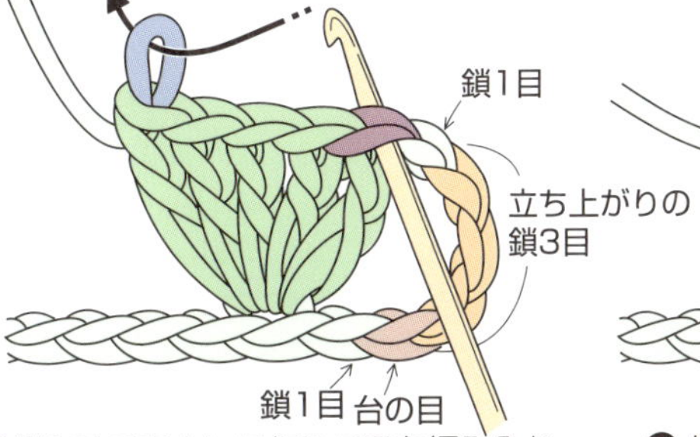

❶鎖1目の裏山に長編み5目を編み入れます。いったんかぎ針をはずして長編みの最初の目とはずした目に

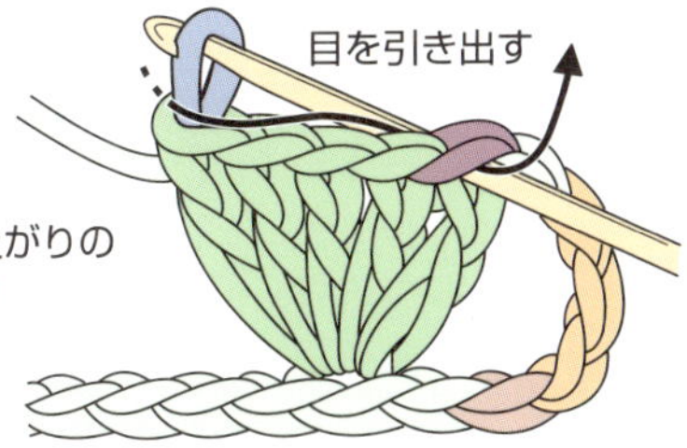

❷かぎ針を手前から入れ直します。はずした目を1目めに通して引き出します。

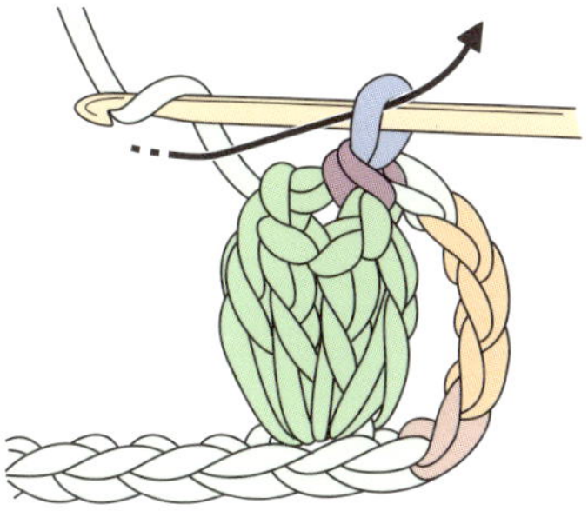

❸鎖1目を編んで引きしめます。

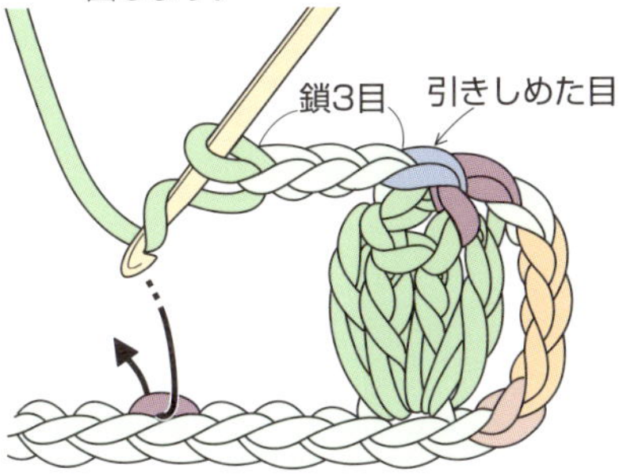

❹鎖3目を編み、作り目3目とばした鎖の裏山に①〜③をくり返して編みます。

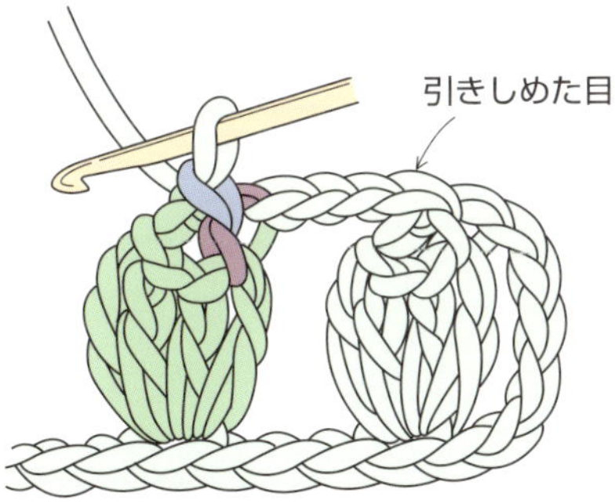

❺長編み5目のパプコーン編み目が2模様編めました。

2段め(裏側)

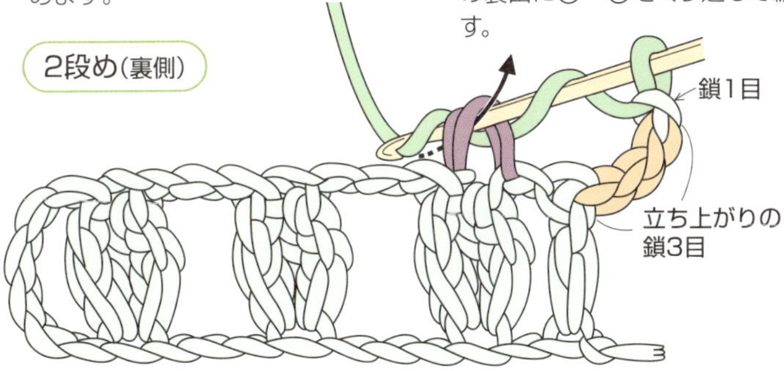

❶かぎ針に糸をかけ、前段のパプコーン編み目の頭鎖2本にかぎ針を入れて、

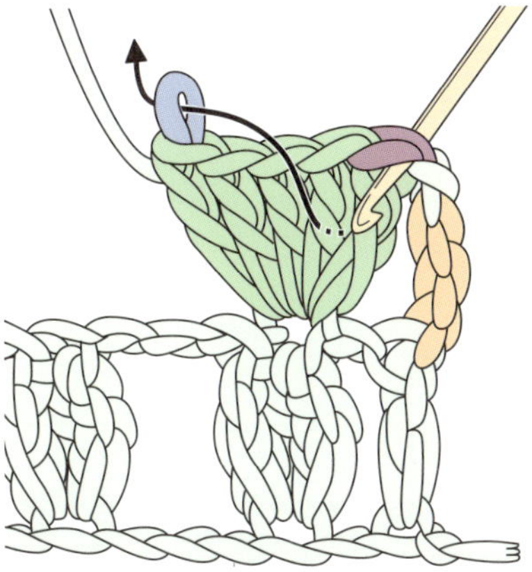

❷長編み5目を編み、いったんかぎ針をはずして長編みの最初の目(向こう側から)とはずした目にかぎ針を入れ直します。

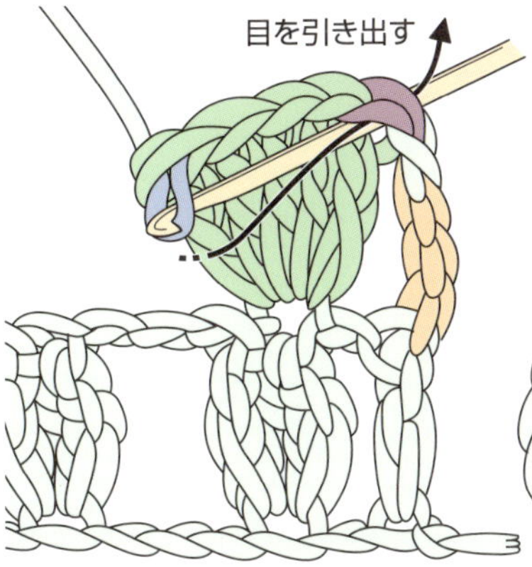

❸はずした目を1目めに通して引き出し、鎖1目を編みます。

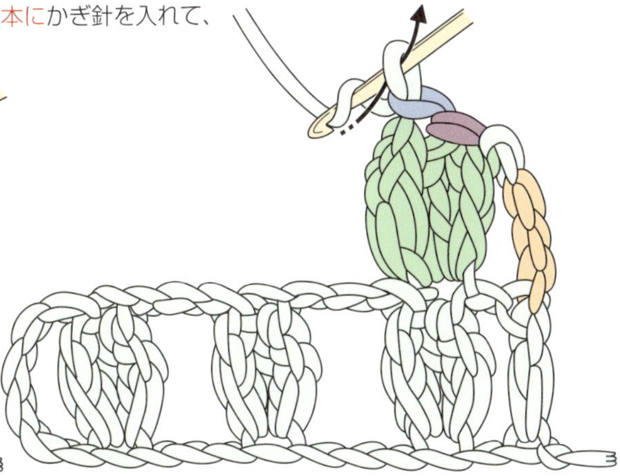

❹長編み5目のパプコーン編み目が編めました(編み目は向こう側が出っ張ります)。鎖を編みます。

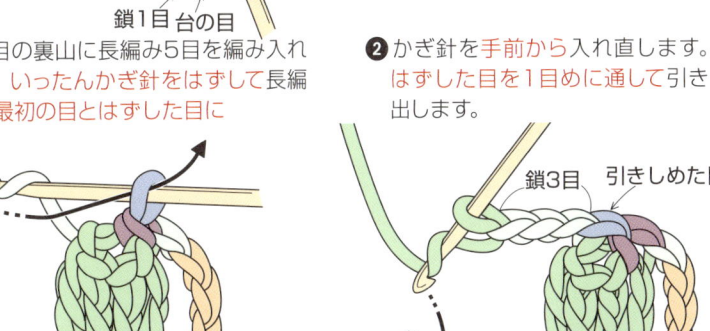

長編み5目のパプコーン編み目《ながあみごめのぱぷこーんあみめ》(束《そく》に拾う)

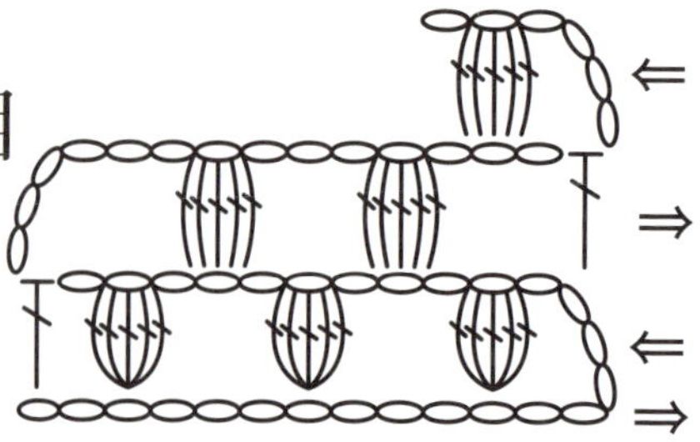

1・2段めの裏側

2段め(裏側)

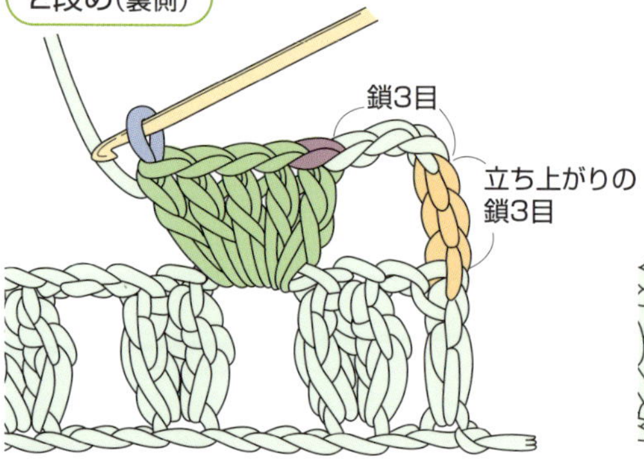
鎖3目
立ち上がりの
鎖3目

❶前段の鎖目を束(すっぽりと入れる)に拾って長編み5目を編み入れます。

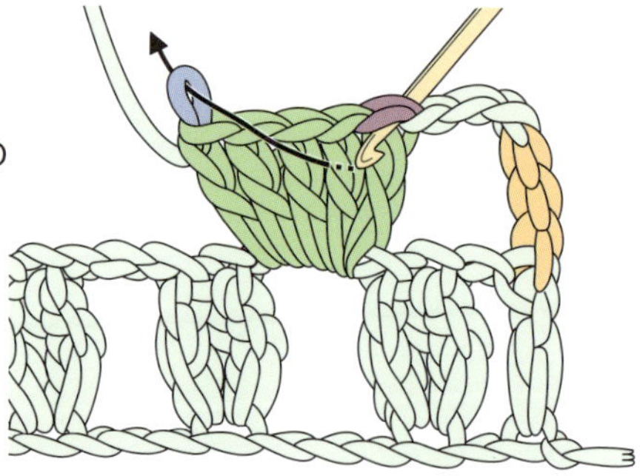

❷いったんかぎ針をはずして長編みの最初の目(向こう側から)とはずした目にかぎ針を入れ直します。

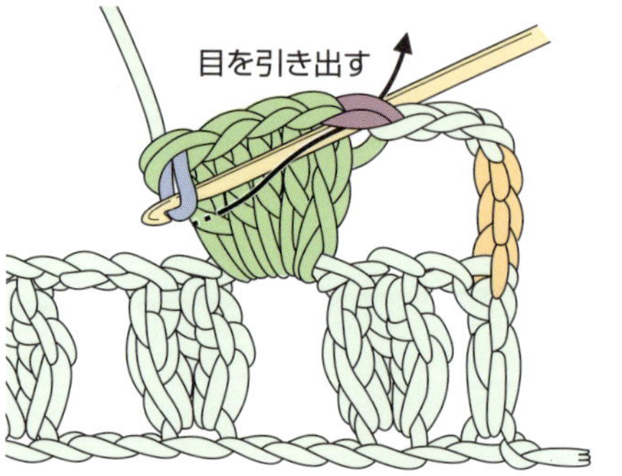
目を引き出す

❸はずした目を1目めに通して引き出します。

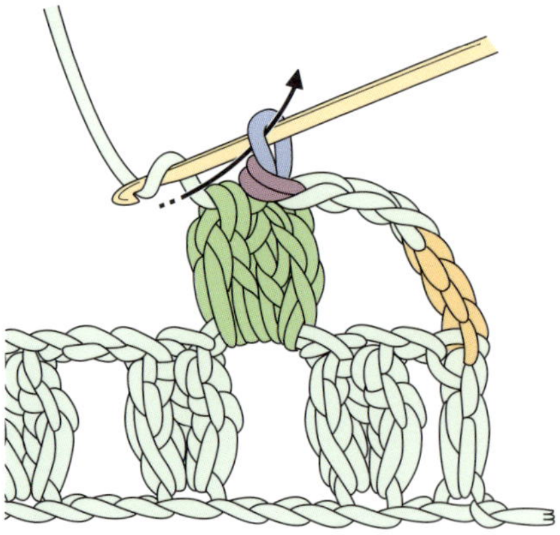

❹鎖1目を編み、長編み5目のパプコーン編み目の完成です(編み目は向こう側が出っ張ります)。

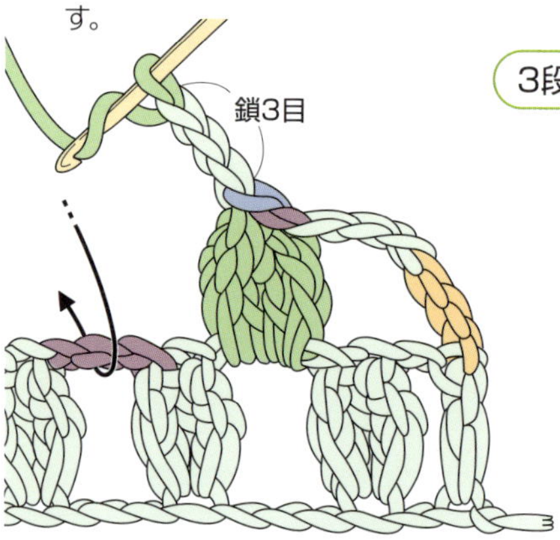
鎖3目

❺鎖3目を編み、次も目を束に拾って①〜③をくり返して編みます。

3段め(表側)

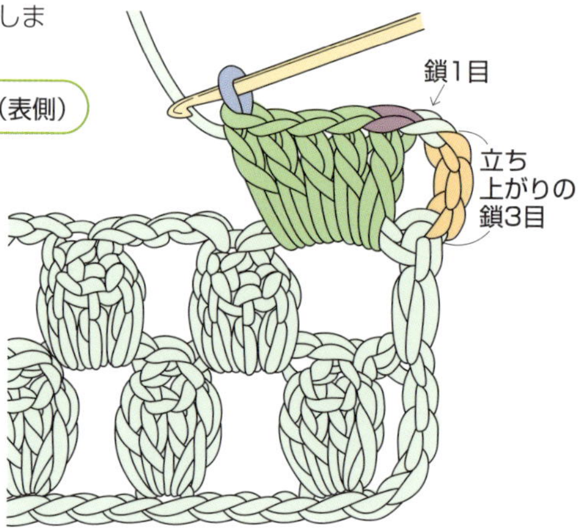
鎖1目
立ち
上がりの
鎖3目

❶前段の鎖目を束(すっぽりと入れる)に拾って長編み5目を編み入れます。

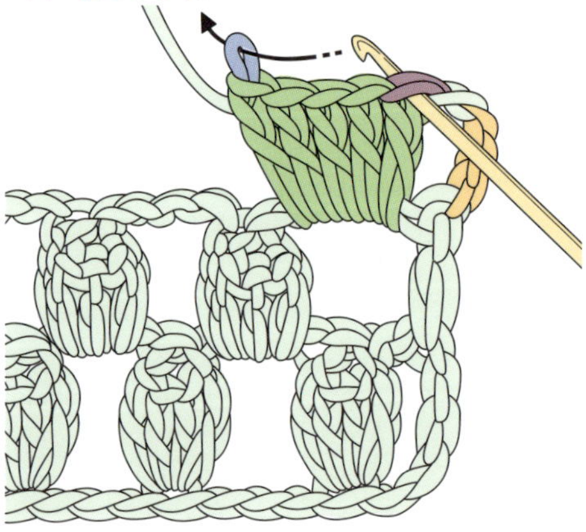

❷いったんかぎ針をはずして長編みの最初の目とはずした目にかぎ針を手前側から入れ直します。

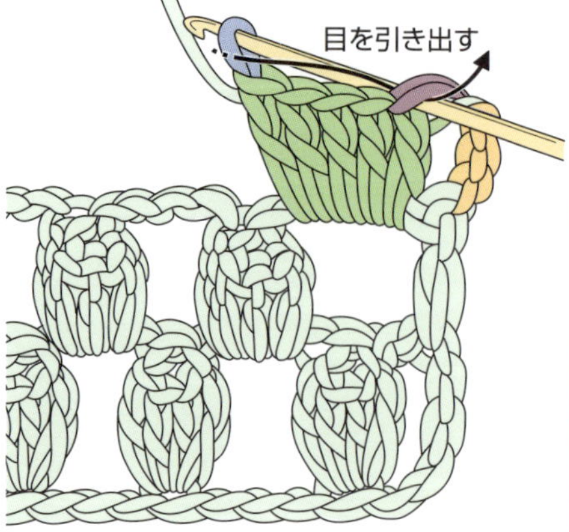
目を引き出す

❸はずした目を1目めに通して引き出します。

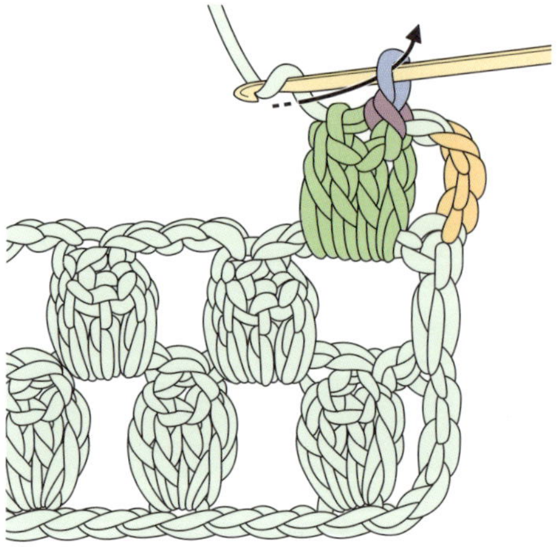

❹鎖1目を編み、長編み5目のパプコーン編み目が完成です(編み目は手前側が出っ張ります)。

中長編み5目のパプコーン編み目《ちゅうながあみごめのぱぷこーんあみめ》(1目から拾う)

1段め(表側)

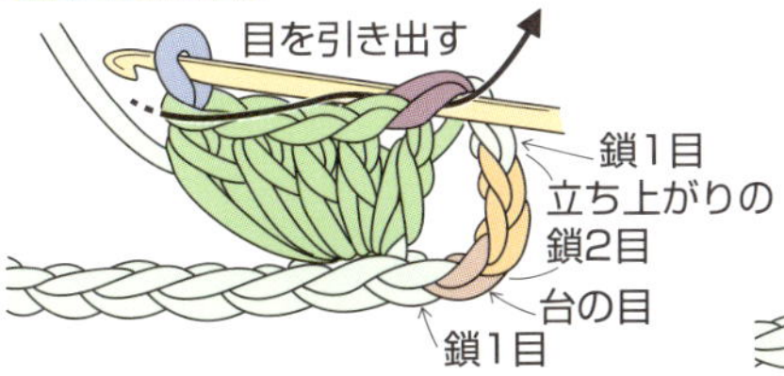

❶鎖1目の裏山に中長編み5目を編み入れます。いったんかぎ針をはずして中長編みの最初の目とはずした目にかぎ針を手前から入れ直し、

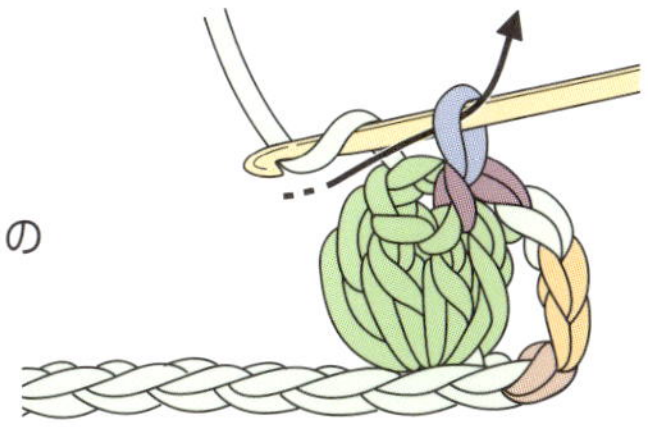

❷はずした目を1目めに通して引き出し、鎖1目を編みます。中長編み5目のパプコーン編み目の完成です(編み目は手前側が出っ張ります)。

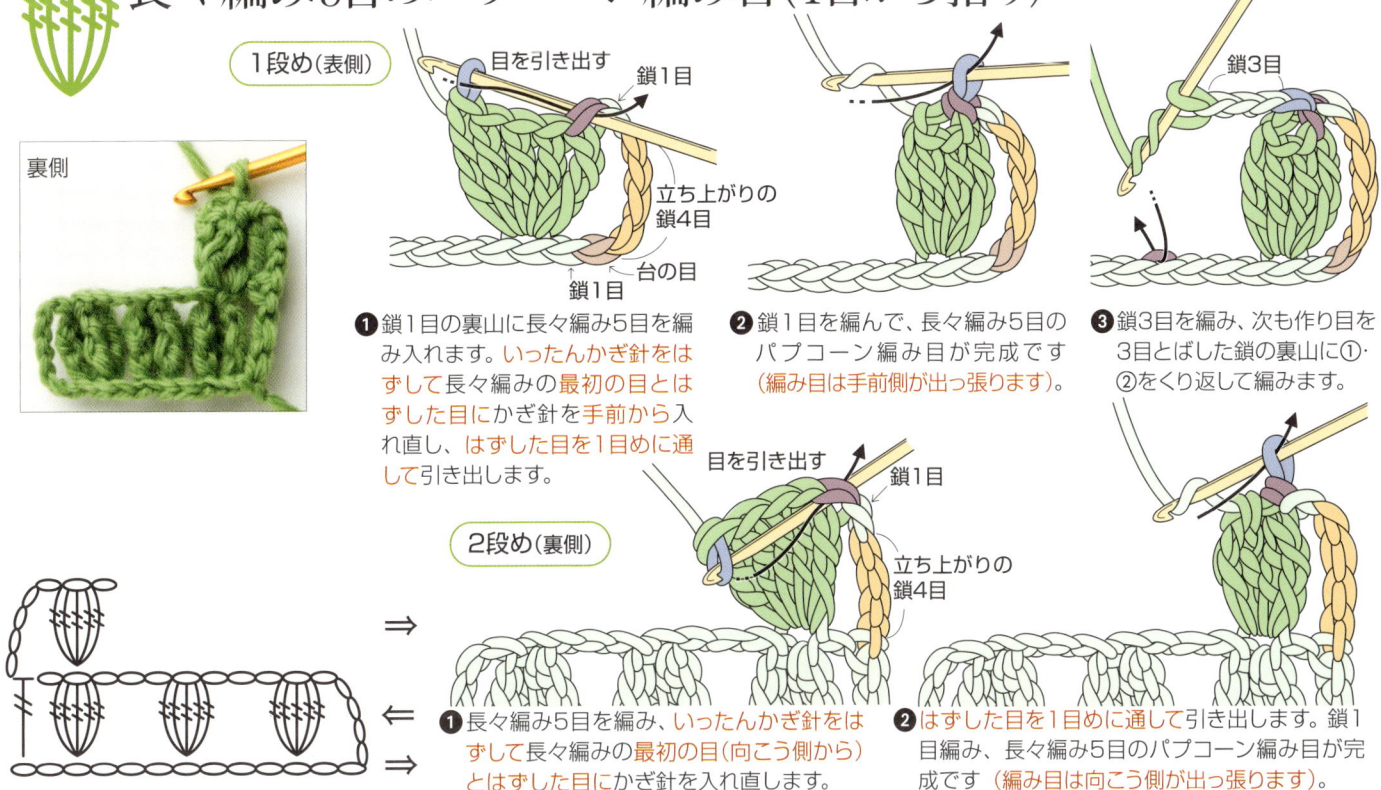

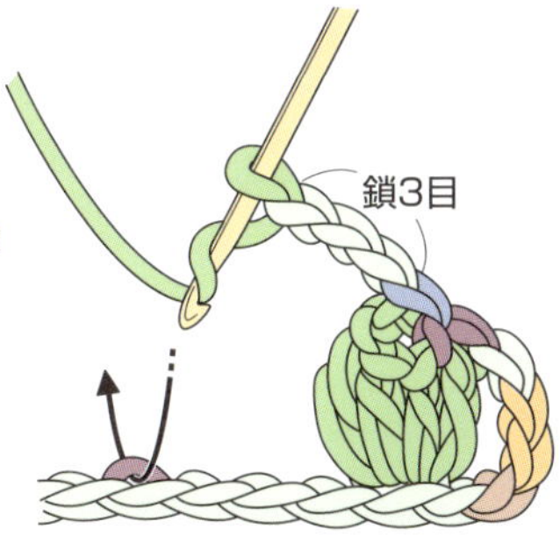

❸鎖3目を編み、次も作り目を3目とばした鎖の裏山に①·②をくり返して編みます。

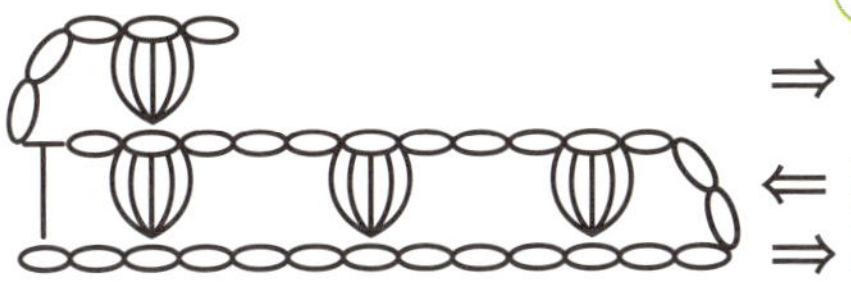

2段め(裏側)

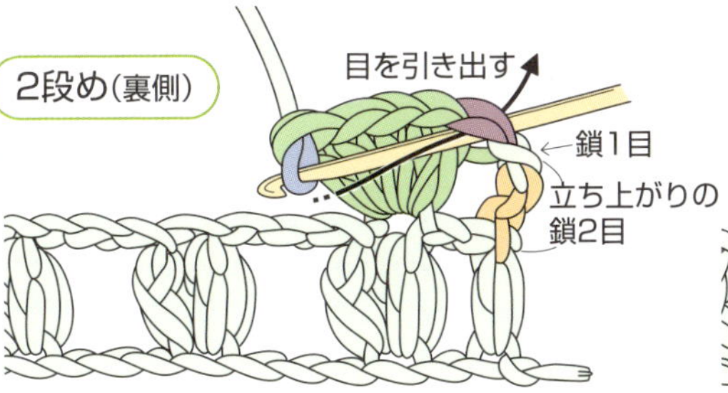

❶中長編み5目を編み、いったんかぎ針をはずして中長編みの最初の目(向こう側から)とはずした目にかぎ針を入れ直します。はずした目を1目めに通して引き出します。

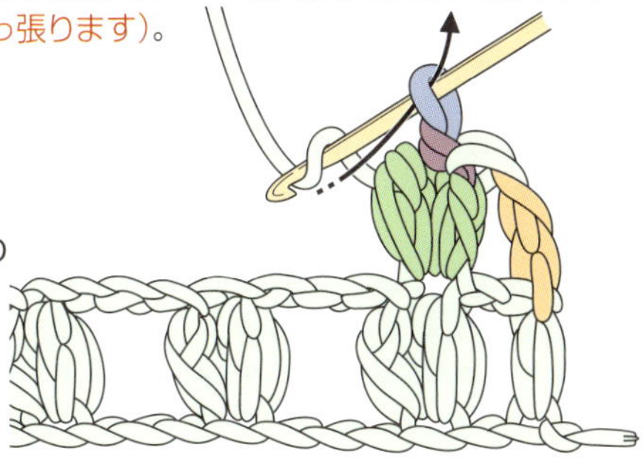

❷鎖1目を編み、中長編み5目のパプコーン編み目が完成です(編み目は向こう側が出っ張ります)。

長々編み5目のパプコーン編み目《ながながあみごめのぱぷこーんあみめ》(1目から拾う)

1段め(表側)

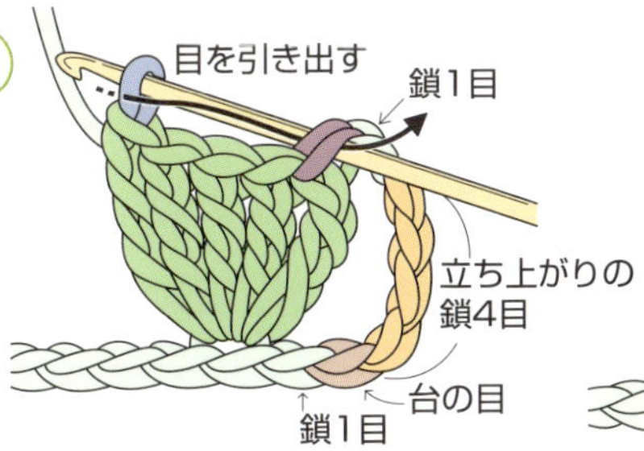

❶鎖1目の裏山に長々編み5目を編み入れます。いったんかぎ針をはずして長々編みの最初の目とはずした目にかぎ針を手前から入れ直し、はずした目を1目めに通して引き出します。

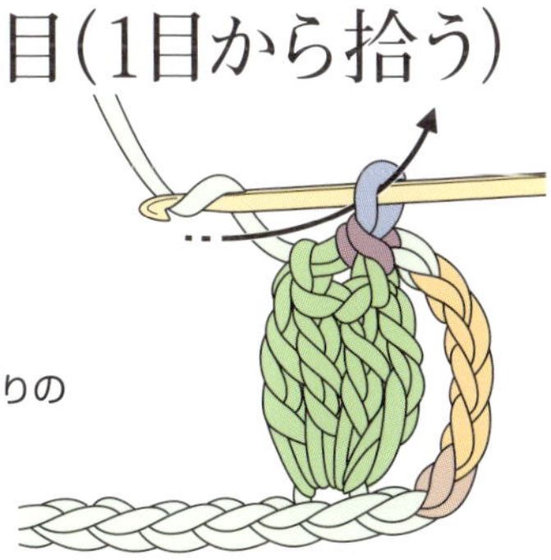

❷鎖1目を編んで、長々編み5目のパプコーン編み目が完成です(編み目は手前側が出っ張ります)。

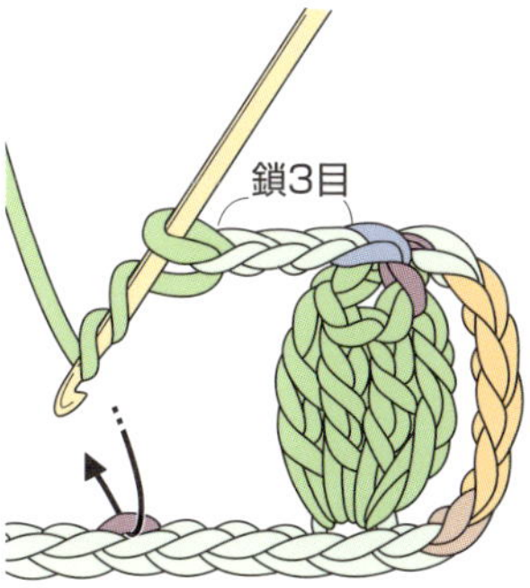

❸鎖3目を編み、次も作り目を3目とばした鎖の裏山に①·②をくり返して編みます。

2段め(裏側)

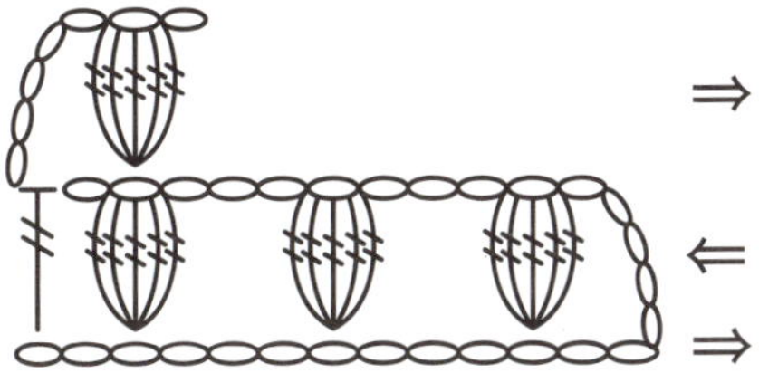

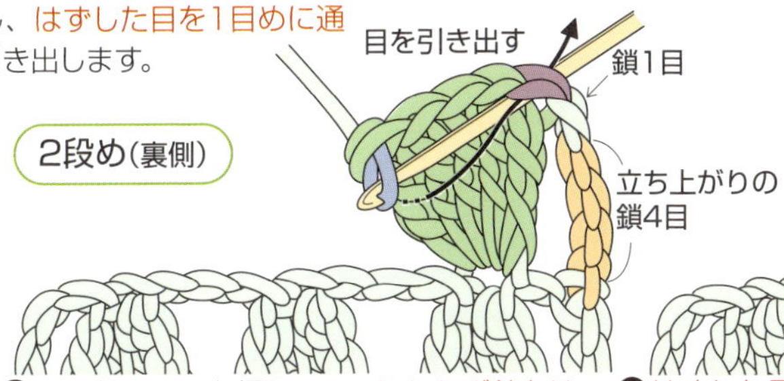

❶長々編み5目を編み、いったんかぎ針をはずして長々編みの最初の目(向こう側から)とはずした目にかぎ針を入れ直します。

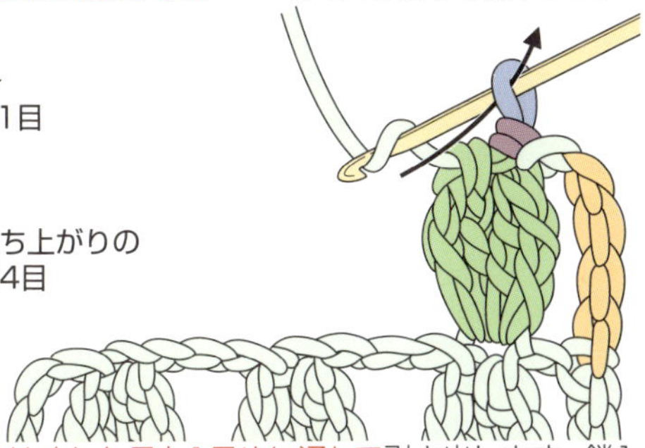

❷はずした目を1目めに通して引き出します。鎖1目編み、長々編み5目のパプコーン編み目が完成です(編み目は向こう側が出っ張ります)。

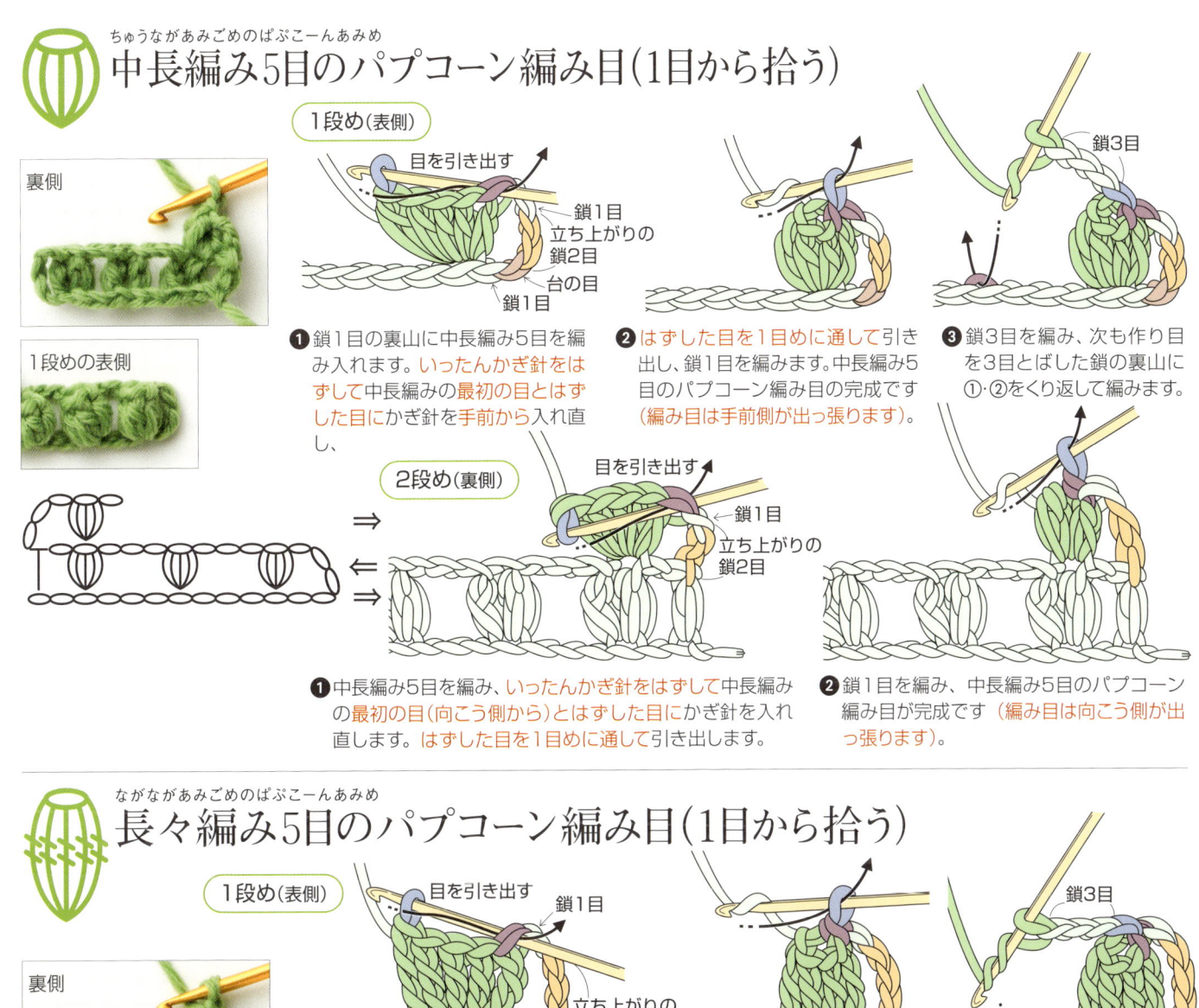

細編み2目一度《こまあみふためいちど》

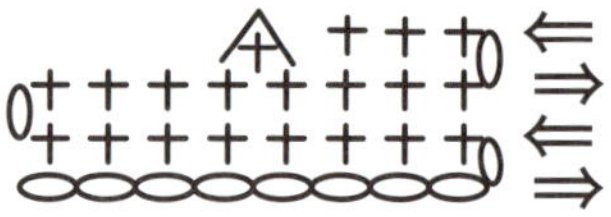

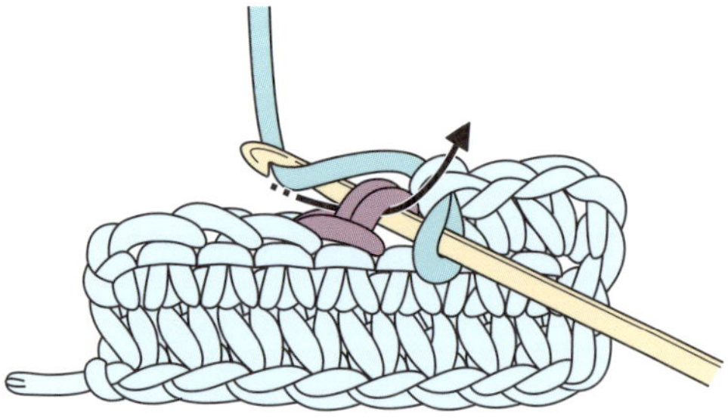

❶前段の頭鎖2本にかぎ針を入れ、糸をかけて、鎖1目分の高さの糸を引き出し（未完成の細編み）ます。

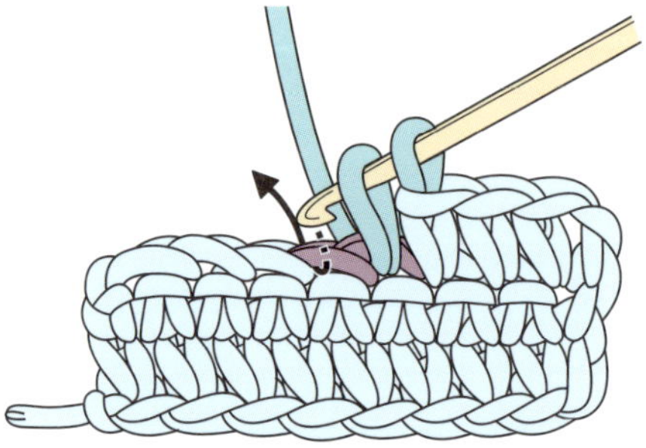

❷次の目も頭鎖2本にかぎ針を入れます。

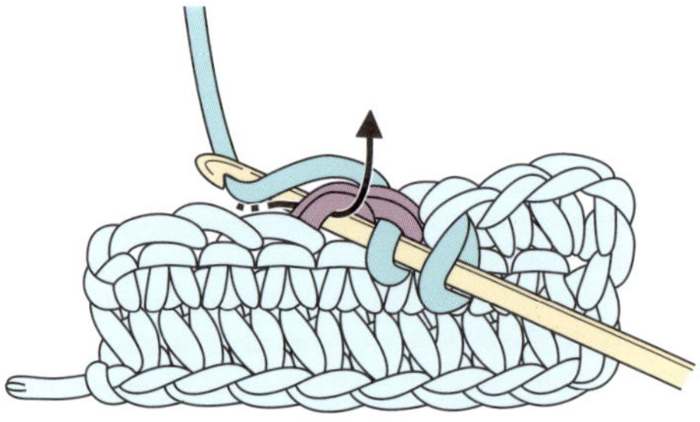

❸かぎ針に糸をかけて鎖1目分の高さの糸を引き出します。

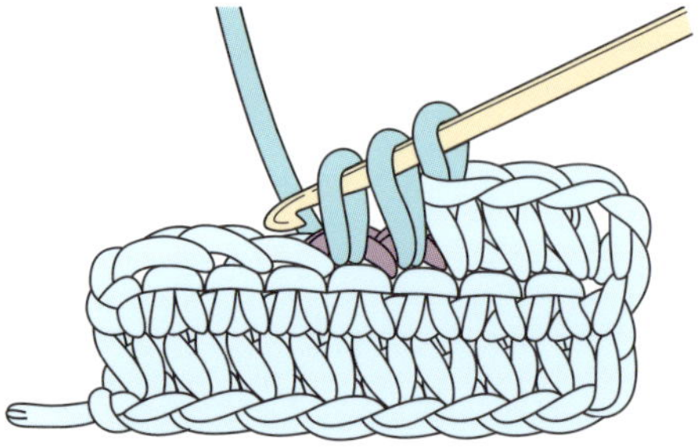

❹未完成の細編み2目が編めました。

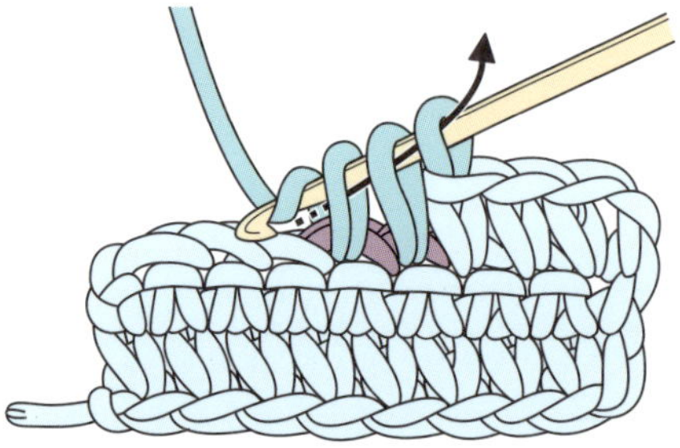

❺かぎ針に糸をかけて、かぎ針にかかっているろループを一度に引き抜きます（2目が1目になる）。

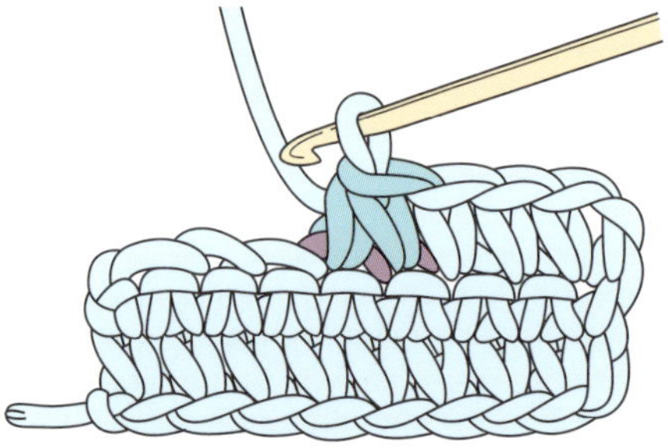

❻「細編み2目一度」が編めました（1目減目された状態です）。

細編み3目一度《こまあみさんめいちど》（中心の目をとばす）

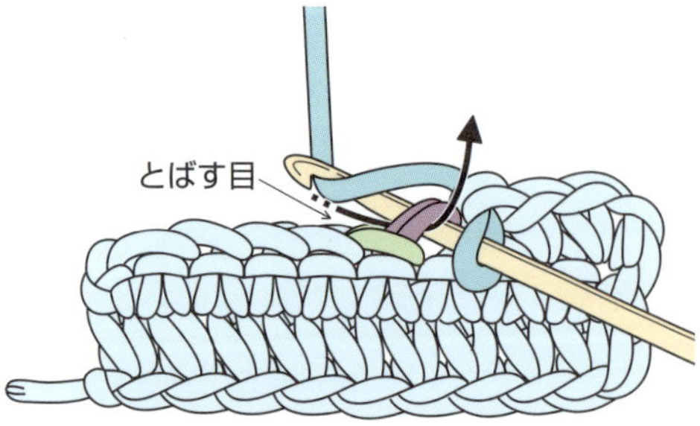

❶前段の頭鎖2本にかぎ針を入れ、糸をかけて、鎖1目分の高さの糸を引き出し（未完成の細編み）ます。

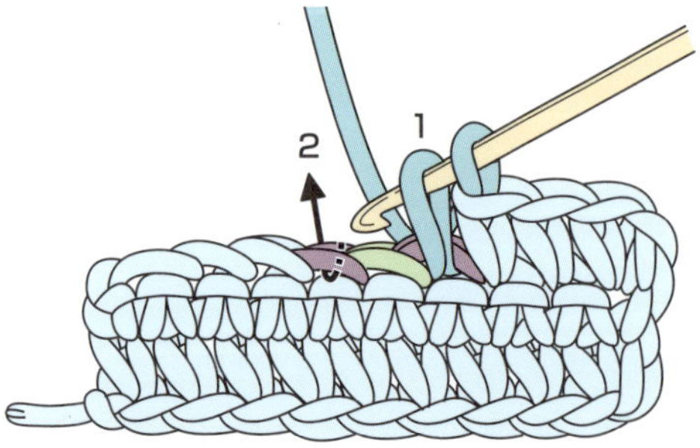

❷次の目はとばして、3目めの頭鎖2本にかぎ針を入れます。

細編み3目一度《こまあみさんめいちど》(中心の目を編む)

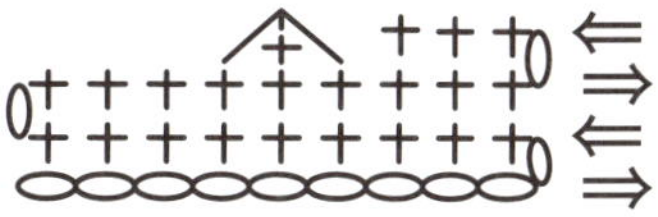

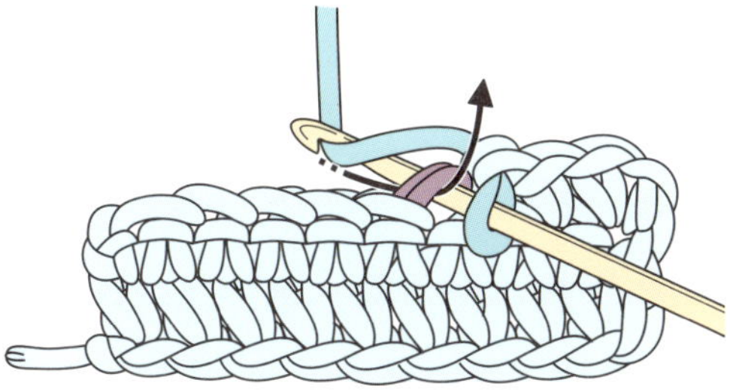

❶前段の頭鎖2本にかぎ針を入れ、糸をかけて、鎖1目分の高さの糸を引き出し(未完成の細編み)ます。

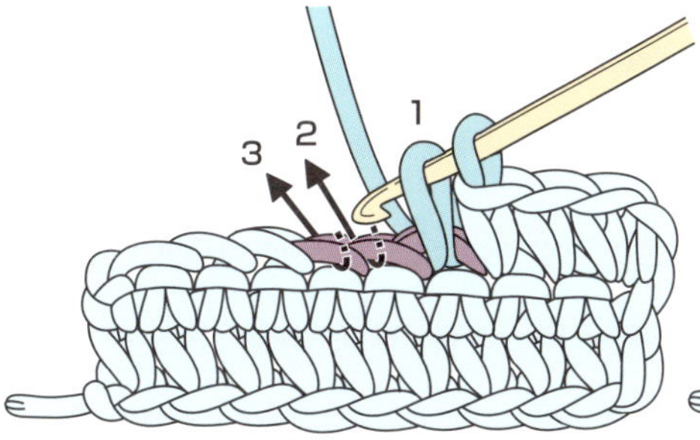

❷次の目も頭鎖2本にかぎ針を入れます。

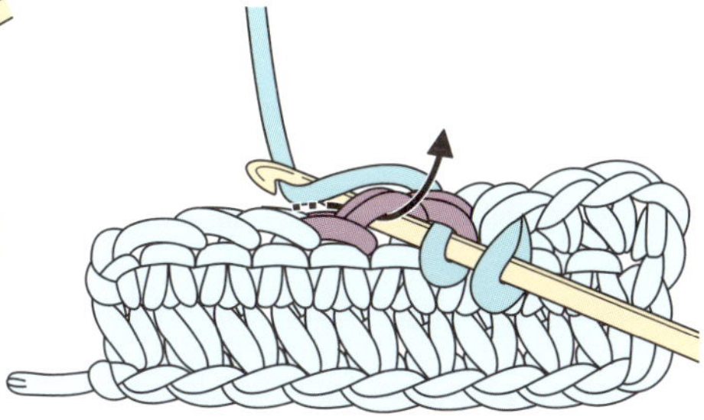

❸かぎ針に糸をかけて鎖1目分の高さの糸を引き出します。

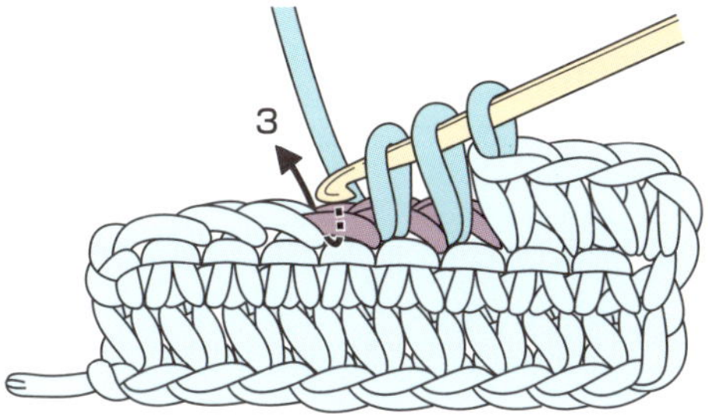

❹3目めも頭鎖2本にかぎ針を入れ、鎖1目分の高さの糸を引き出します。

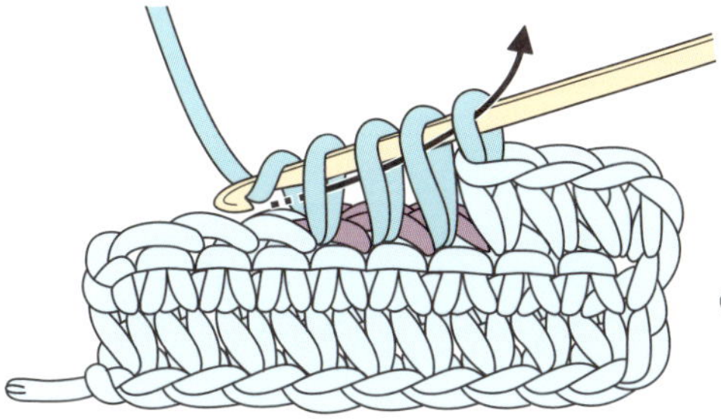

❺未完成の細編み3目が編めました。かぎ針に糸をかけて、かぎ針にかかっている4ループを一度に引き抜きます(3目が1目になる)。

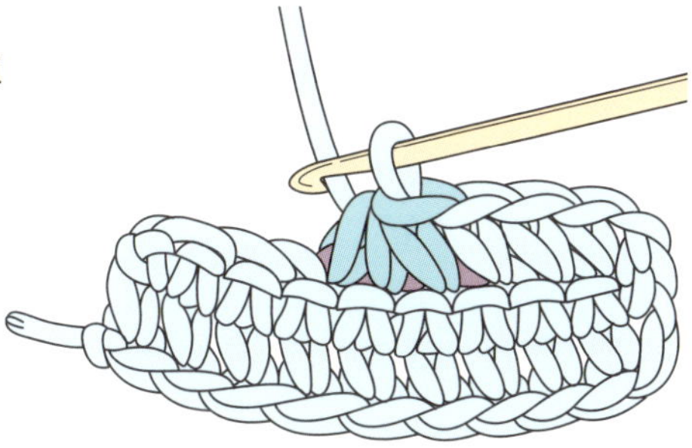

❻「細編み3目一度」が編めました(2目減目された状態です)。

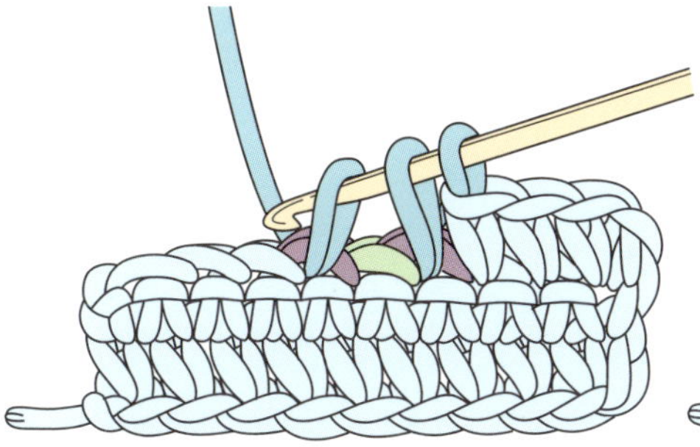

❸かぎ針に糸をかけて、鎖1目分の高さの糸を引き出します。未完成の細編み2目が編めました。

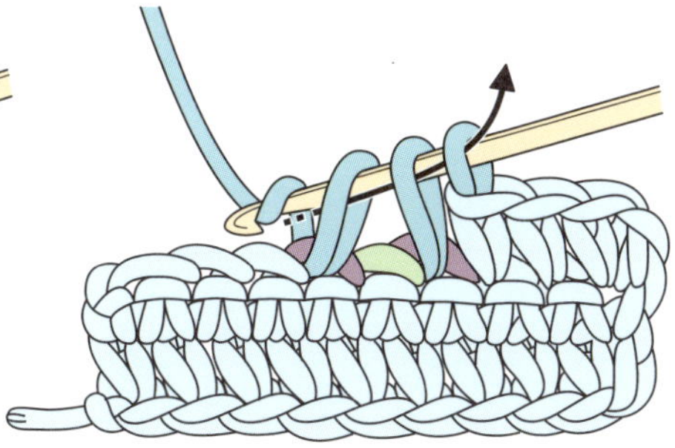

❹かぎ針に糸をかけて、かぎ針にかかっている3ループを一度に引き抜きます(中心1目とばしているので前段の3目が1目になる)。

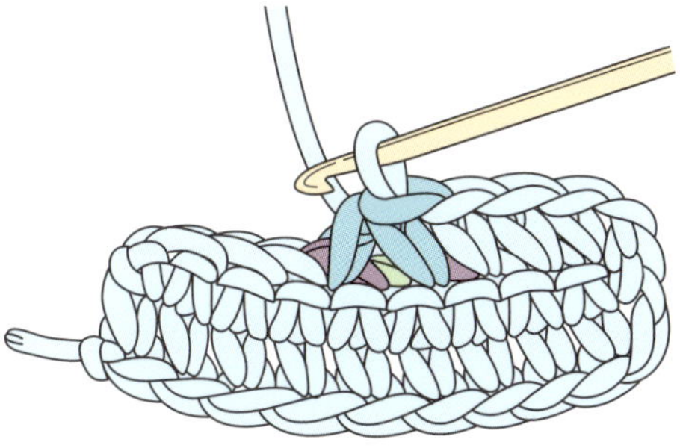

❺「細編み3目一度」が編めました(2目減目された状態です)。

中長編み2目一度《ちゅうながあみふためいちど》(1目ずつから拾う・束《そく》に拾う)

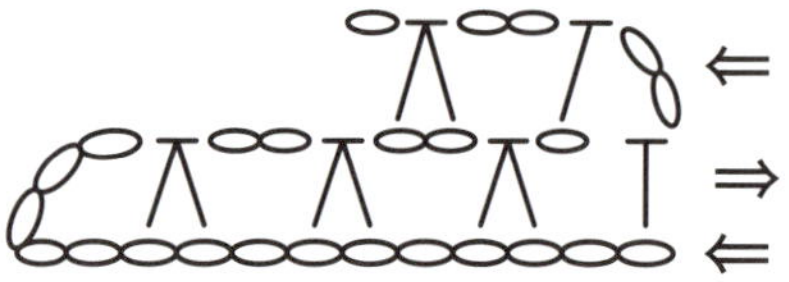

1段め

●1目ずつから拾う

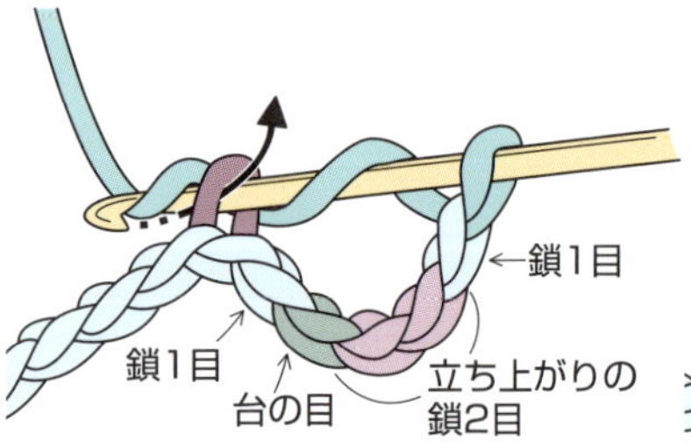

❶かぎ針に糸をかけて、かぎ針にかかっている次の目から6目めの鎖の裏山に矢印のようにかぎ針を入れ、糸をかけます。糸を鎖2目分の高さで引き出します。

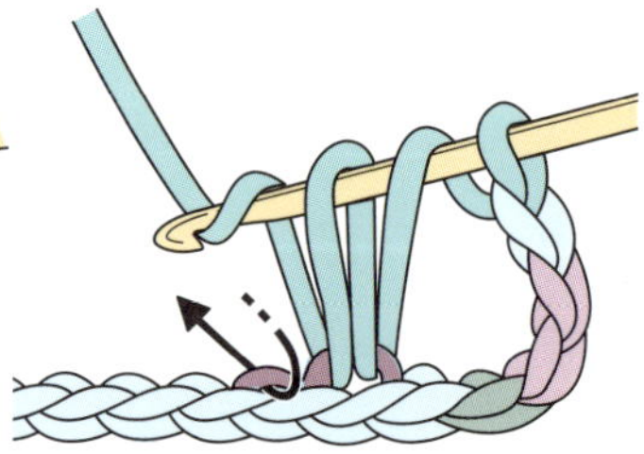

❷未完成中長編みです。かぎ針に糸をかけて、矢印の目に

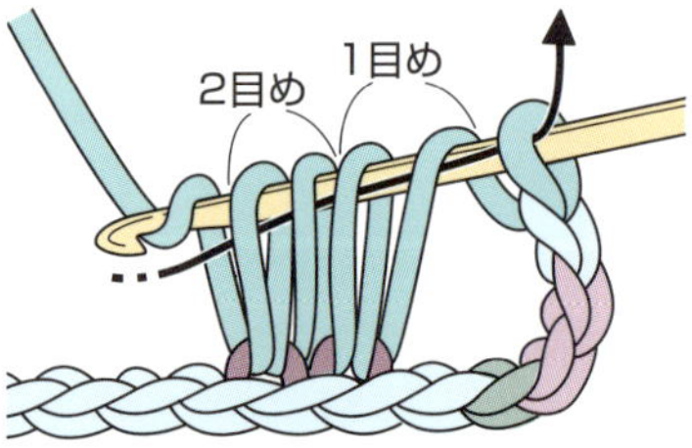

❸未完成中長編みをあと1目編みます。もう一度かぎ針に糸をかけて、矢印のようにかぎ針にかかっている5ループを一度に引き抜きます。

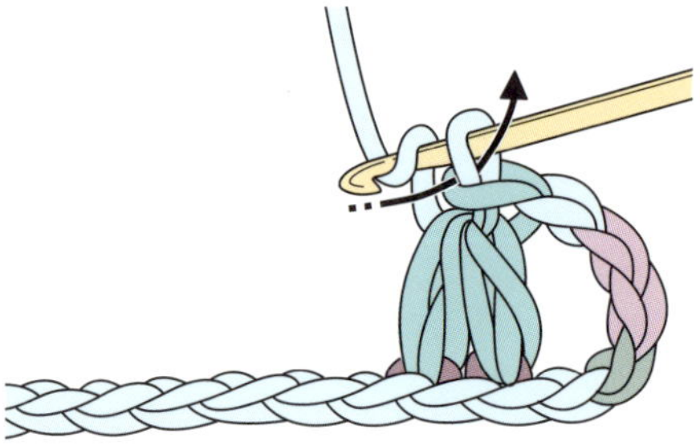

❹2目が1目になります。「中長編み2目一度」が編めました。かぎ針に糸をかけて、鎖2目を編み、

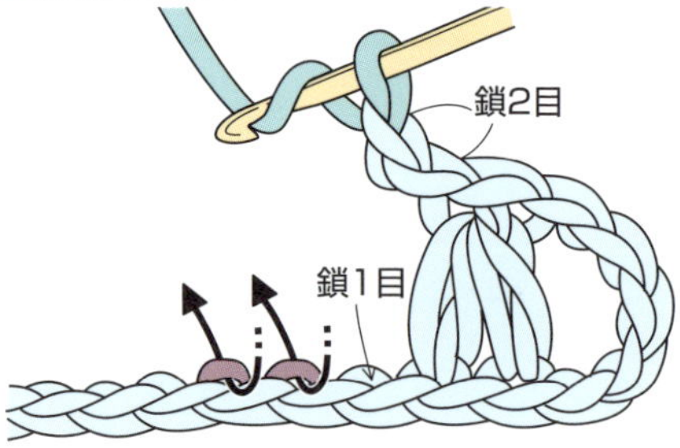

❺作り目の鎖1目をとばして①〜③をくり返します。

❻2回めの「中長編み2目一度」が編めました。

2段め　●束に拾う

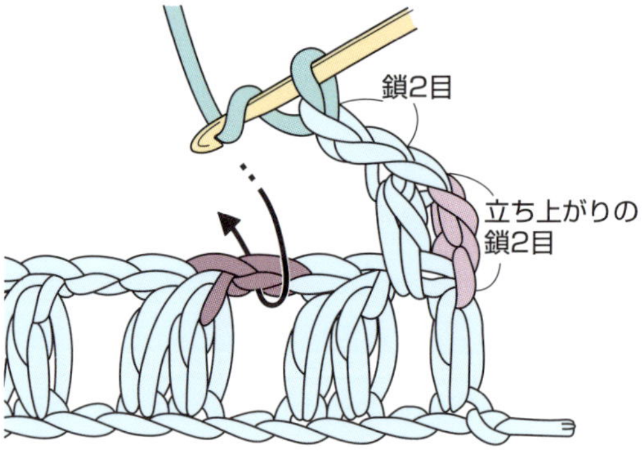

❶かぎ針に糸をかけて、前段の鎖目にかぎ針を束(すっぽりと入れる)に入れます。

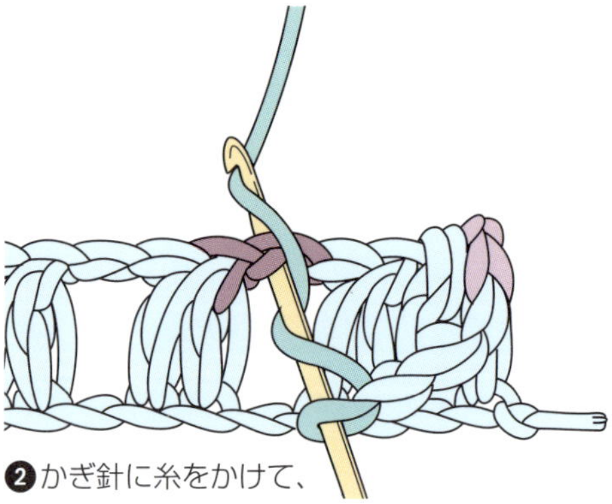

❷かぎ針に糸をかけて、

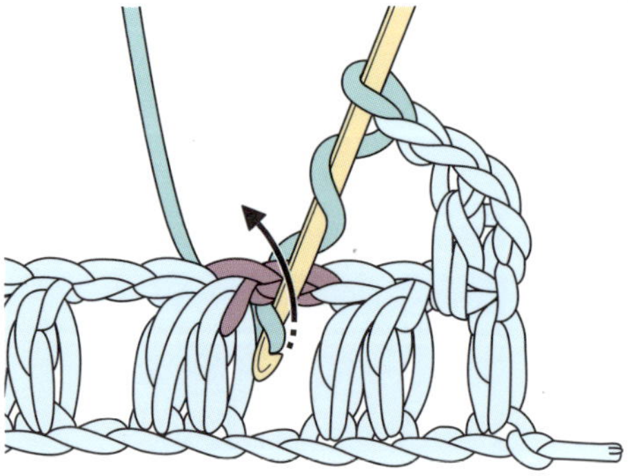

❸糸を鎖2目分の高さで引き出します(未完成中長編み)。未完成中長編みをあと1目編みます。

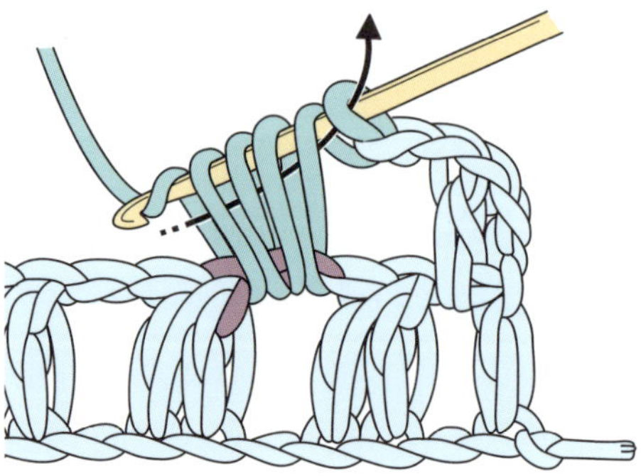

❹もう一度かぎ針に糸をかけて、矢印のようにかぎ針にかかっている5ループを一度に引き抜きます(2目が1目になる)。

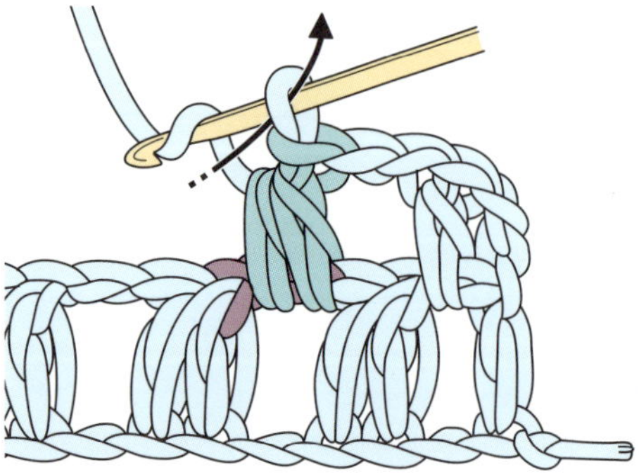

❺「中長編み2目一度」が編めました。かぎ針に糸をかけて、鎖2目を編みます。

中長編《ちゅうながあみ》み3目一度《さんめいちど》(1目ずつから拾う・束《そく》に拾う)

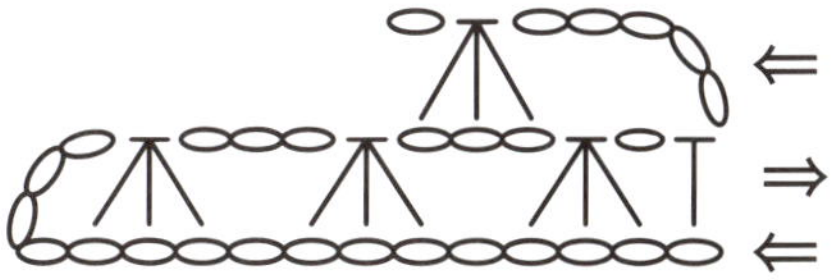

1段め

●1目ずつから拾う

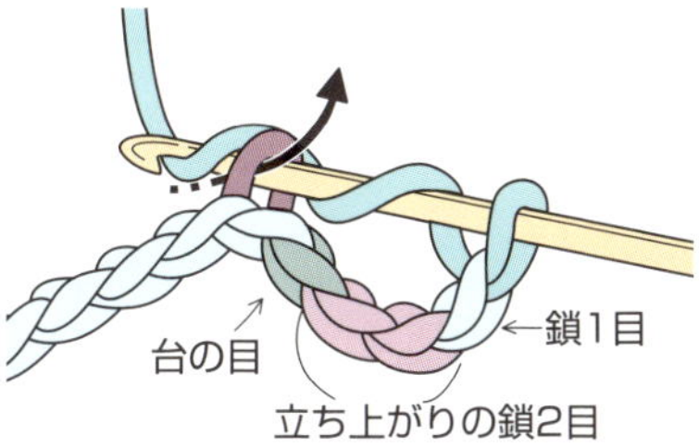

❶かぎ針に糸をかけて、かぎ針にかかっている次の目から5目めの鎖の裏山に矢印のようにかぎ針を入れ、糸をかけます。

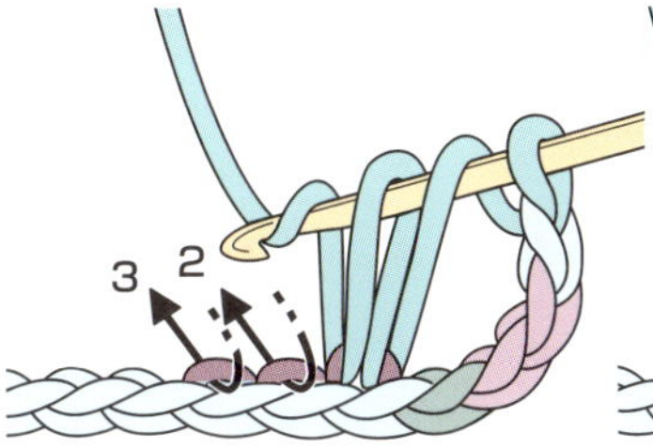

❷糸を鎖2目分の高さで引き出します(未完成中長編み)。かぎ針に糸をかけて、矢印の目に

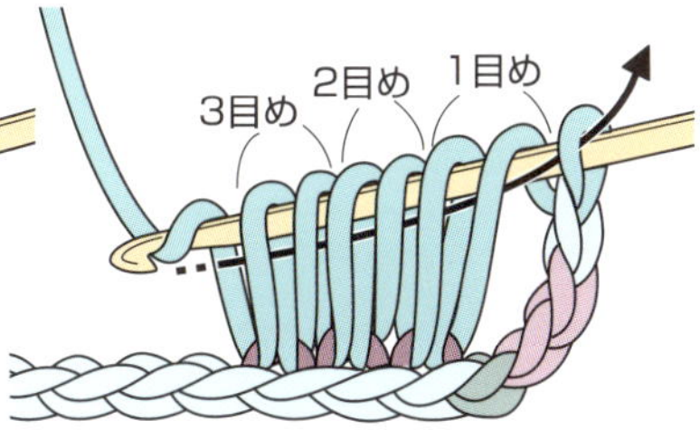

❸未完成中長編みをあと2目編みます。もう一度かぎ針に糸をかけて、矢印のようにかぎ針にかかっている7ループを一度に引き抜きます。

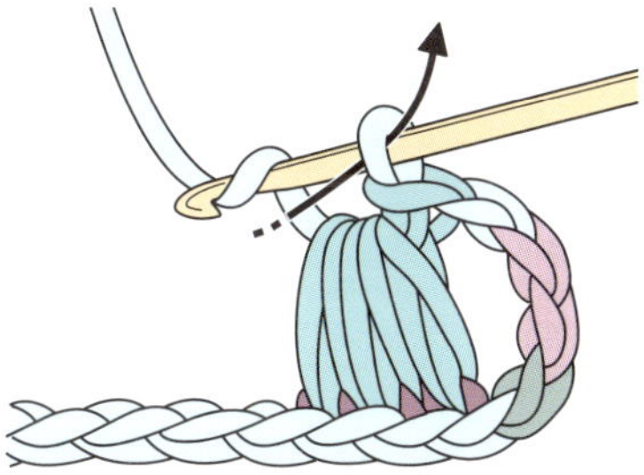

❹3目が1目になります。「中長編み3目一度」が編めました。かぎ針に糸をかけて、

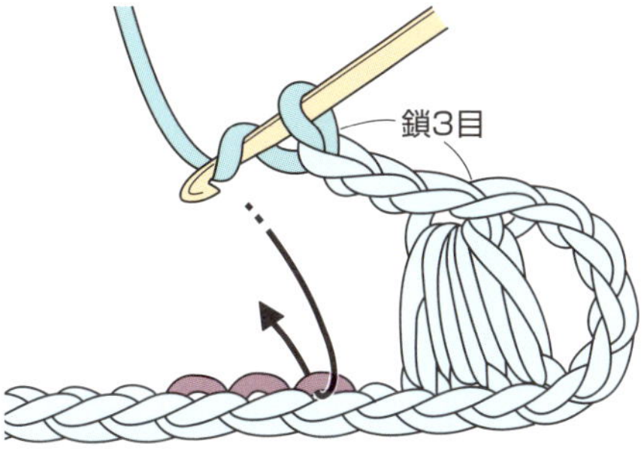

❺鎖3目を編み、作り目の鎖1目をとばして①～④をくり返して編みます。

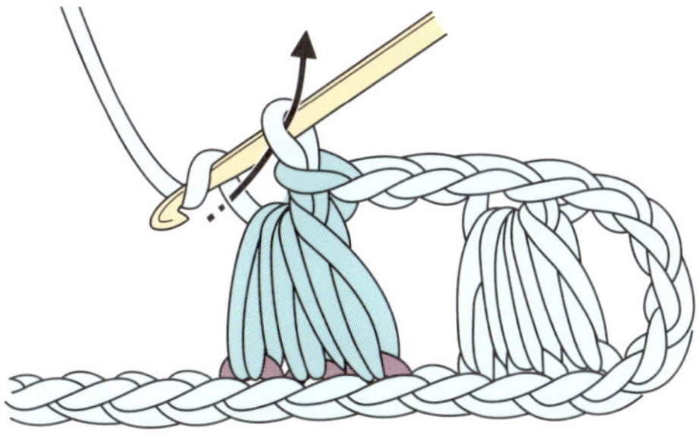

❻2回めの「中長編み3目一度」が編めました。かぎ針に糸をかけて、鎖3目を編みます。

2段め ●束に拾う

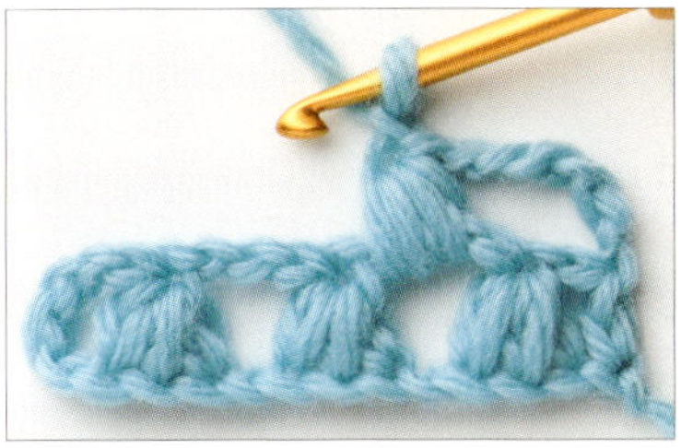

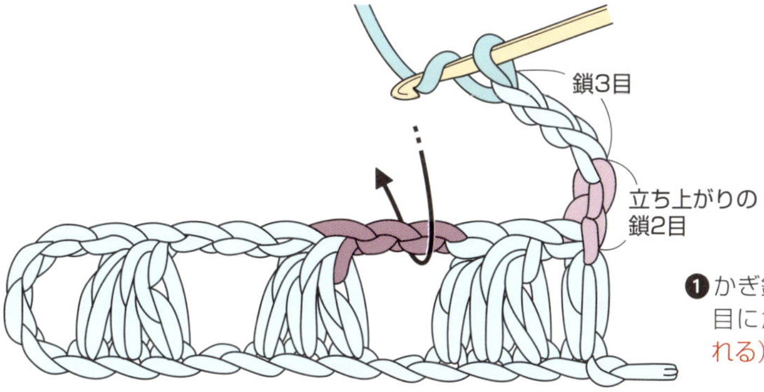

❶かぎ針に糸をかけて、前段の鎖目にかぎ針を束(すっぽりと入れる)に入れます。

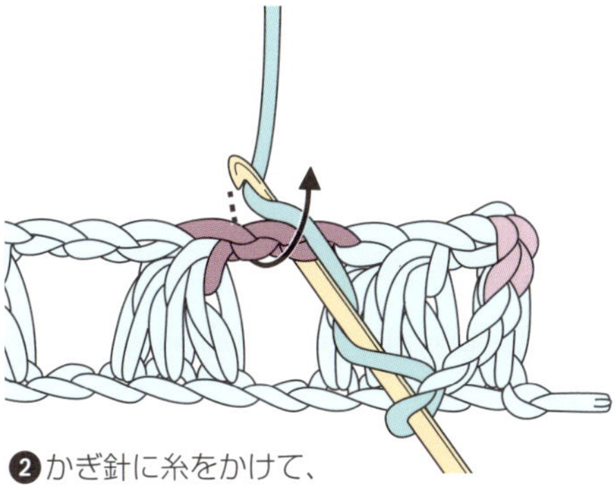

❷かぎ針に糸をかけて、未完成中長編みを3目編みます。

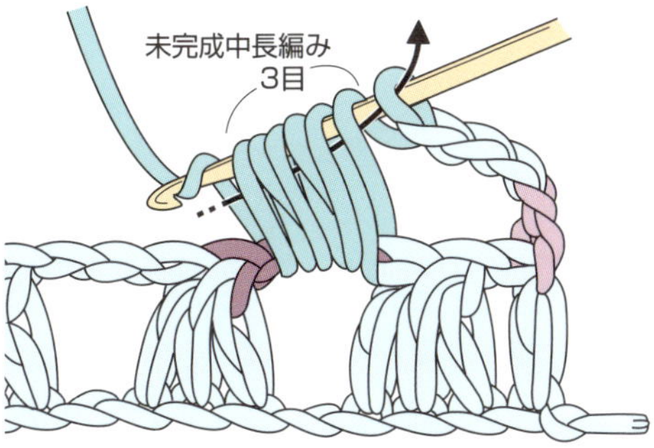

❸かぎ針に糸をかけて、矢印のようにかぎ針にかかっている7ループを一度に引き抜きます(3目が1目になる)。

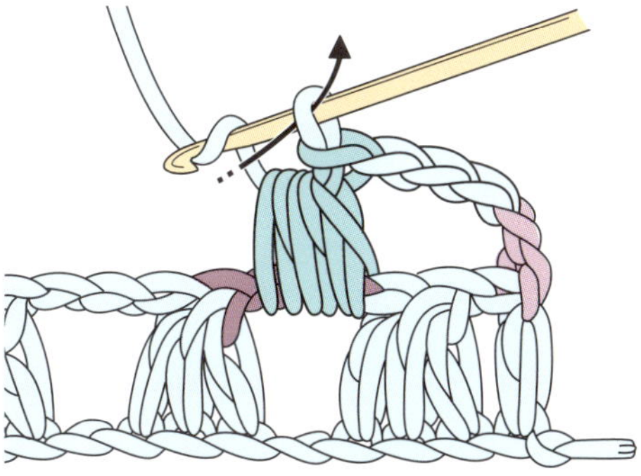

❹「中長編み3目一度」が編めました。かぎ針に糸をかけて、鎖3目を編みます。

長編み2目一度《ながあみふためいちど》
(1目ずつから拾う・束《そく》に拾う)

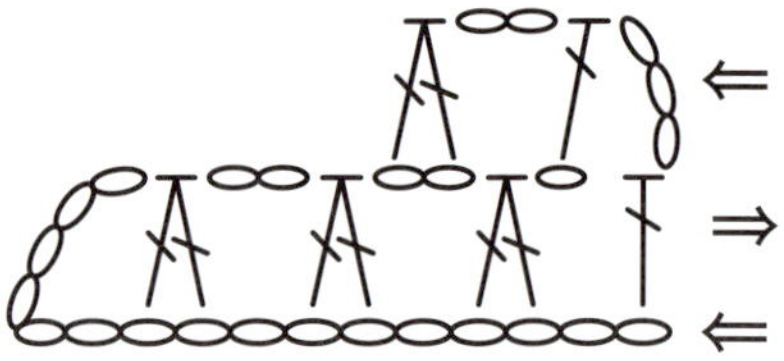

1段め

●1目ずつから拾う

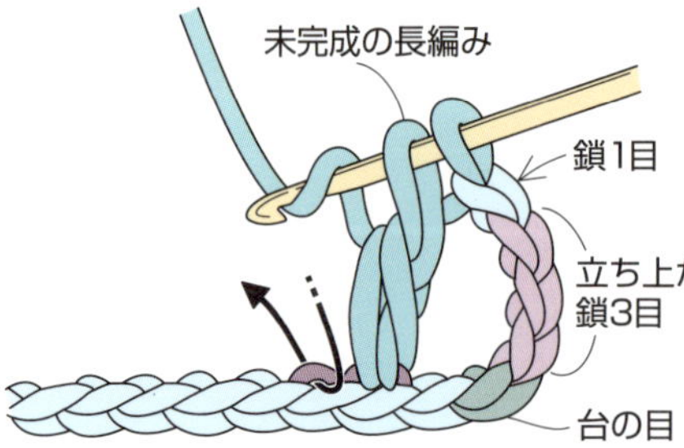

❶未完成の長編みを1目編み、糸をかけてかぎ針を次の目に入れます。

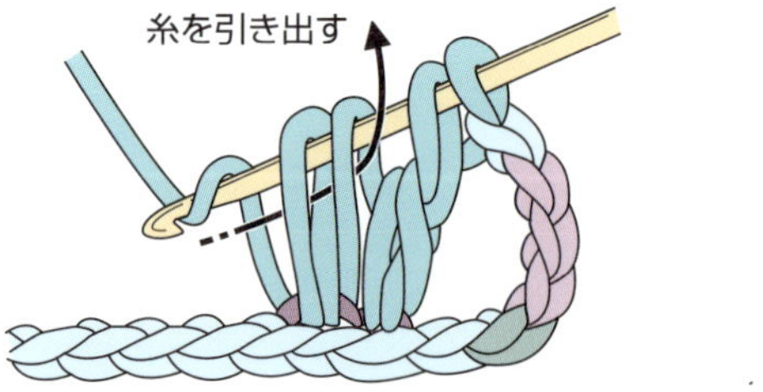

❷2目めも未完成の長編みを編みます。

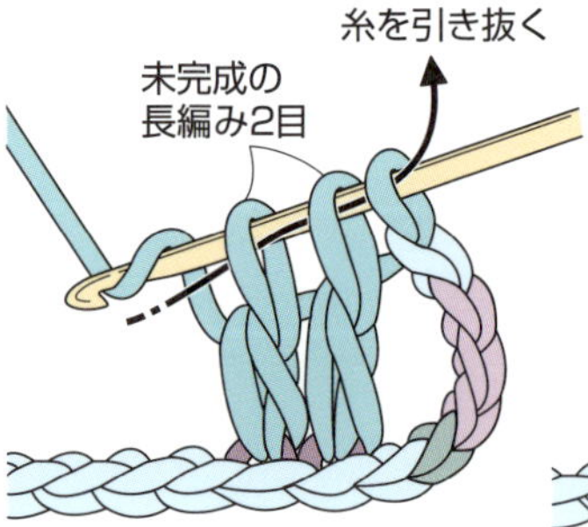

❸かぎ針に糸をかけて、かぎ針にかかっている3ループを一度に引き抜きます。

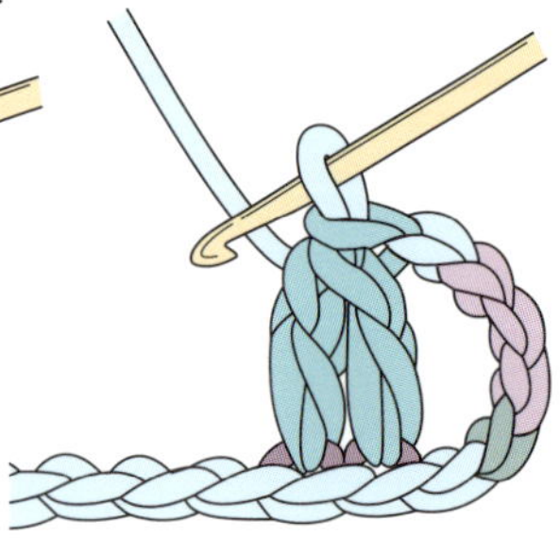

❹2目が1目になります。「長編み2目一度」が編めました(1目減目された状態)。

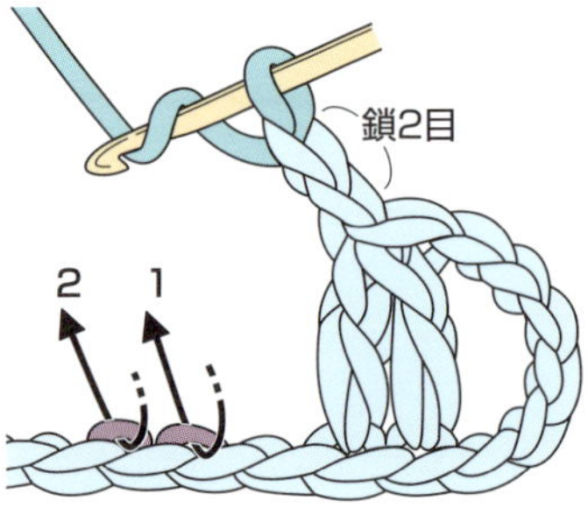

❺鎖2目を編み、2回めの長編み2目一度も①～④をくり返して編みます。

❻2回めの長編み2目一度が編めました。

2段め

●束に拾う

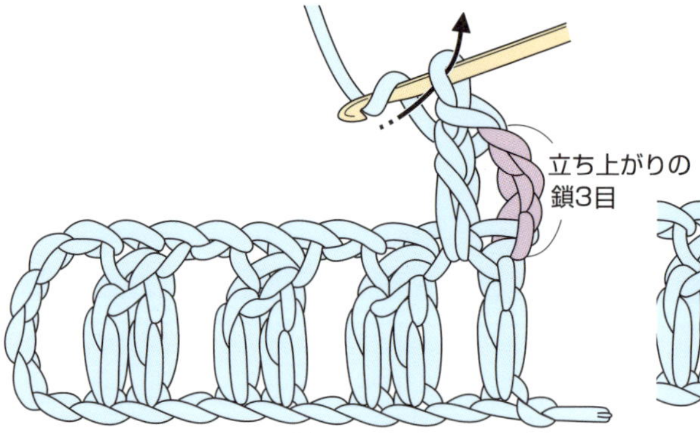

❶鎖2目を編み、

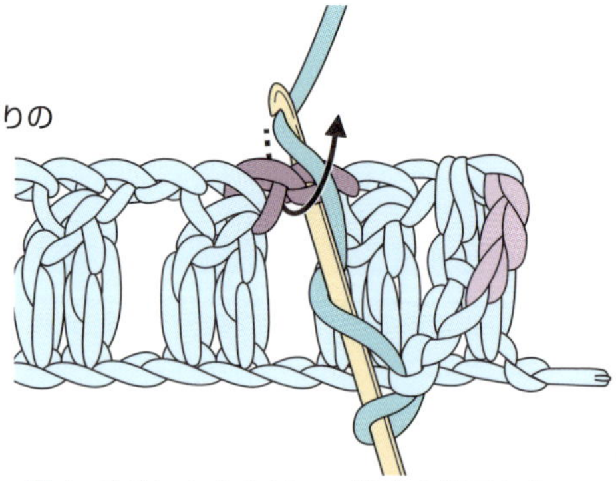

❷かぎ針に糸をかけて、前段の鎖目にかぎ針を束(すっぽりと入れる)に入れます。かぎ針に糸をかけて糸を鎖2目分の高さで引き出し、未完成長編みを2目編みます。

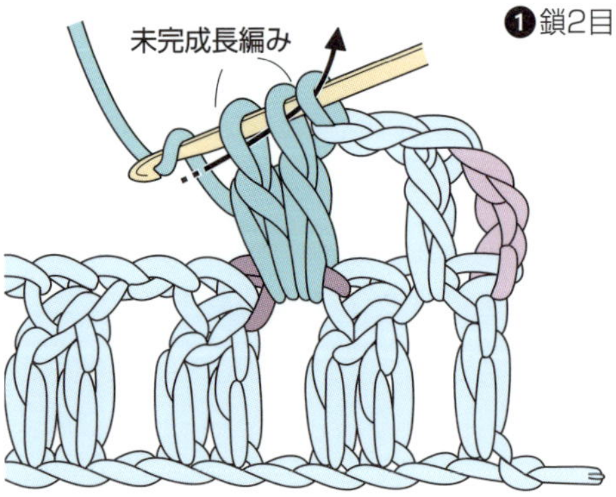

❸かぎ針に糸をかけて、かぎ針にかかっている3ループを矢印のように一度に引き抜きます(2目が1目になる)。

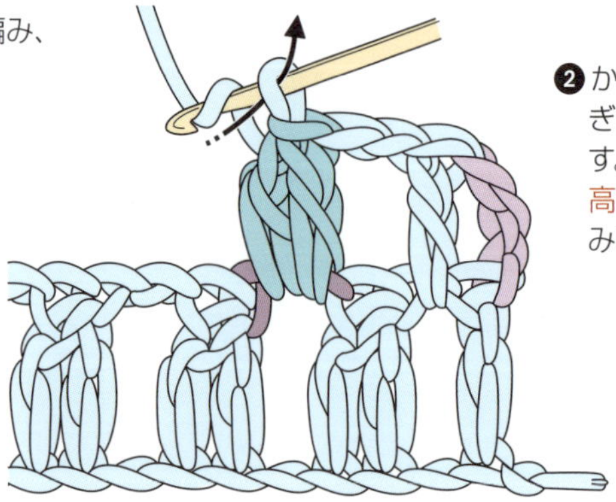

❹「長編み2目一度」が編めました。鎖2目を編みます。

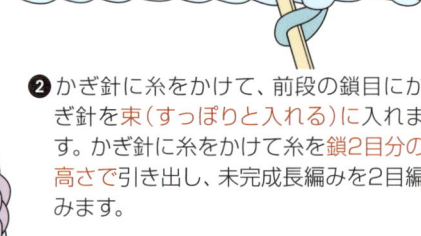

長編み3目一度《ながあみさんめいちど》(1目ずつから拾う・束《そく》に拾う)

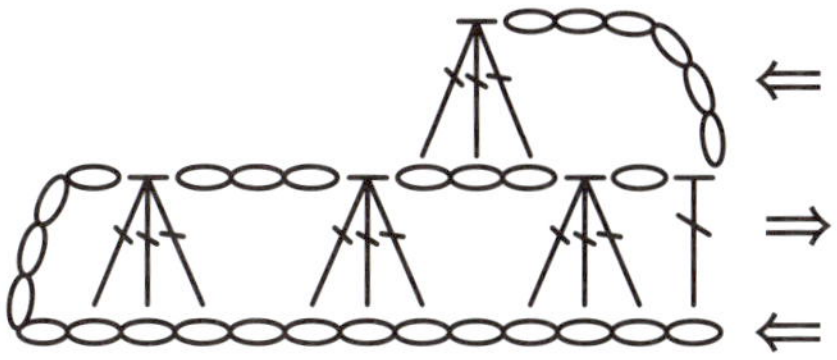

1段め

●1目ずつから拾う

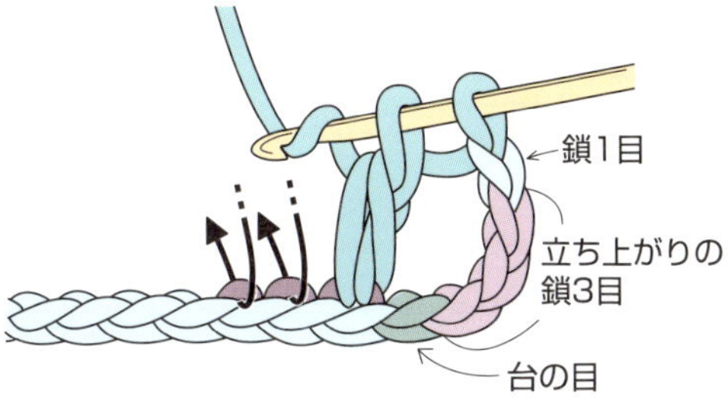

❶未完成の長編みを1目編み、かぎ針に糸をかけてかぎ針を次の目に入れます。

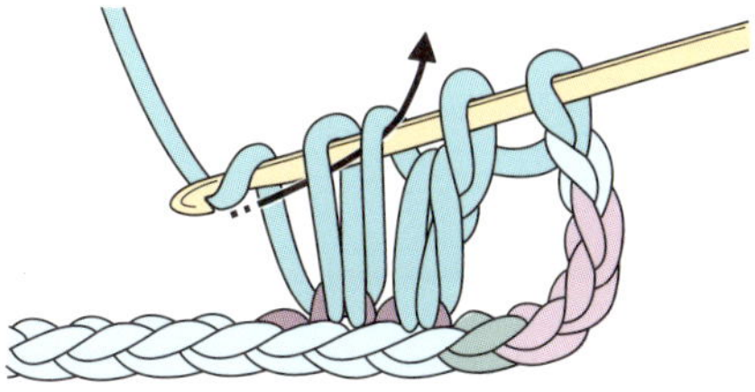

❷2目めも未完成の長編みを編みます。

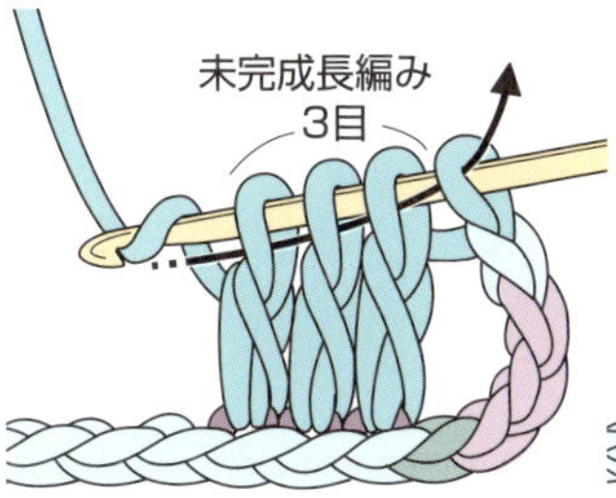

❸3目めも未完成長編みを編み、かぎ針に糸をかけて、かぎ針にかかっている4ループを一度に引き抜きます。

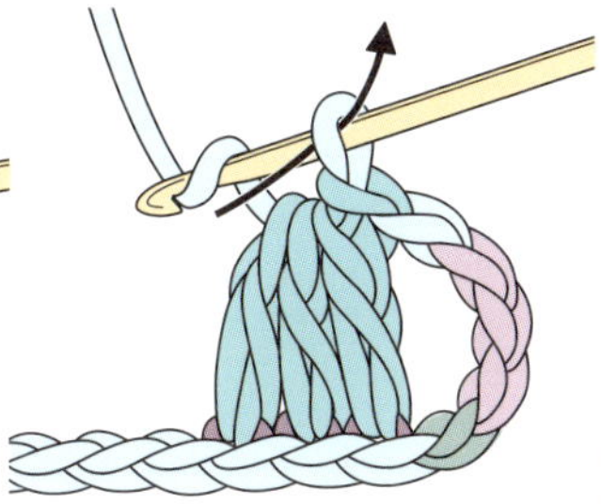

❹3目が1目になります。「長編み3目一度」が編めました(2目減目された状態)。鎖3目を編み、

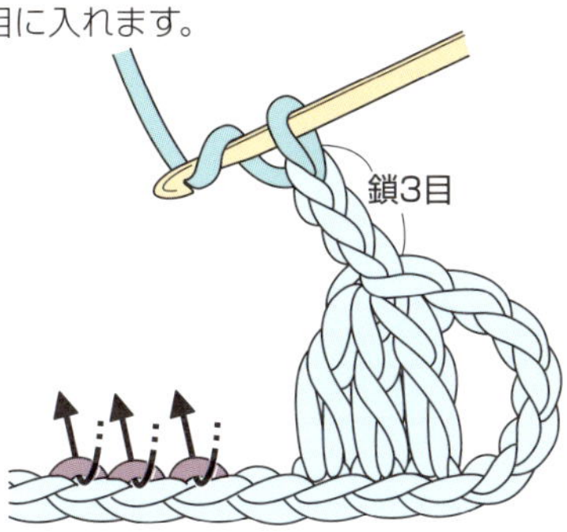

❺作り目の鎖1目をとばして2回めの長編み3目一度も①～④をくり返して編みます。

❻2回めの「長編み3目一度」が編めました。

2段め

●束に拾う

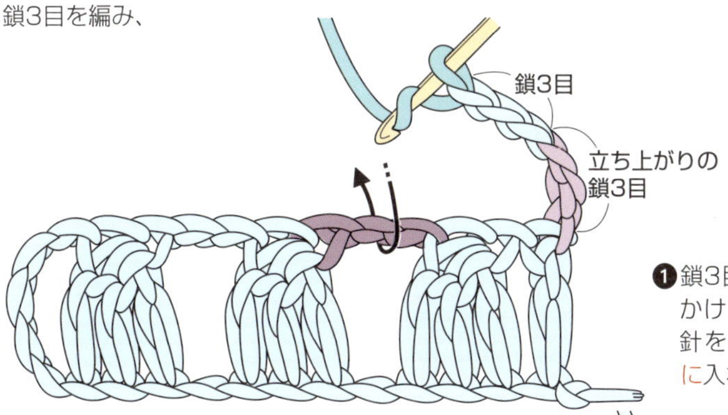

❶鎖3目を編み、かぎ針に糸をかけて、前段の鎖目にかぎ針を束(すっぽりと入れる)に入れます。

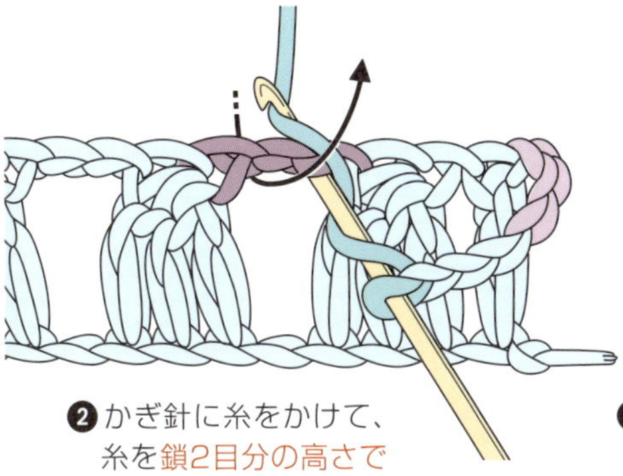

❷かぎ針に糸をかけて、糸を鎖2目分の高さで引き出し、

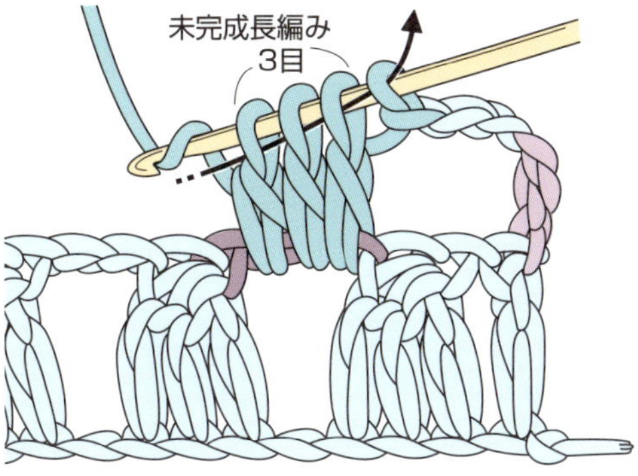

❸未完成長編みを3目編みます。もう一度かぎ針に糸をかけて、かぎ針にかかっている4ループを矢印のように一度に引き抜きます。

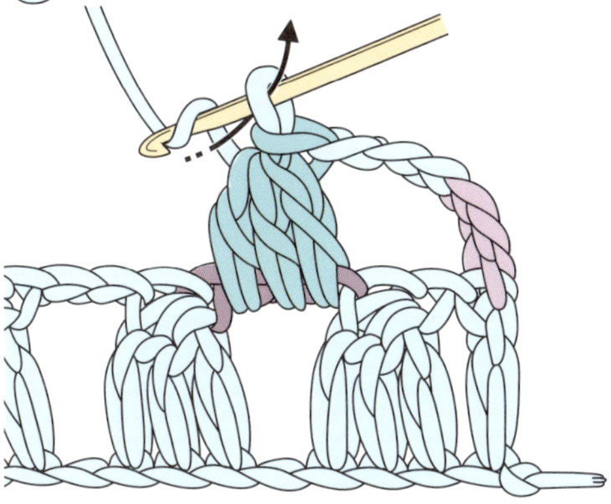

❹3目が1目になります。「長編み3目一度」が編めました。鎖3目を編みます。

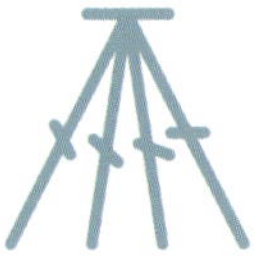

長編み4目一度《ながあみよんめいちど》(1目ずつから拾う)

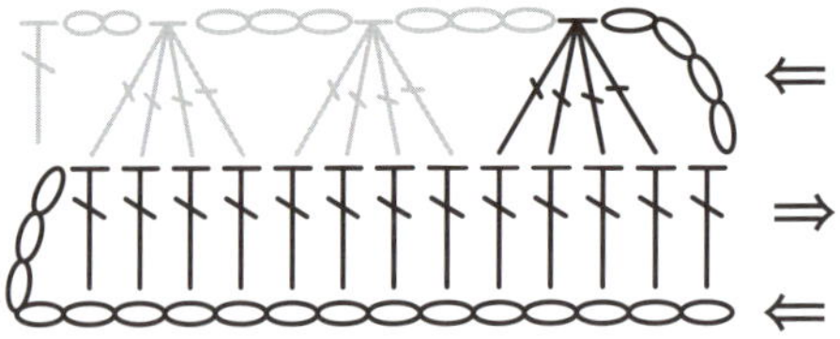

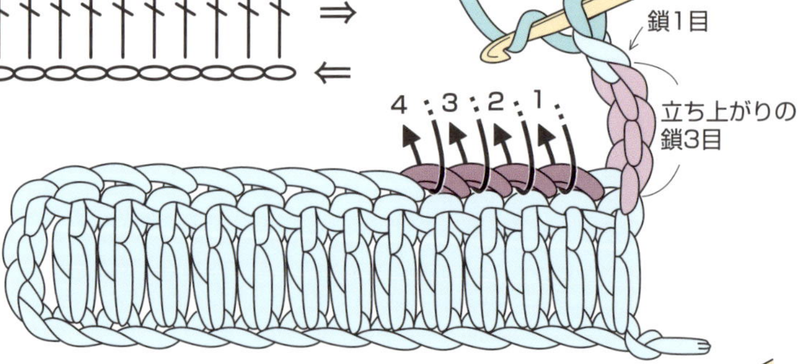

❶1、2、3、4の順に未完成長編みを編みます。
1目めはかぎ針に糸をかけて、

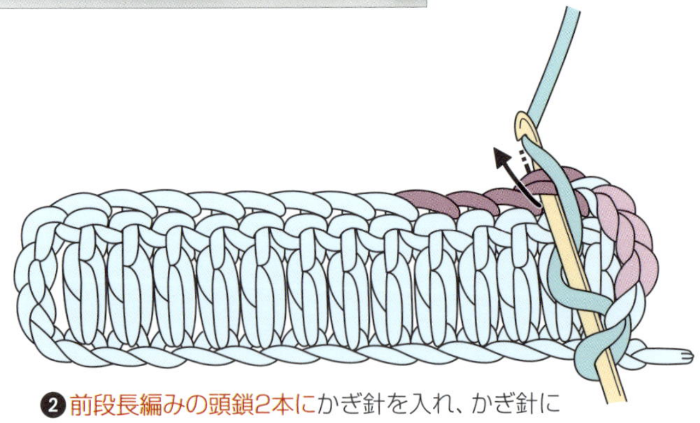

❷前段長編みの頭鎖2本にかぎ針を入れ、かぎ針に糸をかけて、糸を鎖2目分の高さで引き出します。

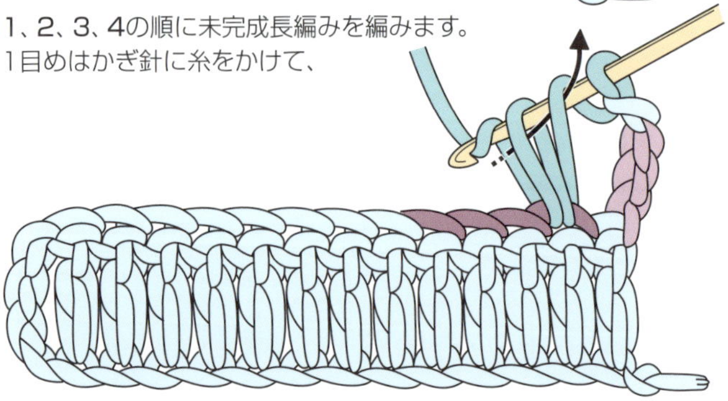

❸かぎ針に糸をかけて、針先の2ループを引き出します(未完成長編み)。

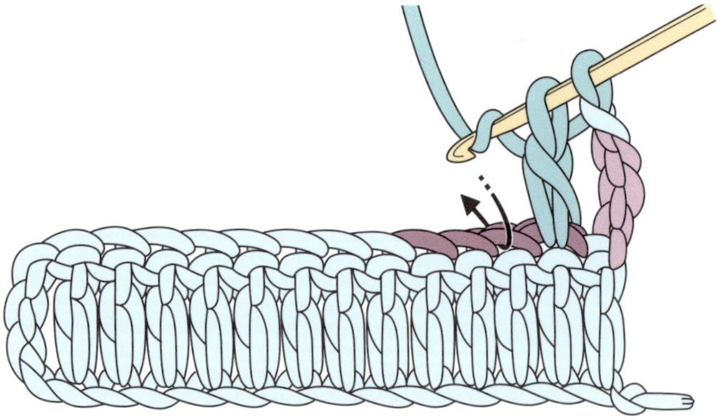

❹次の目も未完成長編みを編みます。

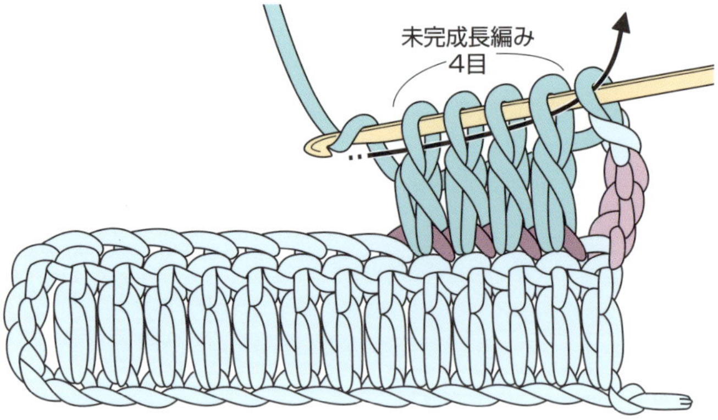

❺未完成長編みをあと2目編み、かぎ針に糸をかけて、かぎ針にかかっている5ループを一度に引き抜きます。

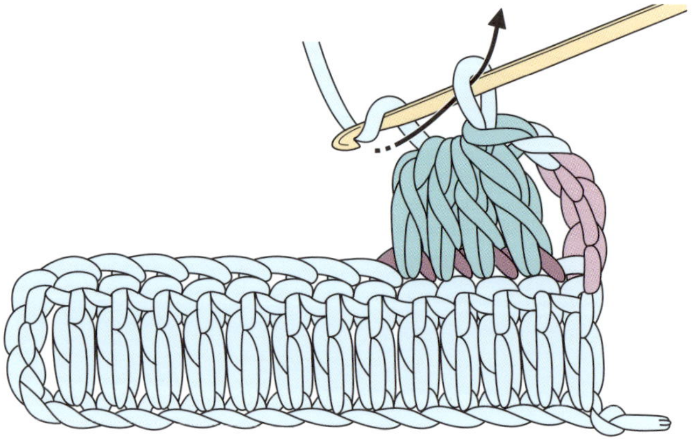

❻4目が1目になります。「長編み4目一度」が編めました(3目減目された状態)。鎖3目を編み、

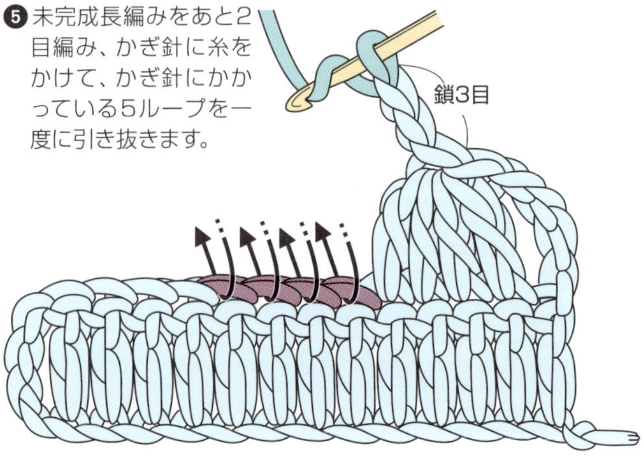

❼2回めの長編み4目一度も①〜⑥をくり返して編みます。

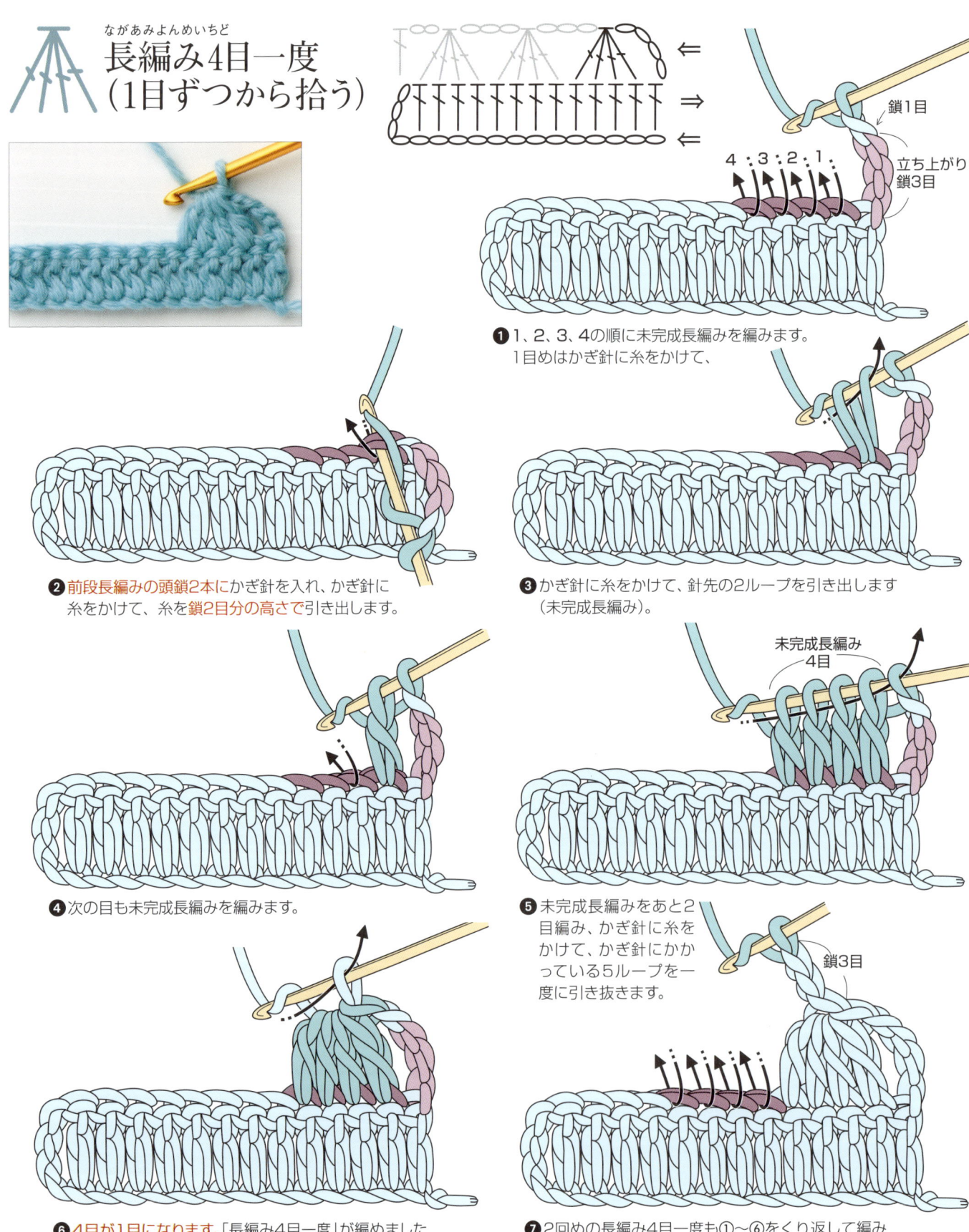

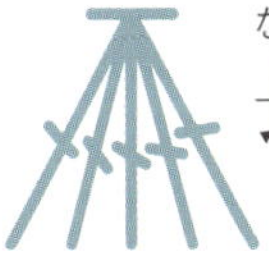

長編《ながあ》み5目《ごめ》一度《いちど》(1目ずつから拾う)

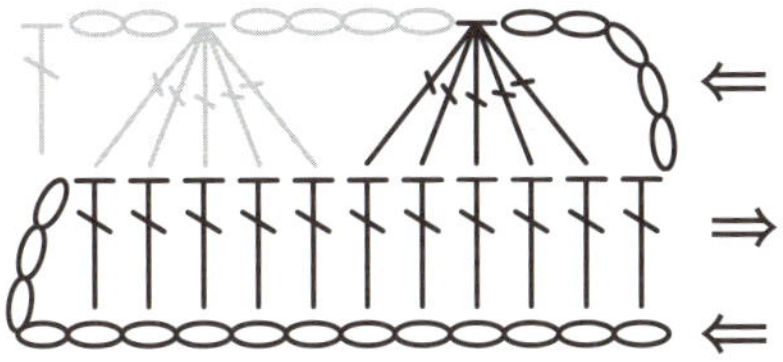

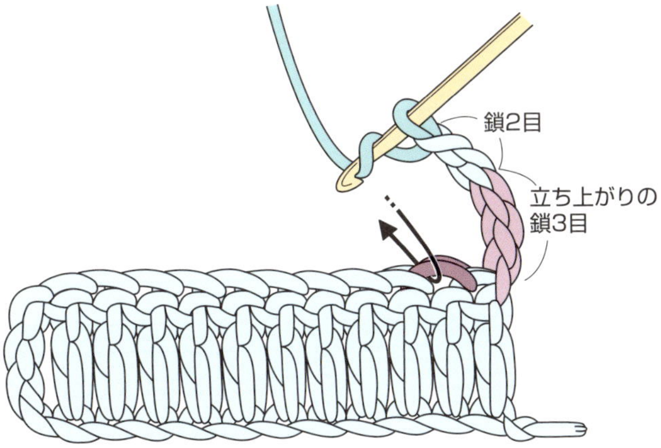
鎖2目
立ち上がりの
鎖3目

❶かぎ針に糸をかけて、

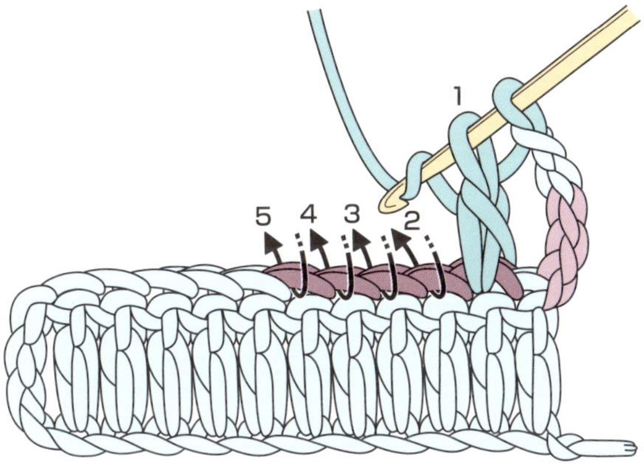
1
5 4 3 2

❷前段長編みの頭鎖2本を拾って1、2、3、4、5の順に未完成長編みを編みます。

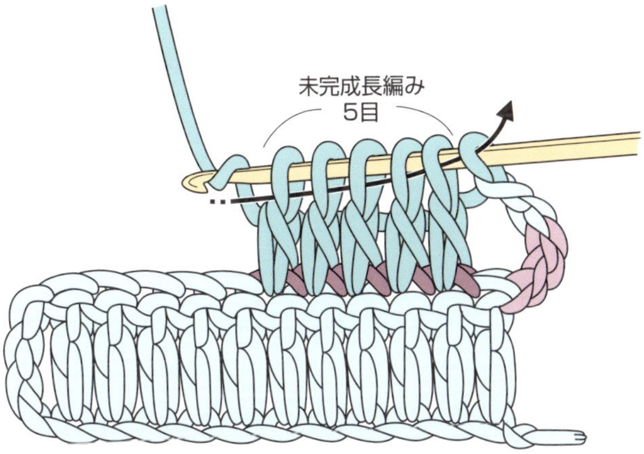
未完成長編み
5目

❸未完成長編みを全部で5目編み、かぎ針に糸をかけて、かぎ針にかかっている6ループを一度に引き抜きます。

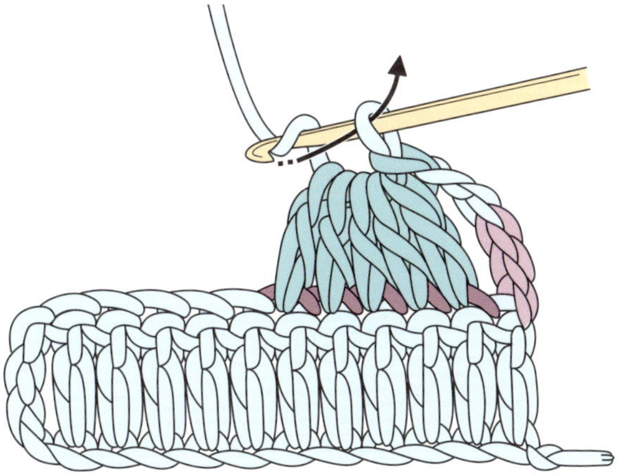

❹5目が1目になります。「長編み5目一度」が編めました(4目減目された状態)。鎖4目を編み、

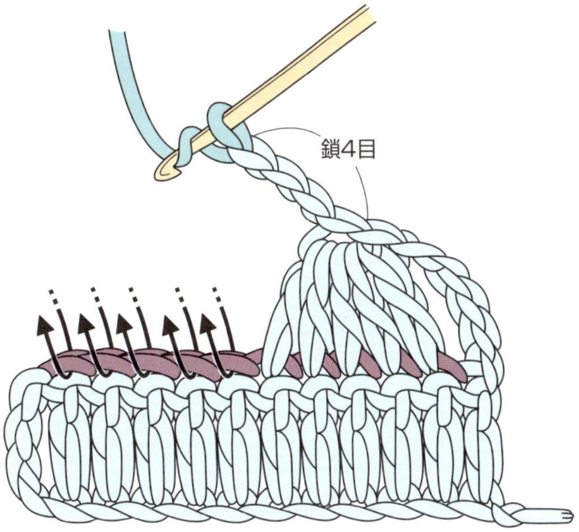
鎖4目

❺2回めの長編み5目一度も①~④をくり返して編みます。

長編み2目の玉編み2目一度《ながあみふためのたまあみふためいちど》(1目ずつから拾う)

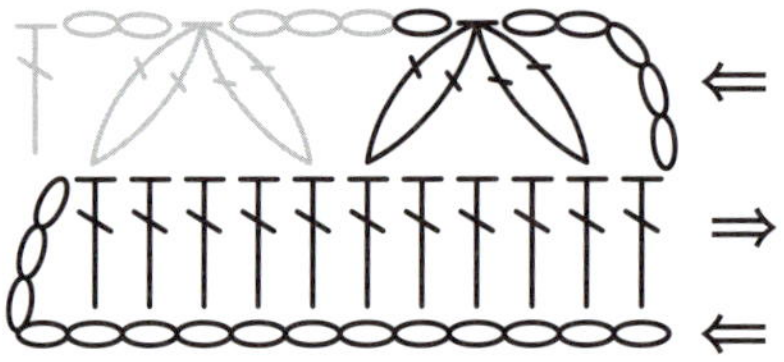
⇐
⇒
⇐

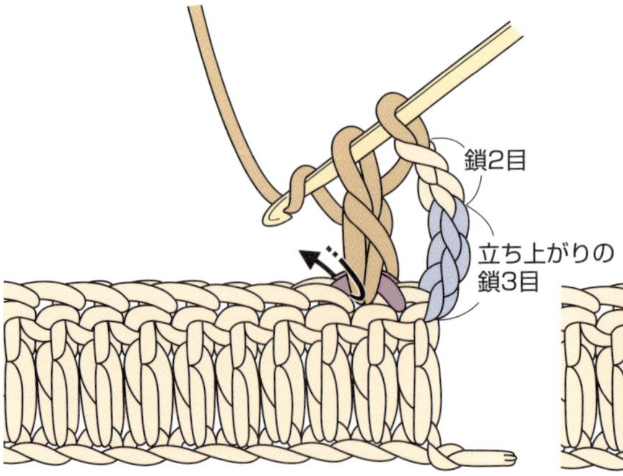
鎖2目
立ち上がりの
鎖3目

❶前段長編みの頭鎖2本に未完成長編みを編み、かぎ針に糸をかけて、

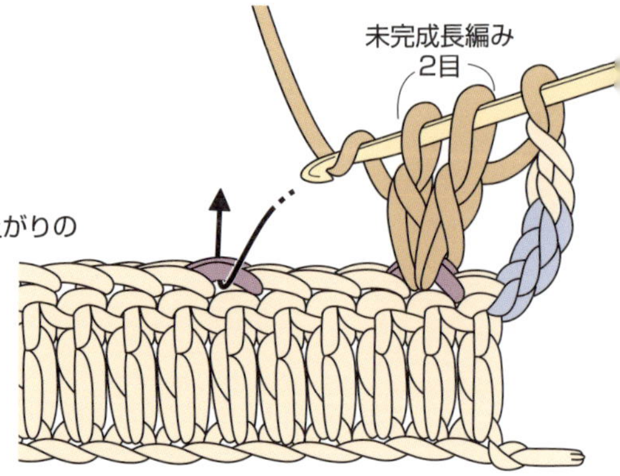
未完成長編み
2目

❷次の目も未完成長編みを編みます。かぎ針に糸をかけて、3目とばして前段長編みの頭鎖2本にかぎ針を入れ、

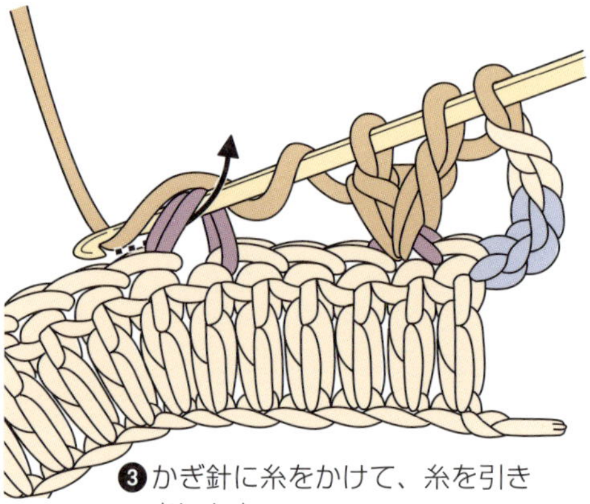

❸かぎ針に糸をかけて、糸を引き出します。

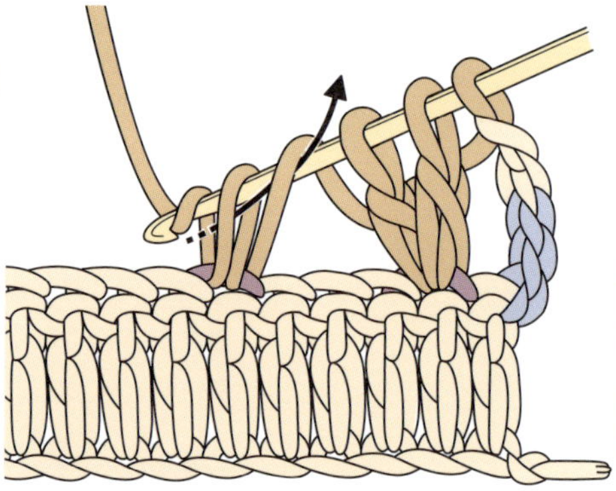

❹かぎ針に糸をかけて、針先の2ループを引き抜きます(未完成長編み)。

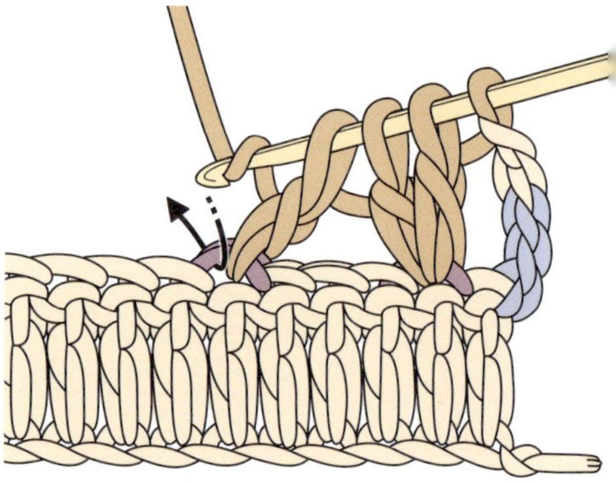

❺かぎ針に糸をかけて、未完成長編みをあと1目編み、

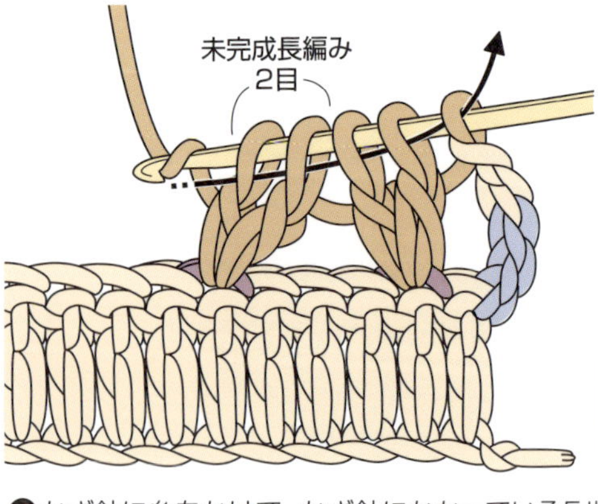
未完成長編み
2目

❻かぎ針に糸をかけて、かぎ針にかかっている5ループを一度に引き抜きます(長編み2目の玉編み2目が1目になる)。

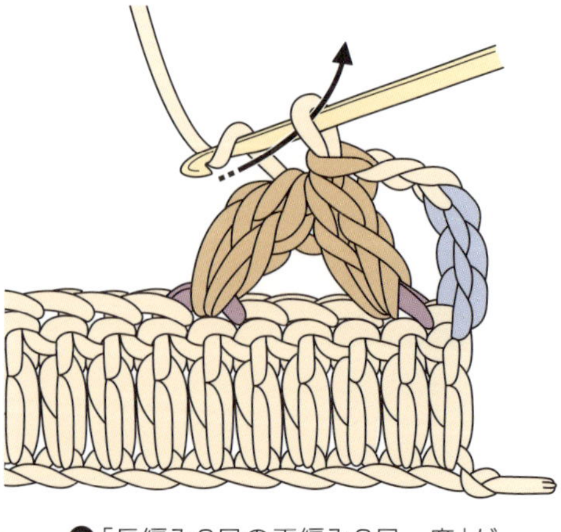

❼「長編み2目の玉編み2目一度」が編めました。かぎ針に糸をかけて、鎖4目を編み、

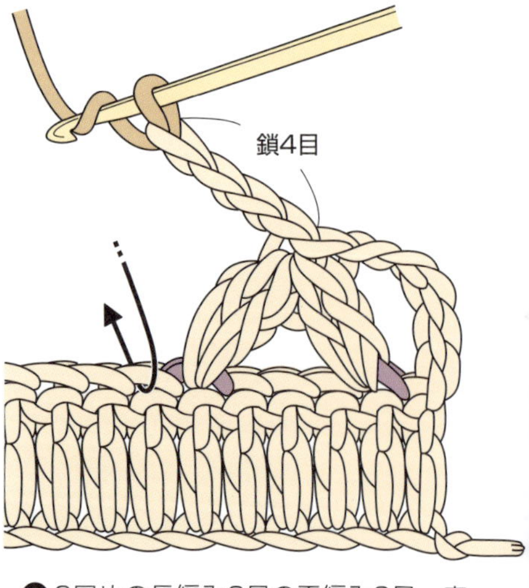
鎖4目

❽2回めの長編み2目の玉編み2目一度を編みます。

長編み3目の玉編み2目一度《ながあみさんめのたまあみふためいちど》(1目ずつから拾う)

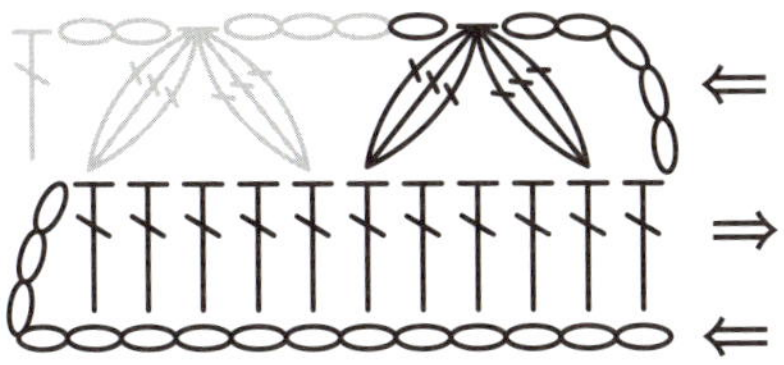

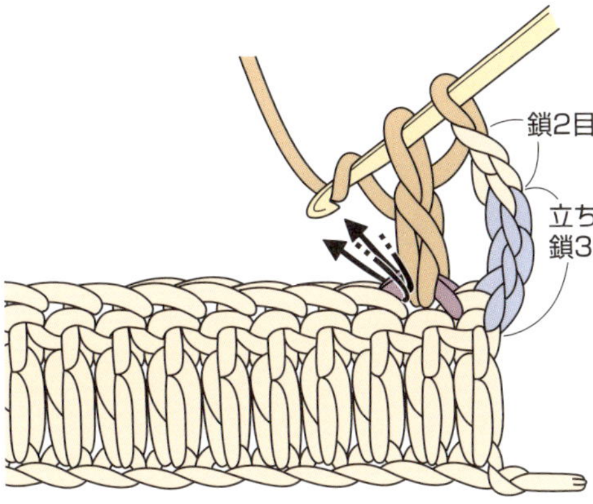

❶前段長編みの頭鎖2本に未完成長編みを編み、かぎ針に糸をかけて、

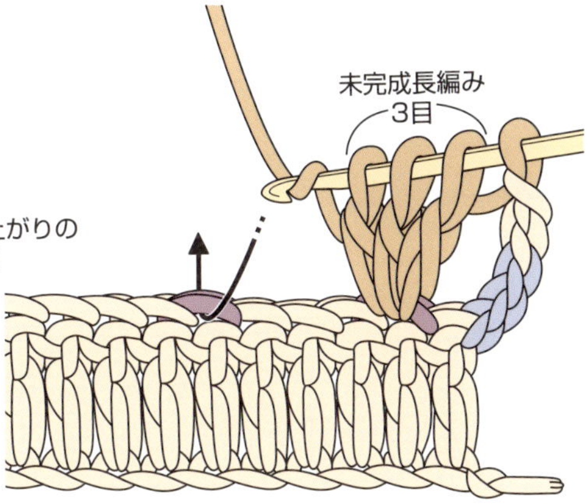

❷未完成長編みをあと2目編みます。かぎ針に糸をかけて、3目とばして前段長編みの頭鎖2本に

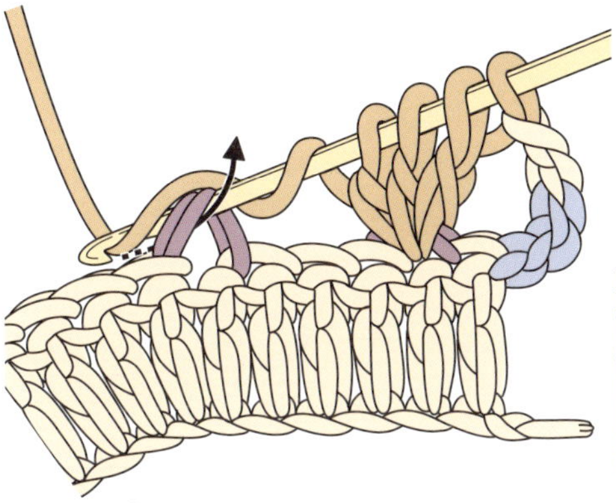

❸かぎ針を入れ、かぎ針に糸をかけて、糸を引き出します。

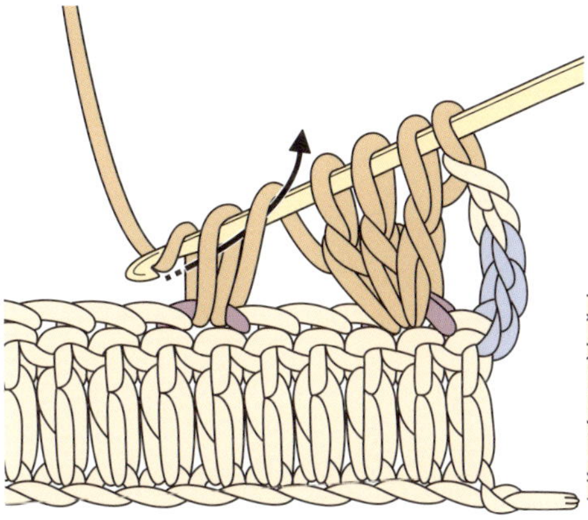

❹かぎ針に糸をかけて、針先の2ループを引き出します(未完成長編み)。

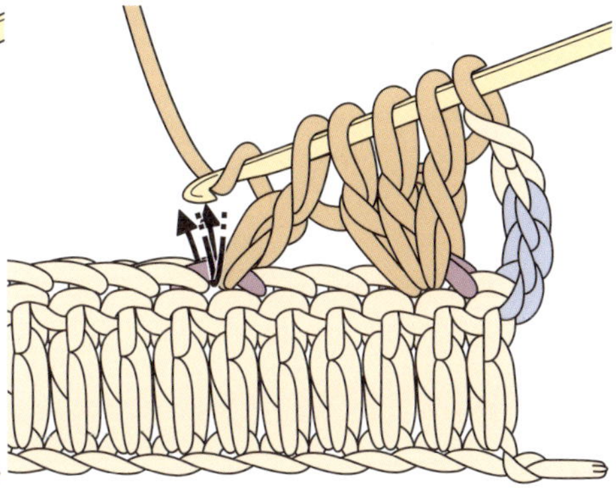

❺かぎ針に糸をかけて、未完成長編みをあと2目編み、

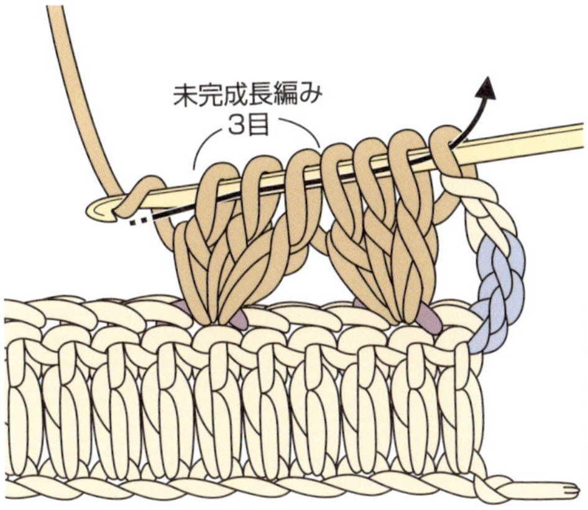

❻かぎ針に糸をかけて、かぎ針にかかっている7ループを一度に引き抜きます(長編み3目の玉編み2目が1目になる)。

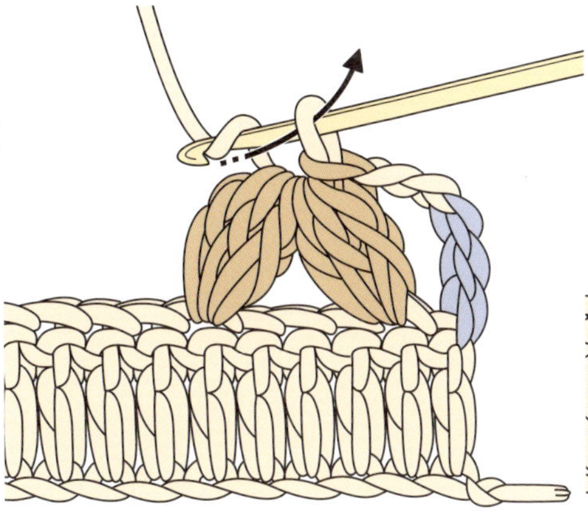

❼「長編み3目の玉編み2目一度」が編めました。かぎ針に糸をかけて、鎖4目を編み、

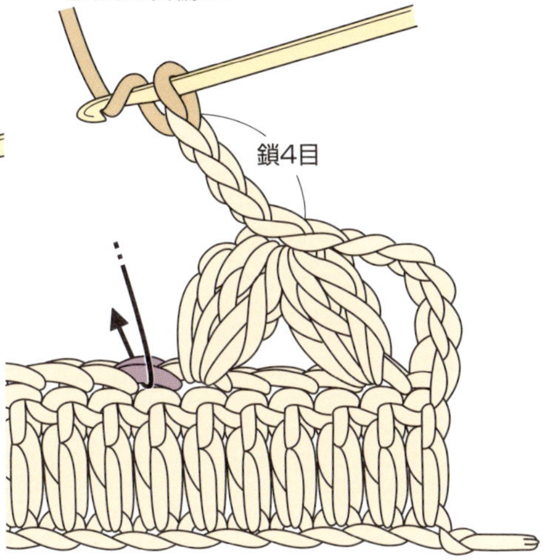

❽2回めの長編み3目の玉編み2目一度を編みます。

中長編み3目の玉編み2目一度《ちゅうながあみさんめのたまあみふためいちど》(1目ずつから拾う)

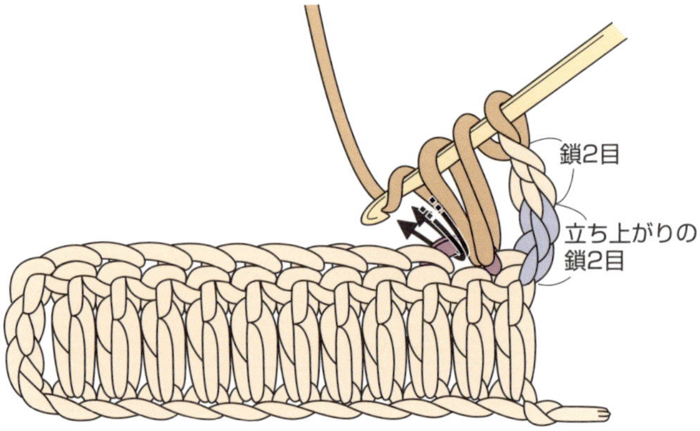

❶前段長編みの頭鎖2本に未完成中長編みを編み、かぎ針に糸をかけて、未完成中長編みをあと2目編みます。

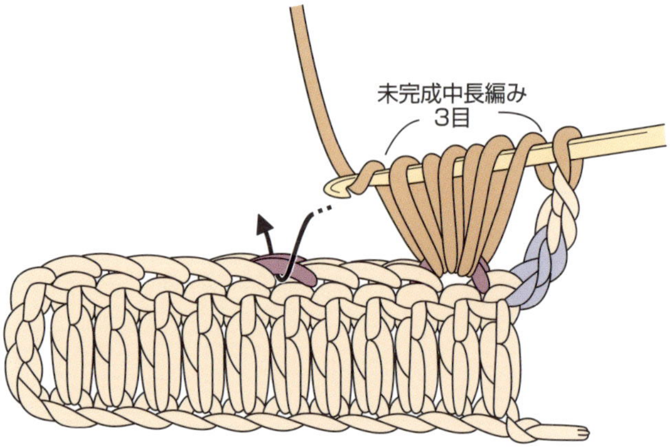

❷かぎ針に糸をかけて、3目とばして前段長編みの頭鎖2本に未完成中長編みを3目編みます。

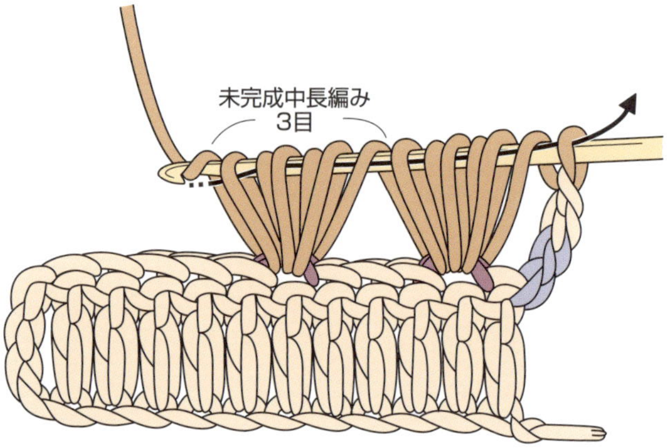

❸かぎ針に糸をかけて、かぎ針にかかっている13ループを一度に引き抜きます。

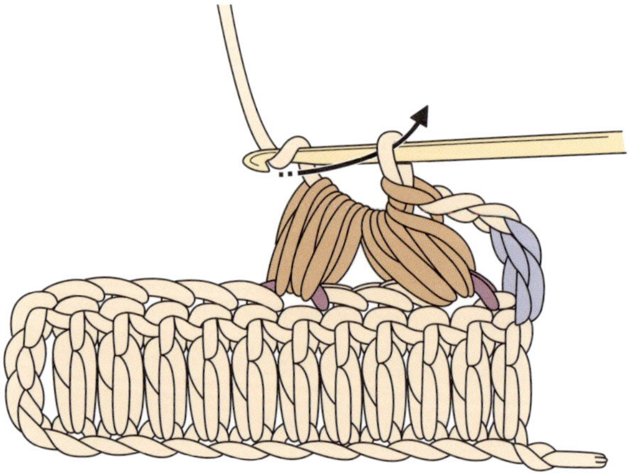

❹中長編み3目の玉編み2目が1目になります。
鎖4目を編み、

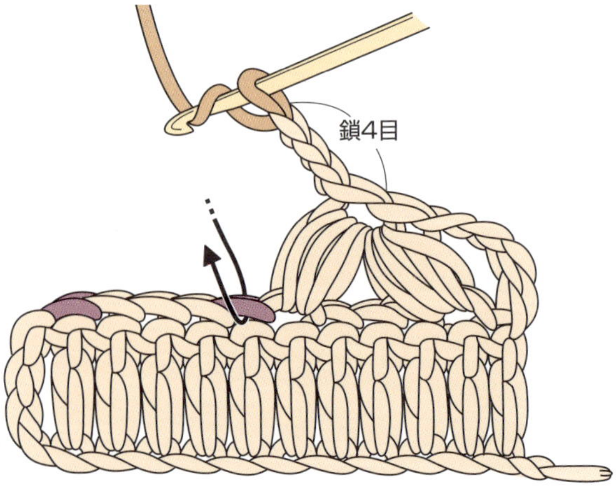

❺2回めの中長編み3目の玉編み2目一度を編みます。

長編み2目一度《ながあみふためいちど》（1目ずつから拾う）

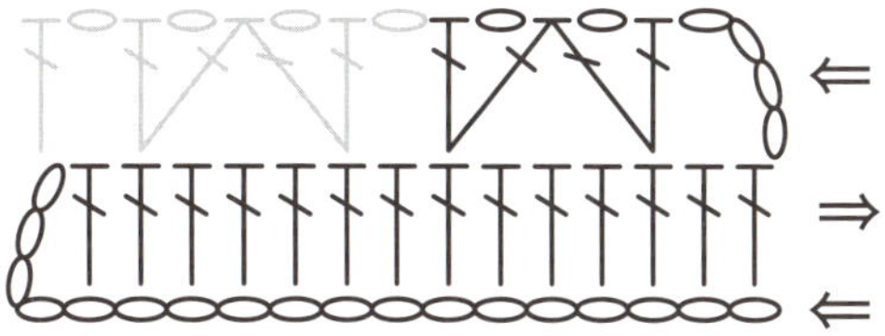

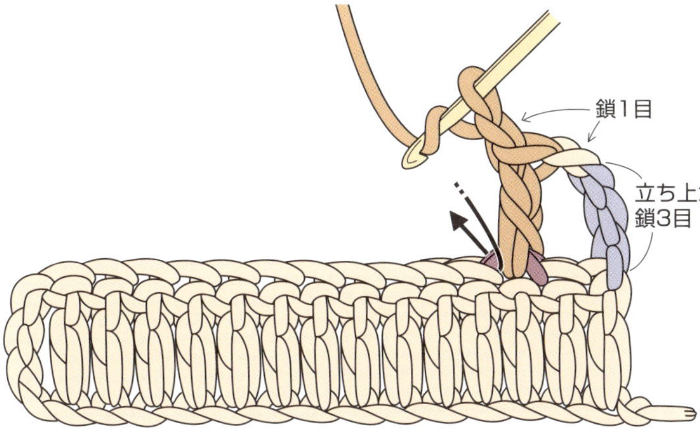

1 前段長編みの頭鎖2本に長編みを編み、鎖1目編んでかぎ針に糸をかけて、次の目は1目めと同じ目に

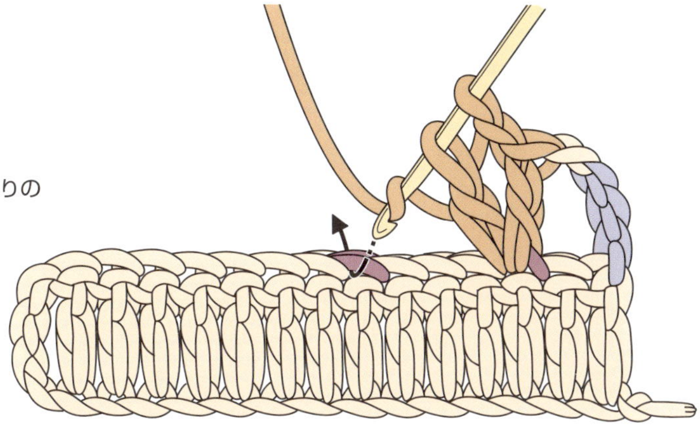

2 未完成長編みを編みます。かぎ針に糸をかけて、3目とばして前段長編みの頭鎖2本にかぎ針を入れ、

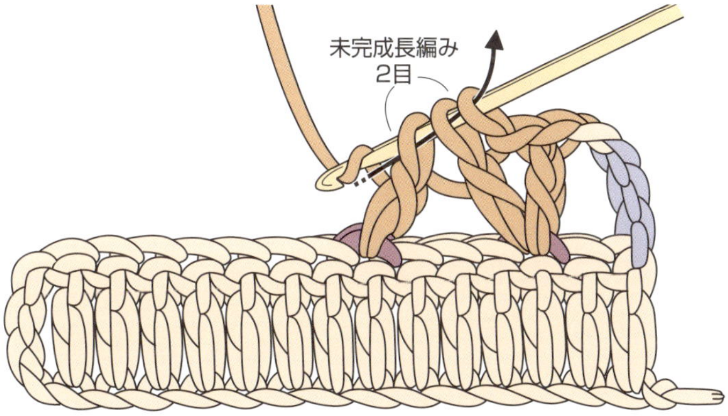

3 未完成長編みを編みます。かぎ針に糸をかけて、かぎ針にかかっている3ループを一度に引き抜きます。

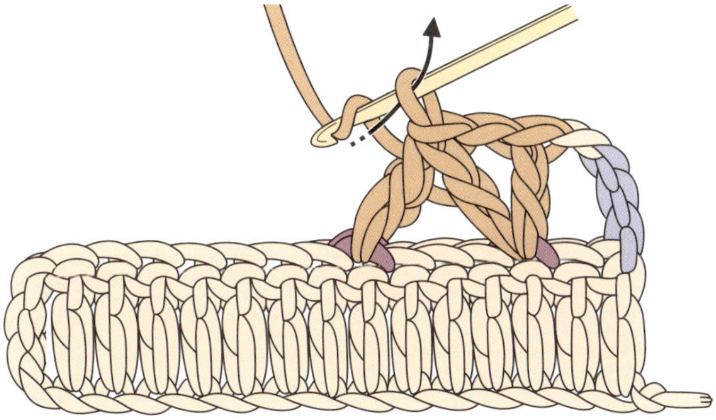

4 鎖1目編み、

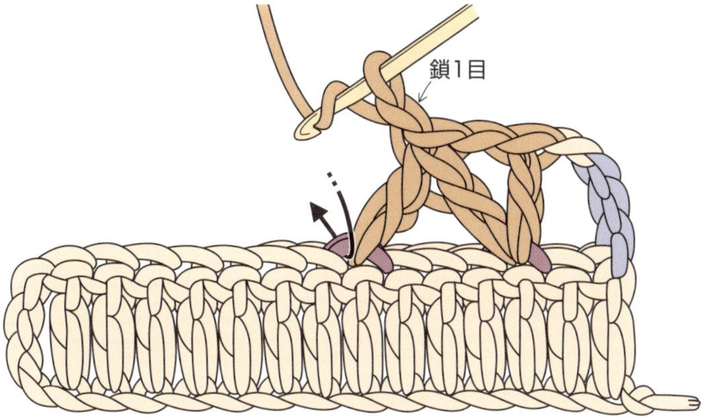

5 3目めと同じ目に長編みを編みます。

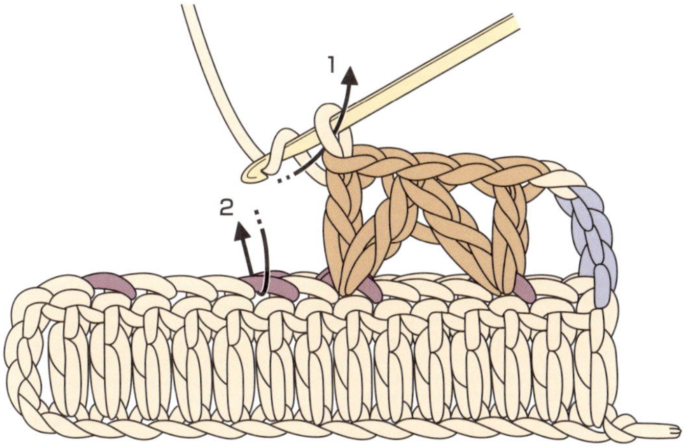

6 鎖1目を編み、1目とばして前段長編みの頭鎖2本にかぎ針を入れ、2模様めを編みます。

細編み2目を編み入れる《こまあみふためをあみいれる》(増し目)

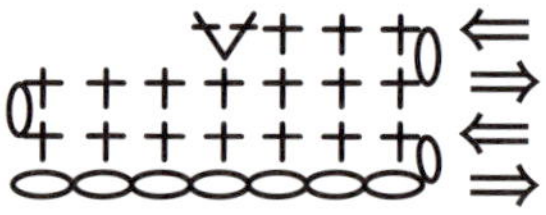

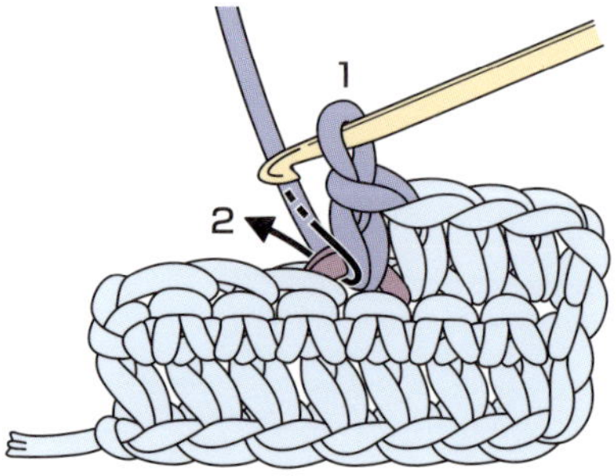

❶前段の頭鎖2本に1目めの細編みを編みます。

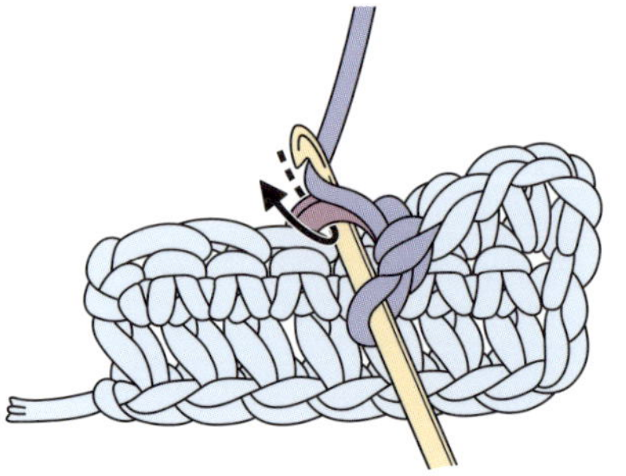

❷同じ目の頭鎖2本にもう一度かぎ針を入れて、かぎ針に糸をかけて

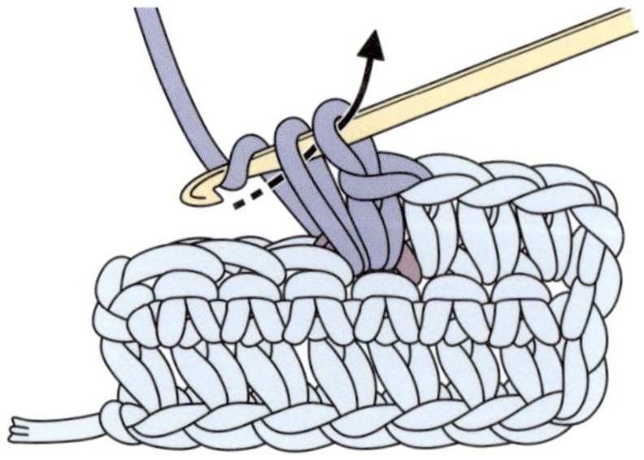

❸鎖1目分の高さの糸を引き出します。もう一度かぎ針に糸をかけてかぎ針にかかっている2ループを引き抜きます。

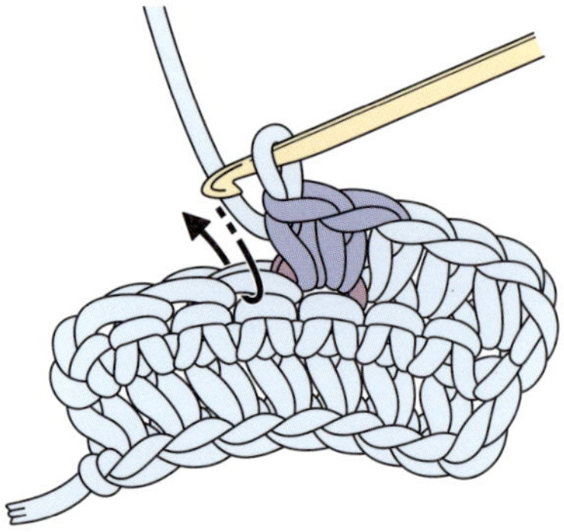

❹同じ目に細編み2目(増し目)を編み入れました。

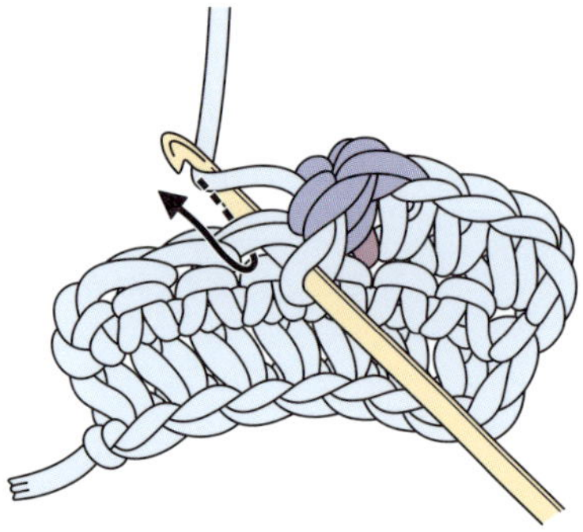

❺次の目に細編みを編みます。

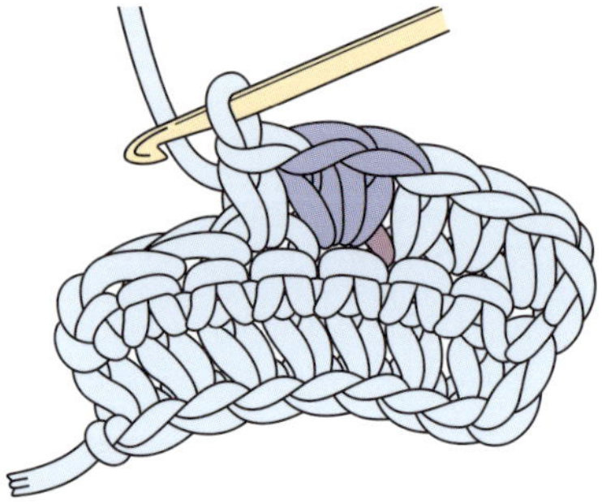

❻中央の同じ目に「細編み2目を編み入れる」が編めました。

●鎖編みの編み始めはほどけます

❶鎖編みの編み始めです。

❷糸端につながっている糸を引き出します。

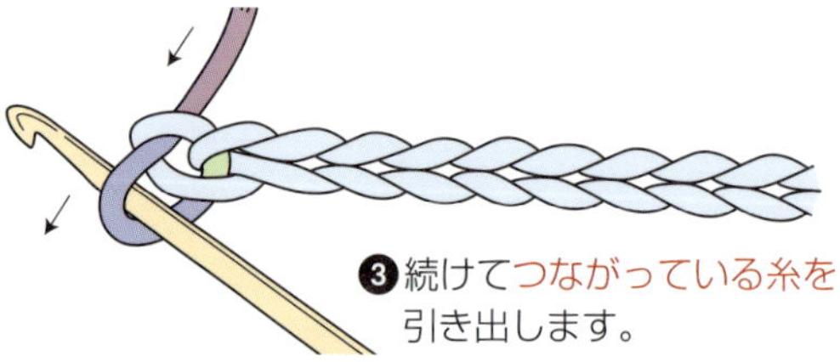

❸続けてつながっている糸を引き出します。

❹かぎ針を指定の位置に入れ、糸を引き出します。

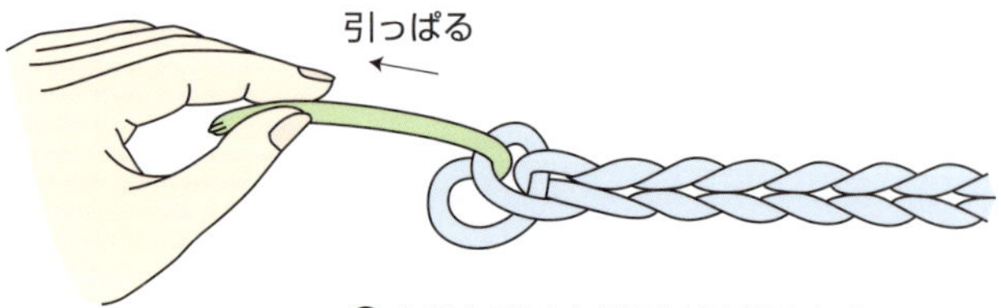

❺糸端を引くと鎖目はほどけます。

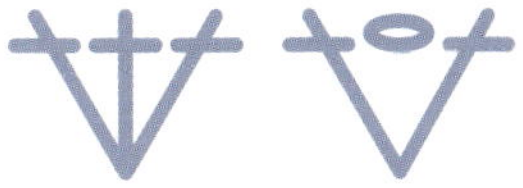

細編み3目を編み入れる《こまあみさんめをあみいれる》(増し目)

●細編み3目を編み入れる

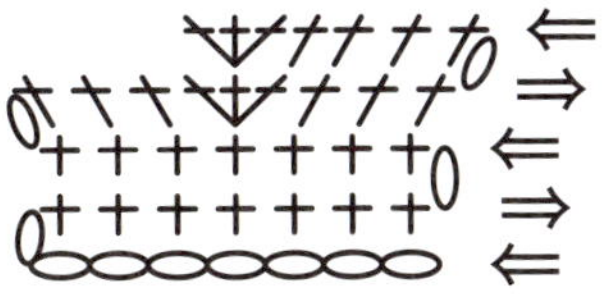

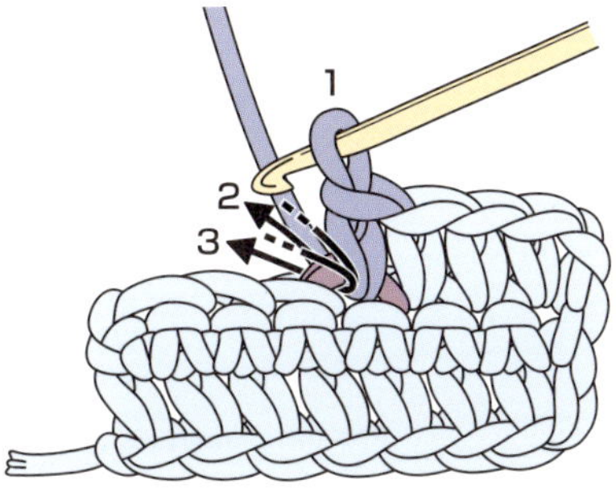

❶前段の頭鎖2本に細編みを編みます。

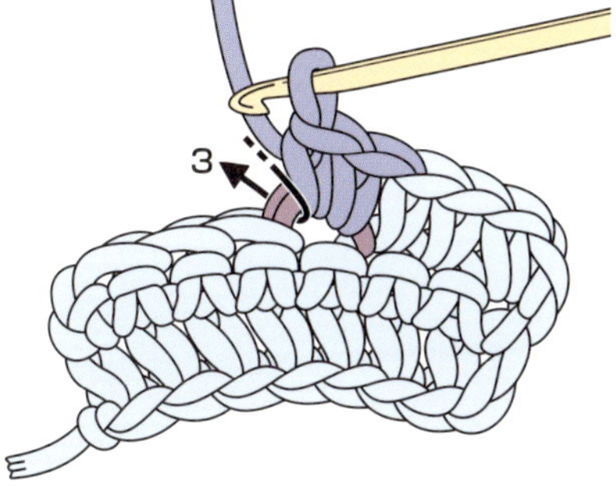

❷前段の頭鎖2本にもう1目細編みを編みます。

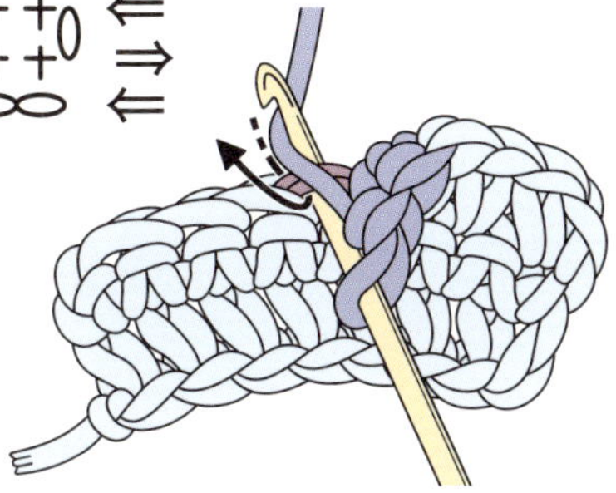

❸同じ目に全部で3目の細編み(2目の増し目)を編み入れます。

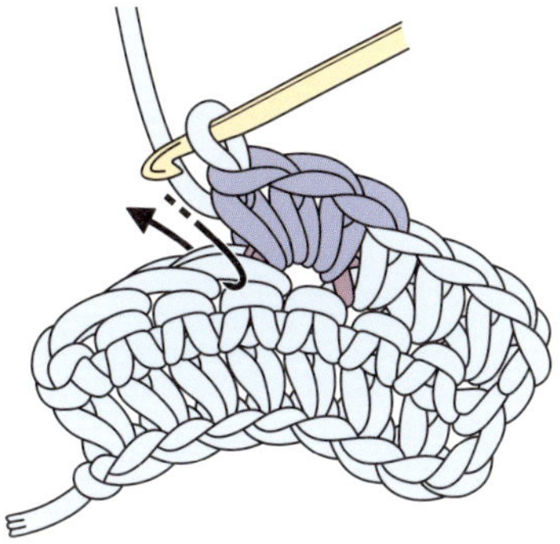

❹中央の同じ目に「細編み3目を編み入れる」が編めました。

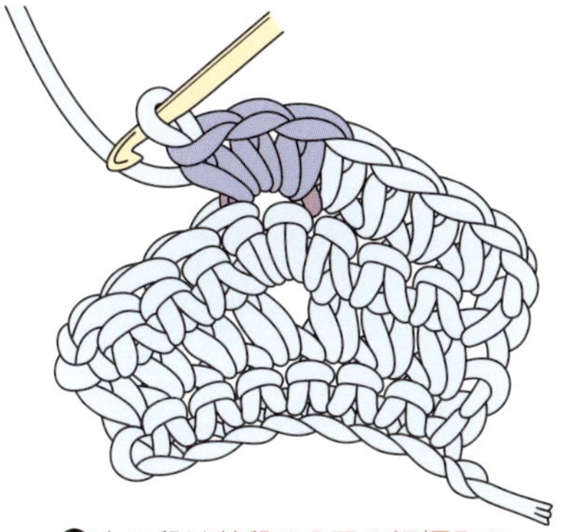

❺次の段は前段の3目の細編みの中央の目に細編みを3目編みます。

●中央の目を鎖編みで編む

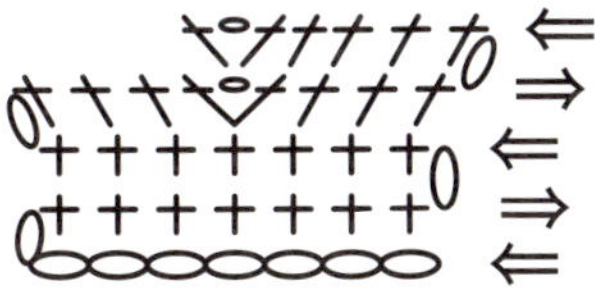

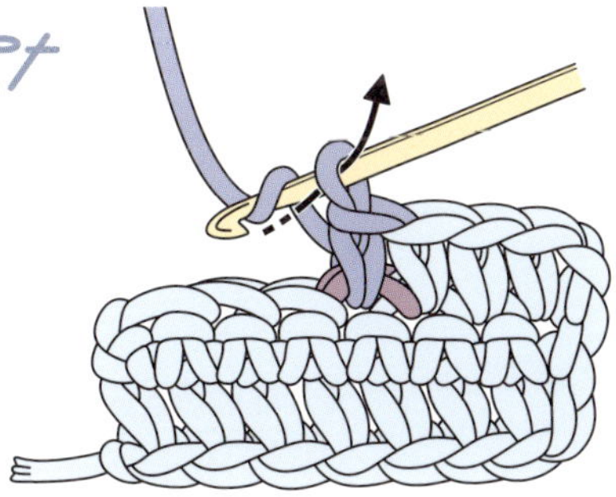

❶前段の頭鎖2本に細編みを編み、鎖1目を編みます。

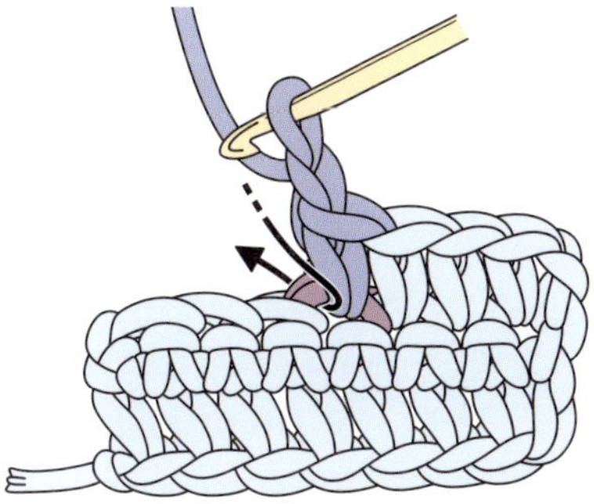

❷前段の頭鎖2本にかぎ針を入れて、

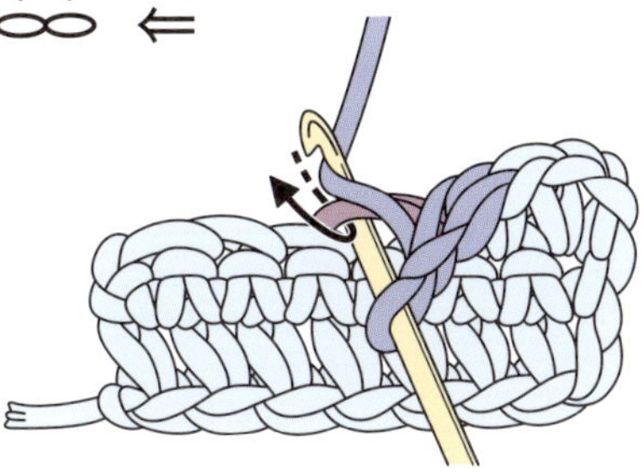

❸もう1目細編みを編みます。

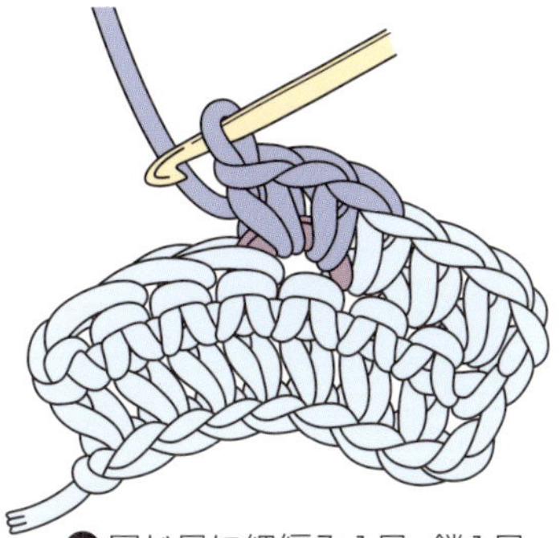

❹同じ目に細編み1目・鎖1目・細編み1目が編めました。

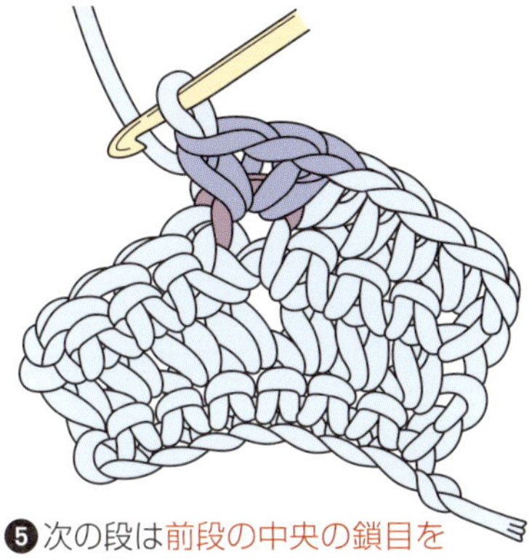

❺次の段は前段の中央の鎖目を束に拾って細編みを編みます。

中長編み2目を編み入れる《ちゅうながあみふためをあみいれる》(1目に編む)

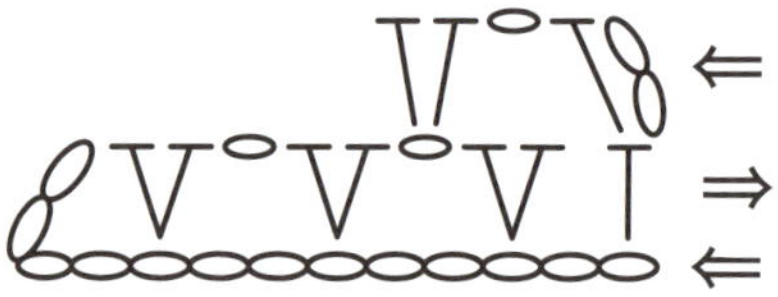

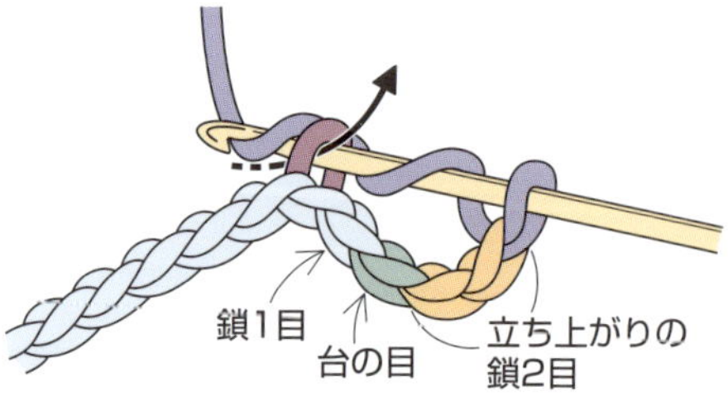
鎖1目
台の目
立ち上がりの
鎖2目

❶かぎ針に糸をかけ、台の次の目から2目めの鎖の裏山にかぎ針を入れ、かぎ針に糸をかけて矢印のように糸を引き出し、

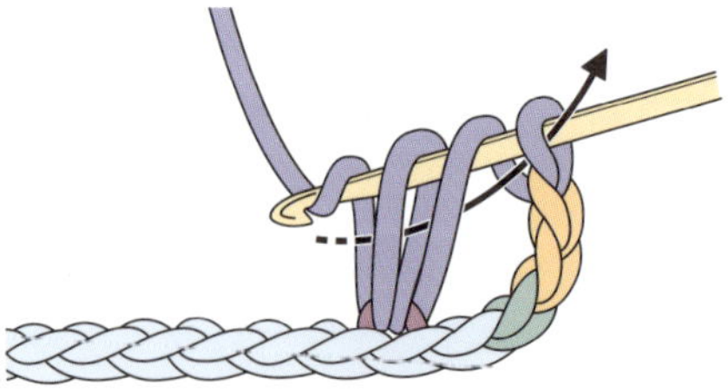

❷もう一度かぎ針に糸をかけて、かぎ針にかかった3ループを引き抜きます。

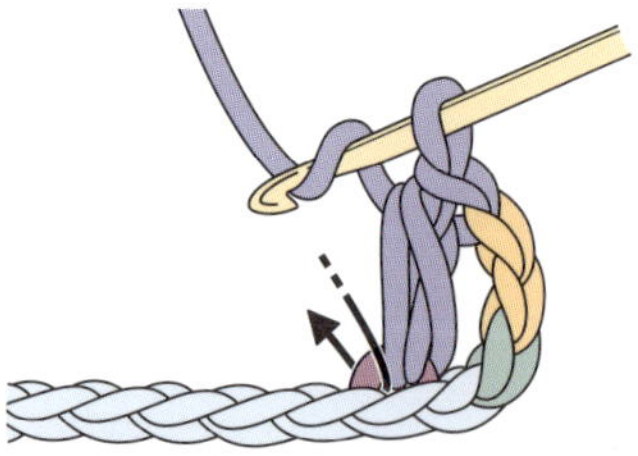

❸中長編み1目が編めました。かぎ針に糸をかけて、同じ目にもう一度かぎ針を入れます。

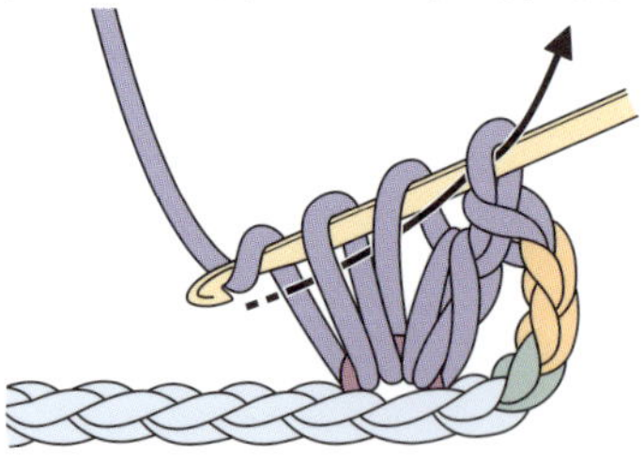

❹かぎ針に糸をかけて引き出します。もう一度かぎ針に糸をかけてかぎ針にかかった3ループを引き抜きます。

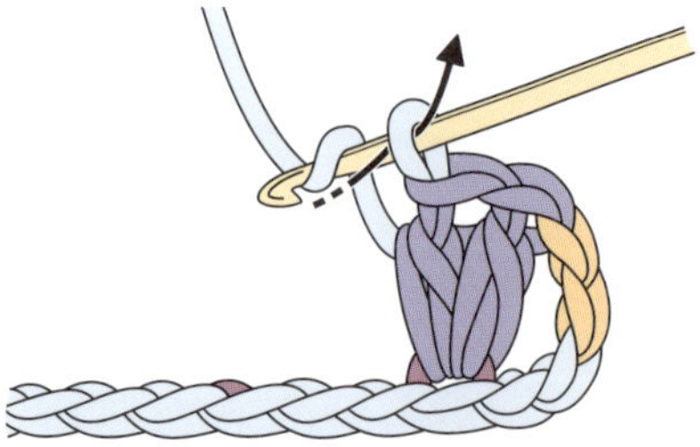

❺1目に「中長編み2目を編み入れる」が編めました(1目増し目された状態)。鎖1目を編み、

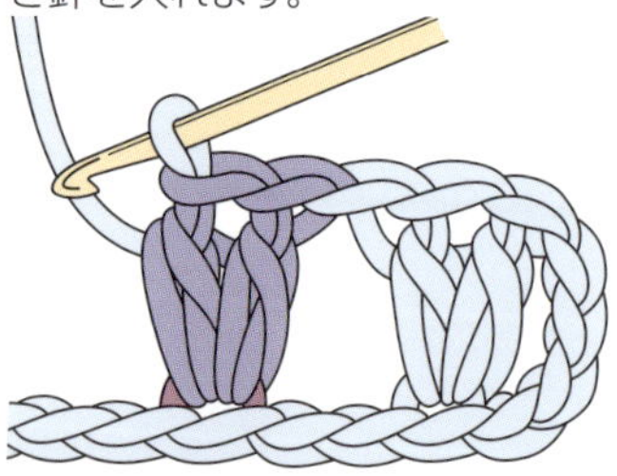

❻2回めの「中長編み2目を編み入れる」が編めたところです。

中長編み2目を編み入れる《ちゅうながあみふためをあみいれる》(束《そく》に編む)

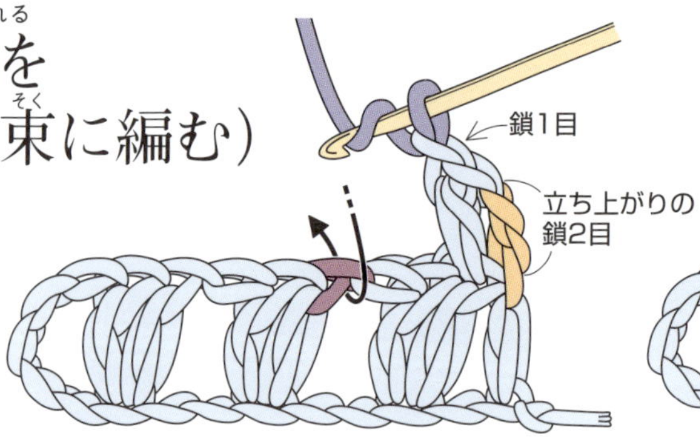
鎖1目
立ち上がりの
鎖2目

❶かぎ針に糸をかけ、前段の鎖目にかぎ針を束(すっぽりと入れる)に入れます。

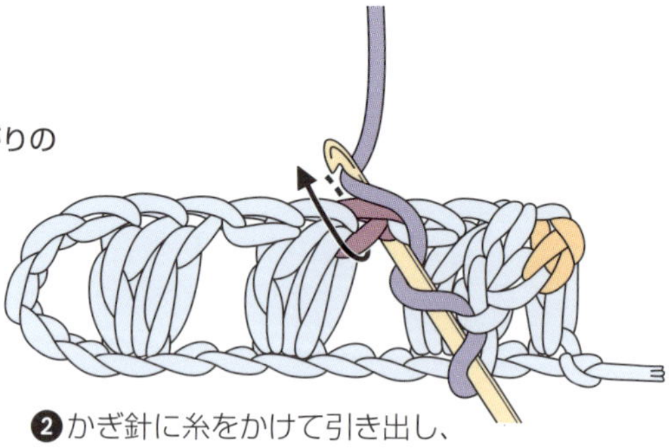

❷かぎ針に糸をかけて引き出し、

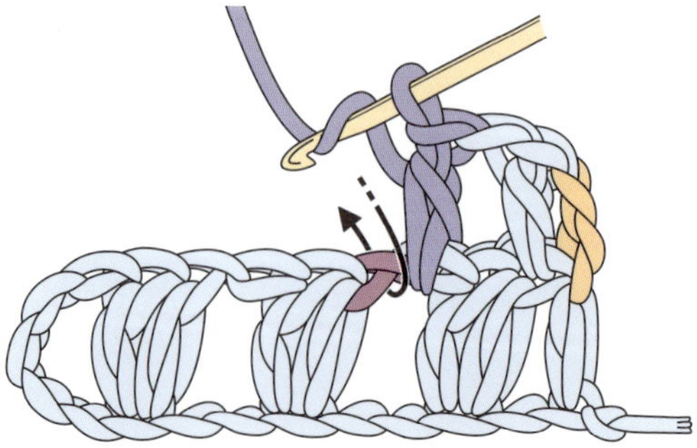

❸もう一度かぎ針に糸をかけてかぎ針にかかった3ループを引き抜きます。かぎ針に糸をかけて、2目めの中長編みも鎖目を束(すっぽりと入れる)に拾って編みます。

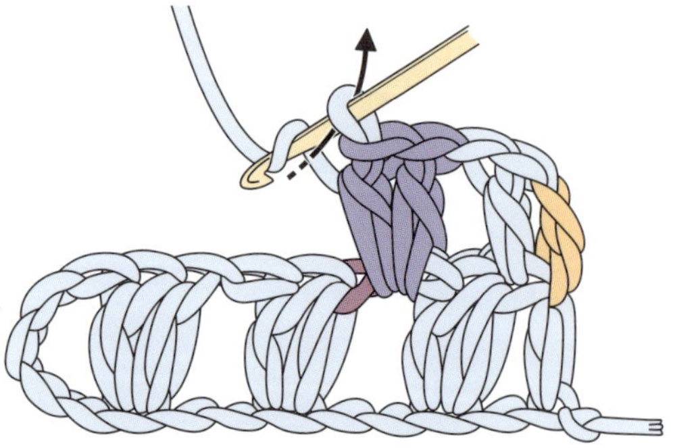

❹「中長編み2目を編み入れる」が編めました。鎖1目を編みます。

中長編み3目を編み入れる《ちゅうながあみさんめをあみいれる》（1目に編む）

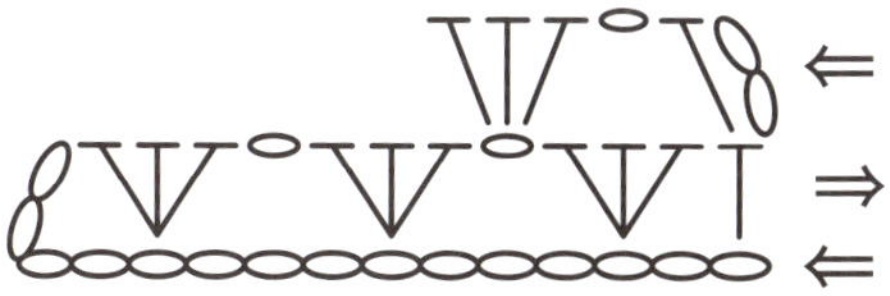

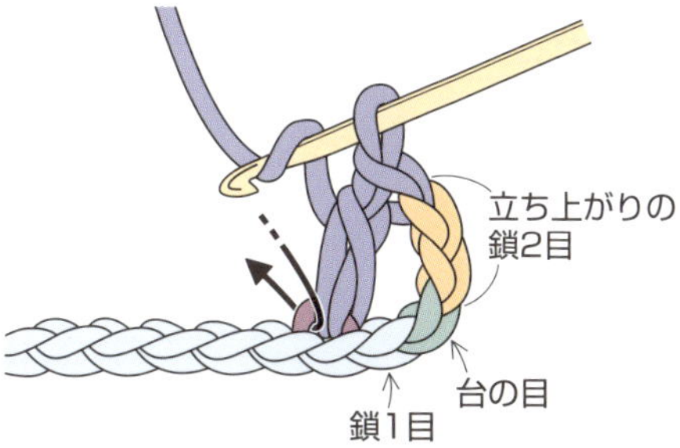

❶台の次の目から2目めの鎖の裏山に中長編みを1目編みます。かぎ針に糸をかけて、

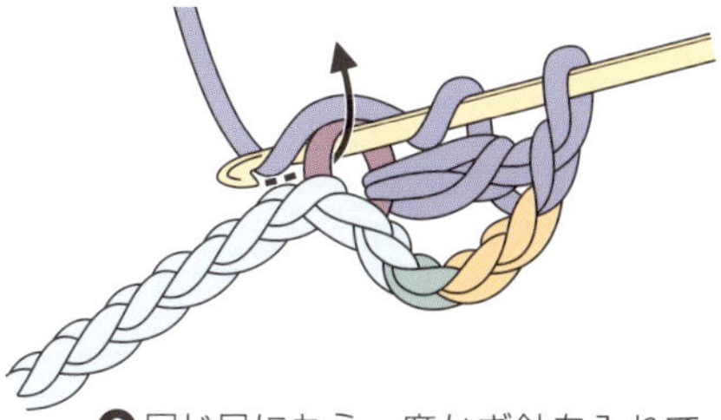

❷同じ目にもう一度かぎ針を入れて、中長編み1目を編みます。

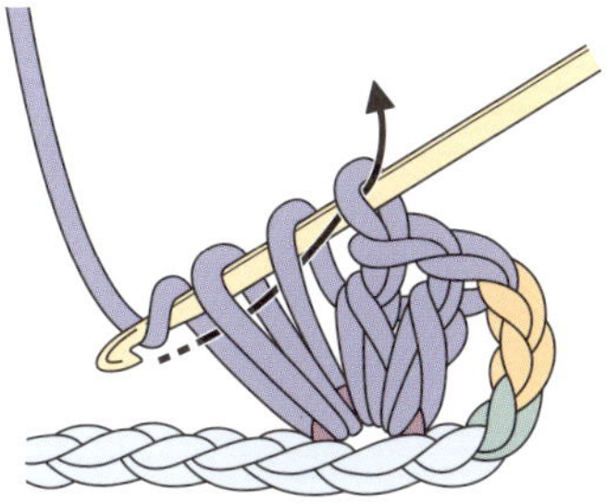

❸かぎ針に糸をかけて、同じ目にもう一度かぎ針を入れて、中長編み1目を編みます。

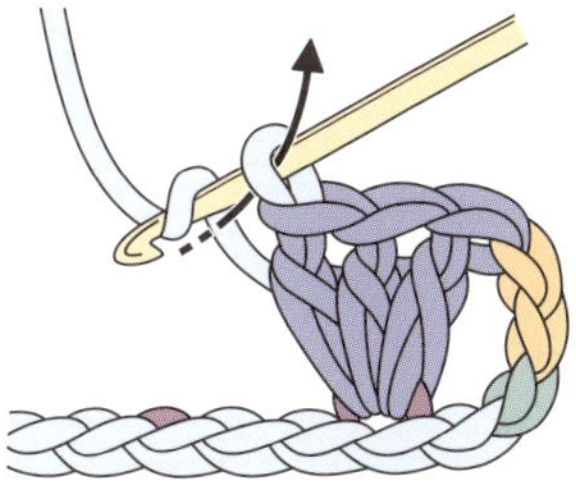

❹1目に「中長編み3目を編み入れる」が編めました（2目増し目された状態）。鎖1目を編み、

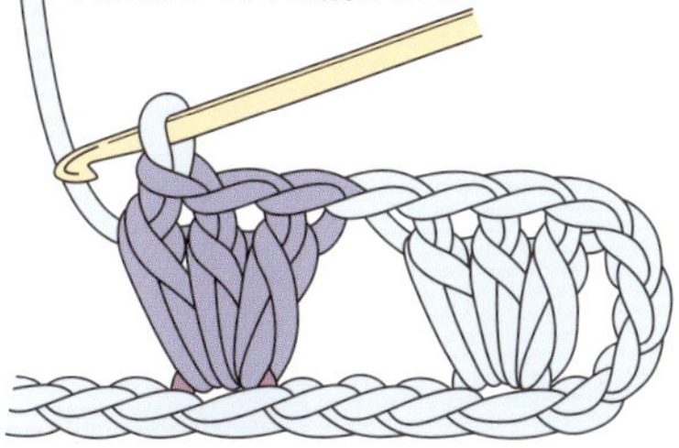

❺2回めの「中長編み3目を編み入れる」が編めたところです。

中長編み3目を編み入れる《ちゅうながあみさんめをあみいれる》（束《そく》に編む）

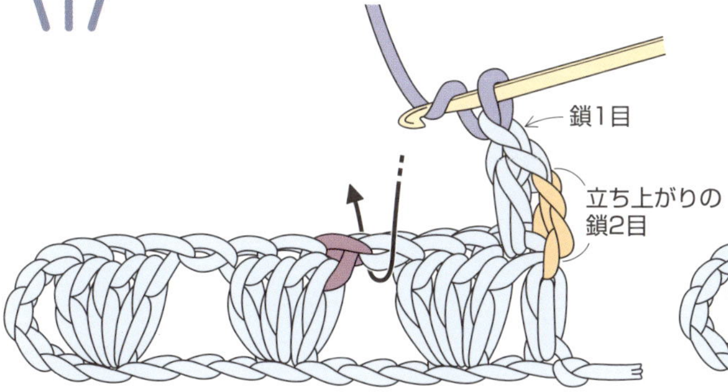

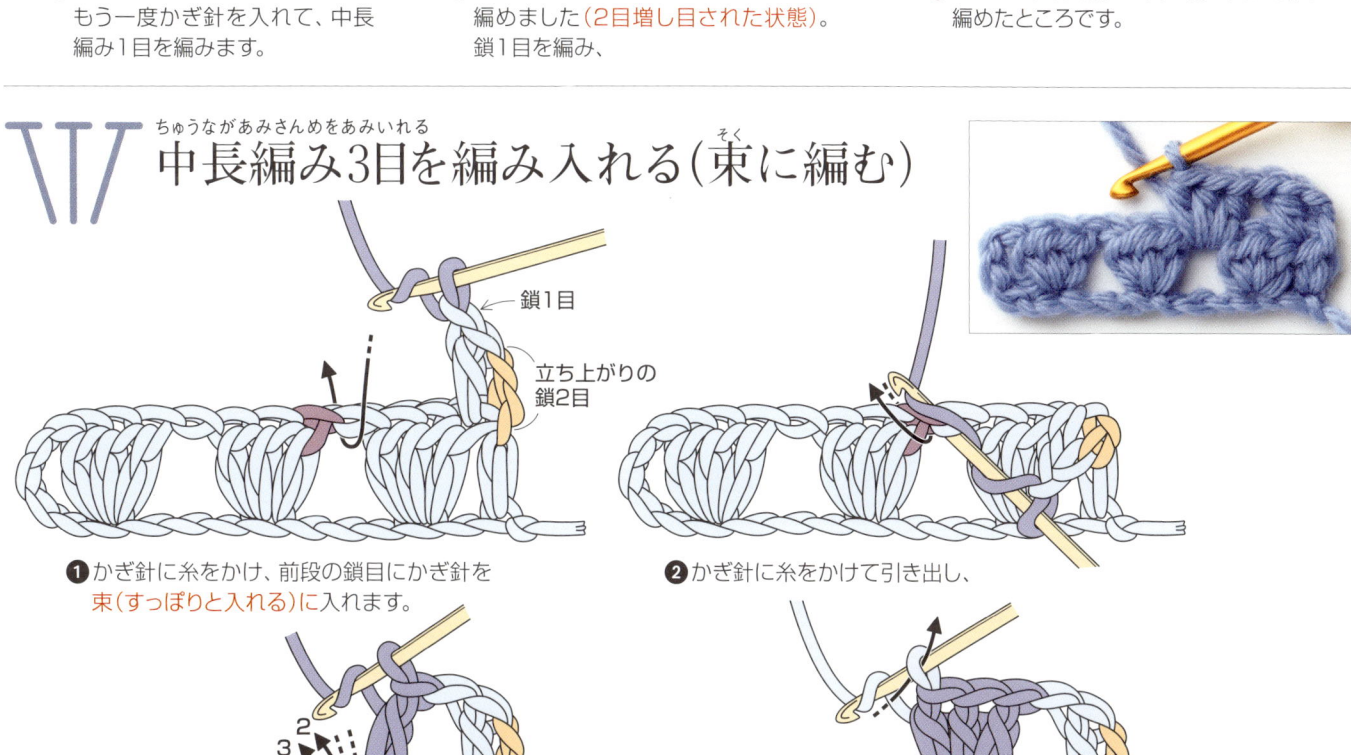

❶かぎ針に糸をかけ、前段の鎖目にかぎ針を束（すっぽりと入れる）に入れます。

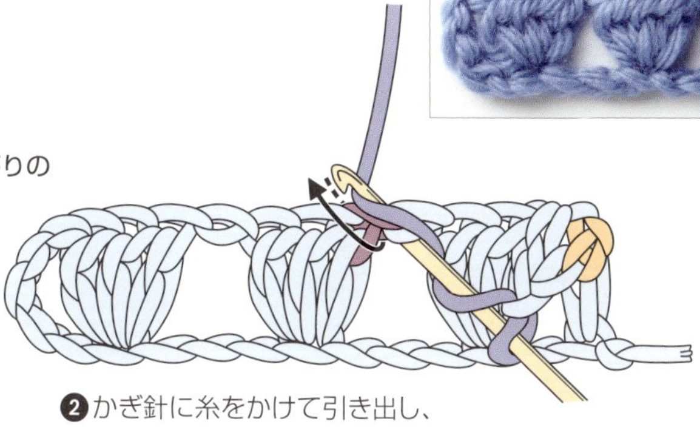

❷かぎ針に糸をかけて引き出し、

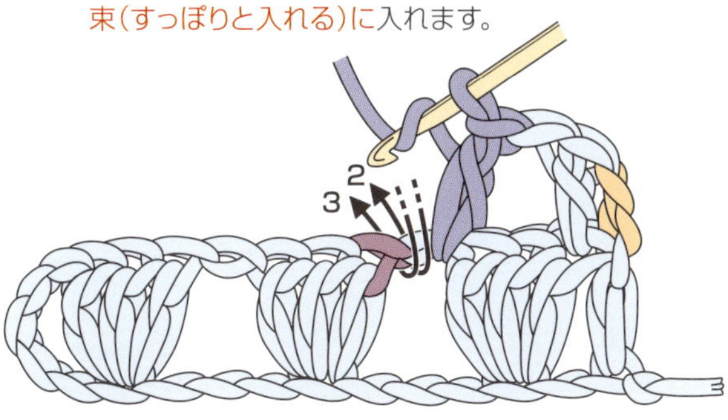

❸中長編み1目を編みます。もう一度かぎ針に糸をかけて、2目め、3目めの中長編みも鎖目を束（すっぽりと入れる）に拾って編みます。

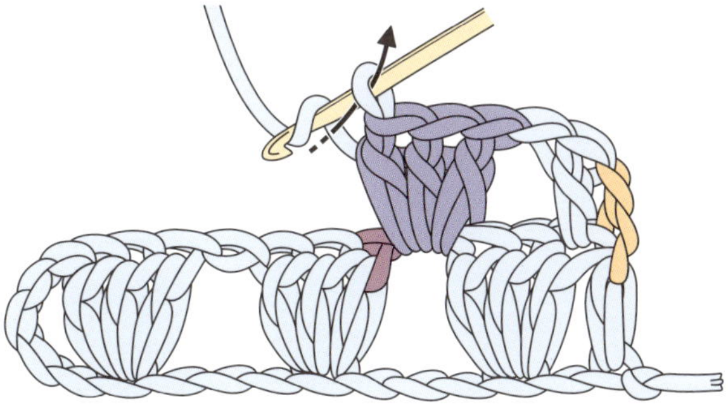

❹「中長編み3目を編み入れる」が編めたところです。鎖1目を編みます。

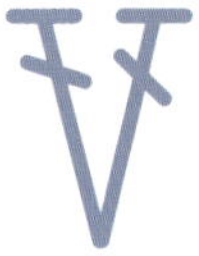

長編み2目を編み入れる《ながあみふためをあみいれる》(1目に編む)

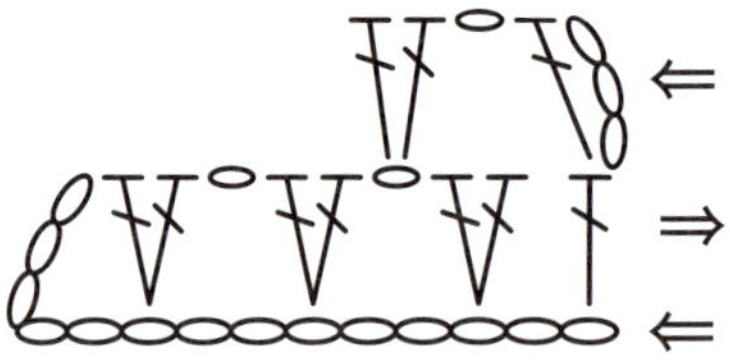

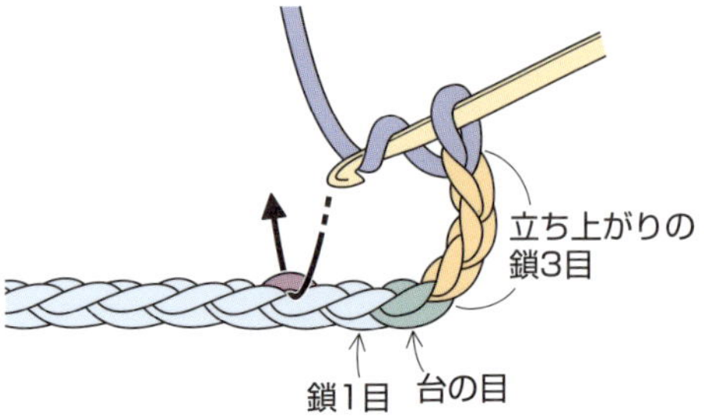

❶かぎ針に糸をかけ、台の次の目から2目めの鎖の裏山に長編みを編みます。

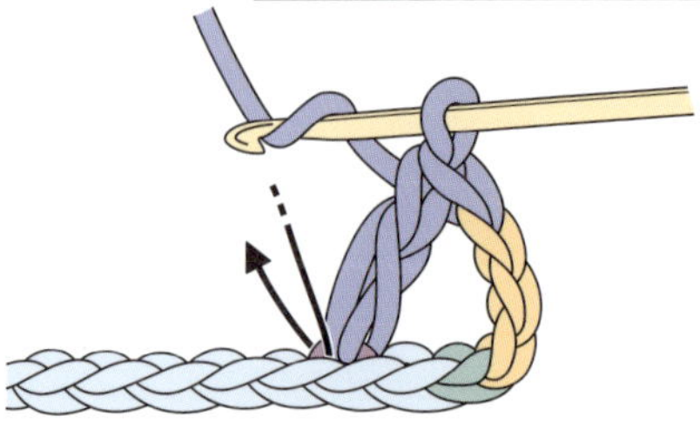

❷かぎ針に糸をかけて、同じ目にもう一度かぎ針を入れて糸を引き出します。

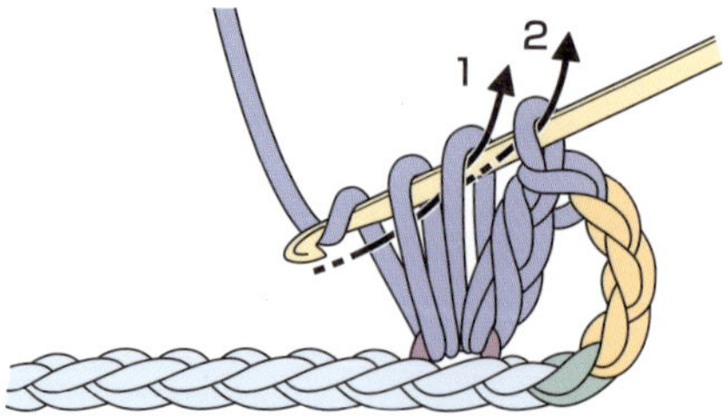

❸かぎ針に糸をかけて、針先の2ループを引き出し、もう一度かぎ針に糸をかけてかぎ針の2ループを引き抜きます。

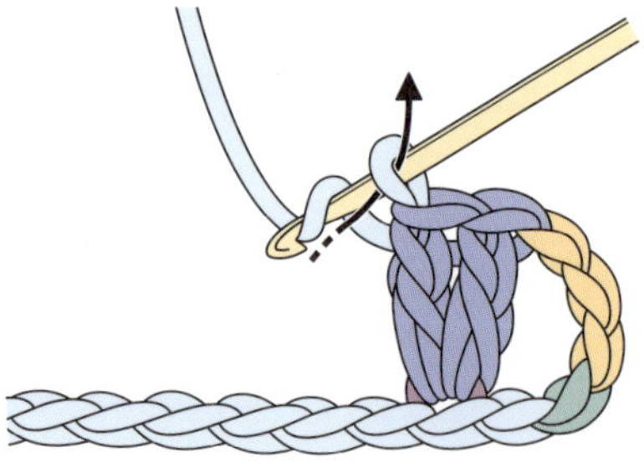

❹1目に「長編み2目を編み入れる」が編めました(増し目された状態)。鎖1目を編み、

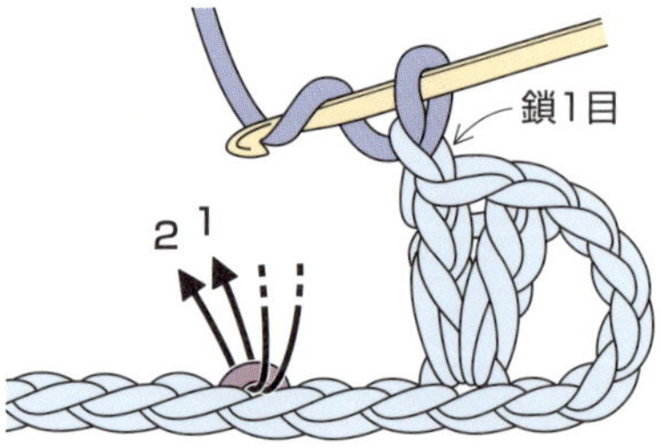

❺2回めを編み入れるときも、作り目の鎖2目とばして1目に長編み2目を編み入れます。

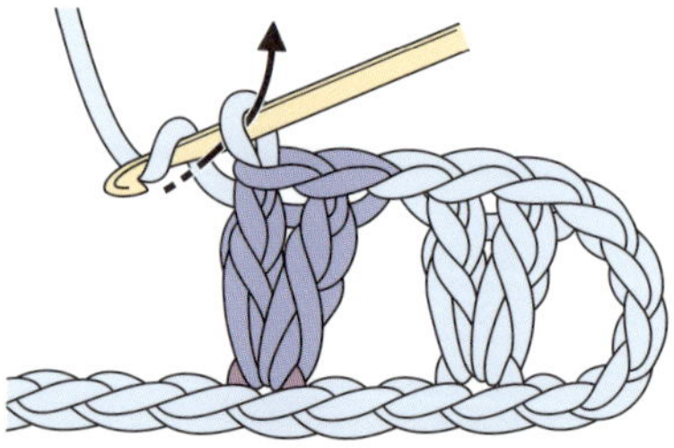

❻2回めの「長編み2目を編み入れる」が編めたところです。鎖1目を編みます。

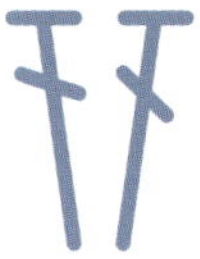

長編み2目を編み入れる《ながあみふためをあみいれる》(束《そく》に編む)

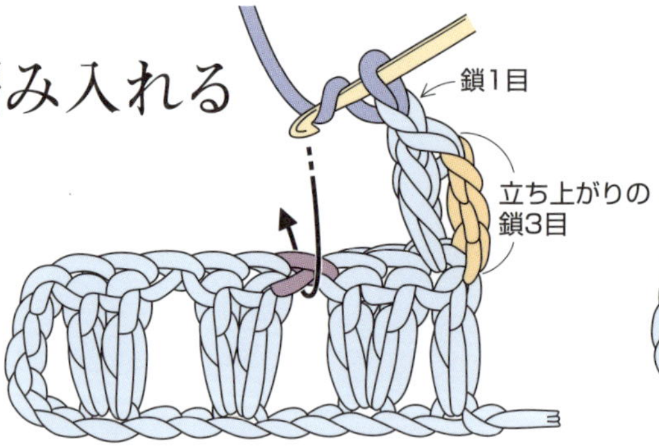

❶かぎ針に糸をかけ、前段の鎖目にかぎ針を束(すっぽりと入れる)に入れます。

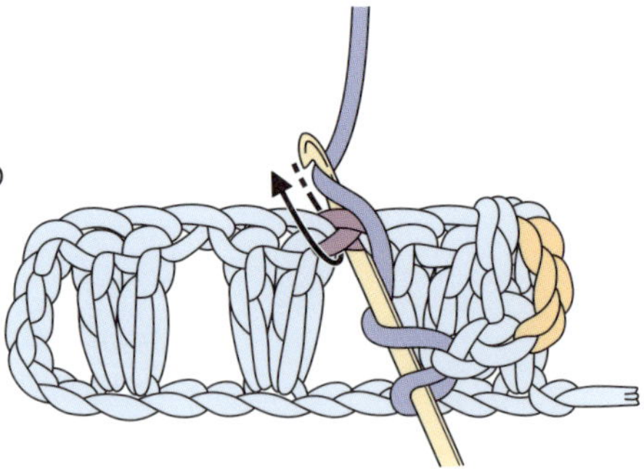

❷かぎ針に糸をかけて引き出し、長編み1目を編みます。

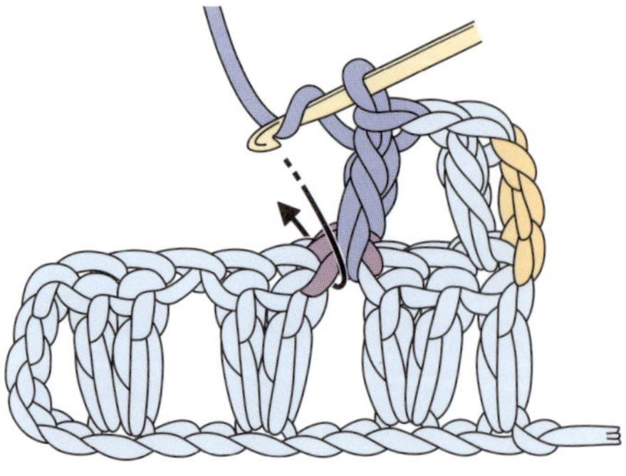

❸もう一度かぎ針に糸をかけて、2目めの長編みも鎖目を束(すっぽりと入れる)に拾って編みます。

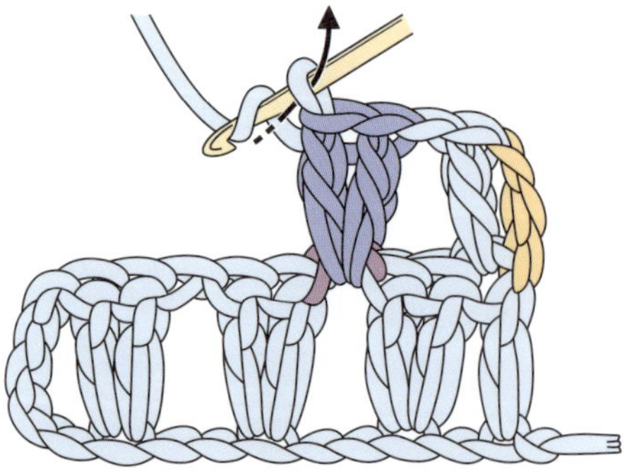

❹「長編み2目を編み入れる」が編めました。鎖1目を編みます。

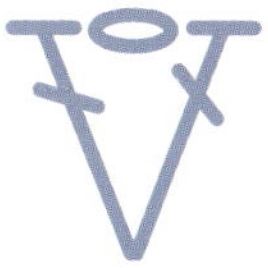

長編《ながあ》み2目《ふため》を編《あ》み入《い》れる（間に鎖1目が入り、1目に編む）

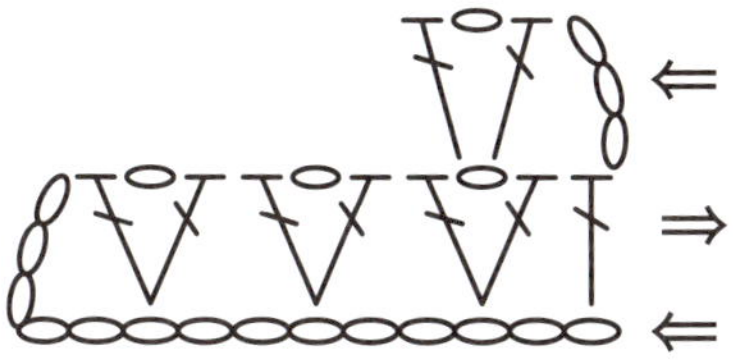

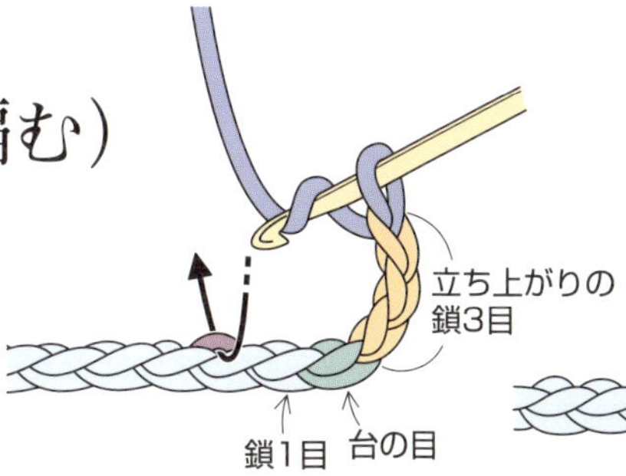

❶かぎ針に糸をかけて、台の次の目から2目めの鎖の裏山にかぎ針を入れます。

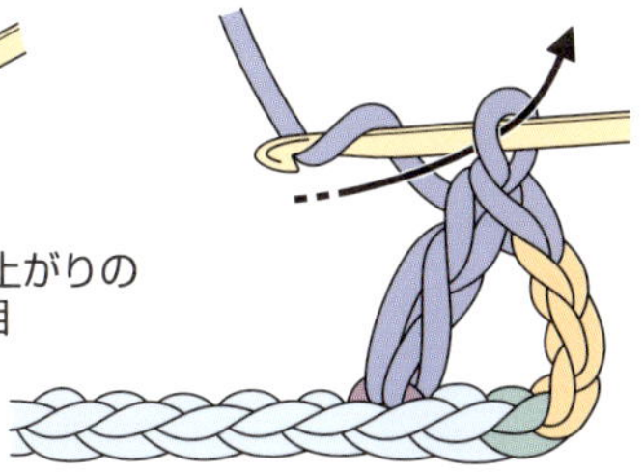

❷長編み1目と鎖1目を編み、

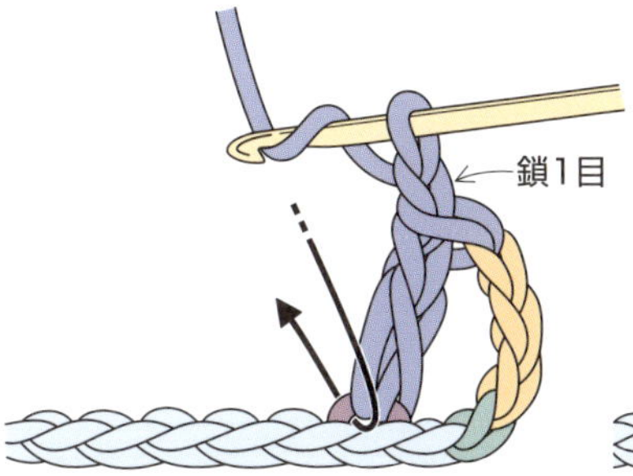

❸かぎ針に糸をかけて、同じ目にもう一度かぎ針を入れて糸を引き出します。

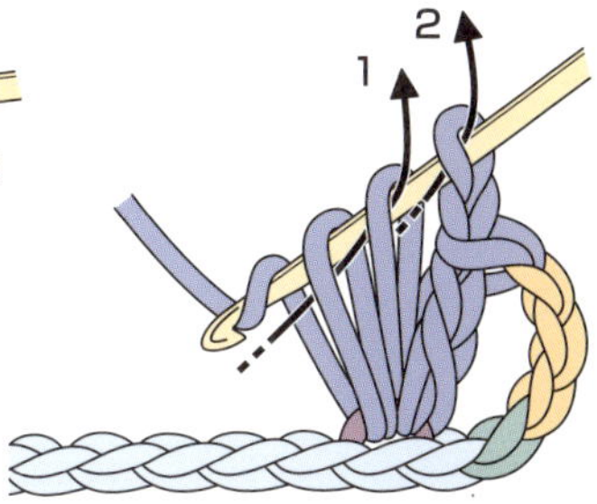

❹かぎ針に糸をかけて、針先の2ループを引き出し、もう一度かぎ針に糸をかけてかぎ針の2ループを引き抜きます。

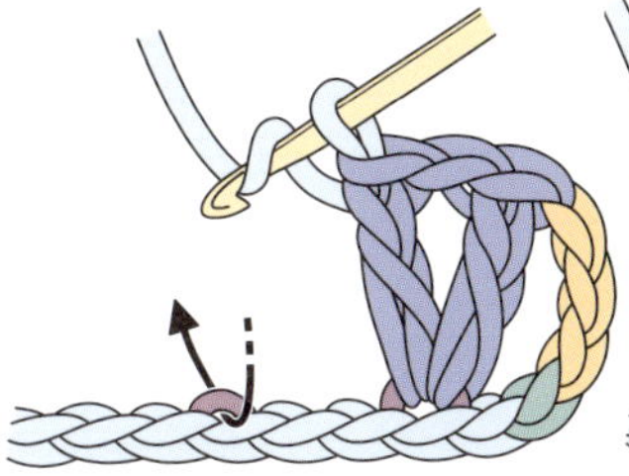

❺「長編み2目を編み入れる（間に鎖1目が入る）」が編めました。

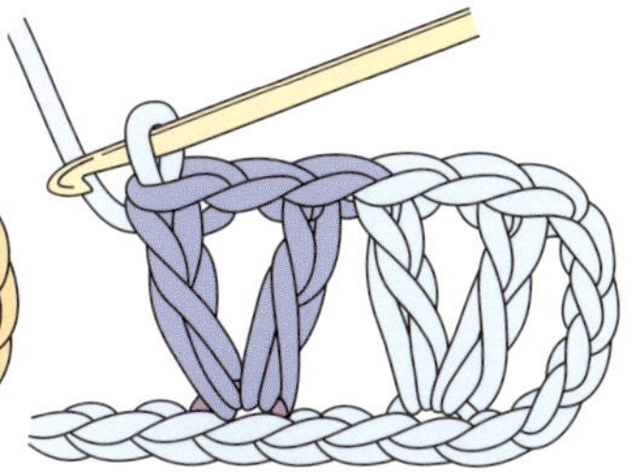

❻2回めの「長編み2目を編み入れる」を編んだところです。

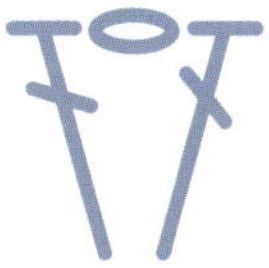

長編《ながあ》み2目《ふため》を編《あ》み入《い》れる（間に鎖1目が入り、束《そく》に編む）

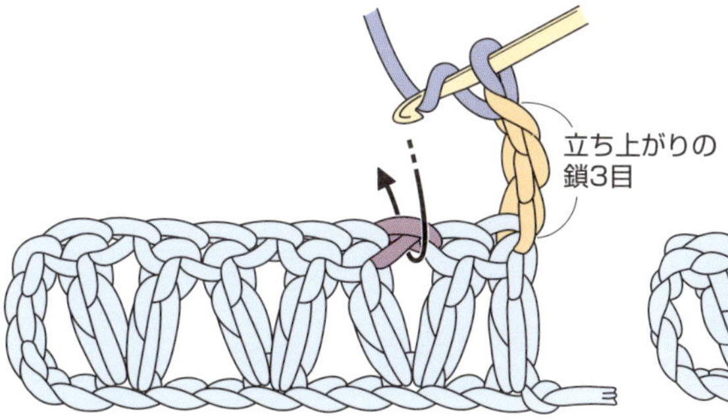

❶かぎ針に糸をかけ、前段の鎖目にかぎ針を束（すっぽりと入れる）に入れます。

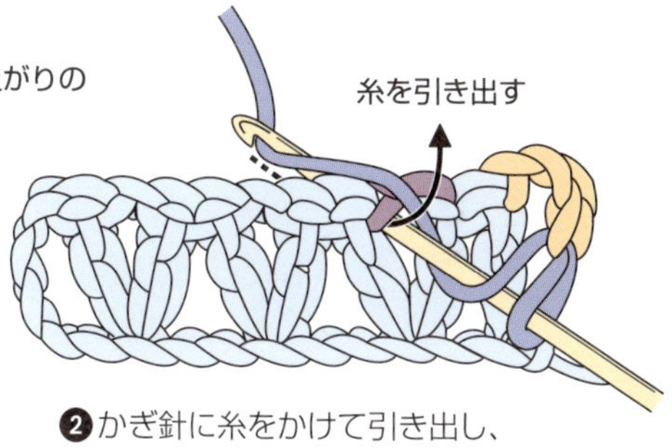

❷かぎ針に糸をかけて引き出し、

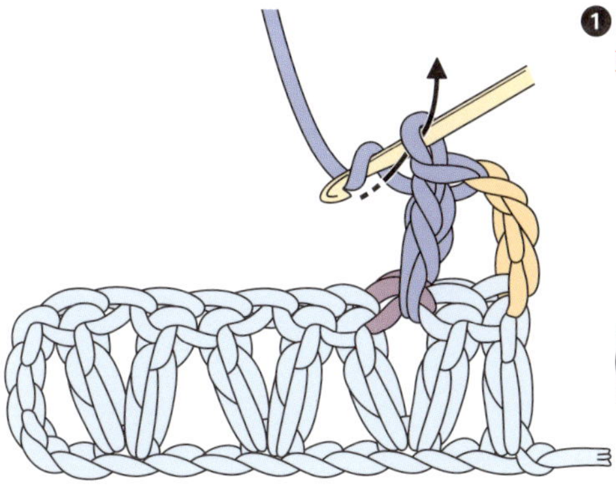

❸長編み1目を編みます。鎖1目編み、

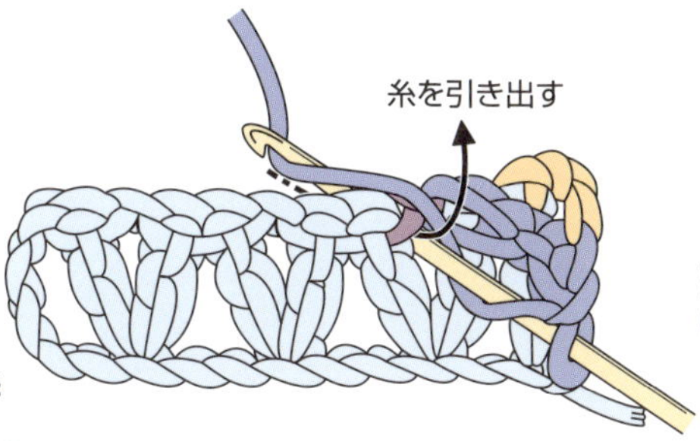

❹もう一度かぎ針に糸をかけて、前段の鎖目にかぎ針を束（すっぽりと入れる）に入れ、糸を引き出して、長編みを編みます。

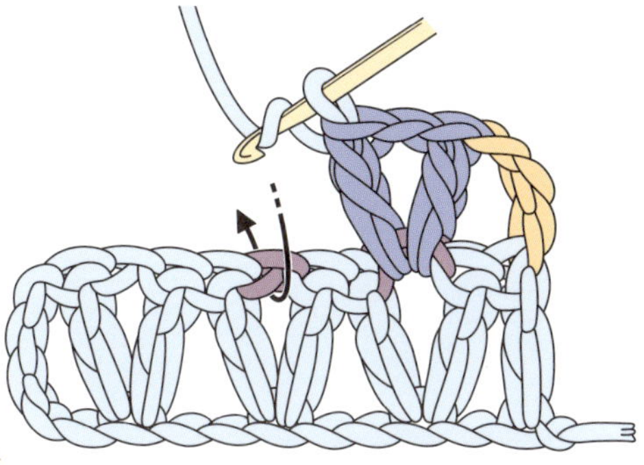

❺「長編み2目を編み入れる」が編めました。次の長編みも束に編みます。

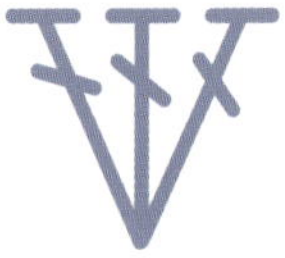

長編み3目を編み入れる《ながあみさんめをあみいれる》(1目に編む)

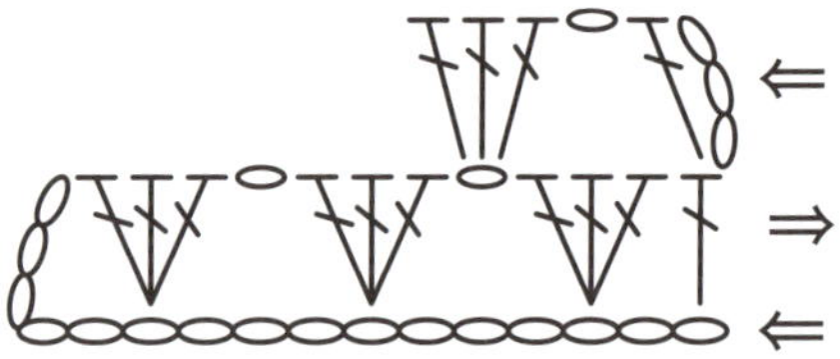

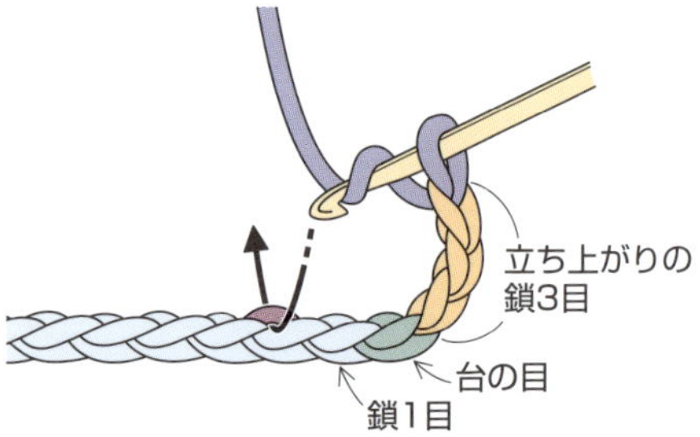

❶かぎ針に糸をかけ、台の次の目から2目めの鎖の裏山に長編みを編みます。

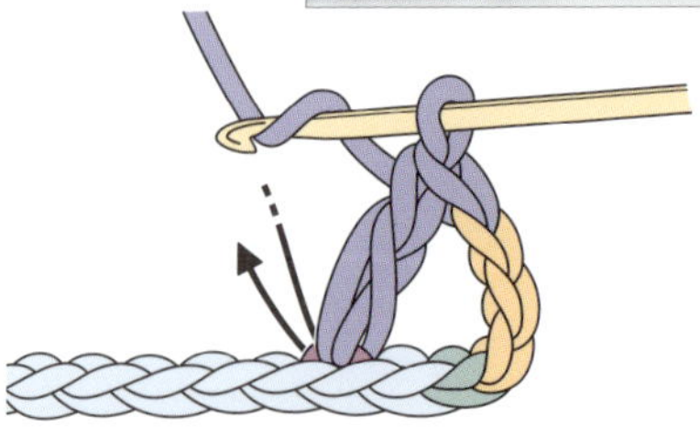

❷かぎ針に糸をかけて、同じ目に長編みを編みます。

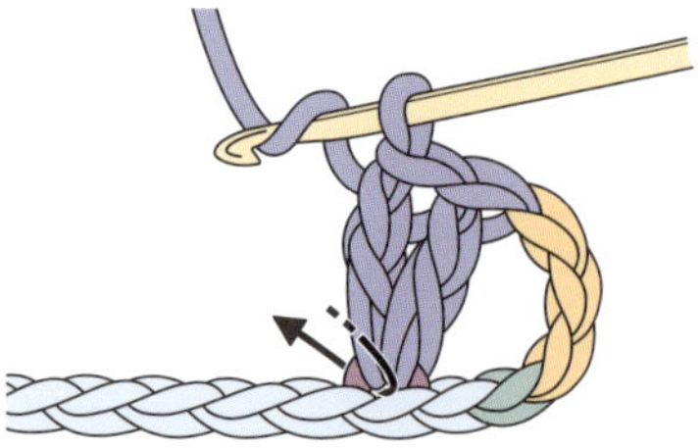

❸かぎ針に糸をかけて、同じ目にもう一度かぎ針を入れて

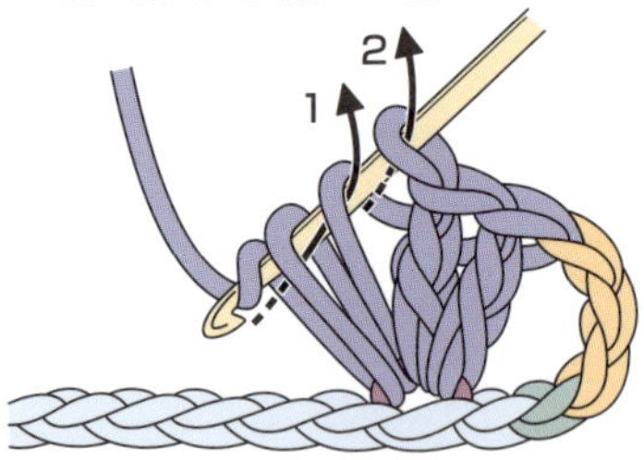

❹糸を引き出し、かぎ針に糸をかけて針先の2ループを引き出し、もう一度かぎ針に糸をかけてかぎ針の2ループを引き抜きます。

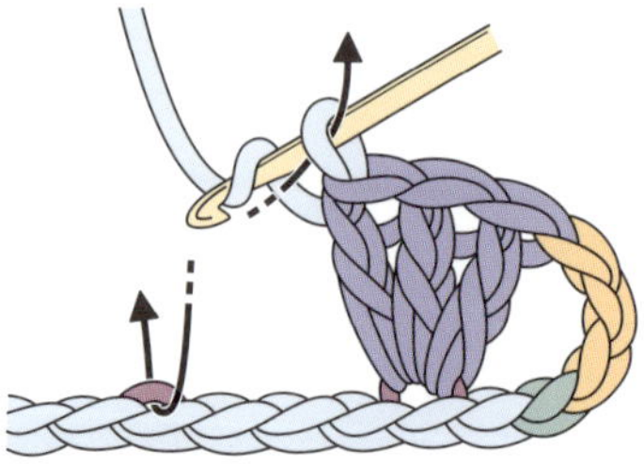

❺1目に「長編み3目を編み入れる」が編めました(増し目された状態)。鎖1目を編み、2回めを編み入れるときも、作り目の鎖3目とばして1目に長編み3目を編み入れます。

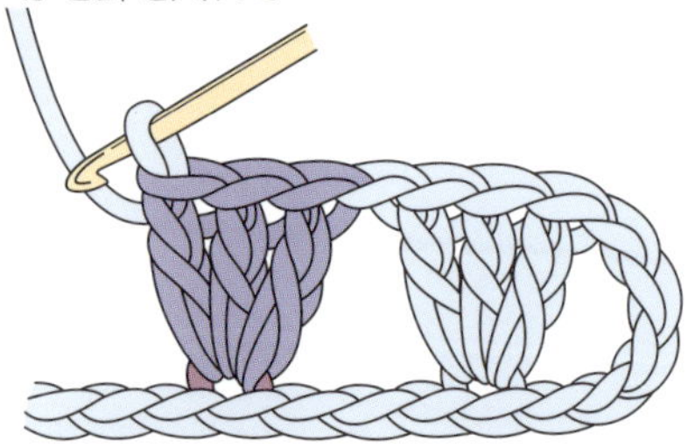

❻2回めの「長編み3目を編み入れる」を編み入れたところです。

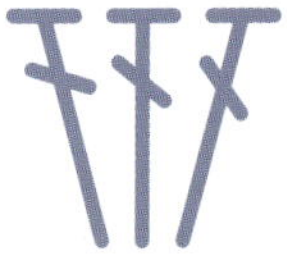

長編み3目を編み入れる《ながあみさんめをあみいれる》(束《そく》に編む)

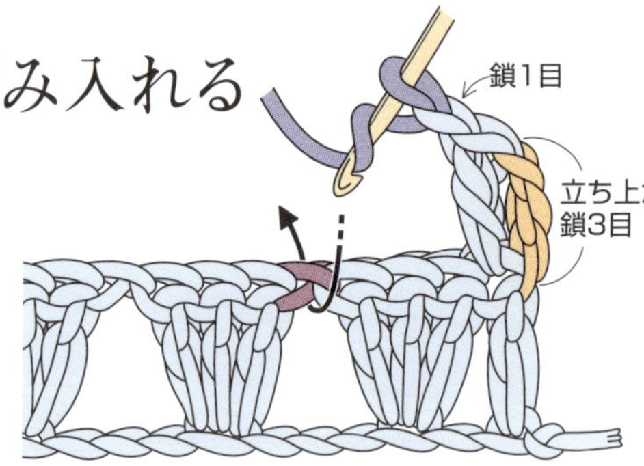

❶かぎ針に糸をかけ、前段の鎖目にかぎ針を束(すっぽりと入れる)に入れます。

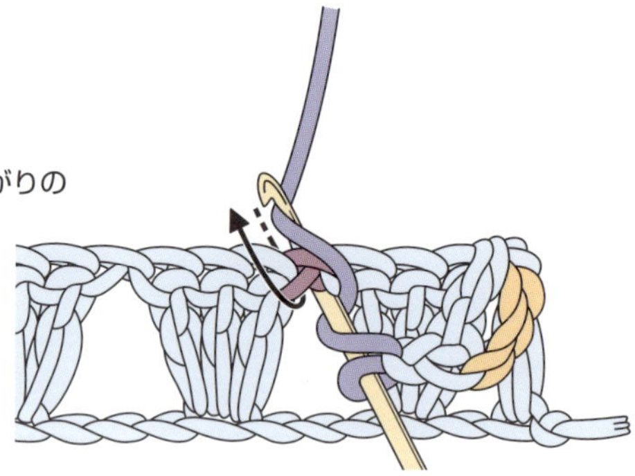

❷かぎ針に糸をかけて引き出し、

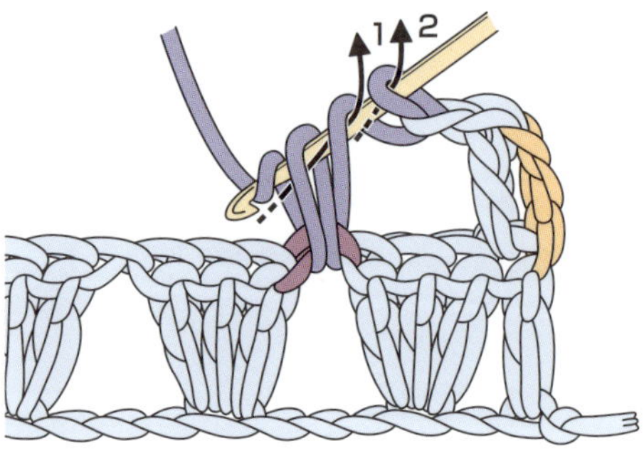

❸長編み1目を編みます。

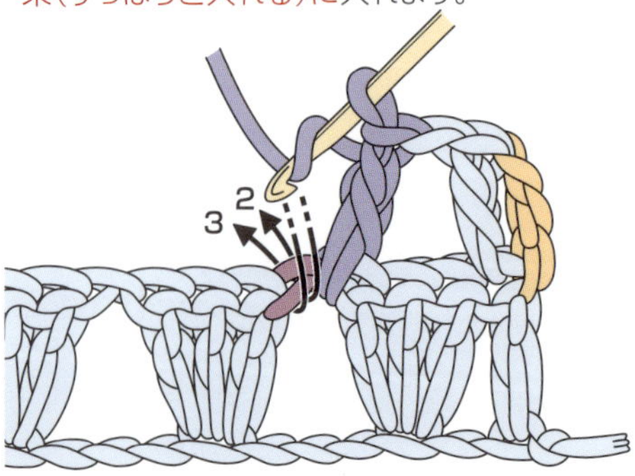

❹もう一度かぎ針に糸をかけて、2目め、3目めの長編みも前段の鎖目を束(すっぽりと入れる)に拾って編みます。

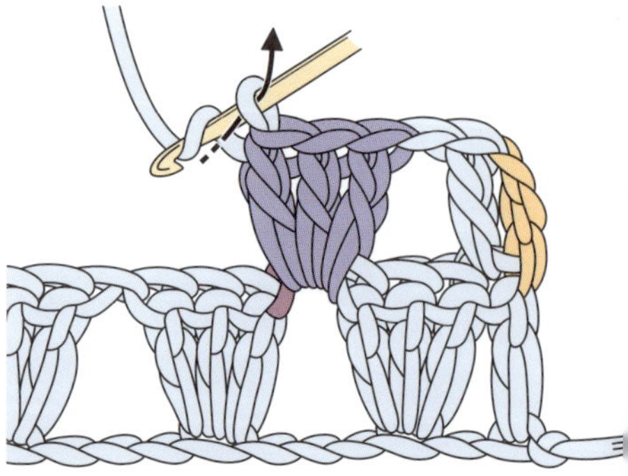

❺「長編み3目を編み入れる」が編めました。鎖1目を編みます。

長編《ながあ》み5目《ごめ》を編《あ》み入《い》れる＝松編《まつあ》み(1目に編む)

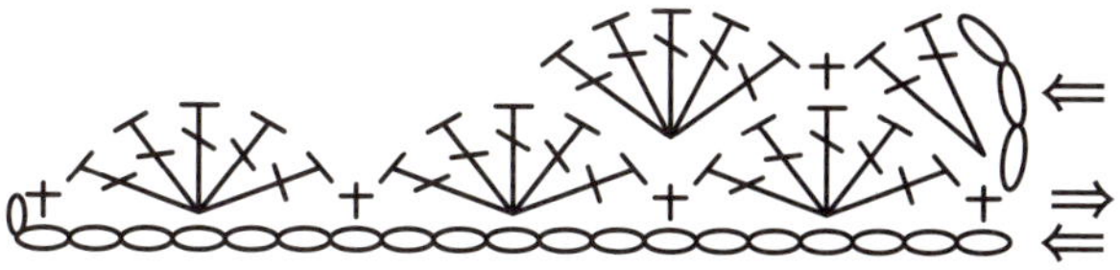

1段め

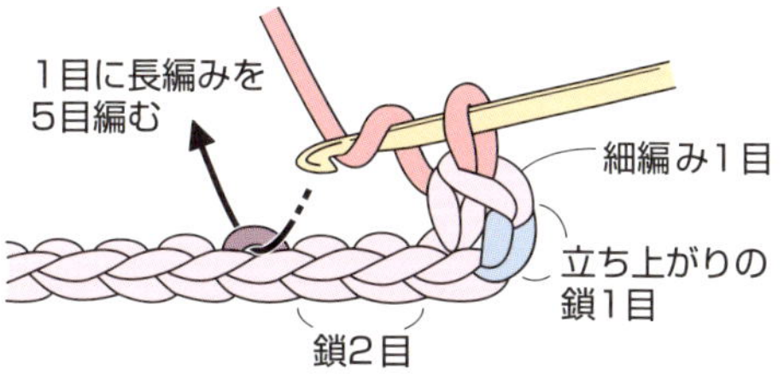
1目に長編みを
5目編む
細編み1目
立ち上がりの
鎖1目
鎖2目

❶細編み1目を編み、かぎ針に糸をかけて作り目3目めの鎖の裏山にかぎ針を入れます。

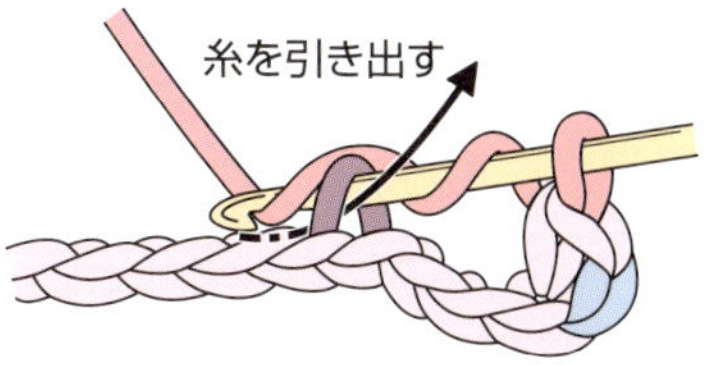
糸を引き出す

❷さらにかぎ針に糸をかけて矢印のように鎖2目分の高さの糸を引き出し、

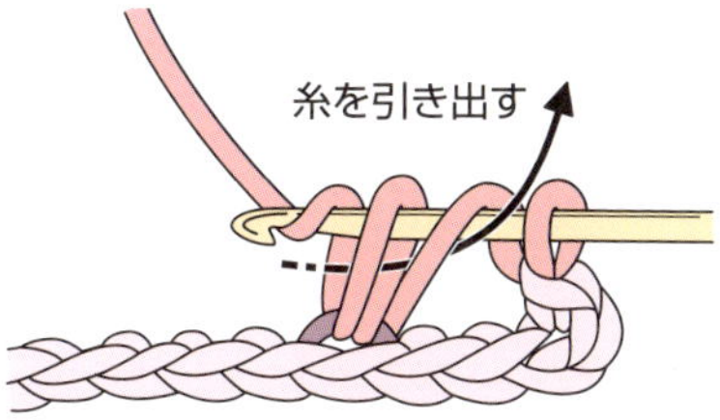
糸を引き出す

❸もう一度かぎ針に糸をかけて針先から2ループを引き出します。

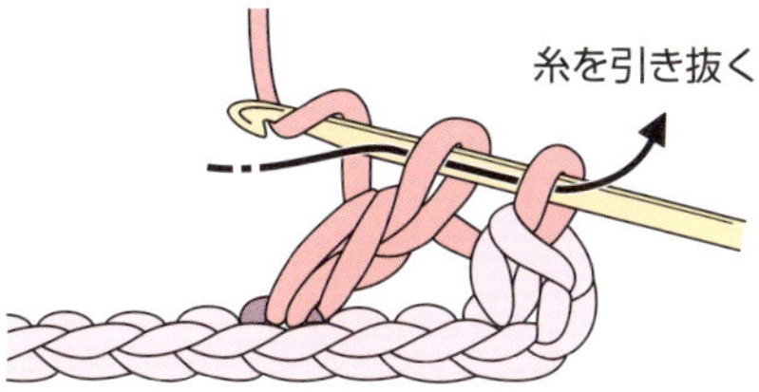
糸を引き抜く

❹さらにかぎ針に糸をかけてかぎ針の2ループを矢印のように引き抜きます。

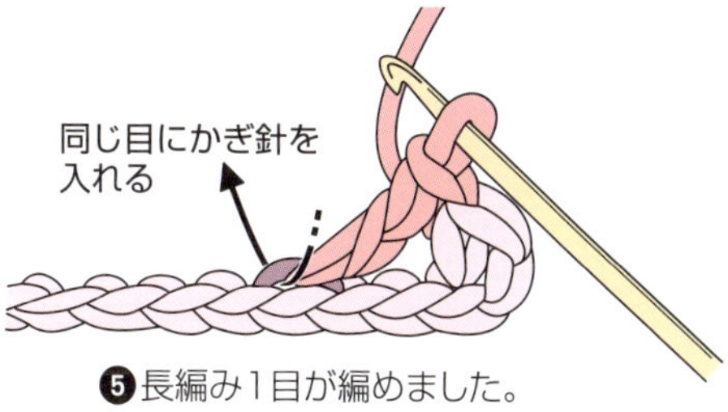
同じ目にかぎ針を
入れる

❺長編み1目が編めました。同じ1目の中に

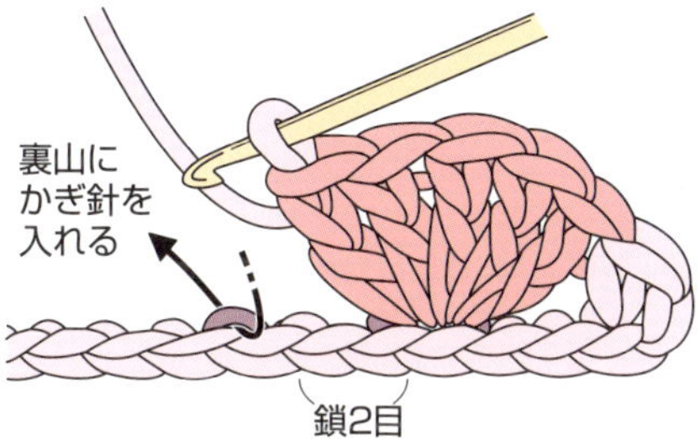
裏山に
かぎ針を
入れる
鎖2目

❻あと長編み4目を編み、作り目の3目めの鎖の裏山にかぎ針を入れます。

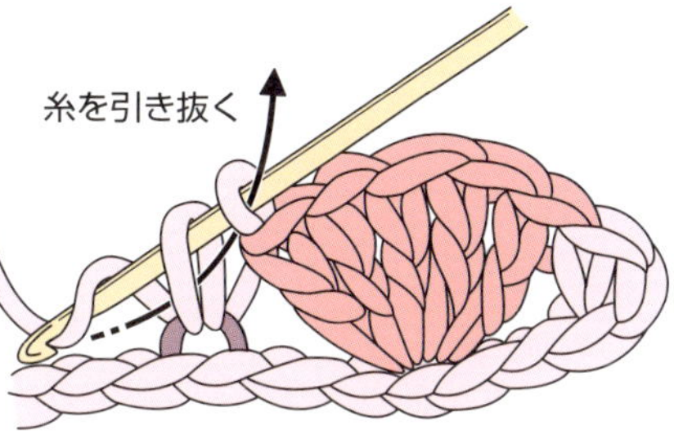
糸を引き抜く

❼細編みを編みます。

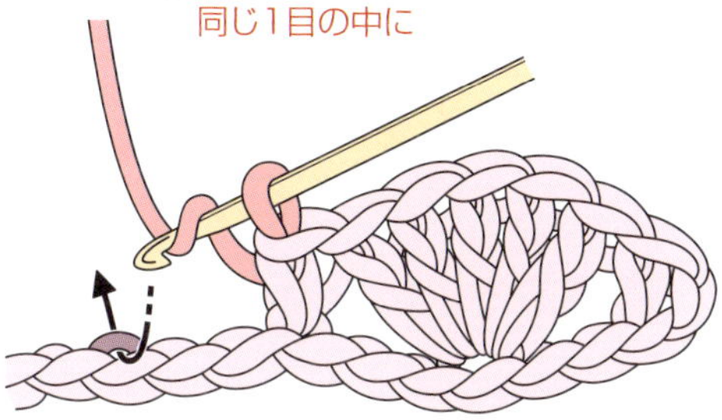

❽「長編み5目を編み入れる松編み」が編めました。 作り目の鎖2目とばして、かぎ針に糸をかけ、次の松編みの長編みを編みます。

❾2模様めの「長編み5目を編み入れる松編み」が編めました。

2段め

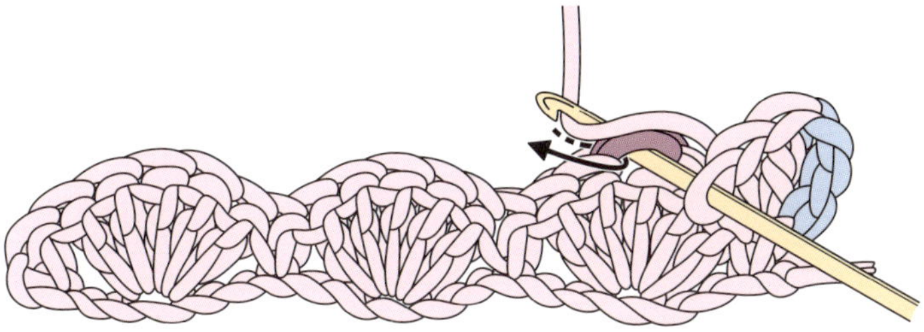

❶前段松編みの中央の長編みの頭鎖2本にかぎ針を入れて、かぎ針に糸をかけて引き出し、細編みを編みます。

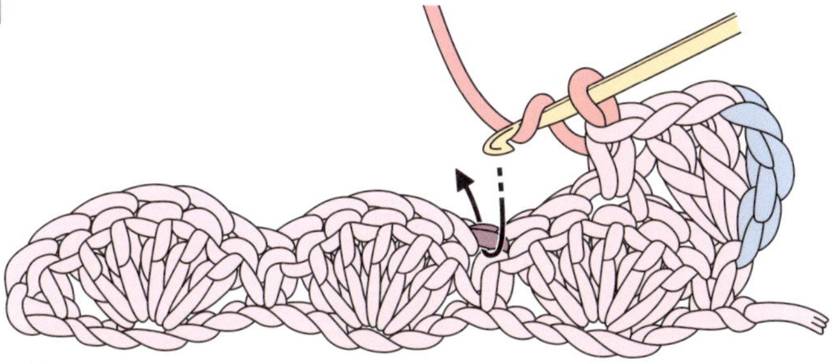

❷かぎ針に糸をかけて、前段の細編みの頭鎖2本にかぎ針を入れて、

●次のページに続きます。

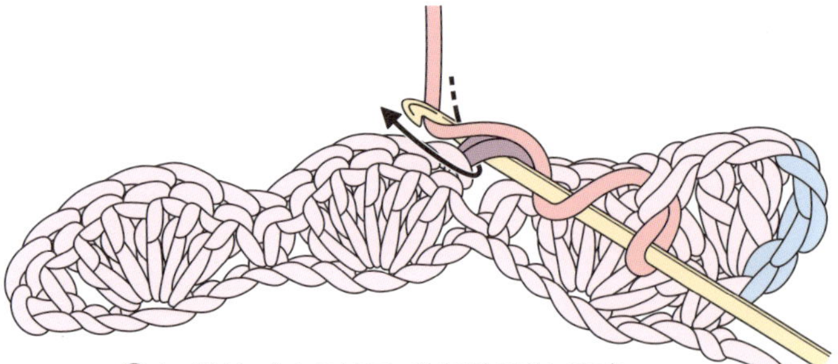

❸かぎ針に糸をかけて、糸を引き出します。

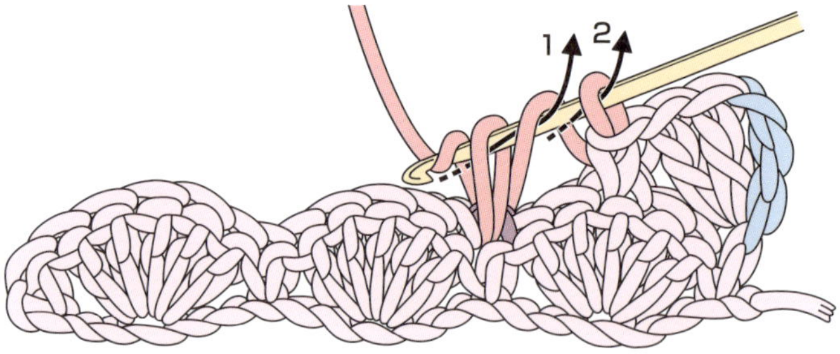
1
2

❹もう一度かぎ針に糸をかけて、針先から2ループを引き出します。さらにかぎ針に糸をかけて残りの2ループを引き抜きます。

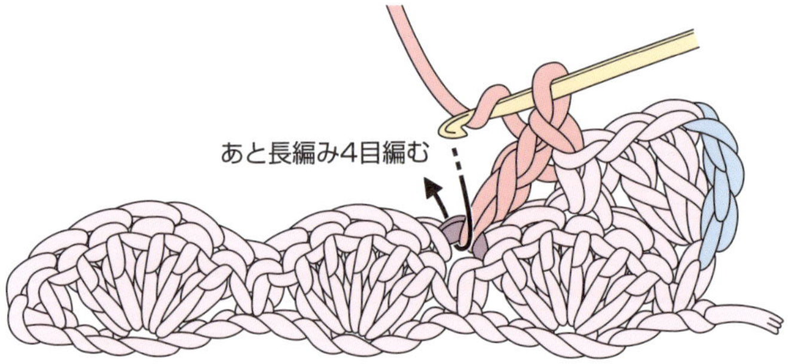
あと長編み4目編む

❺同じ目にあと長編みを4目編みます。

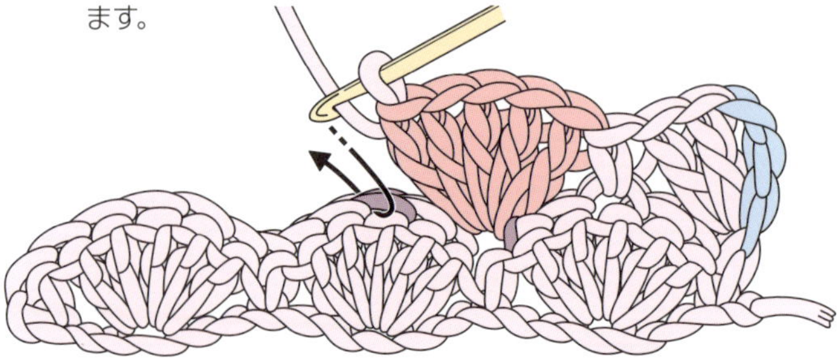

❻前段松編みの中央の長編みの頭鎖2本に細編みを編みます。

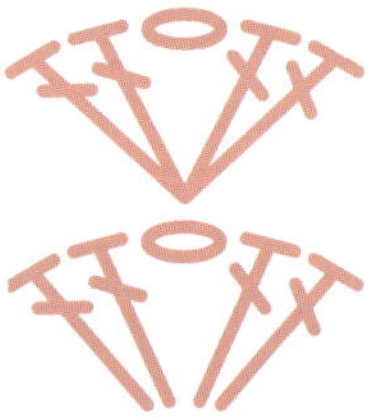

長編み4目を編み入れる＝シェル編み《ながあみよんめをあみいれる＝しぇるあみ》(間に鎖1目が入り、1目に編む・束《そく》に編む)

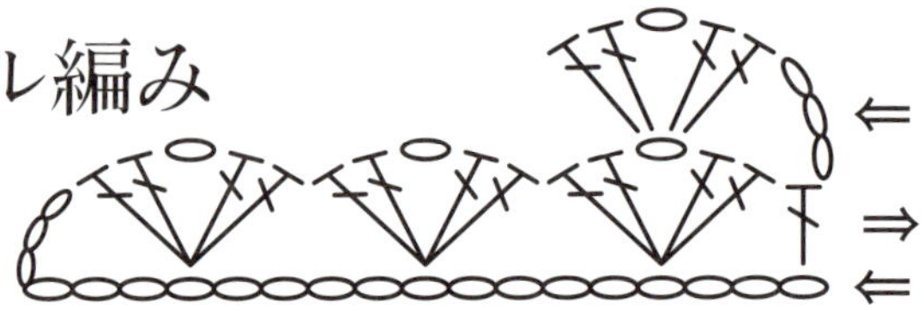
⇐
⇒
⇐

1段め　●1目に編む

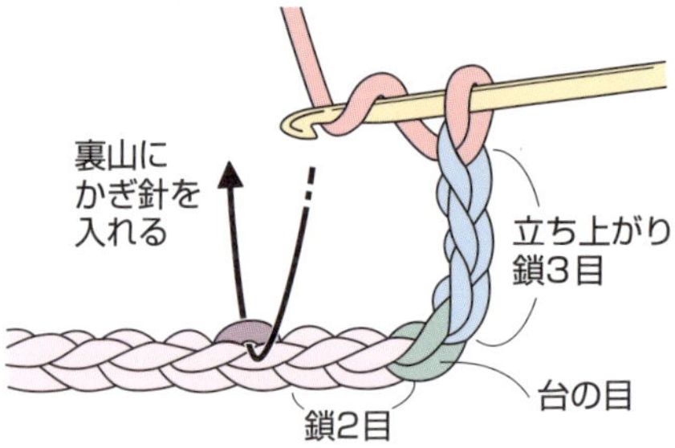
裏山に
かぎ針を
入れる
立ち上がりの
鎖3目
台の目
鎖2目

❶かぎ針に糸をかけて、台の次の目から3目めの鎖の裏山にかぎ針を入れます。

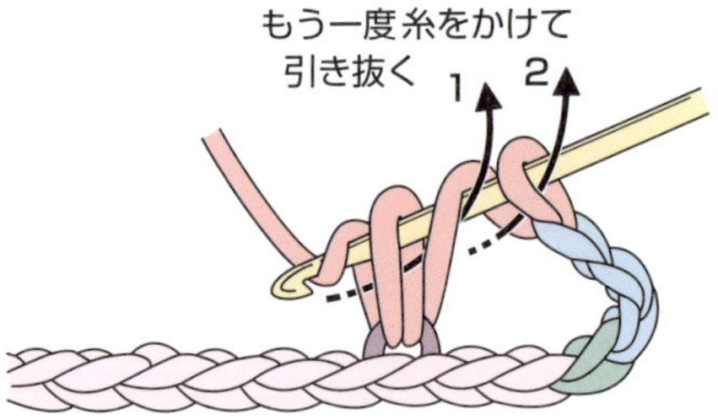
もう一度糸をかけて
引き抜く
1
2

❷かぎ針に糸をかけて糸を引き出し、もう一度かぎ針に糸をかけて、針先から2ループを引き出します。さらにかぎ針に糸をかけて残りの2ループを引き抜きます（長編み）。

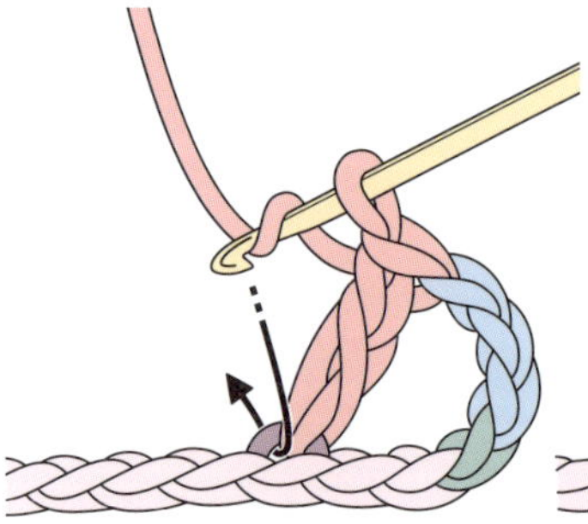

❸かぎ針に糸をかけて、同じ目にかぎ針を入れて

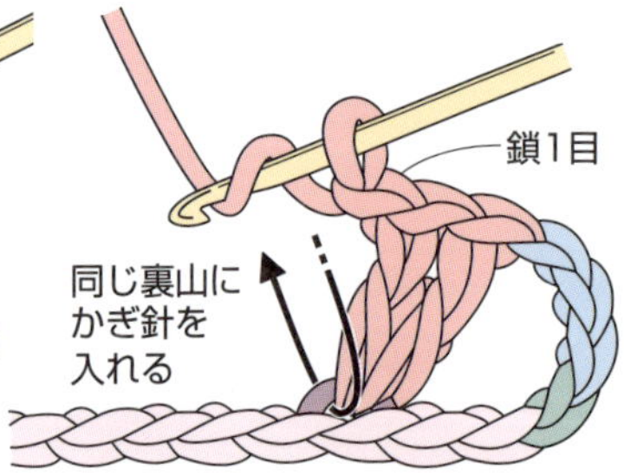
鎖1目
同じ裏山に
かぎ針を
入れる

❹あと長編み1目と鎖1目を編み、かぎ針に糸をかけて、同じ目にもう一度かぎ針を入れます。

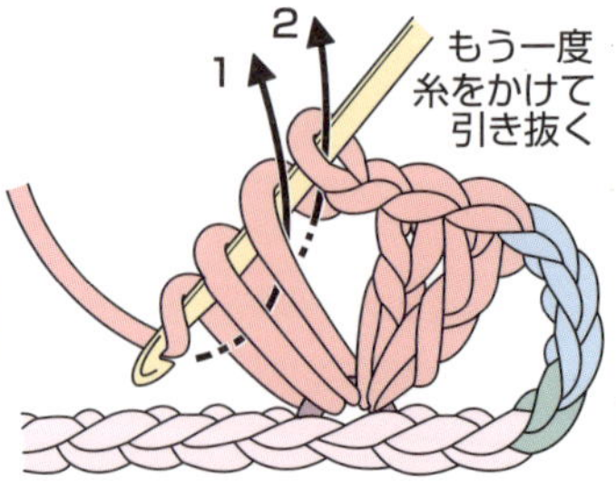
1
2
もう一度
糸をかけて
引き抜く

❺糸を引き出します。かぎ針に糸をかけて、針先の2ループを引き出し、もう一度かぎ針に糸をかけてかぎ針の2ループを引き抜きます。

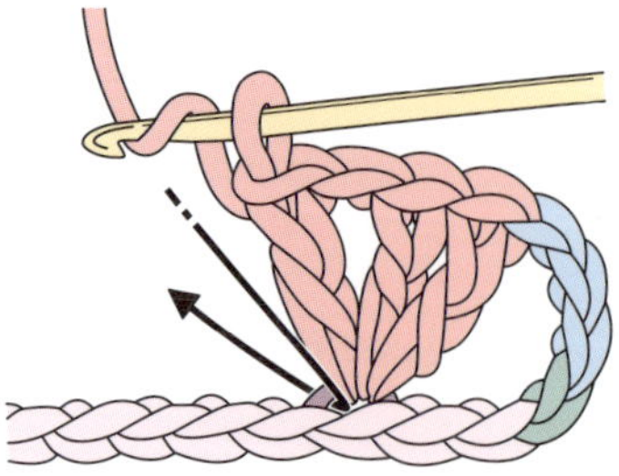

❻長編み3目めが編めました。かぎ針に糸をかけて、もう1目長編みを編みます。

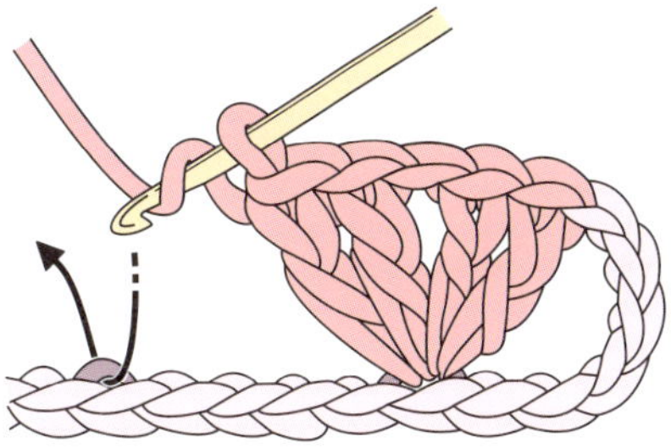

❼「長編み4目を編み入れる(間に鎖1目が入る)」が編めました。かぎ針に糸をかけて、作り目の鎖4目とばして5目めの鎖の裏山に

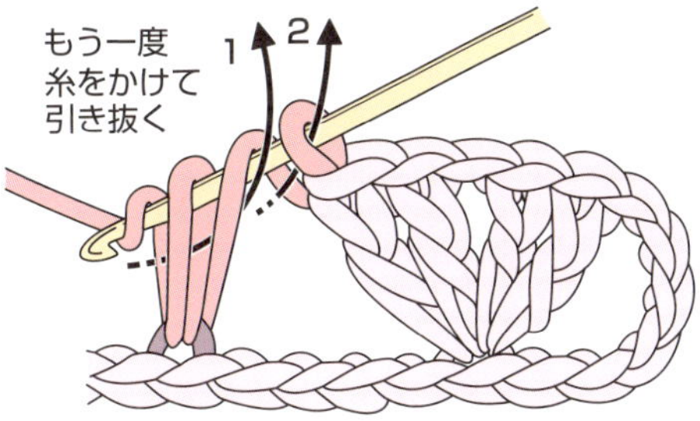

❽2模様めの長編みを編みます。

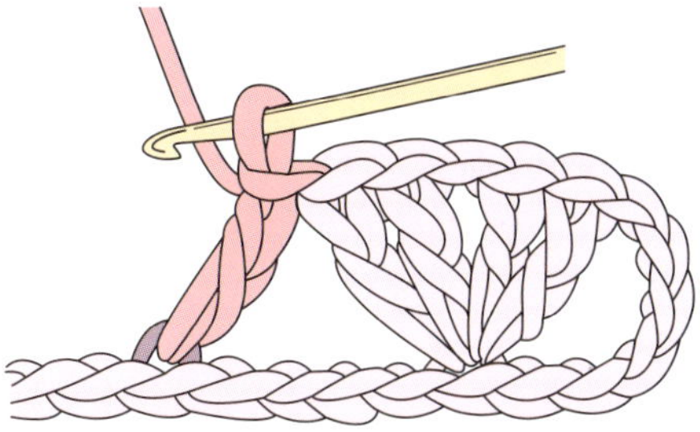

❾あと、長編み1目、鎖1目、長編み2目を同じ目に編みます。

2段め

●束に編む

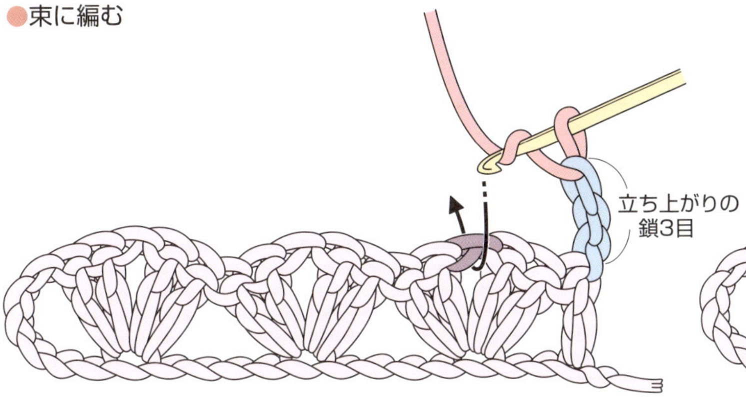

❶かぎ針に糸をかけ、前段の鎖目にかぎ針を束(すっぽりと入れる)に入れます。

❷かぎ針に糸をかけて引き出します。

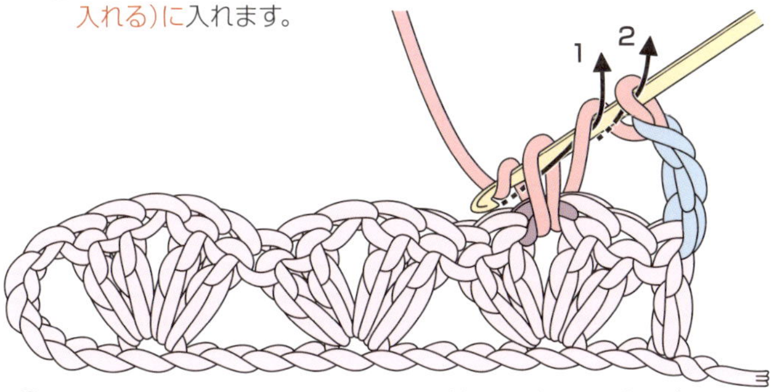

❸かぎ針に糸をかけて、針先の2ループを引き出し、もう一度かぎ針に糸をかけてかぎ針の2ループを引き抜きます。

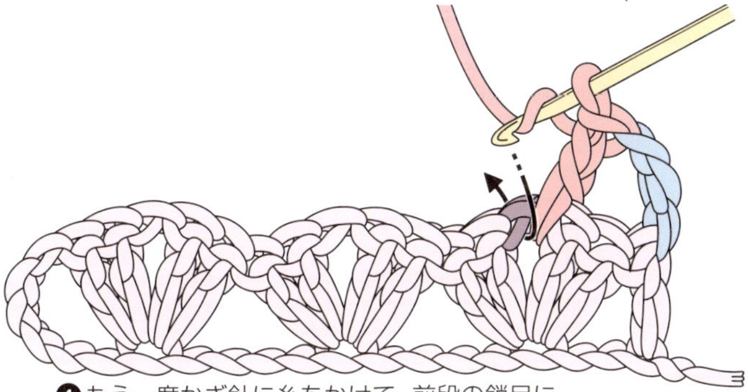

❹もう一度かぎ針に糸をかけて、前段の鎖目にかぎ針を束(すっぽりと入れる)に入れて、

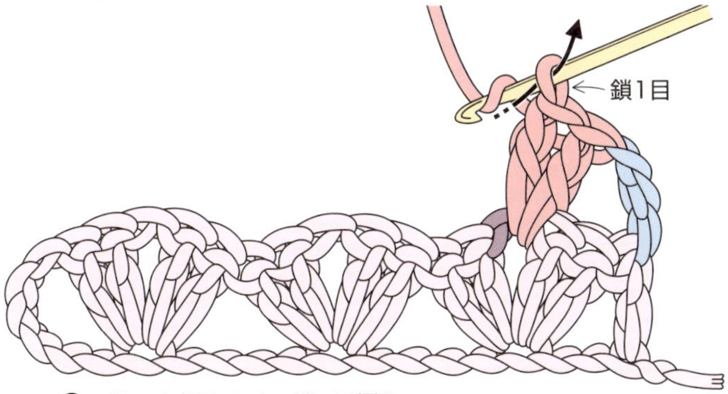

❺長編みを編みます。鎖1目編み、

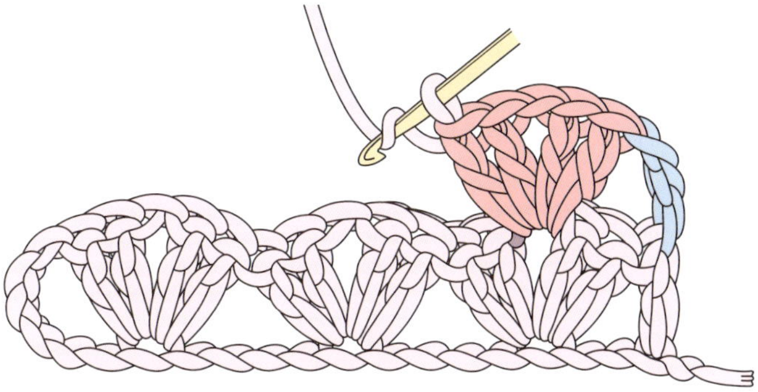

❻同じところにあと長編み2目を編みます。長編み4目を編み入れる(間に鎖1目が入る)」が編めました。

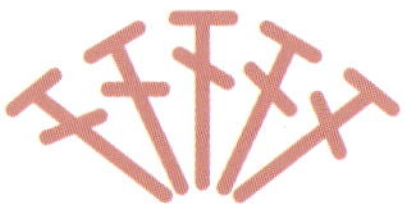

長編み5目を編み入れる《ながあみごめをあみいれる》＝松編み《まつあみ》（束《そく》に編む）

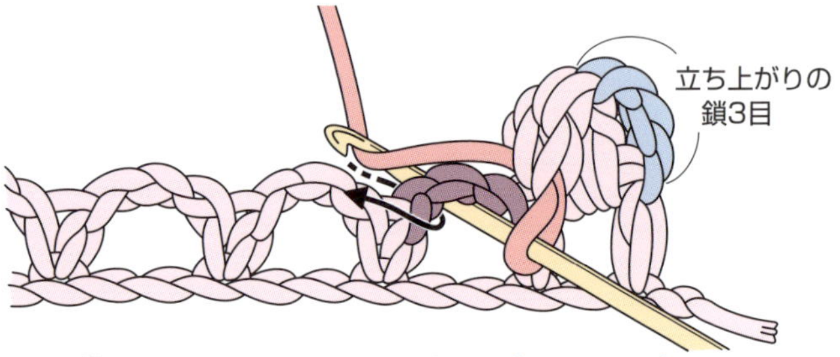
立ち上がりの
鎖3目

❶前段の鎖目にかぎ針を束（すっぽりと入れる）に入れて、かぎ針に糸をかけます。糸を引き出し、

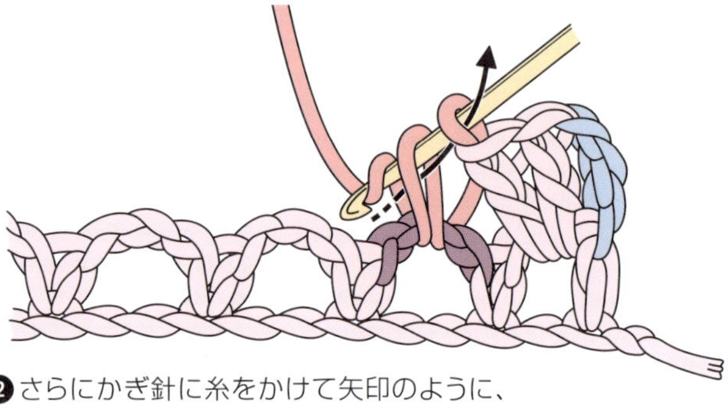

❷さらにかぎ針に糸をかけて矢印のように、引き抜きます（細編み）。

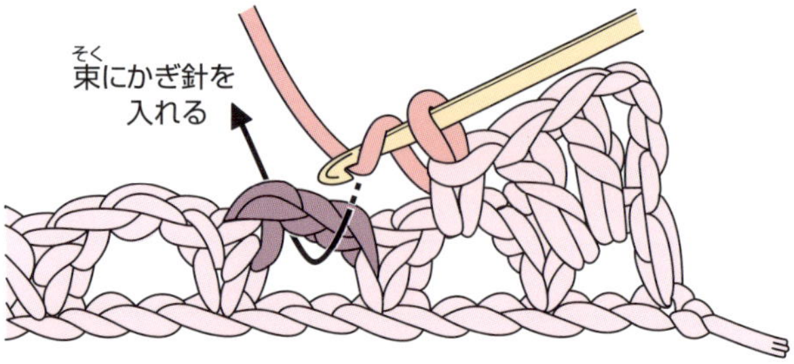
束《そく》にかぎ針を
入れる

❸かぎ針に糸をかけて、前段の鎖目にかぎ針を束（すっぽりと入れる）に入れて、

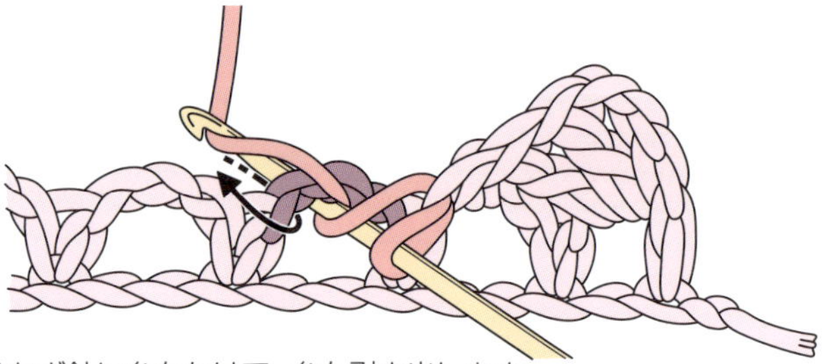

❹かぎ針に糸をかけて、糸を引き出します。

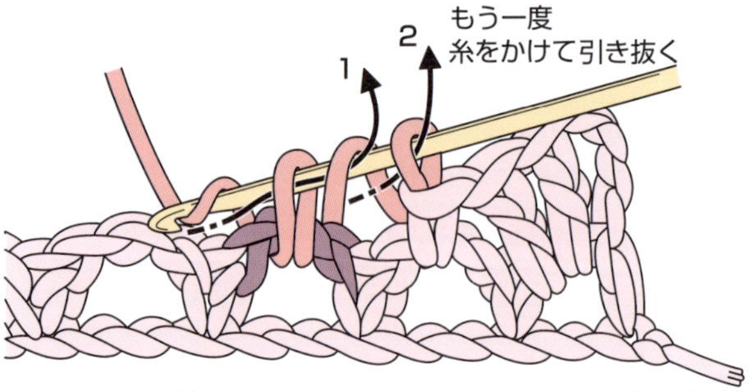
もう一度
糸をかけて引き抜く
1
2

❺もう一度かぎ針に糸をかけて、針先から2ループを引き出します。さらにかぎ針に糸をかけてかぎ針の2ループを引き抜きます（長編み）。

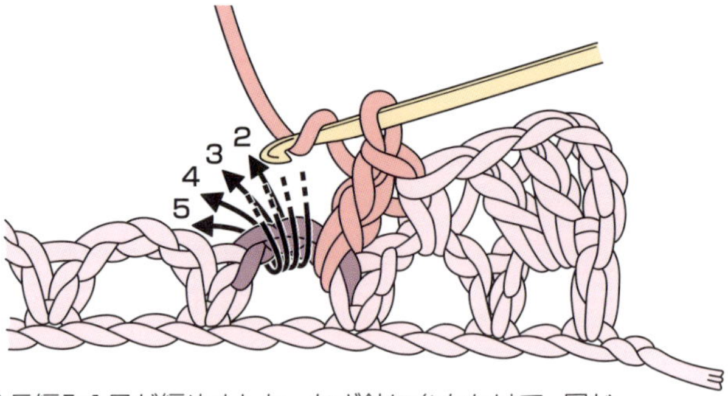
2
3
4
5

❻長編み1目が編めました。かぎ針に糸をかけて、同じ鎖目を束に拾って、あと長編み4目を編みます。

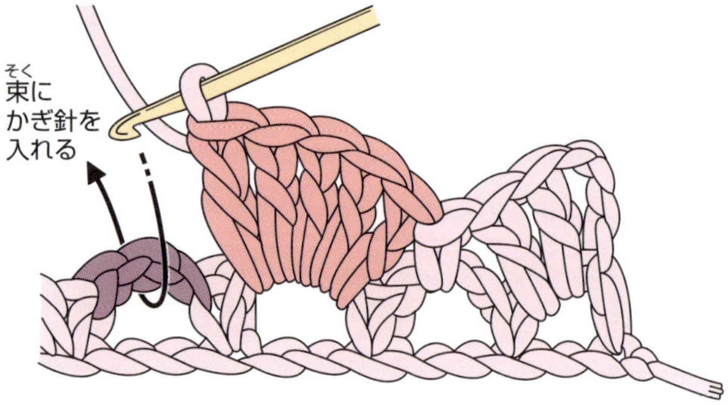
束《そく》に
かぎ針を
入れる

❼前段の鎖目にかぎ針を束（すっぽりと入れる）に入れて、細編みを編みます。

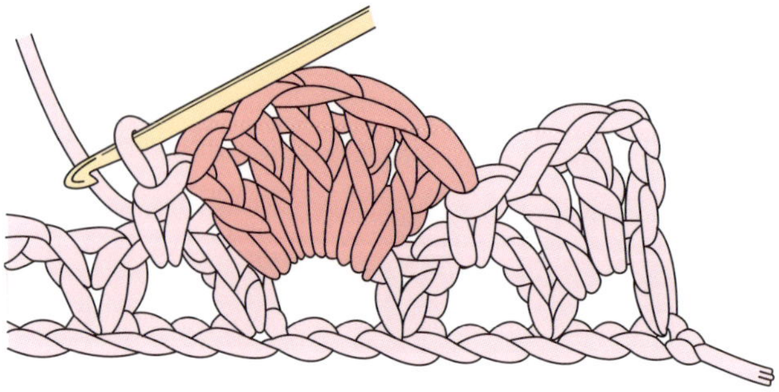

❽「長編み5目を編み入れる松編み」が編めました。

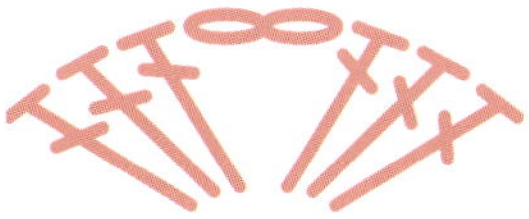

長編み6目を編み入れる＝シェル編み《ながあみろくめをあみいれる＝しぇるあみ》 (間に鎖2目が入り、束《そく》に編む)

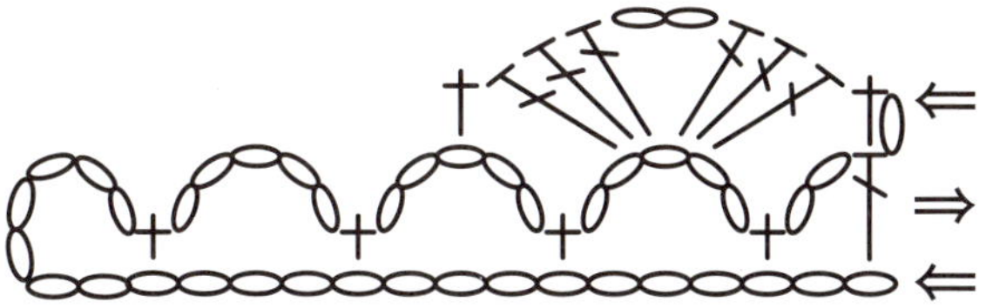

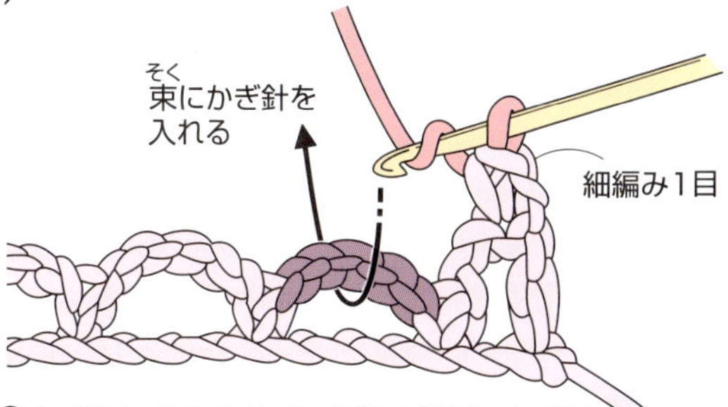

❶かぎ針に糸をかけて、前段の鎖目にかぎ針を束(すっぽりと入れる)に入れます。

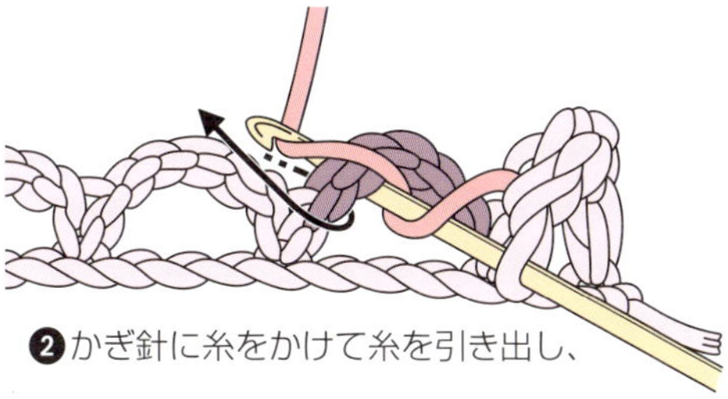

❷かぎ針に糸をかけて糸を引き出し、

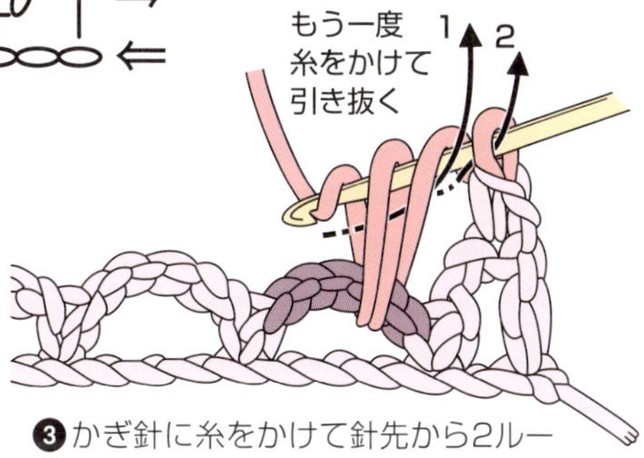

❸かぎ針に糸をかけて針先から2ループを引き出します。さらにかぎ針に糸をかけてかぎ針の糸2ループを引き抜きます(長編み)。

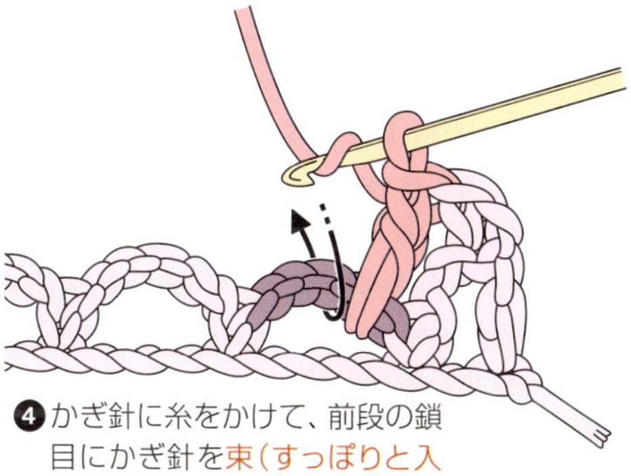

❹かぎ針に糸をかけて、前段の鎖目にかぎ針を束(すっぽりと入れる)に入れてあと2目長編みを編みます。

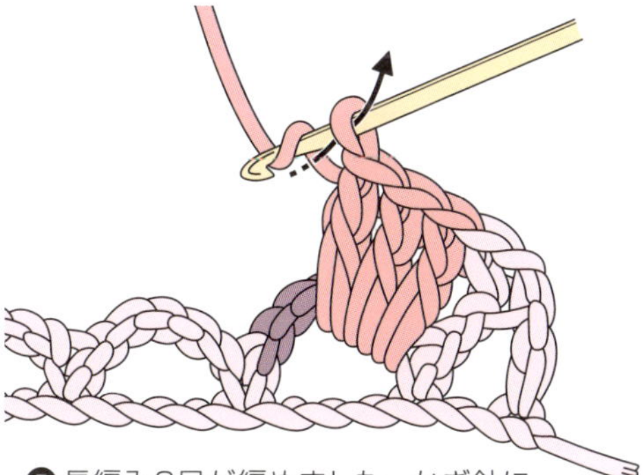

❺長編み3目が編めました。かぎ針に糸をかけて、鎖2目を編みます。

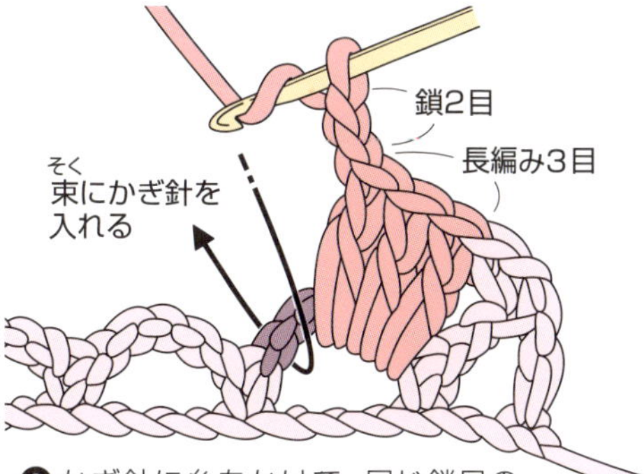

❻かぎ針に糸をかけて、同じ鎖目の中にかぎ針を束(すっぽりと入れる)に入れます。

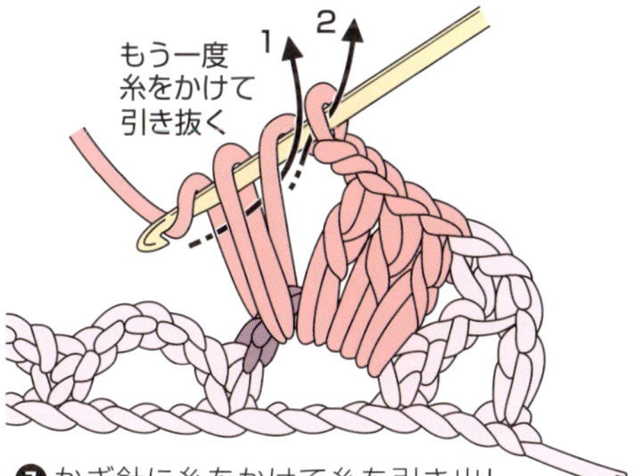

❼かぎ針に糸をかけて糸を引き出し、もう一度かぎ針に糸をかけて針先から2ループを引き出します。さらにかぎ針に糸をかけてかぎ針の2ループを引き抜きます(長編み)。

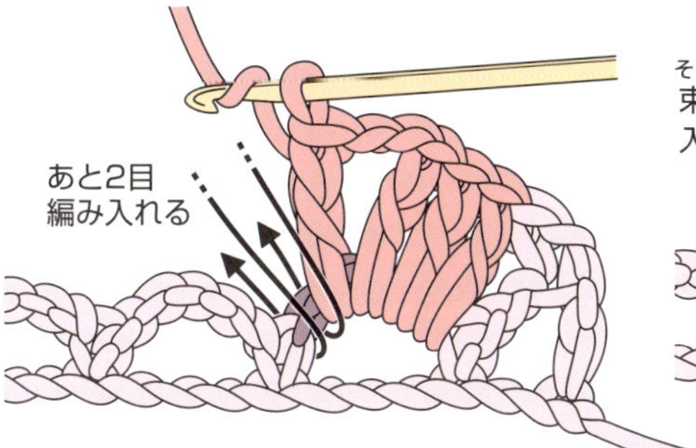

❽かぎ針に糸をかけて、あと長編み2目を編み、

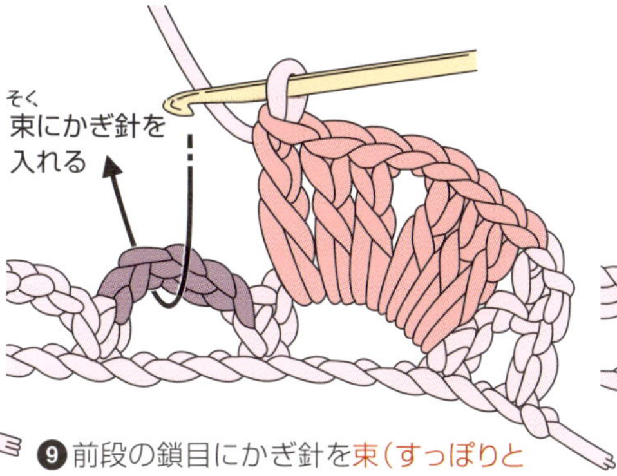

❾前段の鎖目にかぎ針を束(すっぽりと入れる)に入れて細編みを編みます。

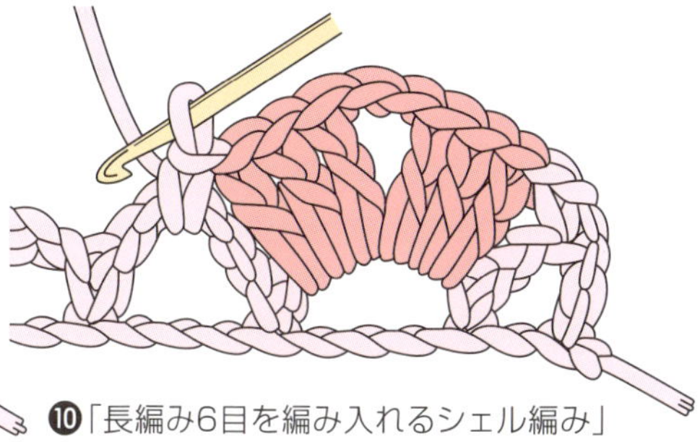

❿「長編み6目を編み入れるシェル編み」が編めました。

長編み3目を編み入れる《ながあみさんめをあみいれる》(細編みと同じ目に編む)

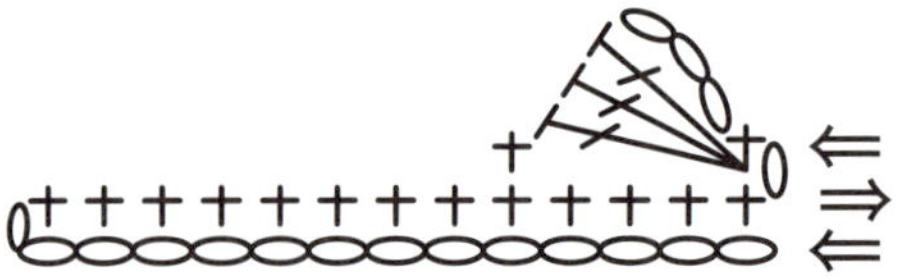

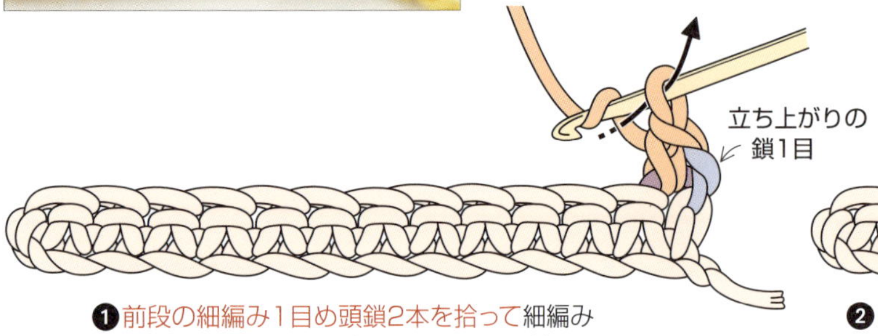

❶前段の細編み1目め頭鎖2本を拾って細編み1目を編みます。かぎ針に糸をかけて鎖3目を編み、

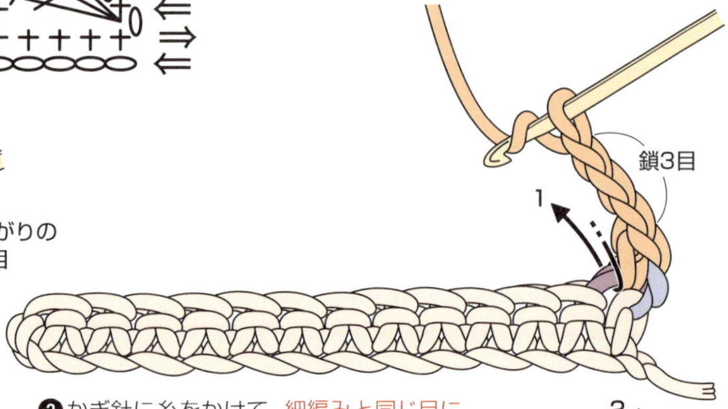

❷かぎ針に糸をかけて、細編みと同じ目にかぎ針を入れます。

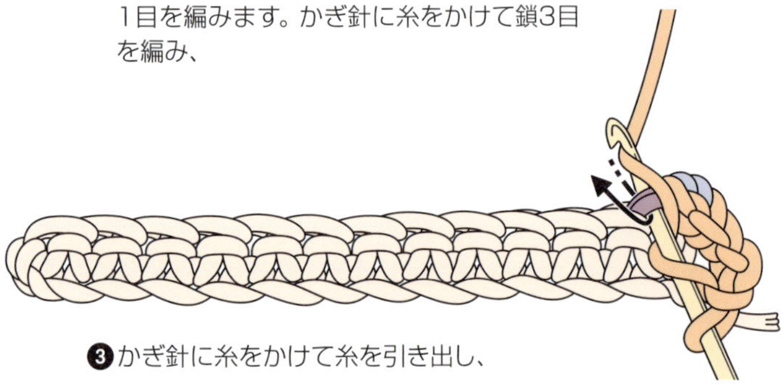

❸かぎ針に糸をかけて糸を引き出し、

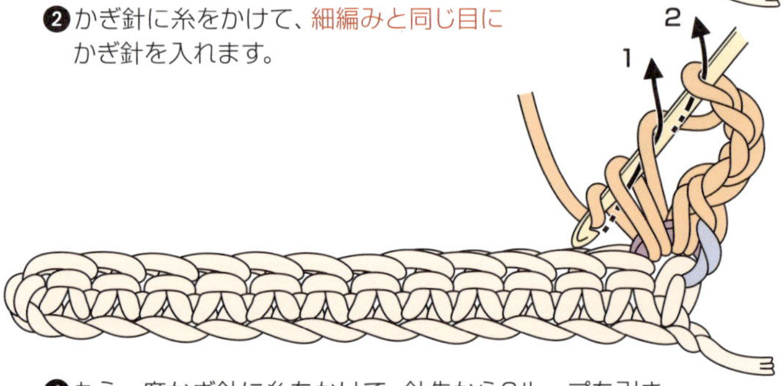

❹もう一度かぎ針に糸をかけて、針先から2ループを引き出します。さらにかぎ針に糸をかけてかぎ針の2ループを引き抜きます(長編み)。

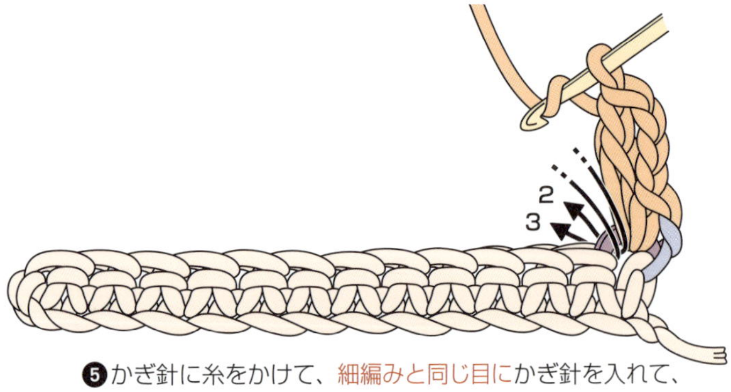

❺かぎ針に糸をかけて、細編みと同じ目にかぎ針を入れて、あと長編みを2目編みます。

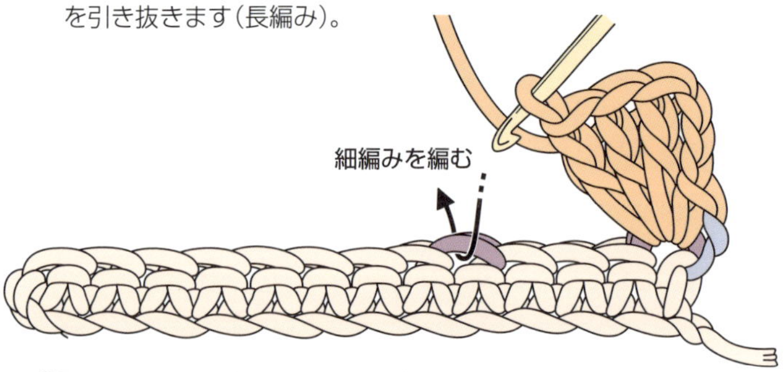

❻「長編み3目を細編みと同じ目に編み入れる」が編めました。前段の細編み3目をとばし、4目めに細編みを編みます。

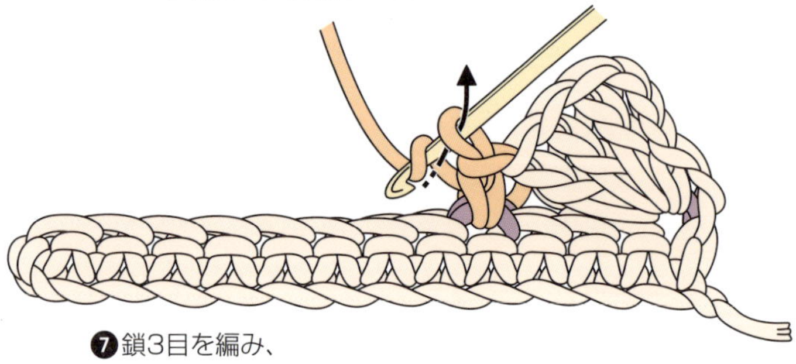

❼鎖3目を編み、

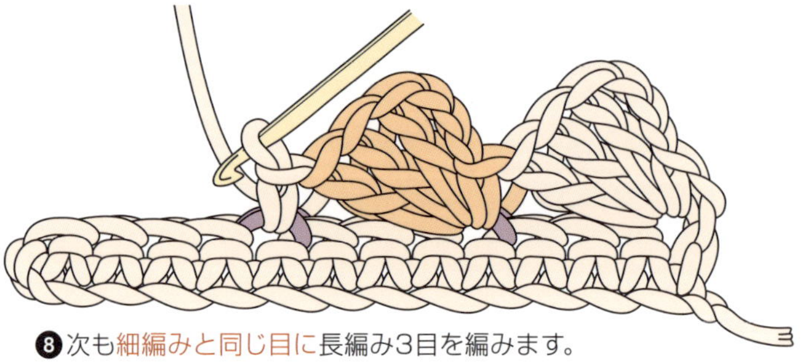

❽次も細編みと同じ目に長編み3目を編みます。2模様出来ました。

長編み3目を編み入れる《ながあみさんめをあみいれる》(細編みの足に編む)

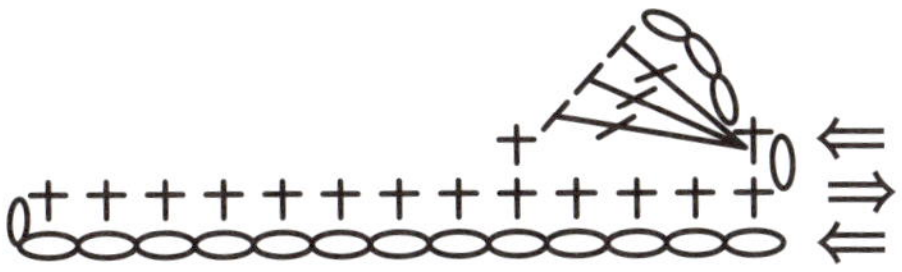

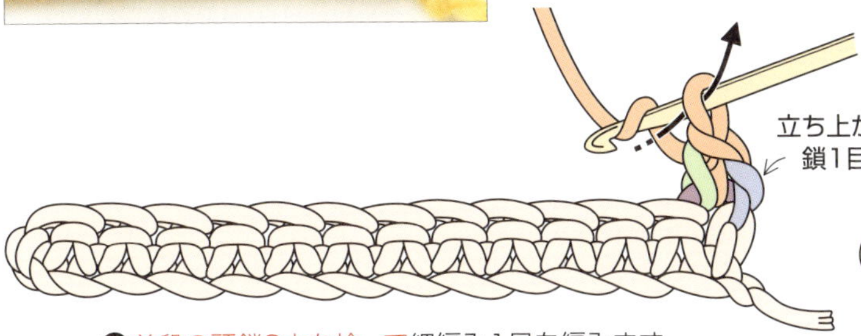

❶前段の頭鎖2本を拾って細編み1目を編みます。
かぎ針に糸をかけて鎖3目を編み、

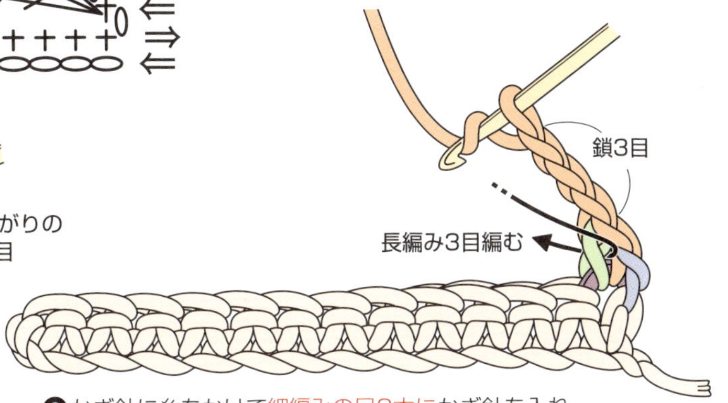

❷かぎ針に糸をかけて細編みの足2本にかぎ針を入れ、

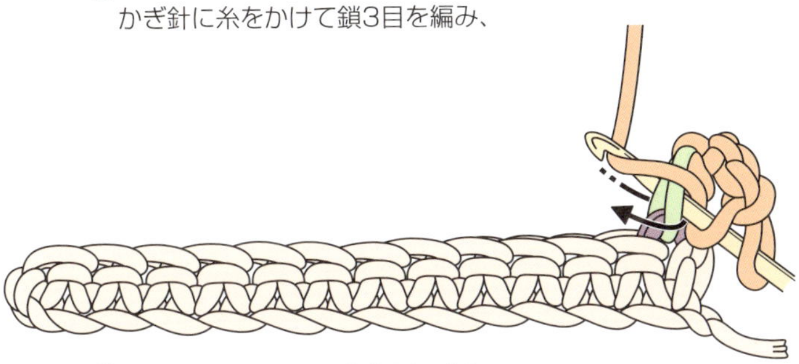

❸かぎ針に糸をかけて糸を引き出し、

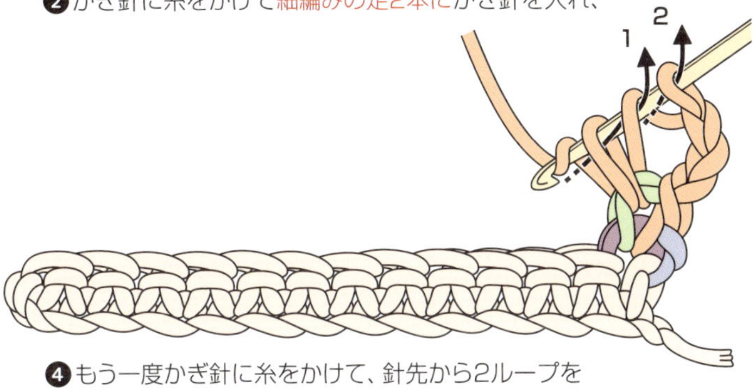

❹もう一度かぎ針に糸をかけて、針先から2ループを引き出します。さらにかぎ針に糸をかけてかぎ針の2ループを引き抜きます(長編み)。

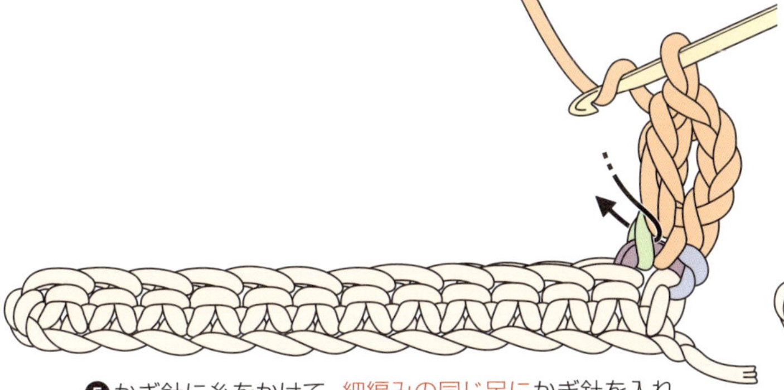

❺かぎ針に糸をかけて、細編みの同じ足にかぎ針を入れ、あと長編みを2目編みます。

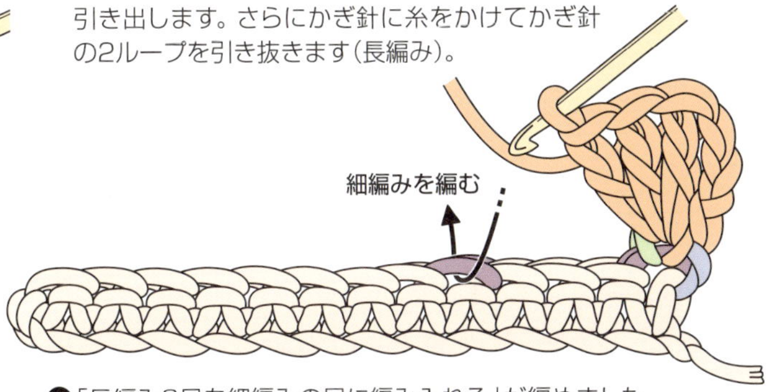

❻「長編み3目を細編みの足に編み入れる」が編めました。前段の細編み3目をとばし、4目めに細編みを編みます。

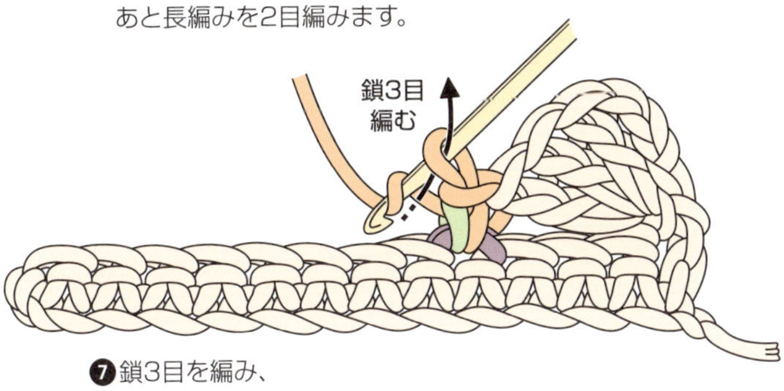

❼鎖3目を編み、

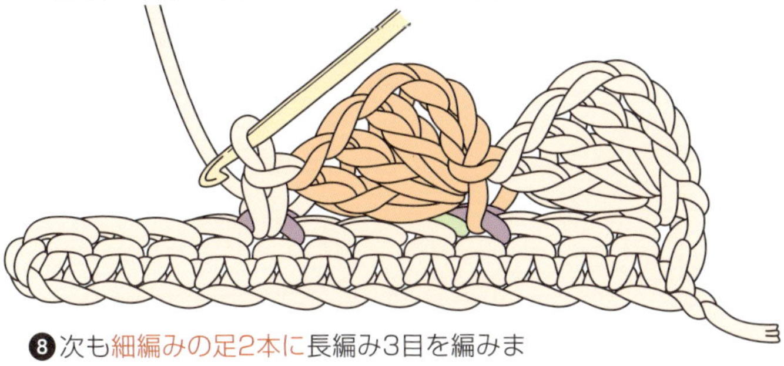

❽次も細編みの足2本に長編み3目を編みます。2模様出来ました。

中長編み3目の玉編みを細編みに編み入れる《ちゅうながあみさんめのたまあみをこまあみにあみいれる》(細編みの足に編む)

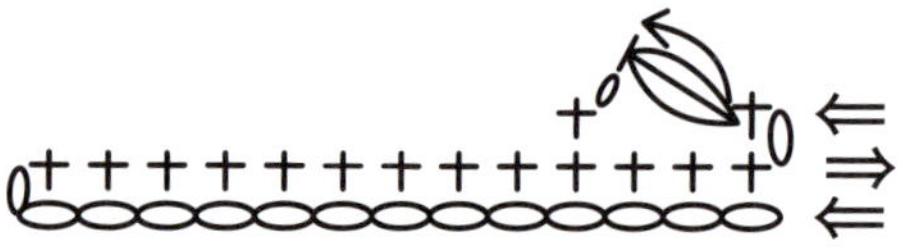

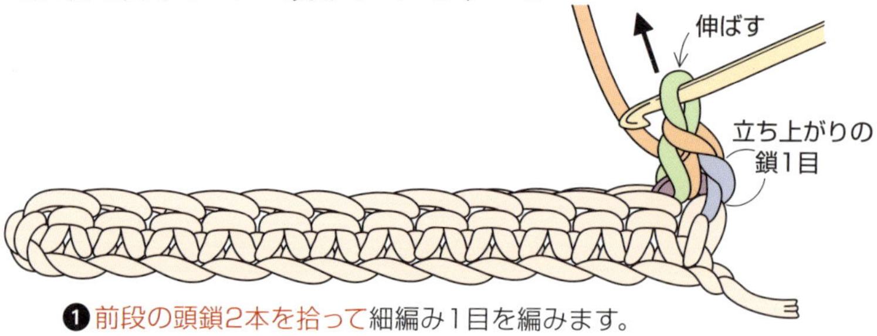

❶前段の頭鎖2本を拾って細編み1目を編みます。かぎ針の目を鎖2目分の長さで引き伸ばします。

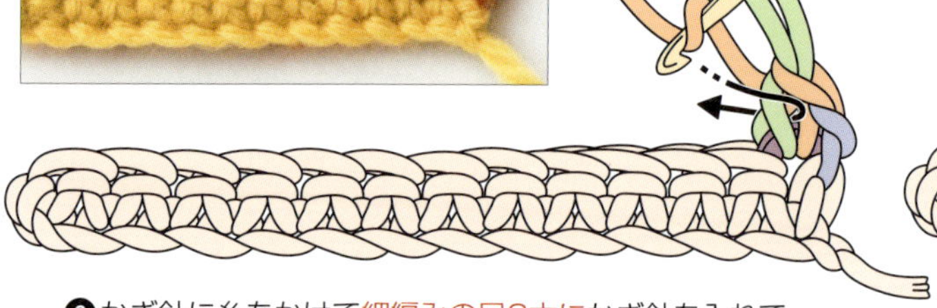

❷かぎ針に糸をかけて細編みの足2本にかぎ針を入れて、

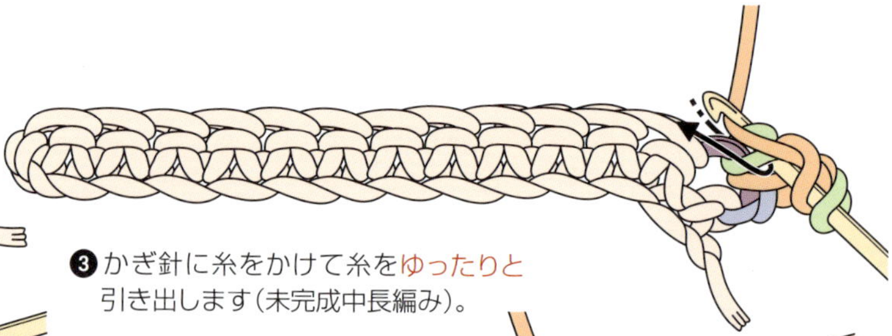

❸かぎ針に糸をかけて糸をゆったりと引き出します(未完成中長編み)。

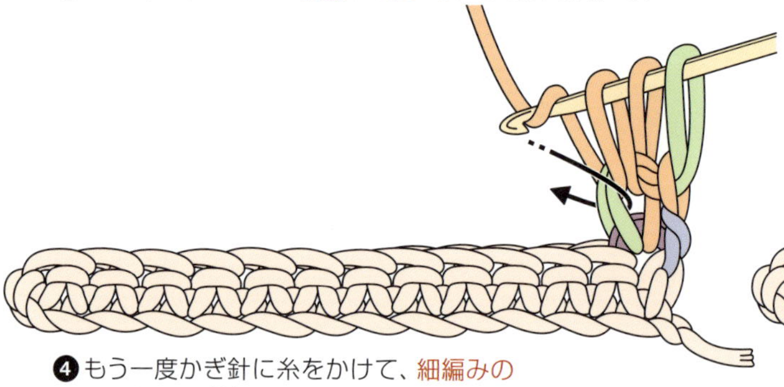

❹もう一度かぎ針に糸をかけて、細編みの足2本にかぎ針を入れて、

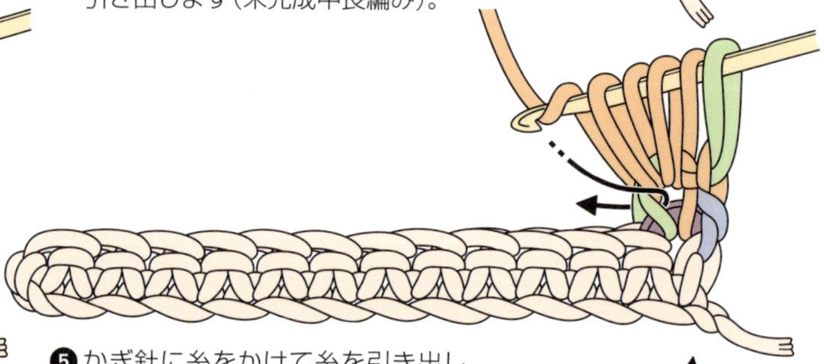

❺かぎ針に糸をかけて糸を引き出します(未完成中長編み)。かぎ針に糸をかけて、

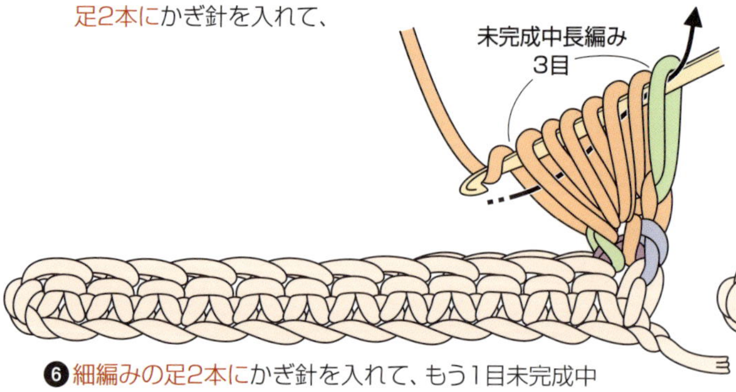

❻細編みの足2本にかぎ針を入れて、もう1目未完成中長編みを編みます。かぎ針に糸をかけて、かぎ針にかかっているすべてのループを一度に引き抜きます。

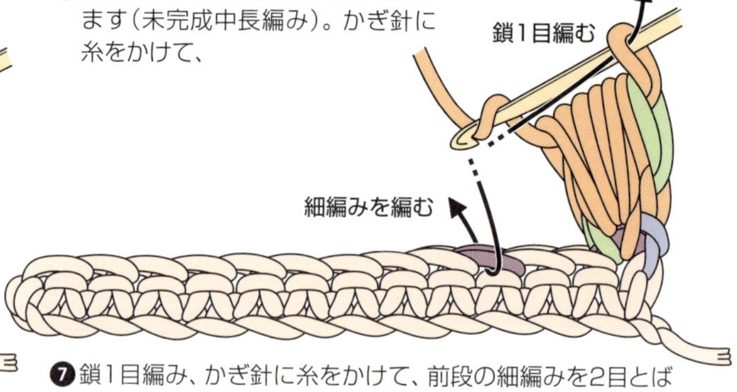

❼鎖1目編み、かぎ針に糸をかけて、前段の細編みを2目とばして、前段の頭鎖2本を拾って細編み1目を編みます。

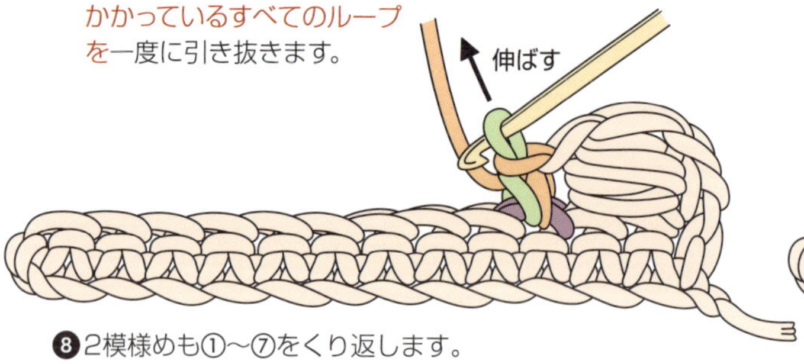

❽2模様めも①~⑦をくり返します。

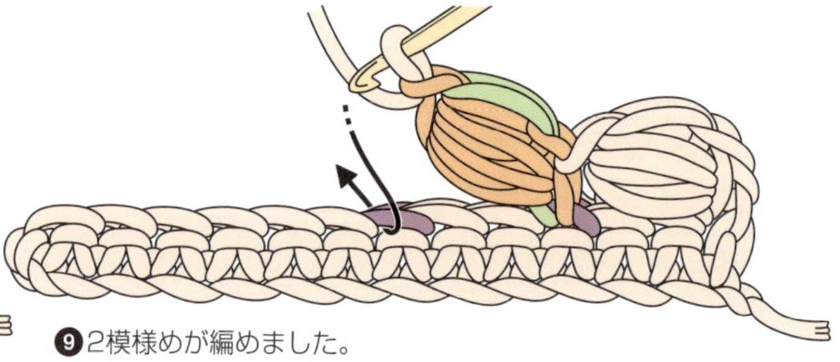

❾2模様めが編めました。

鎖3目のピコット《くさりさんめのぴこっと》

鎖3目のピコットは、足元を引きしめていないので、
横に広がりやすく背の低いピコットになります。

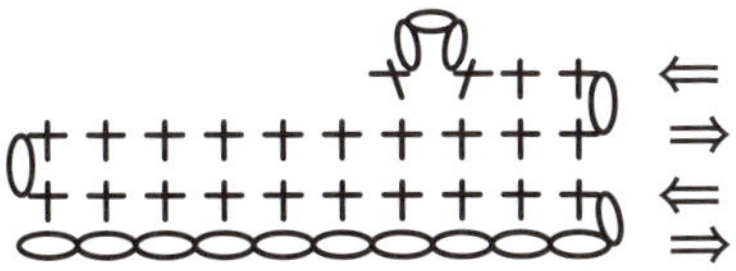

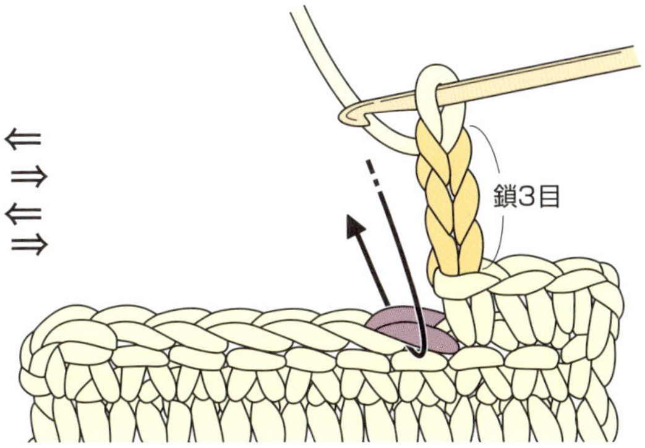

❶鎖3目を編み、矢印のように前段の次の目の頭鎖2本にかぎ針を入れます。

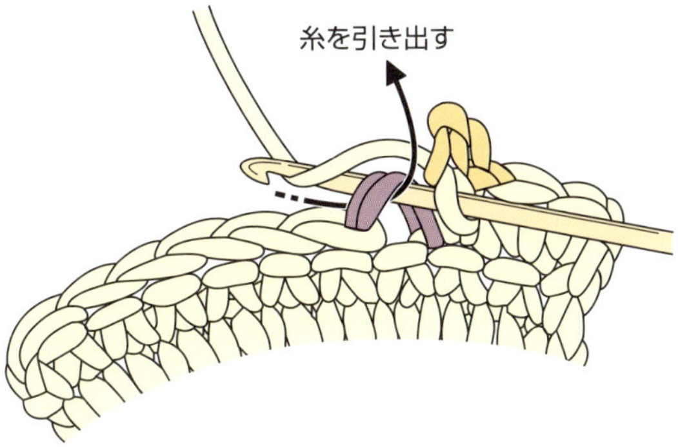

❷かぎ針に糸をかけて引き出します。

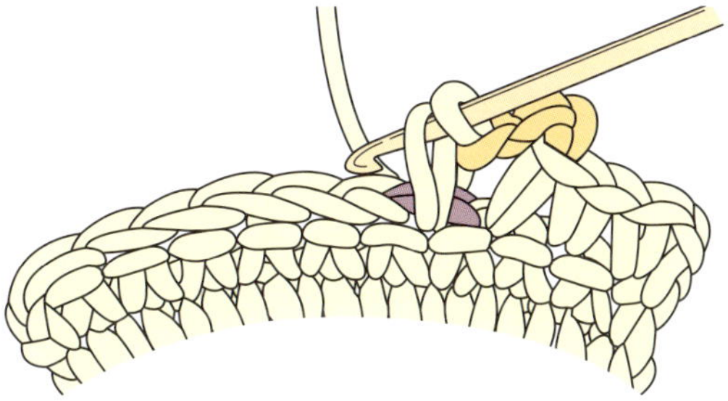

❸鎖１目分の高さの糸を引き出したところです。

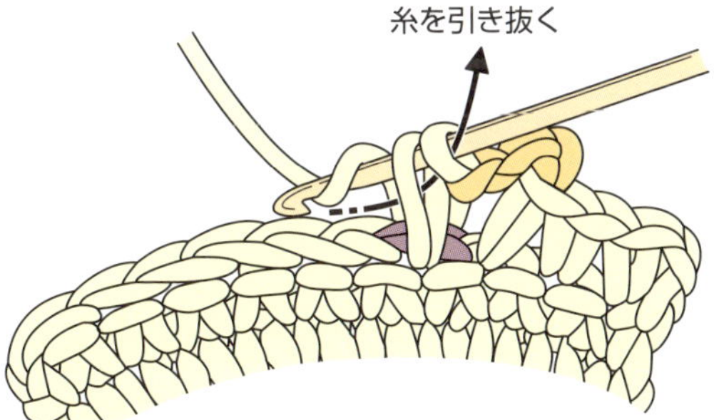

❹もう一度かぎ針に糸をかけて、矢印のようにかぎ針の糸2ループを引き抜きます(細編み)。

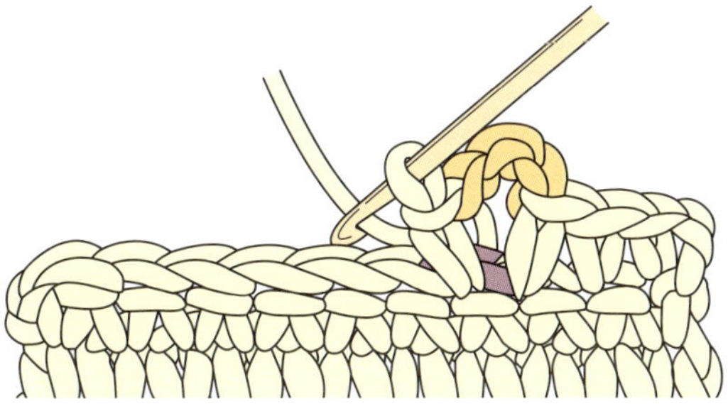

❺「鎖3目のピコット」が編めました。

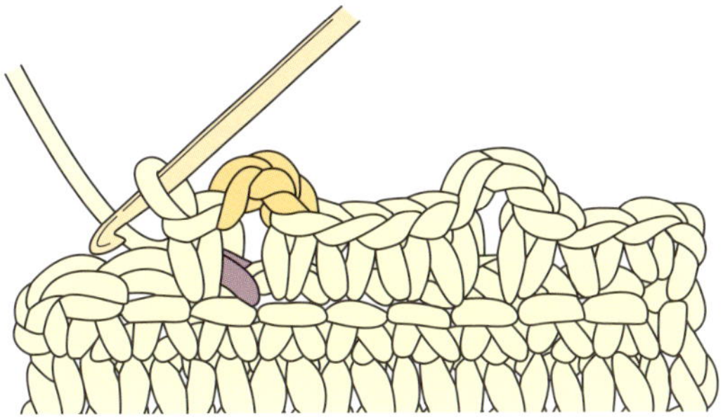

❻二つめのピコットも同じように編みます。

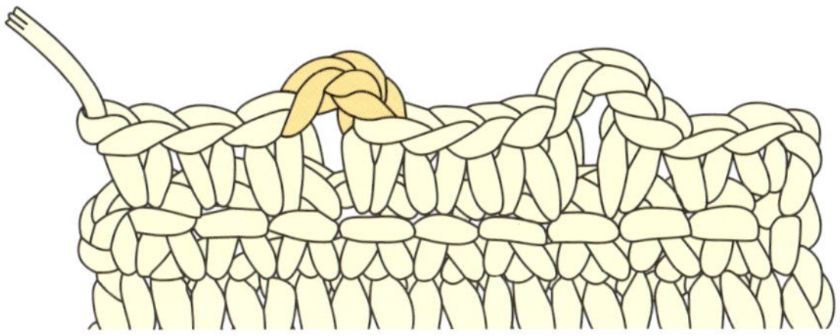

❼「鎖3目のピコット」の出来あがりです。

鎖3目の引き抜きピコット《くさりさんめのひきぬきぴこっと》

一般的なピコットです。足元を引きしめるため、ピコットが際立ちます。

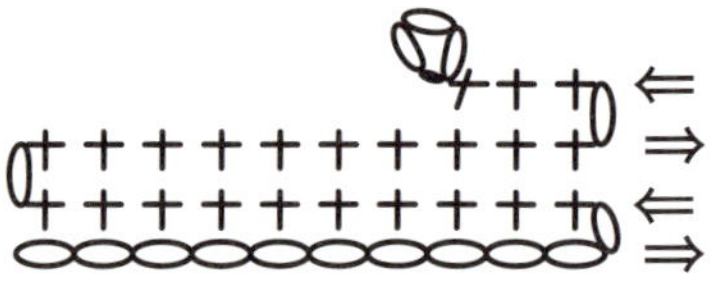

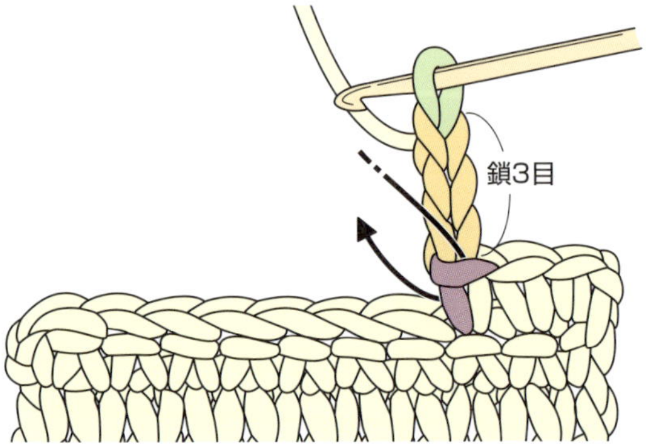

❶鎖3目を編み、矢印のように細編みの頭の鎖半目と足1本に

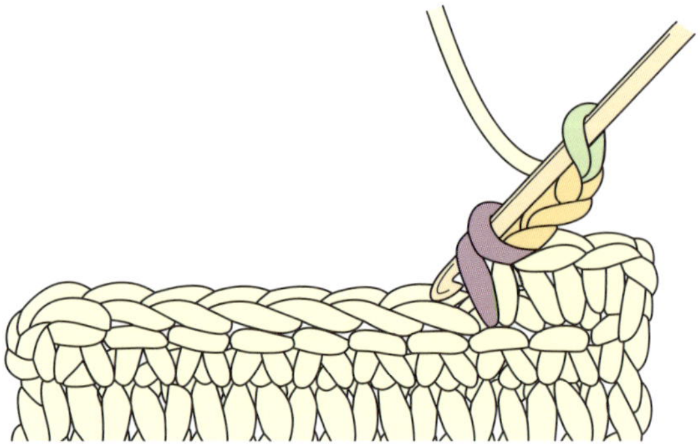

❷かぎ針を入れます。

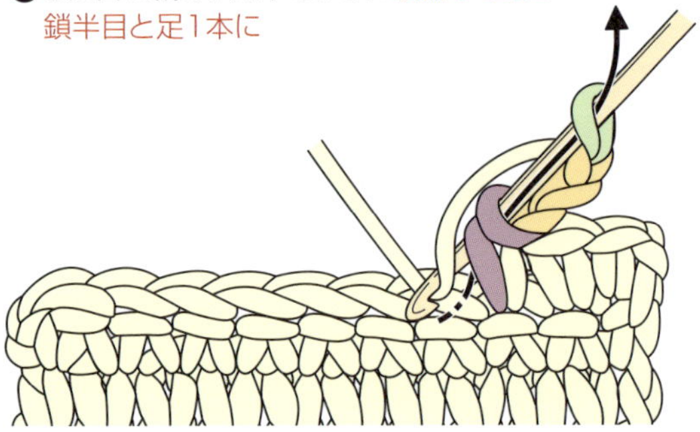

❸かぎ針に糸をかけて、矢印のように細編みの足と目、かぎ針の目を一度に引き抜きます。

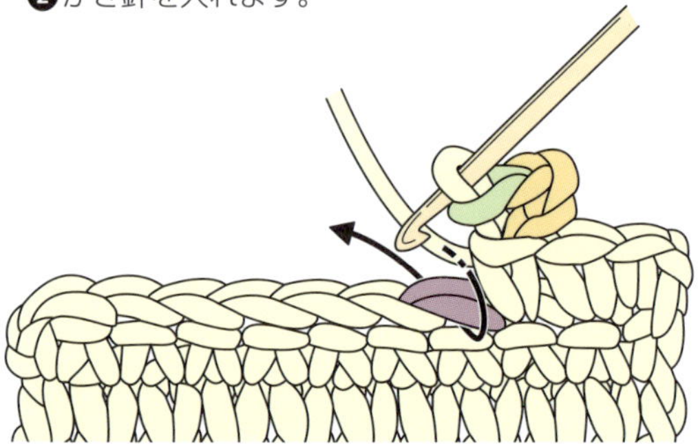

❹「鎖3目の引き抜きピコット」が編めました。

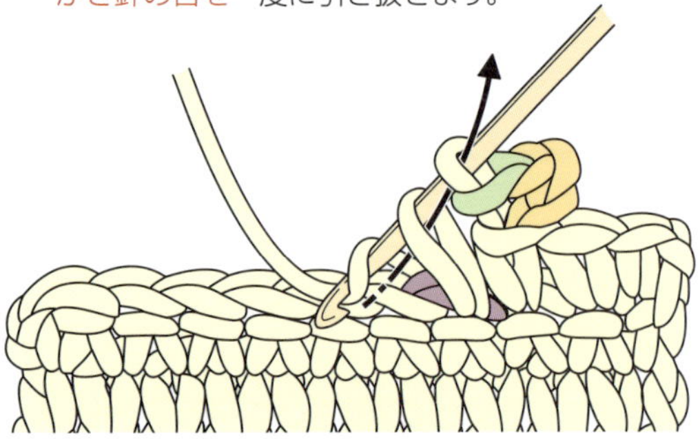

❺次は普通に細編みを編みます。

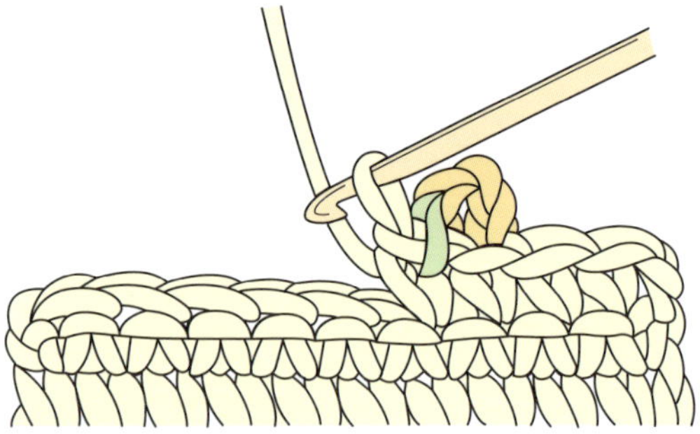

❻「鎖3目の引き抜きピコット」の出来あがりです。

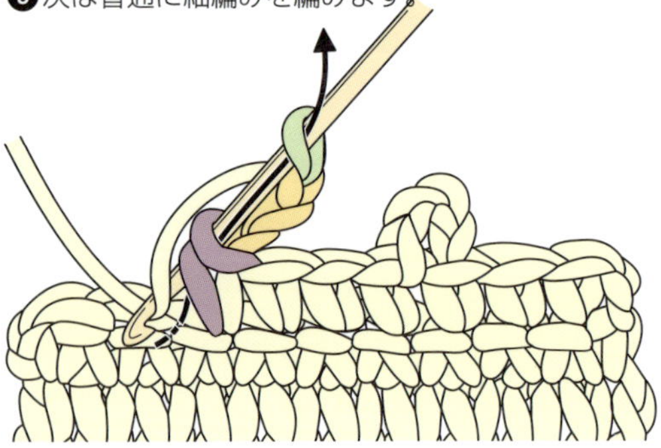

❼二つめの引き抜きピコットも①〜③のように編みます。

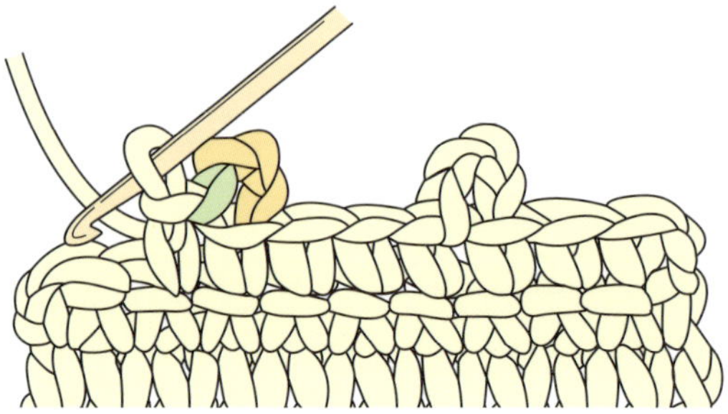

❽二つめの「鎖3目の引き抜きピコット」が編めました。

鎖3目の細編みピコット《くさりさんめのこまあみぴこっと》

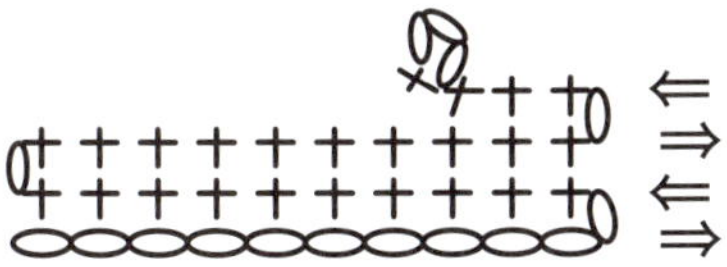

足元に細編みを編むため、引き抜きピコットよりも、大きめのピコットになります。

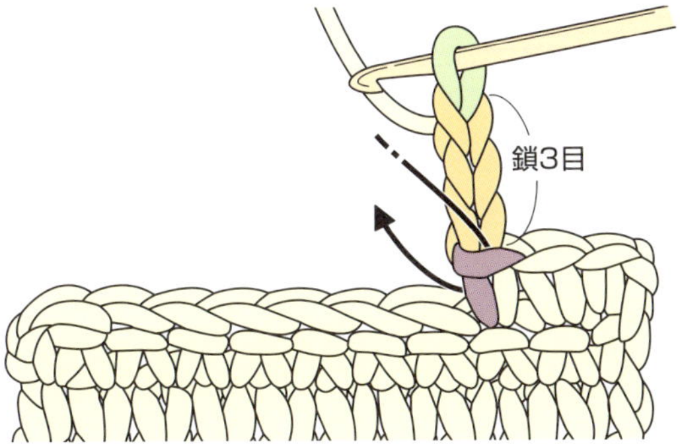

❶鎖3目を編み、矢印のように細編みの頭の鎖半目と足1本に

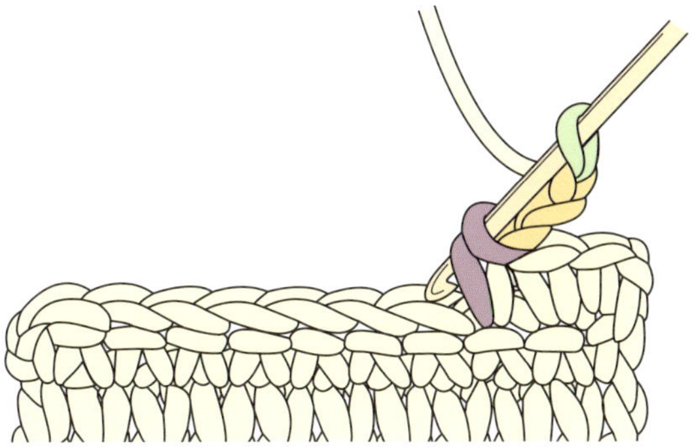

❷かぎ針を入れます。

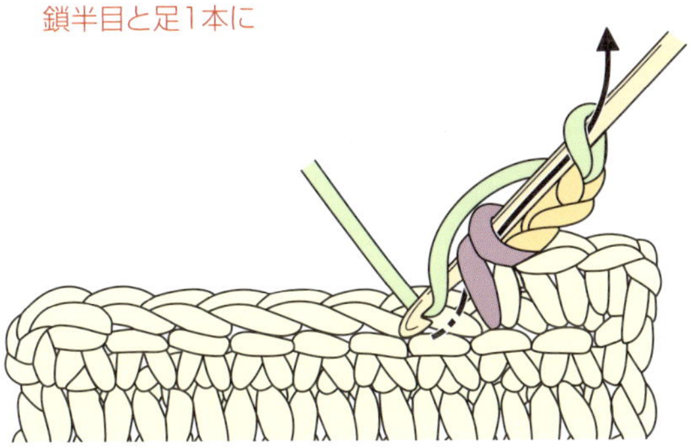

❸かぎ針に糸をかけて、矢印のように細編みの足と頭の目から糸を引き出します。

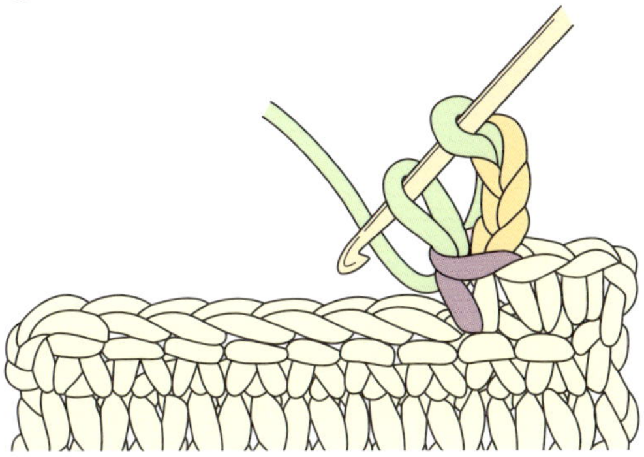

❹目を引き出したところです。

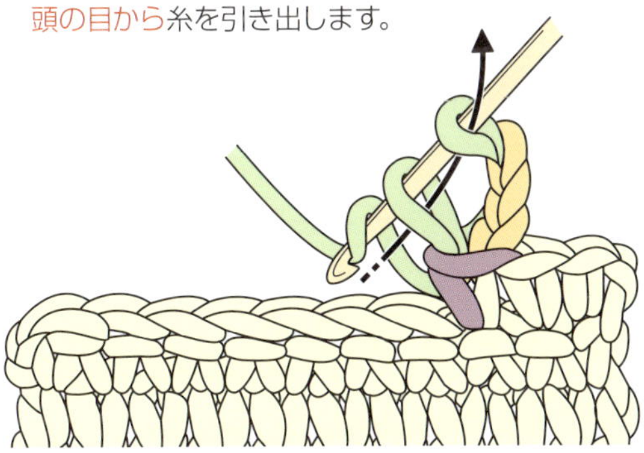

❺かぎ針に糸をかけて、かぎ針の2ループを矢印のように一度に引き抜きます。

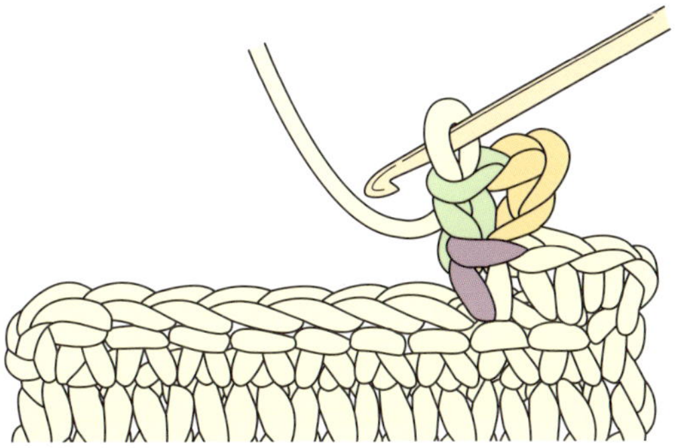

❻「鎖3目の細編みピコット」が編めました。

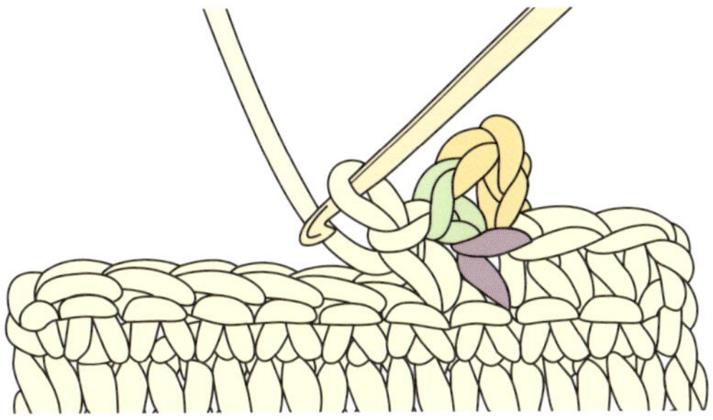

❼次は普通に細編みを編みます。

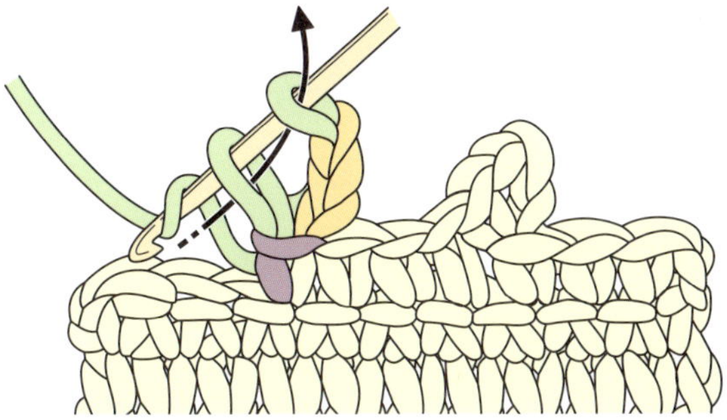

❽二つめの引き抜きピコットも①～⑤のように編みます。

鎖3目の引き抜きピコット《くさりさんめのひきぬきぴこっと》(長編み7目の松編みの中央に編む)

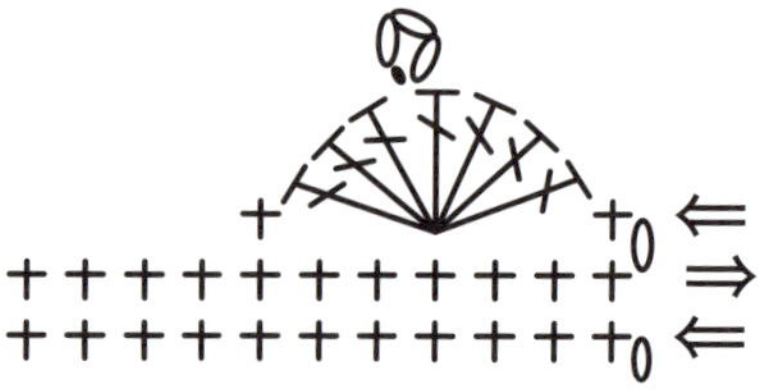

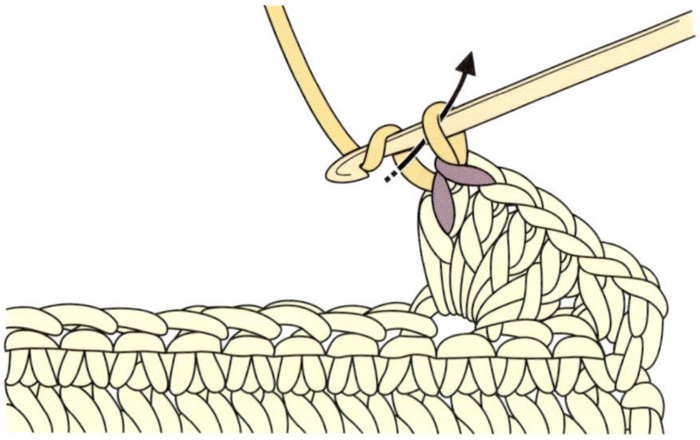

❶長編みを4目を編み、かぎ針に糸をかけて鎖3目を編みます。

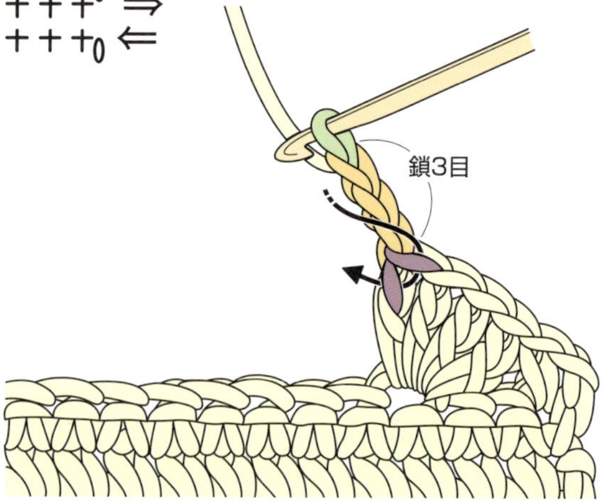

❷矢印のように長編みの頭の鎖半目と足1本にかぎ針を入れます。

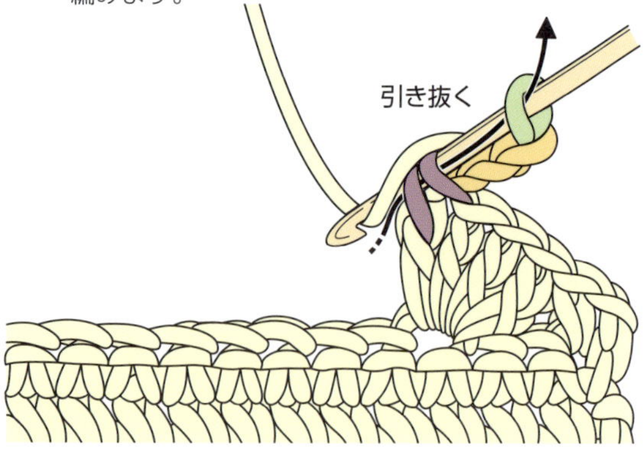

❸かぎ針に糸をかけて、矢印のように長編みの足と目、かぎ針の目を一度に引き抜きます。

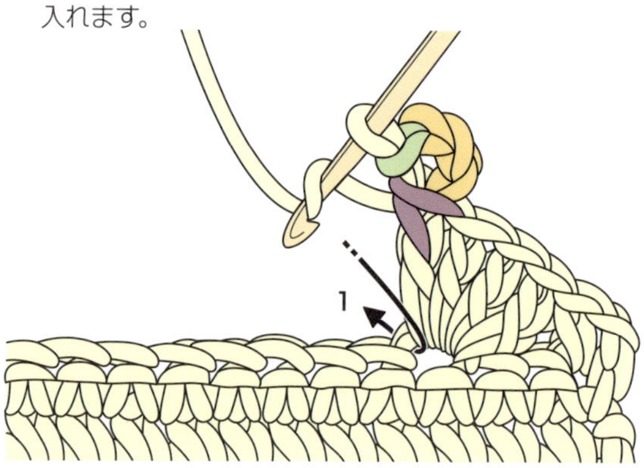

❹「鎖3目の引き抜きピコット」が編めました。かぎ針に糸をかけて、次は同じ目に長編みを編みます。

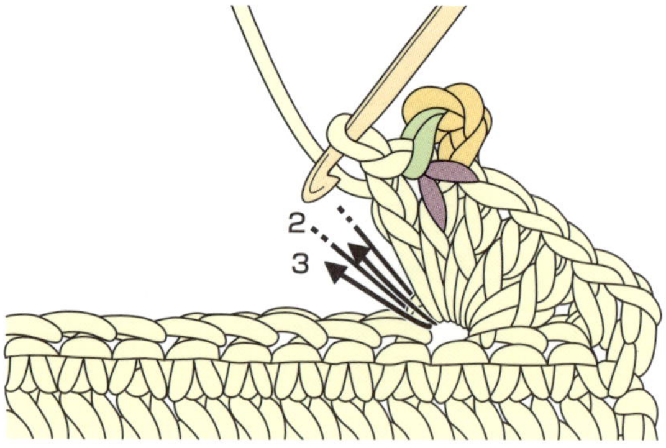

❺あと長編みを2目編み、

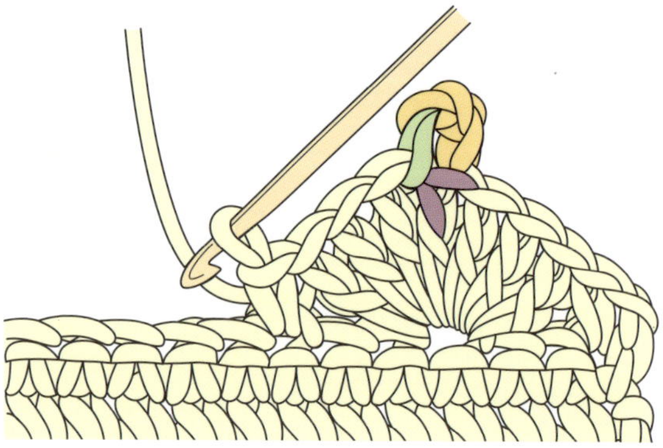

❻前段の細編み2目とばして細編み1目を編みます。「松編み中央の目に編む鎖3目の引き抜きピコット」の出来あがりです。

鎖3目の引き抜きピコット《くさりさんめのひきぬきぴこっと》(ネット編みの中央に編む)

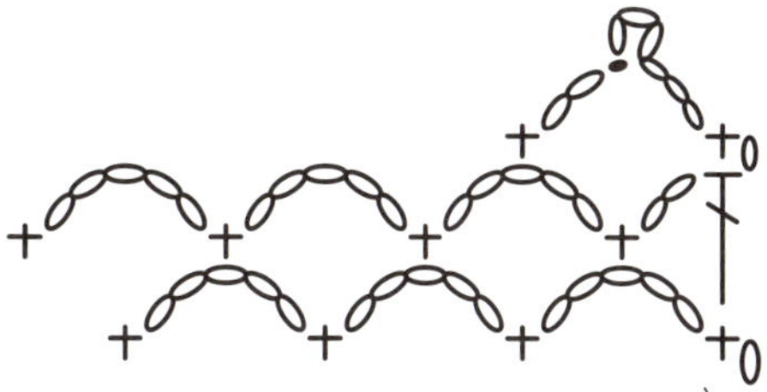

❶かぎ針に糸をかけて、鎖3目を編みます。

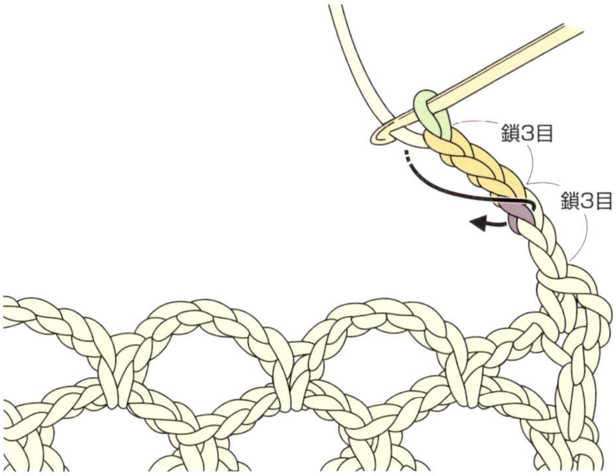

❷ピコット分の鎖3目を編み、矢印のように細編みから3目めの鎖半目と裏山にかぎ針を入れます。

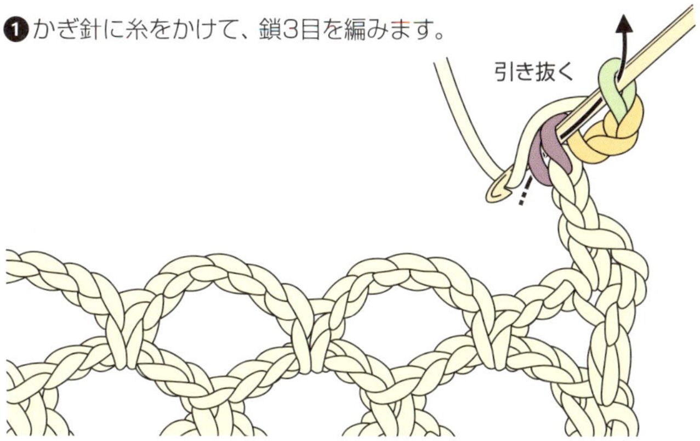

❸かぎ針に糸をかけて、矢印のように鎖半目と裏山、かぎ針の目を一度に引き抜きます。

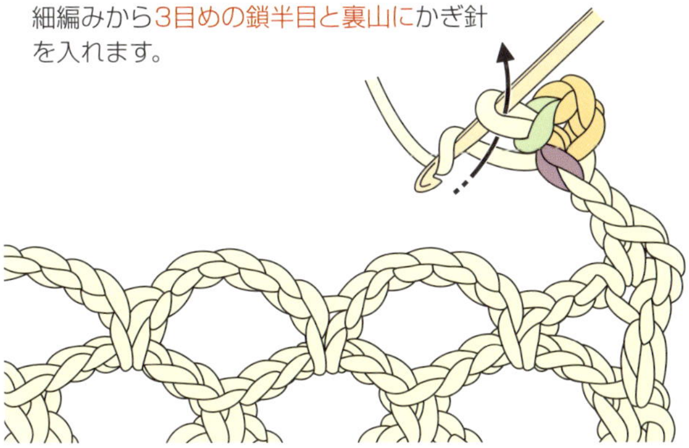

❹「鎖3目の引き抜きピコット」が編めました。かぎ針に糸をかけて、

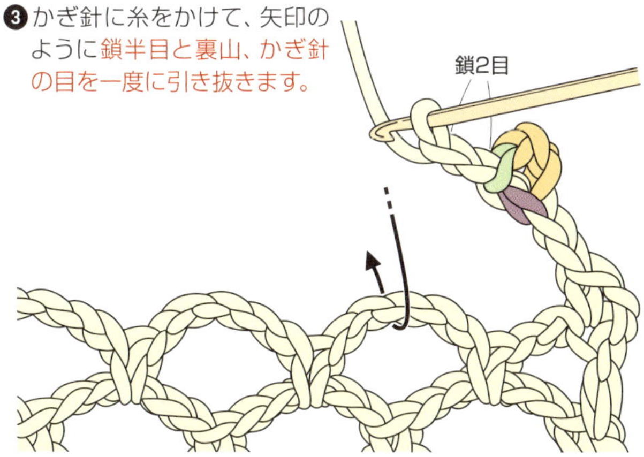

❺次は鎖編みを2目編みます。

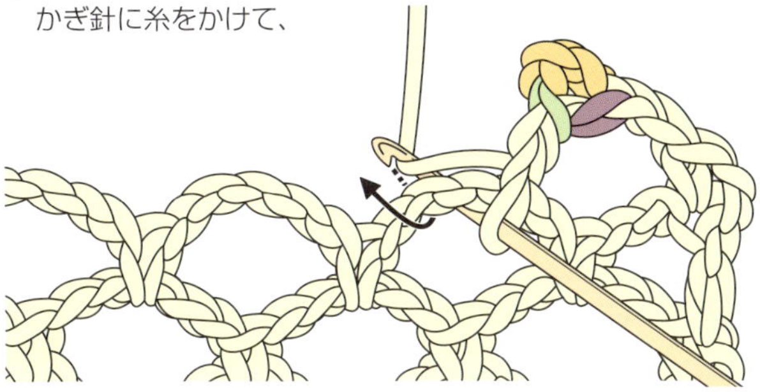

❻前段のネット編みにかぎ針を束(すっぽりと)に入れ、かぎ針に糸をかけて、

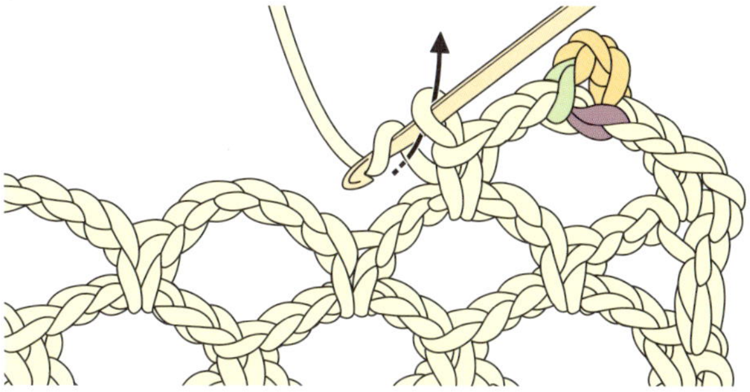

❼細編み1目を編みます。

長編み1目交差《ながあみひとめこうさ》

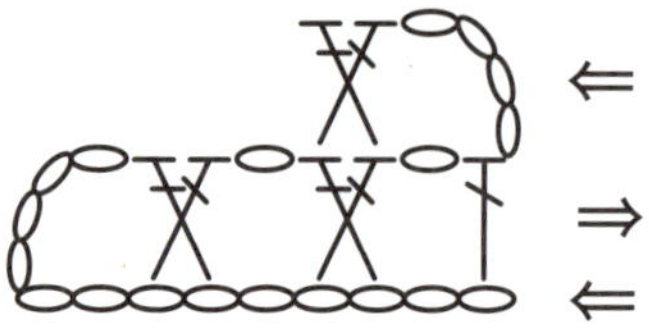

1段め

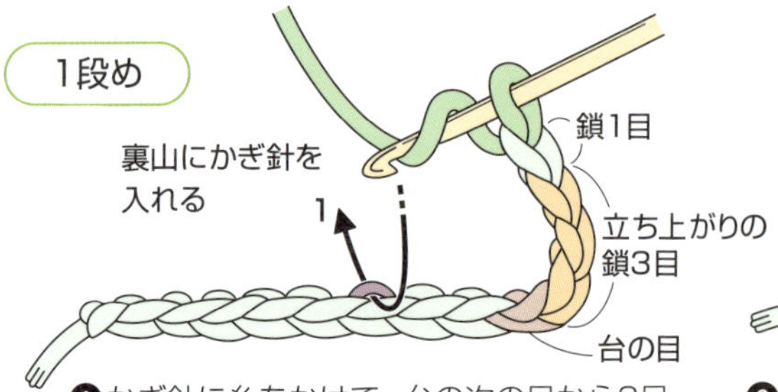
裏山にかぎ針を
入れる
1
鎖1目
立ち上がりの
鎖3目
台の目

❶かぎ針に糸をかけて、台の次の目から3目めの鎖の裏山にかぎ針を入れて、長編みを編みます。

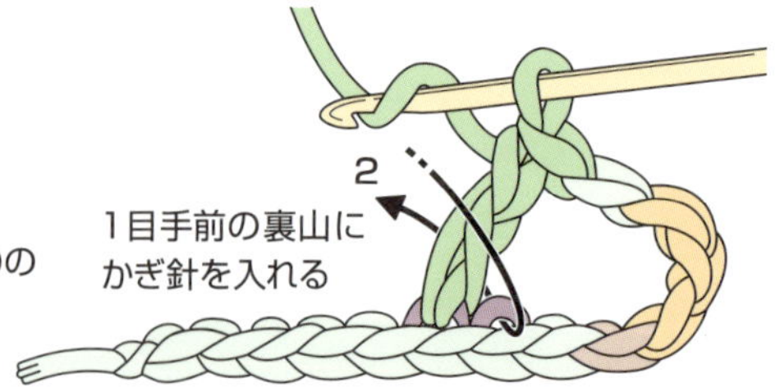
2
1目手前の裏山に
かぎ針を入れる

❷かぎ針に糸をかけて、1目手前の鎖の裏山に矢印のようにかぎ針を入れます。

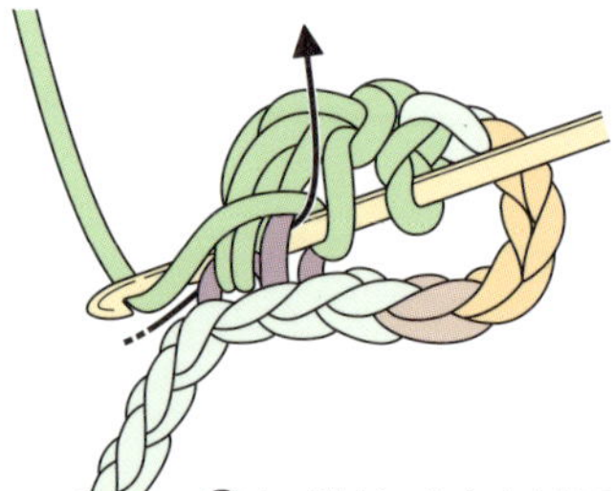

❸かぎ針に糸をかけて、矢印のように糸を前の目の長編みをくるむように引き出します。

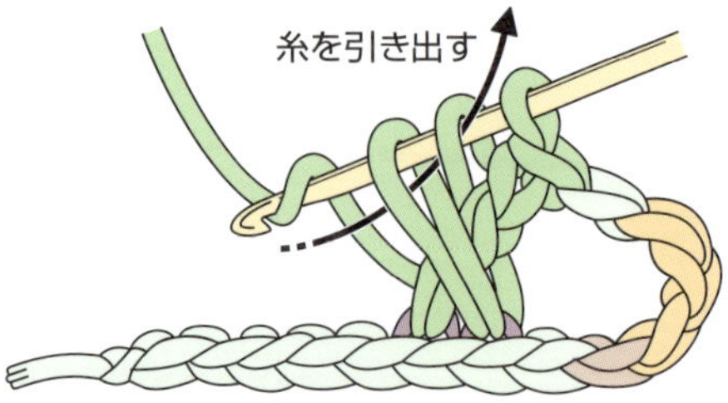
糸を引き出す

❹もう一度かぎ針に糸をかけて針先の糸2ループを引き出します。

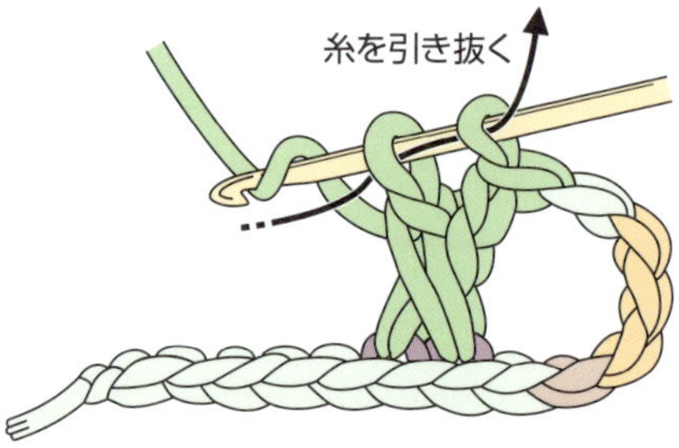
糸を引き抜く

❺もう一度かぎ針に糸をかけて、かぎ針の2ループを引き抜きます。

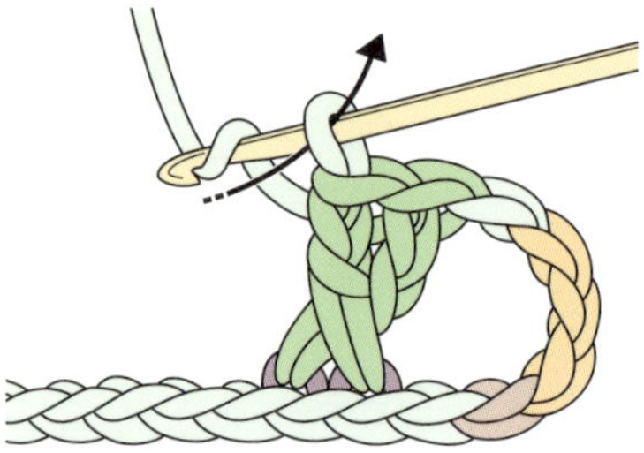

❻「長編み1目交差」が編めました。鎖1目編み、

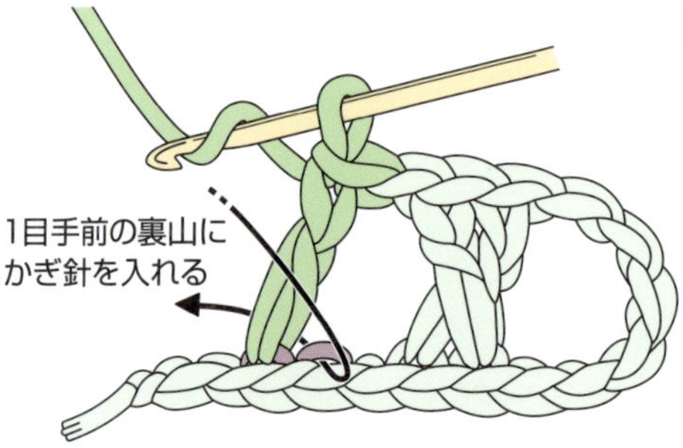
1目手前の裏山に
かぎ針を入れる

❼次も交差する目は1目手前の目の鎖の裏山にかぎ針を入れ、前の目の長編みをくるむように長編みを編みます。

2段め

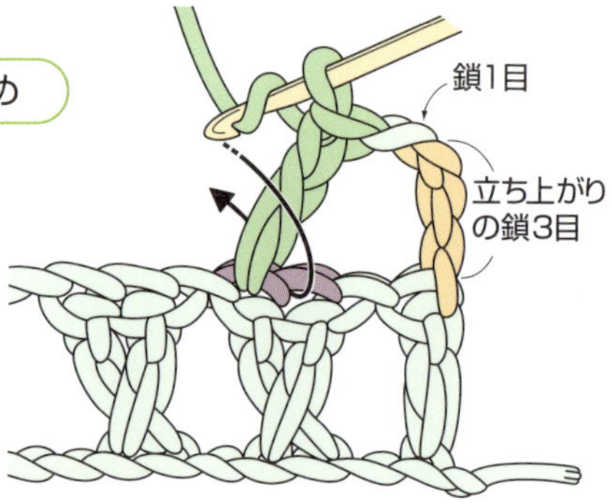
鎖1目
立ち上がり
の鎖3目

❶前段左側長編みの頭鎖2本を拾って、1目めの長編みを編みます。かぎ針に糸をかけて、前段右側長編みの頭鎖2本にかぎ針を入れて、

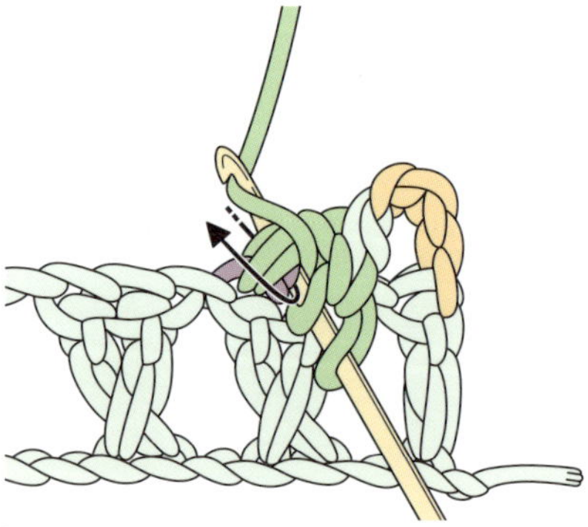

❷かぎ針に糸をかけます。前の目の長編みをくるむように糸を引き出します。

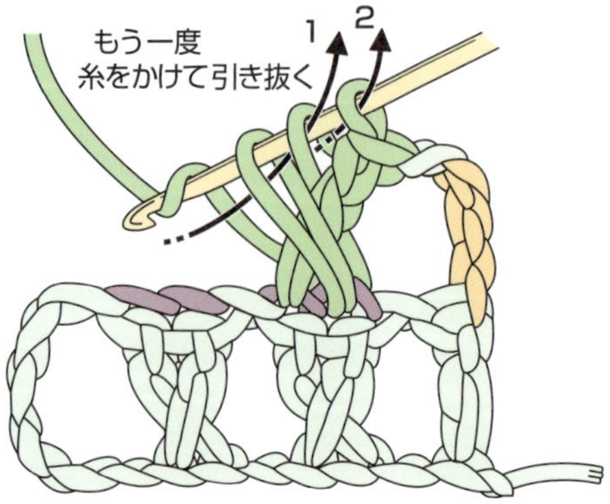
もう一度
糸をかけて引き抜く
1
2

❸もう一度かぎ針に糸をかけて針先の糸2ループを引き出します。さらにかぎ針に糸をかけて、2ループを引き抜きます。

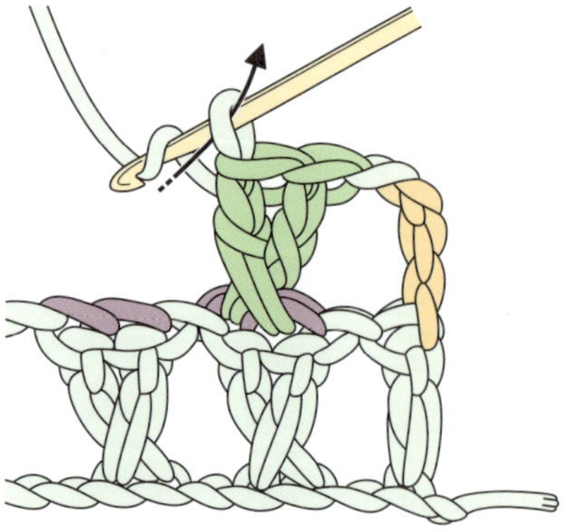

❹「長編み1目交差」が編めました。鎖1目を編みます。

長《なが》編《あ》み1目《ひとめ》交差《こうさ》(中央に鎖1目入る)

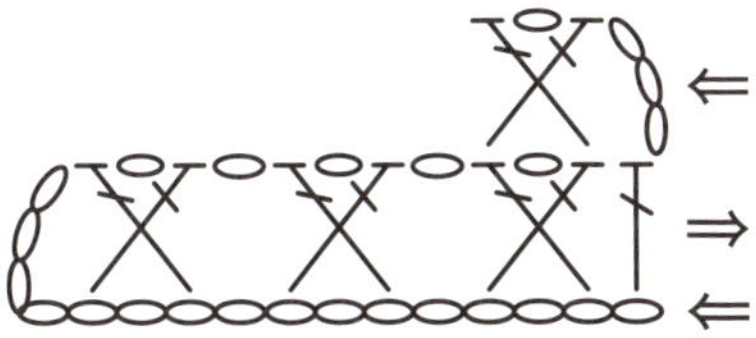

1段め

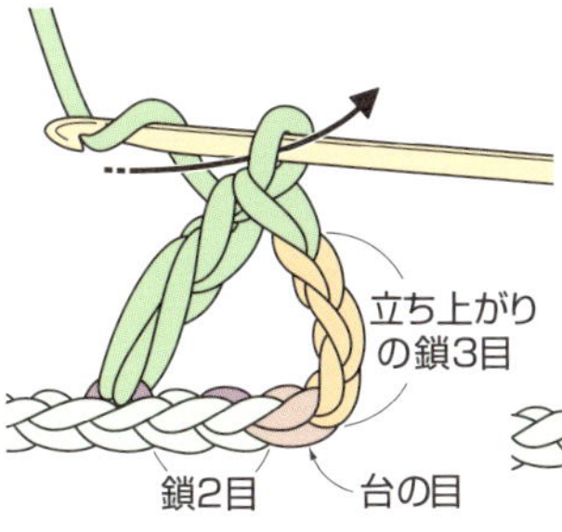

❶台の次の目から3目めの鎖の裏山に長編みを編みます。鎖1目編み、

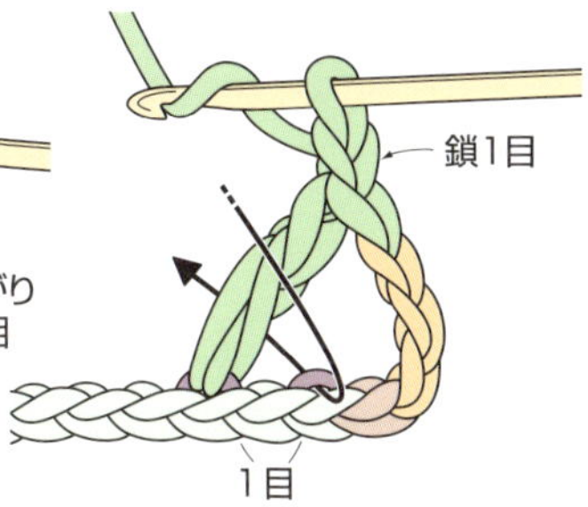

❷かぎ針に糸をかけて、2目手前の鎖の裏山に矢印のようにかぎ針を入れます。

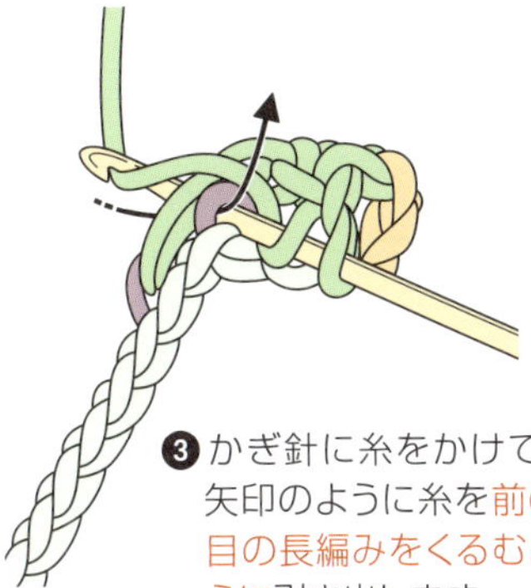

❸かぎ針に糸をかけて、矢印のように糸を前の目の長編みをくるむように引き出します。

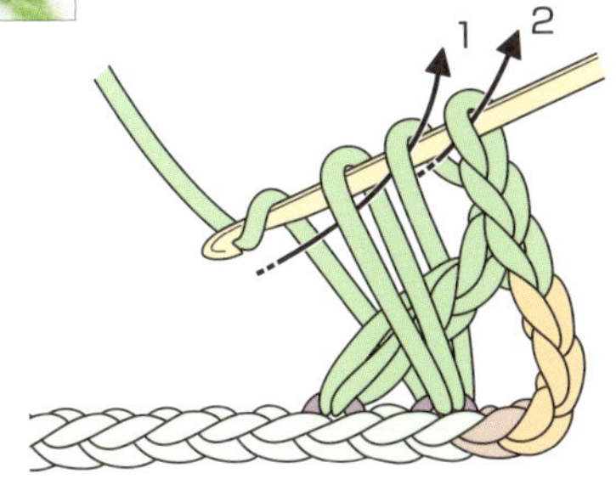

❹もう一度かぎ針に糸をかけて針先の糸2ループを引き出します。さらにかぎ針に糸をかけて、かぎ針の2ループを引き抜きます。

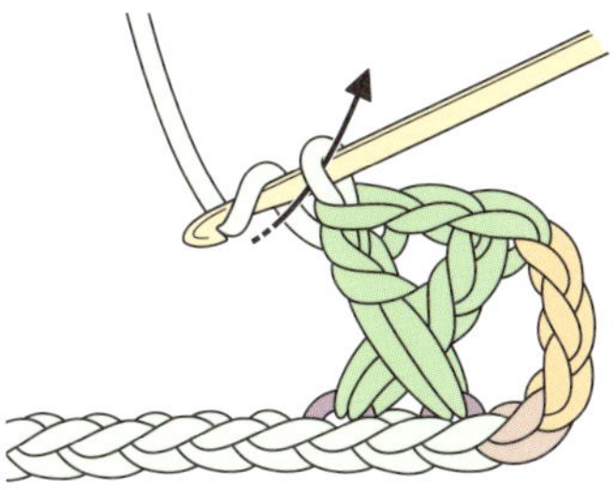

❺「長編み1目交差(中央に鎖1目が入る)」が編めました。鎖1目編み、

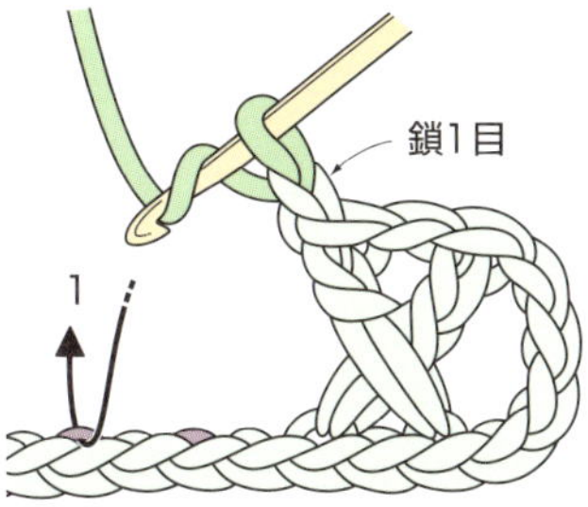

❻かぎ針に糸をかけて、次の1目めは作り目の4目めの鎖の裏山に長編みを編みます。

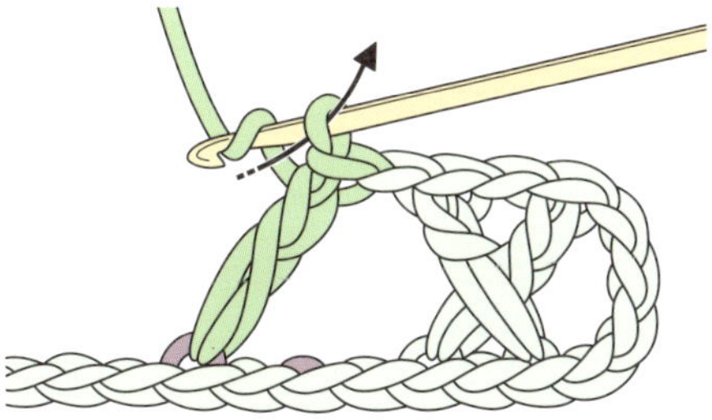

❼あとは②～④をくり返します。

2段め

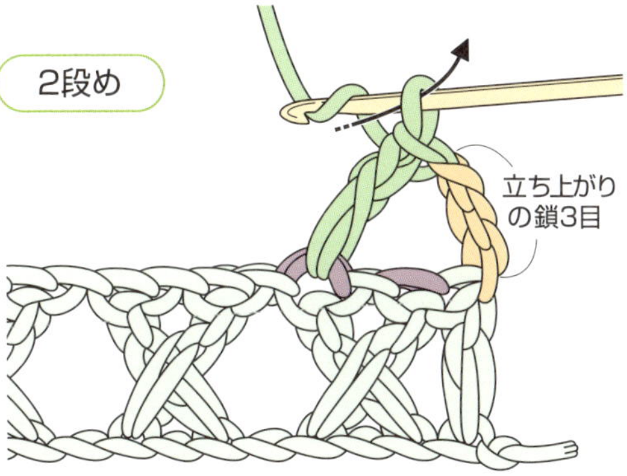

❶前段左側長編みの頭鎖2本を拾って、1目めの長編みを編みます。かぎ針に糸をかけて鎖1目編み、

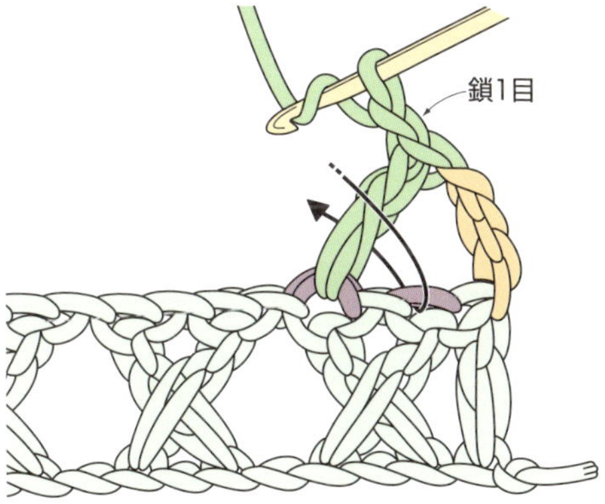

❷前段右側長編みの頭鎖2本にかぎ針を入れて、

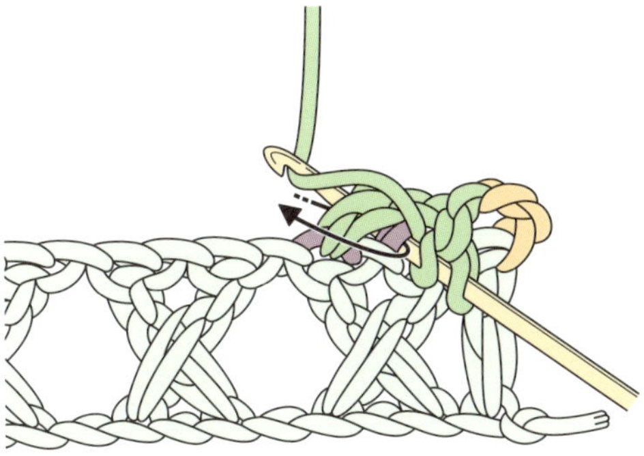

❸かぎ針に糸をかけます。矢印のように糸を前の目の長編みをくるむように引き出します。

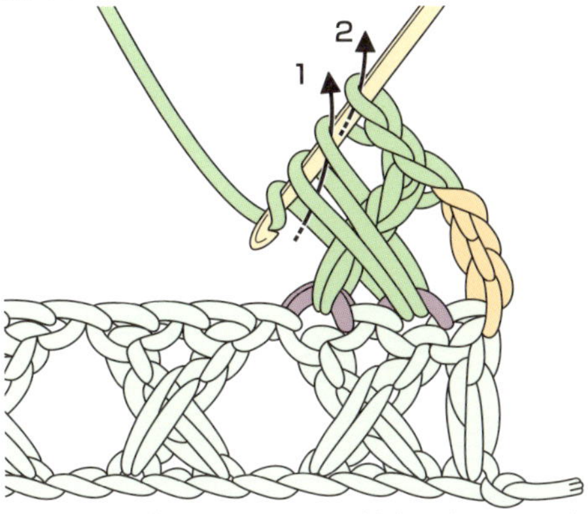

❹もう一度かぎ針に糸をかけて針先の糸2ループを引き出します。さらにかぎ針に糸をかけて、かぎ針の2ループを引き抜きます。

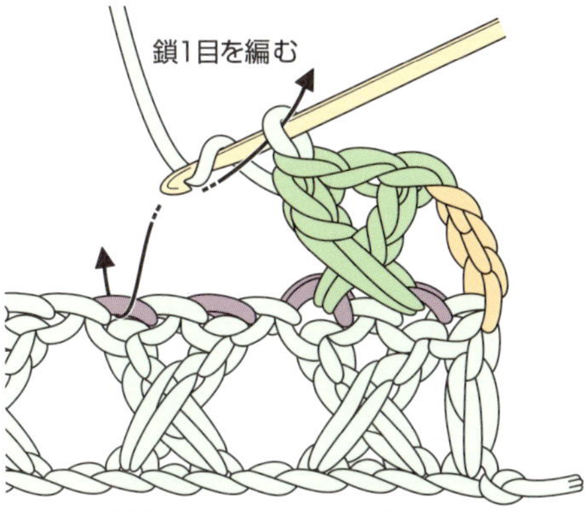

❺「長編み1目交差」が編めました。鎖1目を編みます。

中長編み1目交差《ちゅうながあみひとめこうさ》

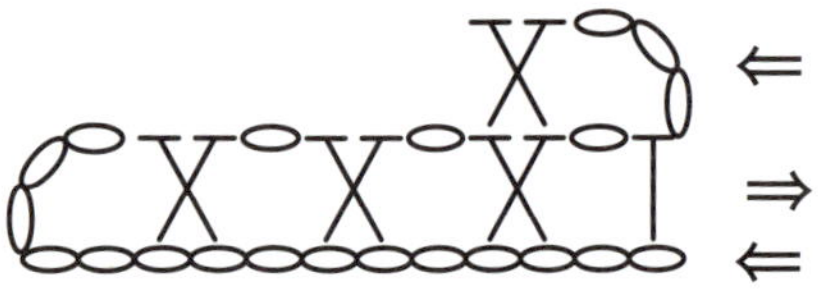

1段め

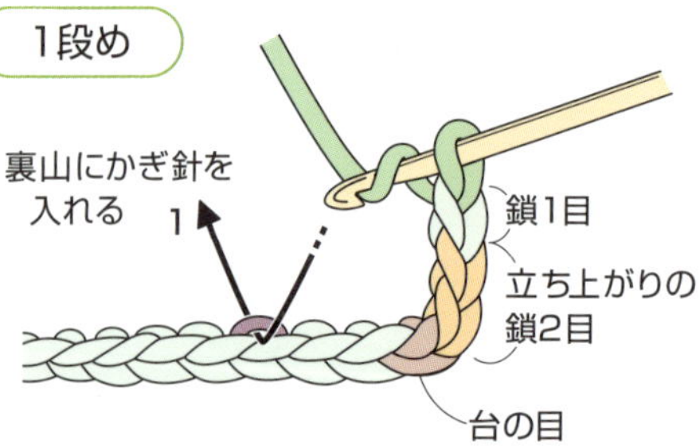

❶かぎ針に糸をかけて、台の次の目から3目めの鎖の裏山にかぎ針を入れて、中長編みを編みます。

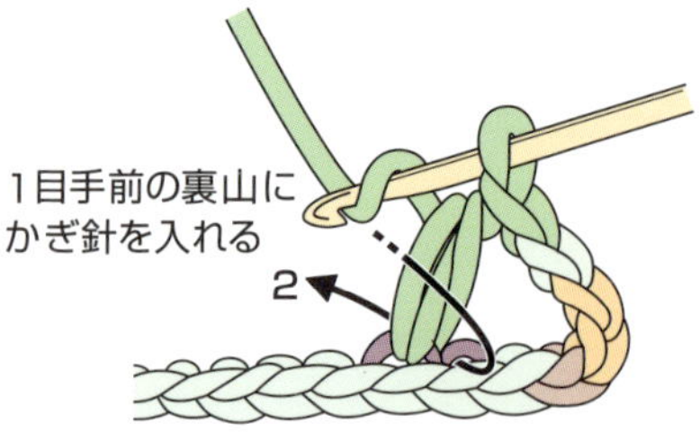

❷かぎ針に糸をかけて、1目手前の鎖の裏山に矢印のようにかぎ針を入れます。

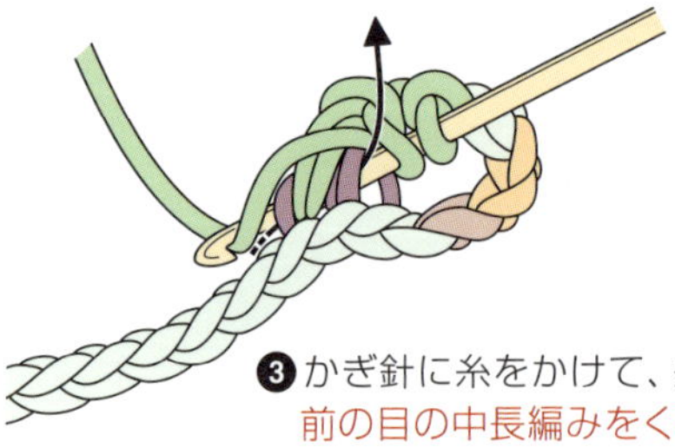

❸かぎ針に糸をかけて、糸を前の目の中長編みをくるむように引き出します。

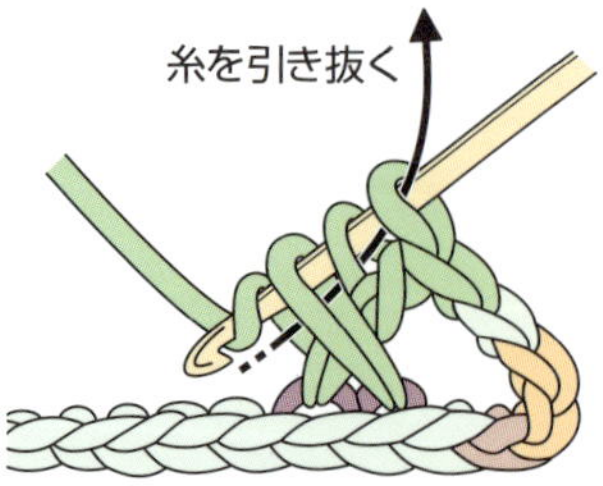

❹かぎ針に糸をかけてかぎ針の糸3ループを引き抜きます。

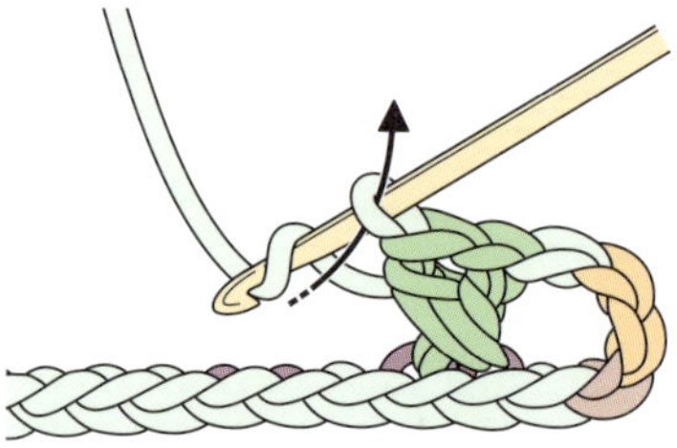

❺「中長編み1目交差」が編めました。鎖1目編み、

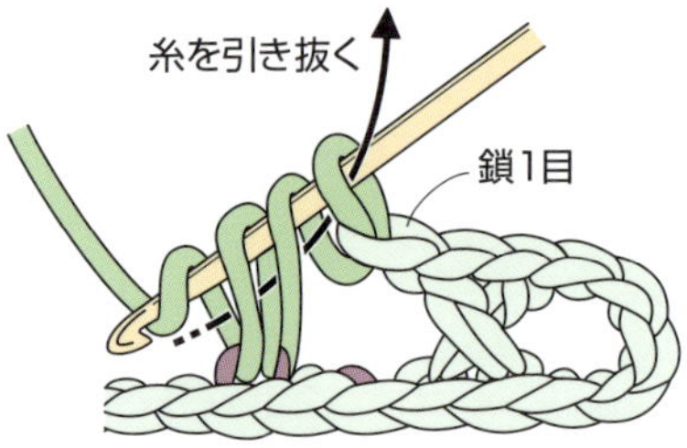

❻かぎ針に糸をかけて、作り目の3目めの鎖の裏山にかぎ針を入れて、中長編みを編みます。

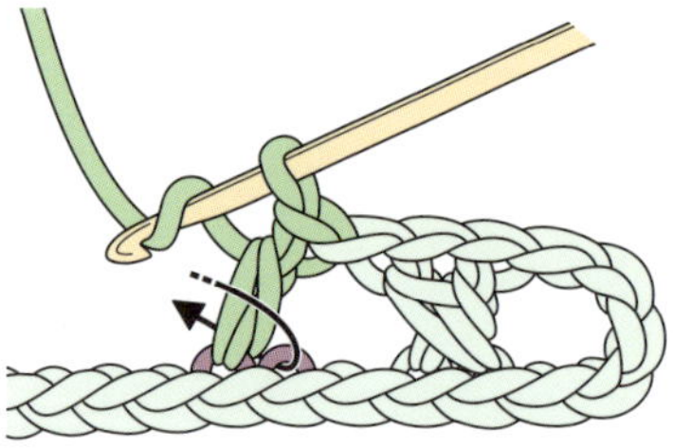

❼かぎ針に糸をかけて、交差する目は1目手前の鎖の裏山にかぎ針を入れ、

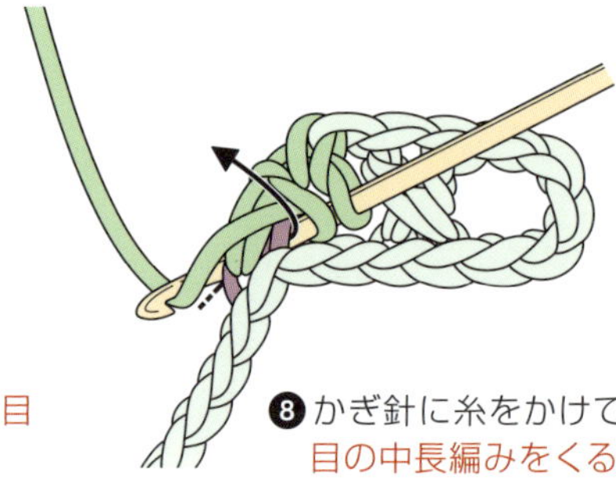

❽かぎ針に糸をかけて、前の目の中長編みをくるむように中長編みを編みます。

2段め

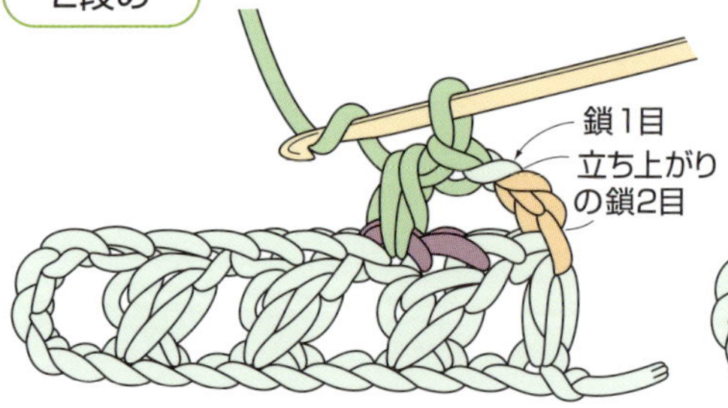

❶前段左側中長編みの頭鎖2本を拾って、1目めの中長編みを編みます。かぎ針に糸をかけて、

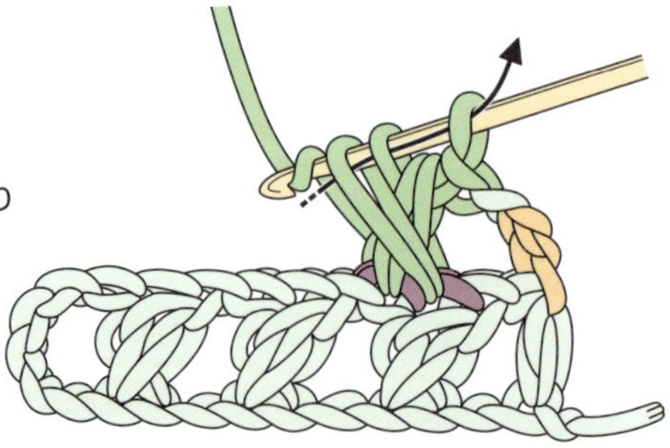

❷前段右側中長編みの頭鎖2本にかぎ針を入れて、かぎ針に糸をかけて前の目の中長編みをくるむように糸を引き出します。かぎ針に糸をかけて、かぎ針の3ループを一度に引き抜きます。

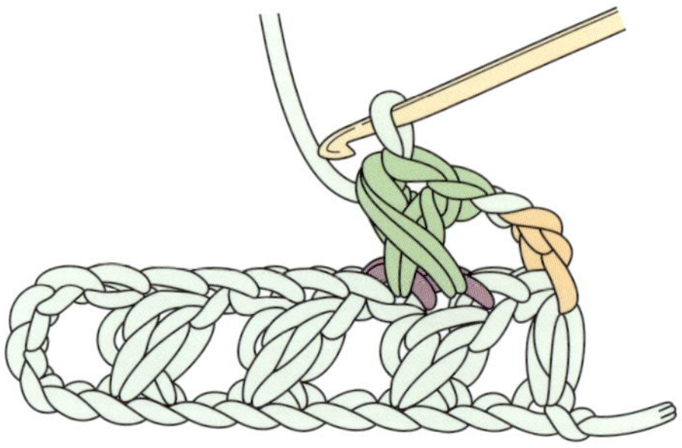

❸「中長編み1目交差」が編めました。

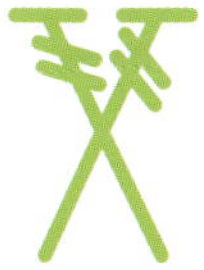

長々編み1目交差《ながながあみひとめこうさ》

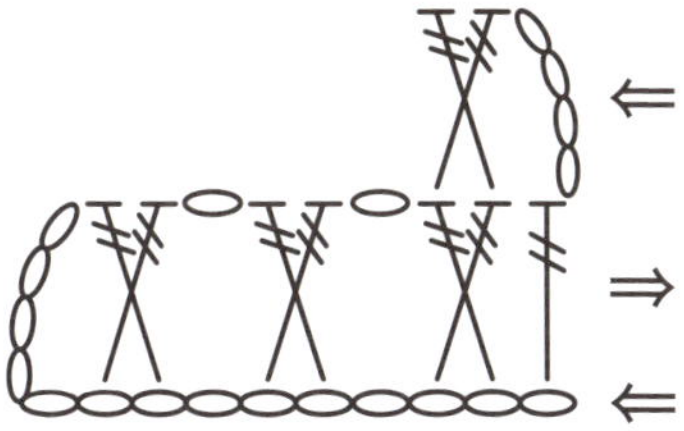
⇐
⇒
⇐

1段め

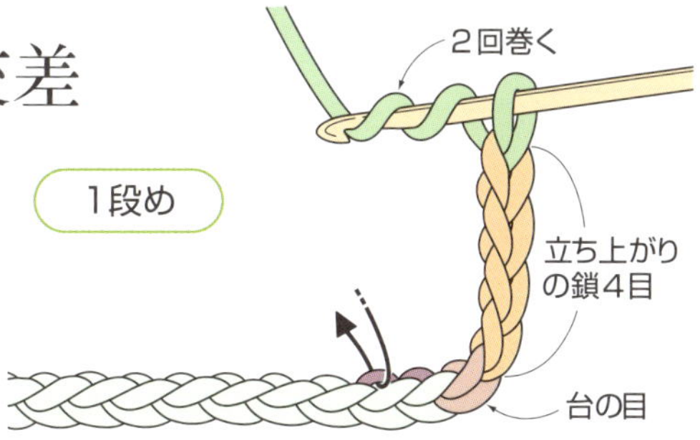
2回巻く
立ち上がり
の鎖4目
台の目

❶かぎ針に糸を2回巻き、台の次の目から2目めの鎖の裏山にかぎ針を入れて、

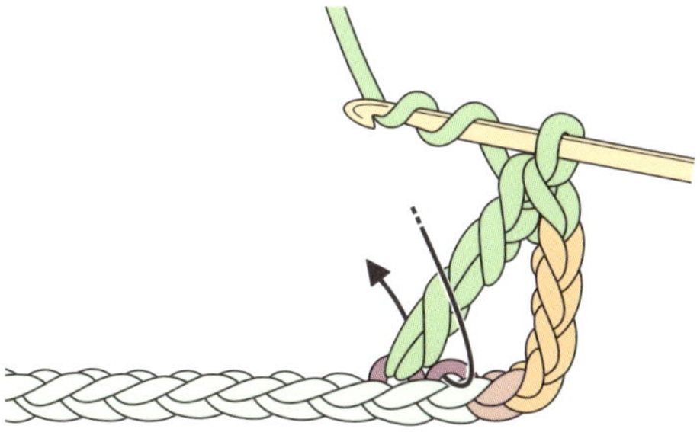

❷長々編みを編みます。かぎ針に糸を2回巻き、1目手前の鎖の裏山に矢印のようにかぎ針を入れます。

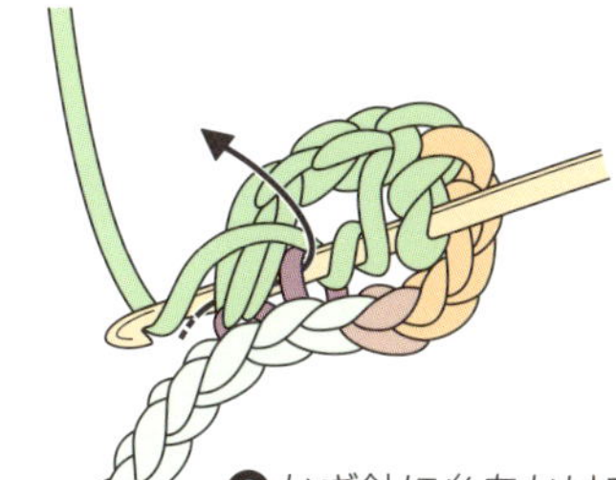

❸かぎ針に糸をかけて、矢印のように糸を前の目の長々編みをくるむように引き出します。

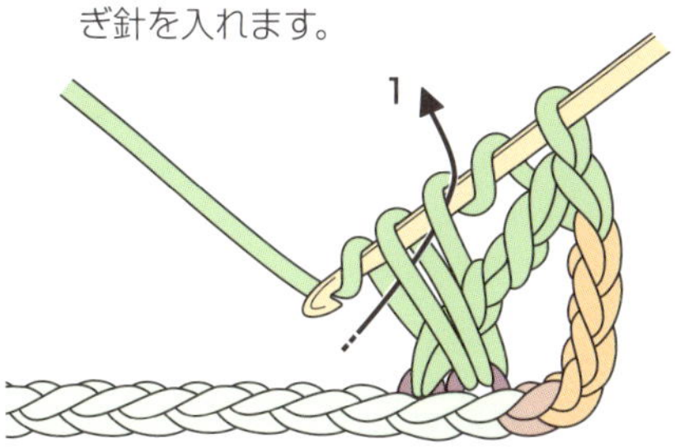
1

❹かぎ針に糸をかけて針先の糸2ループを引き出します。

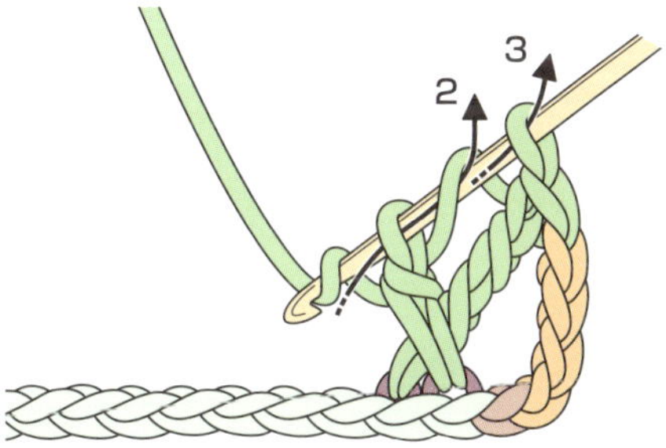
2
3

❺もう一度かぎ針に糸をかけて、針先の糸2ループを引き出し、さらにかぎ針に糸をかけて、かぎ針の2ループを引き抜きます。

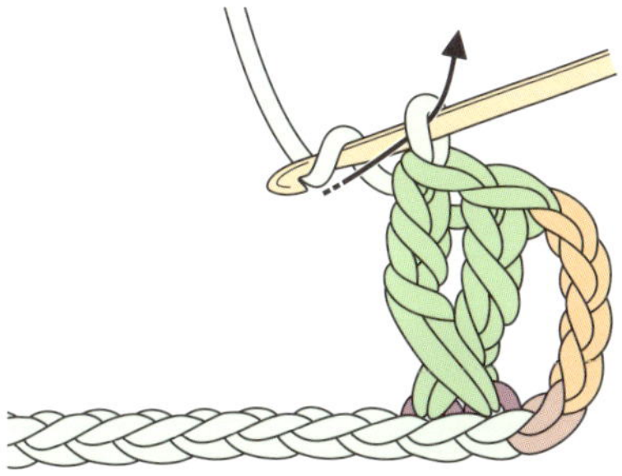

❻「長々編み1目交差」が編めました。鎖1目を編みます。

2段め

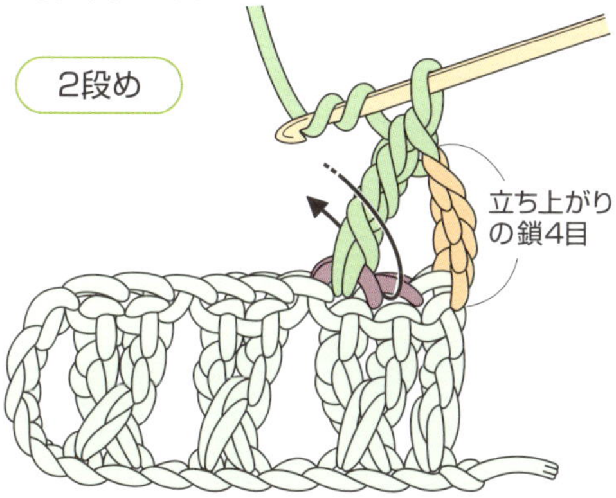
立ち上がり
の鎖4目

❶前段左側長々編みの頭鎖2本を拾って、1目めの長々編みを編みます。かぎ針に糸を2回巻き、矢印のように前段右側長々編みの頭鎖2本にかぎ針を入れて、

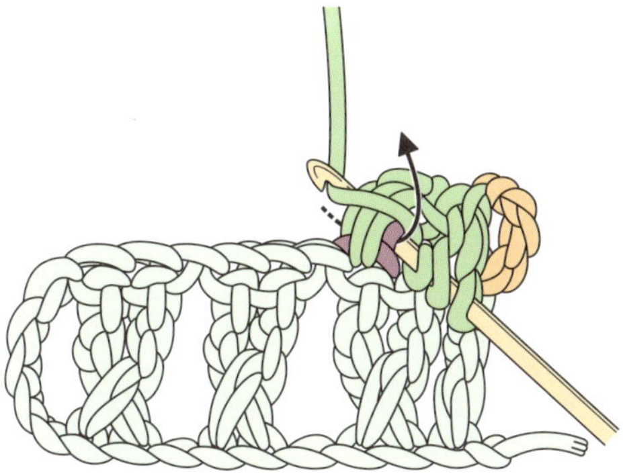

❷かぎ針に糸をかけます。矢印のように糸を前の目の長々編みをくるむように引き出します。

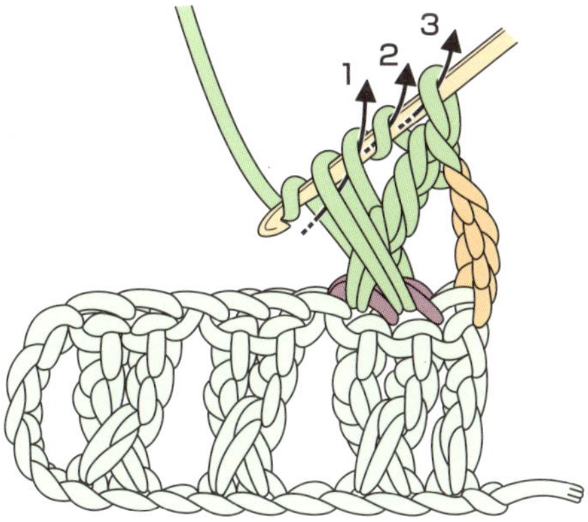
1
2
3

❸かぎ針に糸をかけて長々編みを編みます。

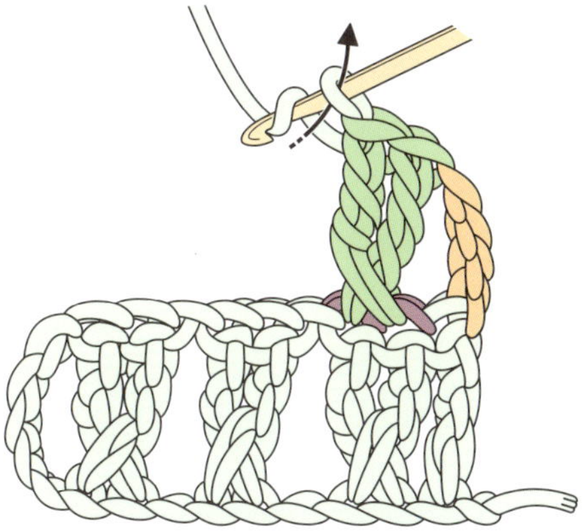

❹「長々編み1目交差」が編めました。鎖1目を編みます。

変わり長編み1目交差《かわりながあみひとめこうさ》（右上《みぎうえ》）

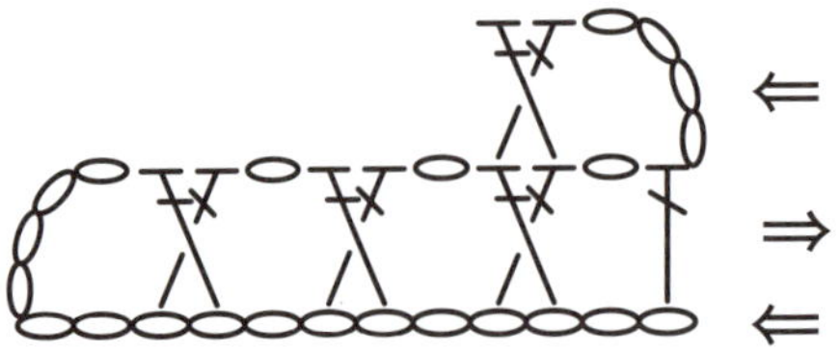

1段め

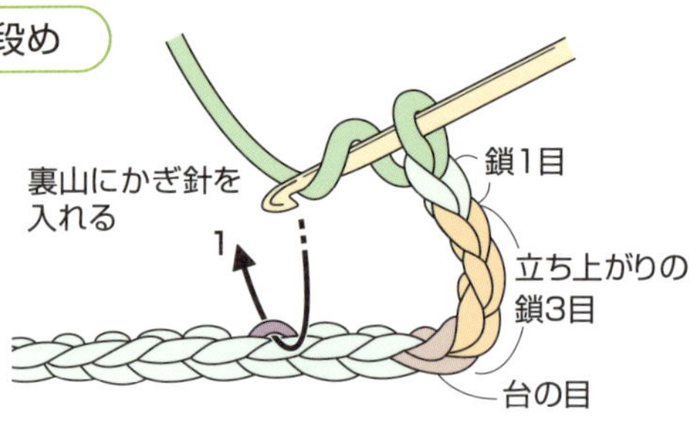
裏山にかぎ針を
入れる
1
鎖1目
立ち上がりの
鎖3目
台の目

❶かぎ針に糸をかけて、台の次の目から3目めの鎖の裏山にかぎ針を入れて、長編みを編みます。

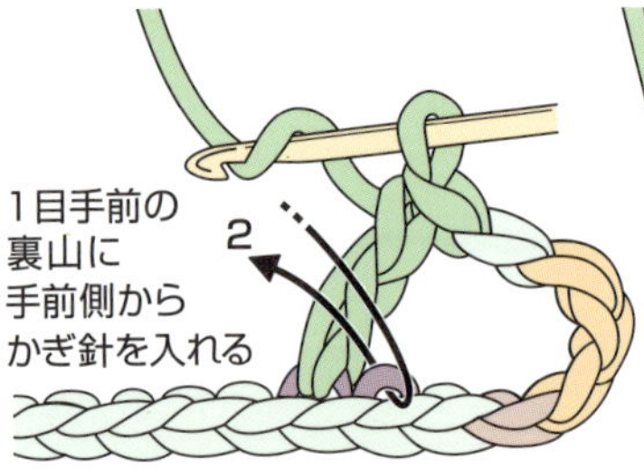
1目手前の
裏山に
手前側から
かぎ針を入れる
2

❷かぎ針に糸をかけて、1目手前の鎖の裏山に、矢印のようにかぎ針を手前側から入れます。

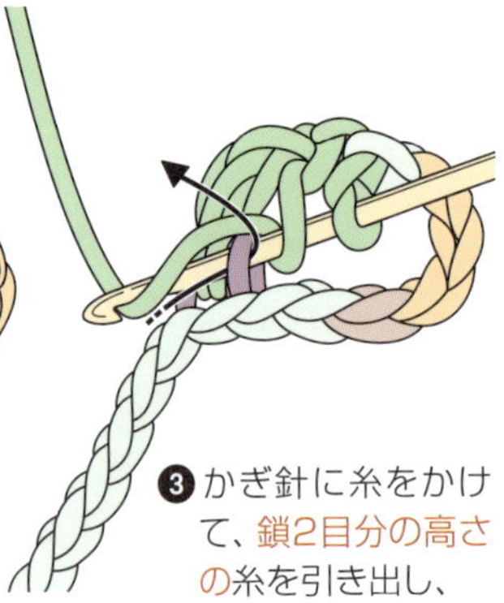

❸かぎ針に糸をかけて、鎖2目分の高さの糸を引き出し、

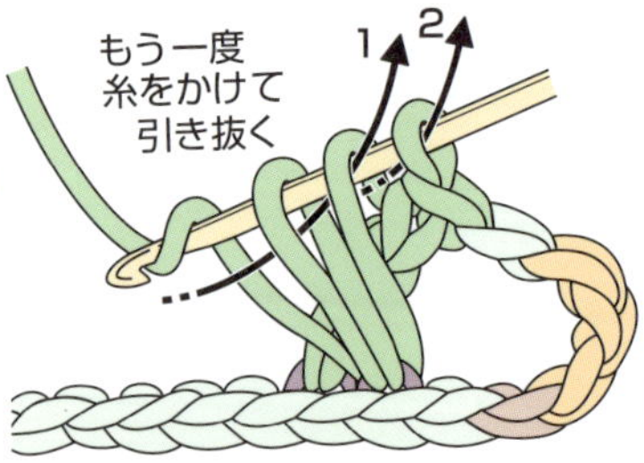
もう一度
糸をかけて
引き抜く
1
2

❹長編みを編みます（交差する長編みがくるまない状態で右上になる）。

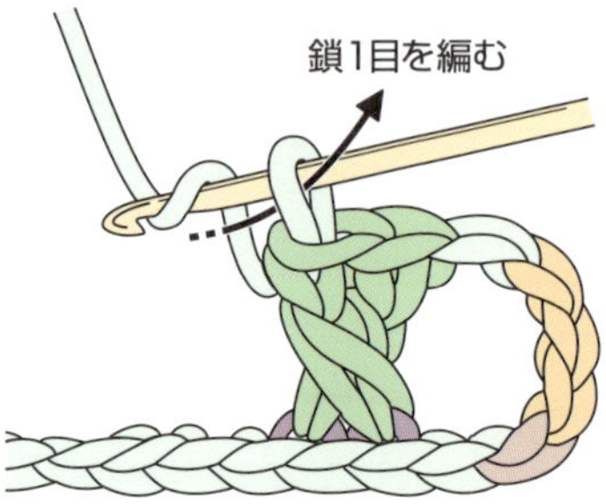
鎖1目を編む

❺「変わり長編み1目交差（右上）」が編めました。鎖1目編み、

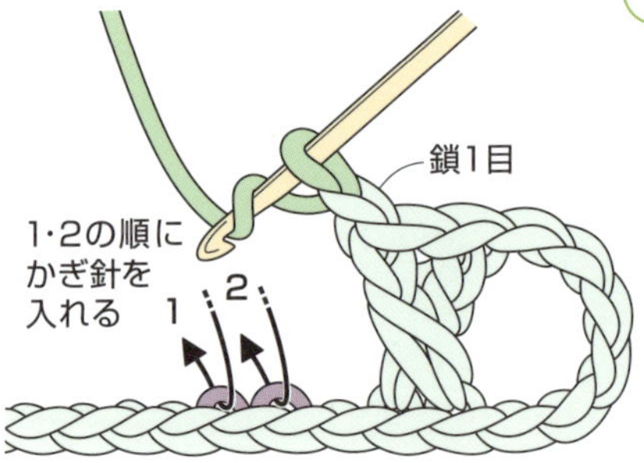
鎖1目
1・2の順に
かぎ針を
入れる
1
2

❻次の交差も、①～④をくり返して編みます。

2段め

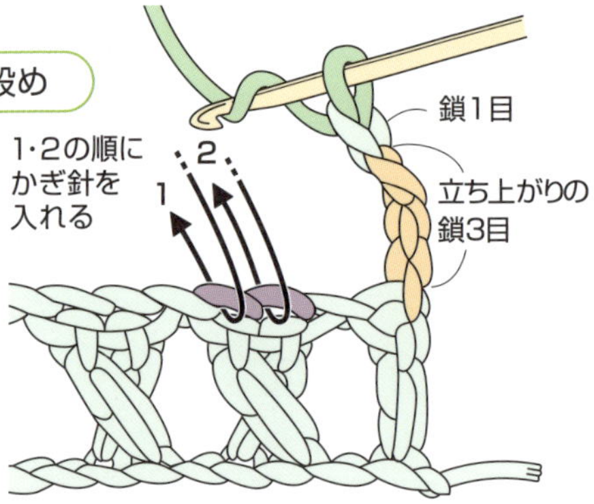
1・2の順に
かぎ針を
入れる
1
2
鎖1目
立ち上がりの
鎖3目

❶前段左側長編みの頭鎖2本を拾って、1目めの長編みを編みます。

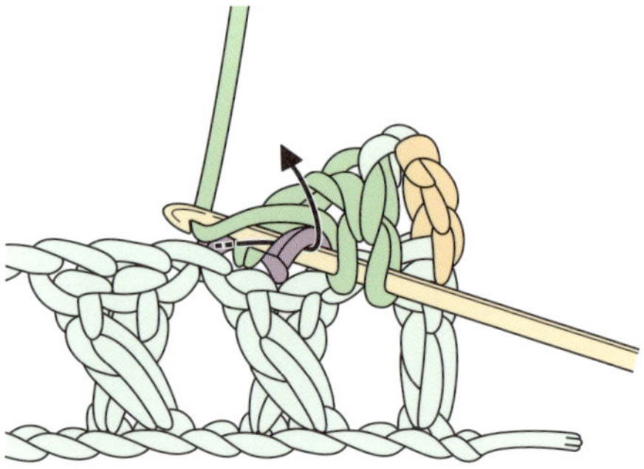

❷かぎ針に糸をかけて、前段右側長編みの頭鎖2本にかぎ針を入れて（1目めの長編みはかぎ針の向こう側に）、かぎ針に糸をかけます。手前側から糸を引き出して

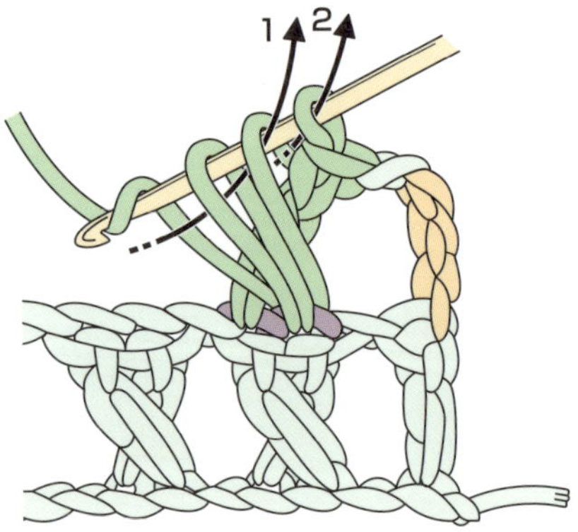
1
2

❸長編みを編みます（交差する長編みがくるまない状態で右上になる）。

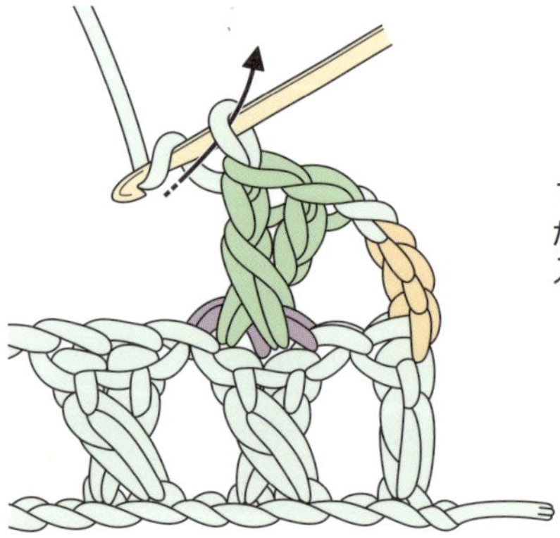

❹「変わり長編み1目交差（右上）」が編めました。鎖1目編み、

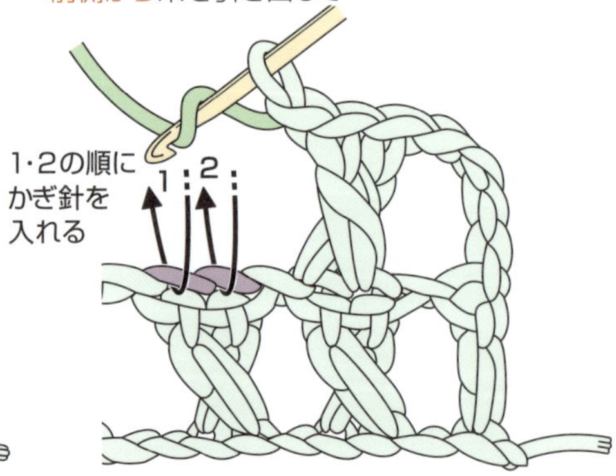
1・2の順に
かぎ針を
入れる
1
2

❺次も①～④をくり返して編みます。

変わり長編み1目交差(左上)《かわりながあみひとめこうさ(ひだりうえ)》

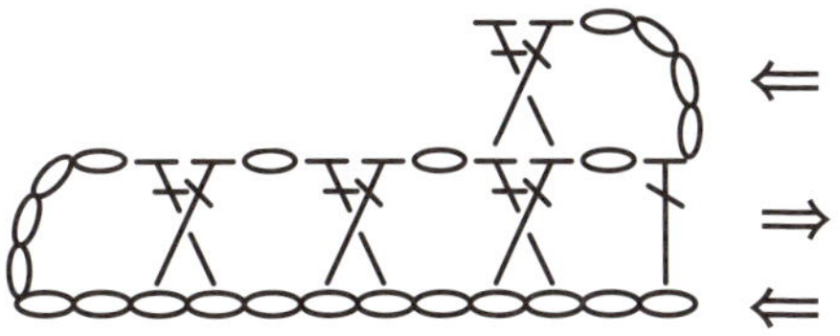

1段め

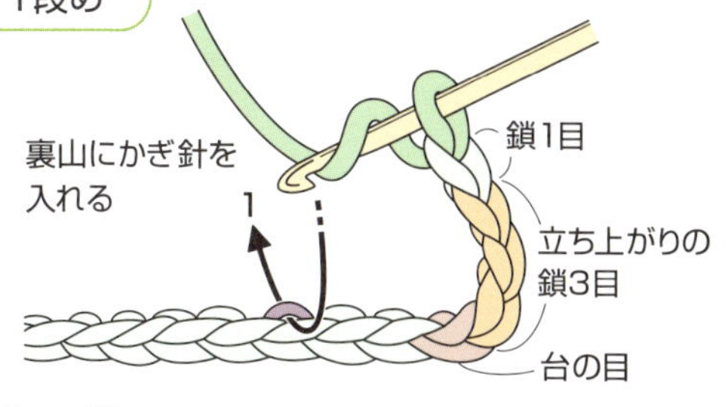
裏山にかぎ針を
入れる
1
鎖1目
立ち上がりの
鎖3目
台の目

❶かぎ針に糸をかけて、台の次の目から3目めの鎖の裏山にかぎ針を入れて、長編みを編みます。

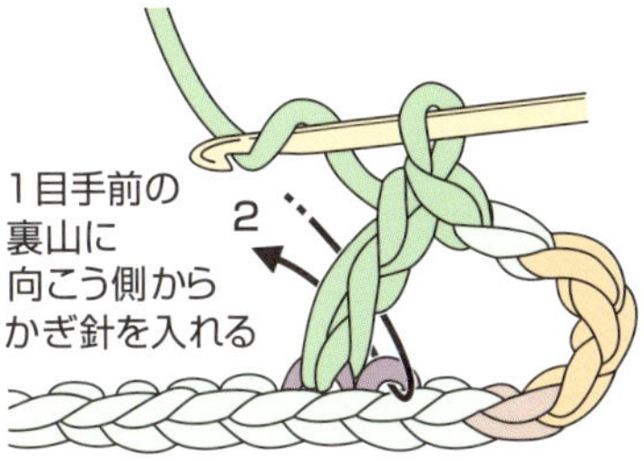
1目手前の
裏山に
向こう側から
かぎ針を入れる
2

❷かぎ針に糸をかけて、1目手前の鎖の裏山に、矢印のようにかぎ針を向こう側から入れます。

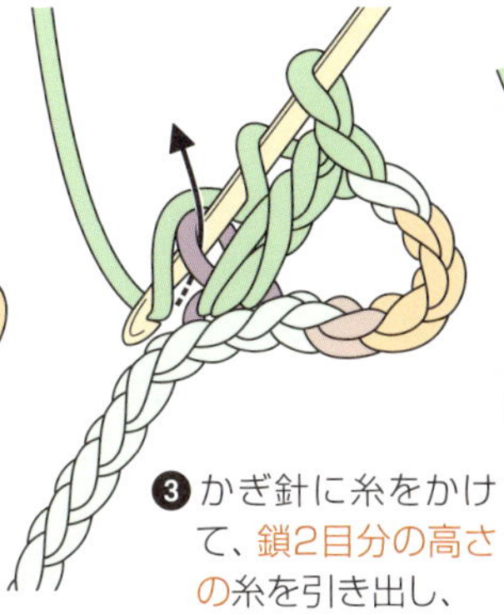

❸かぎ針に糸をかけて、鎖2目分の高さの糸を引き出し、

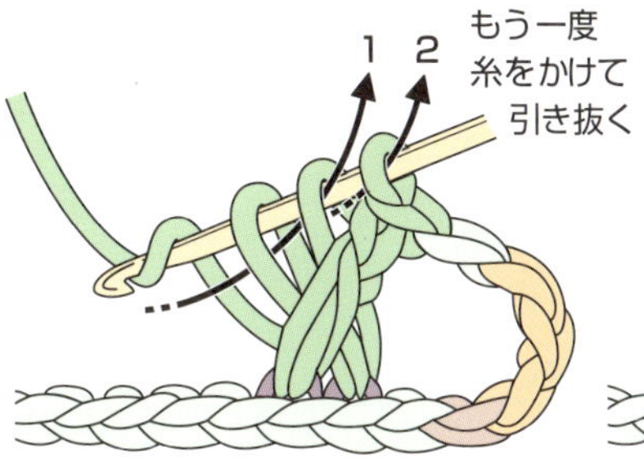
1 2
もう一度
糸をかけて
引き抜く

❹長編みを編みます(交差する長編みがくるまない状態で左上になる)。

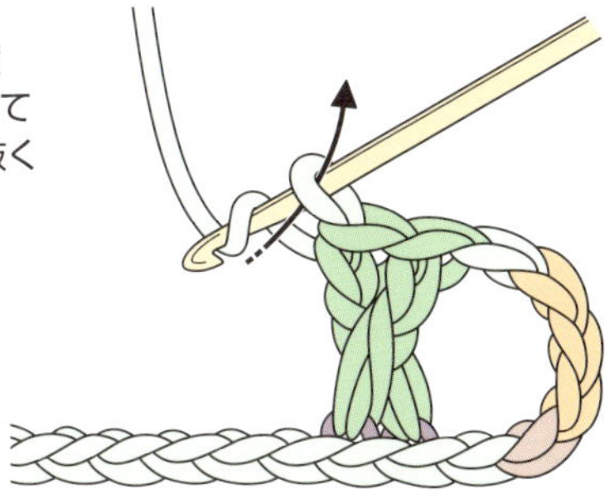

❺「変わり長編み1目交差(左上)」が編めました。鎖1目編み、

2段め

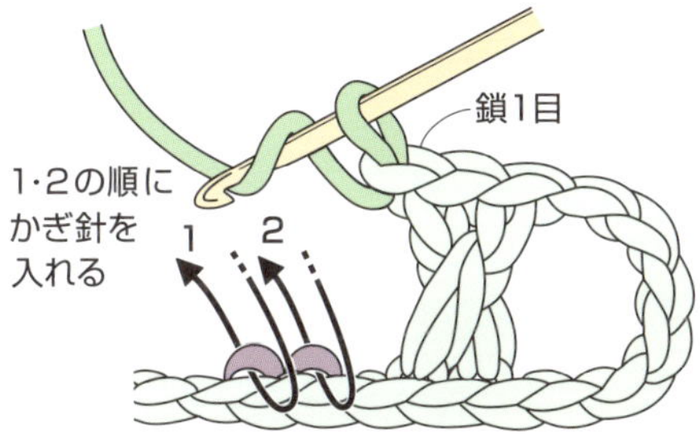
鎖1目
1·2の順に
かぎ針を
入れる
1
2

❻次の交差も①〜④をくり返して編みます。

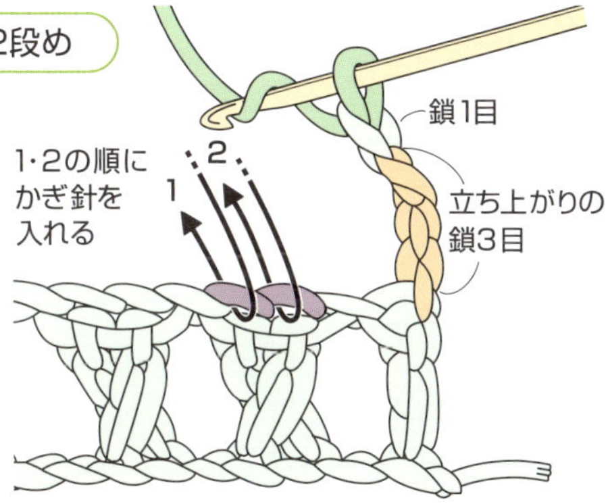
鎖1目
1·2の順に
かぎ針を
入れる
1
2
立ち上がりの
鎖3目

❶前段左側長編みの頭鎖2本を拾って、1目めの長編みを編みます。

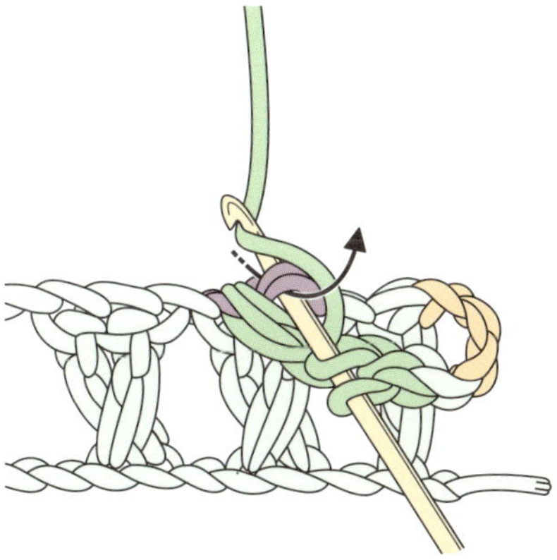

❷かぎ針に糸をかけて、前段右側長編みの頭鎖2本にかぎ針を入れて(1目めの長編みはかぎ針の手前側に)、かぎ針に糸をかけます。向こう側に糸を引き出して

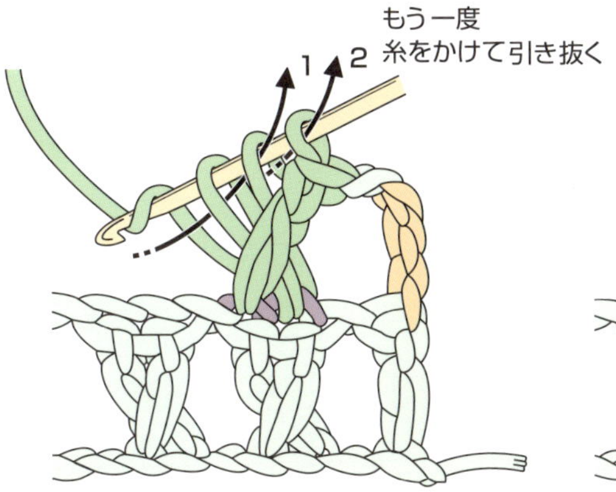
1 2
もう一度
糸をかけて引き抜く

❸長編みを編みます(交差する長編みがくるまない状態で左上になる)。

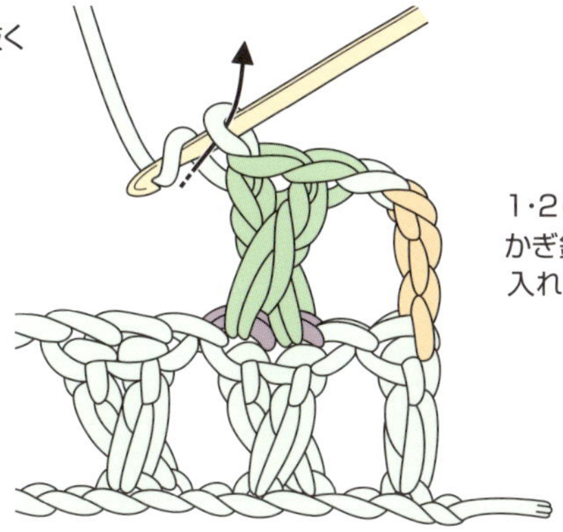

❹「変わり長編み1目交差(左上)」が編めました。鎖1目編み、

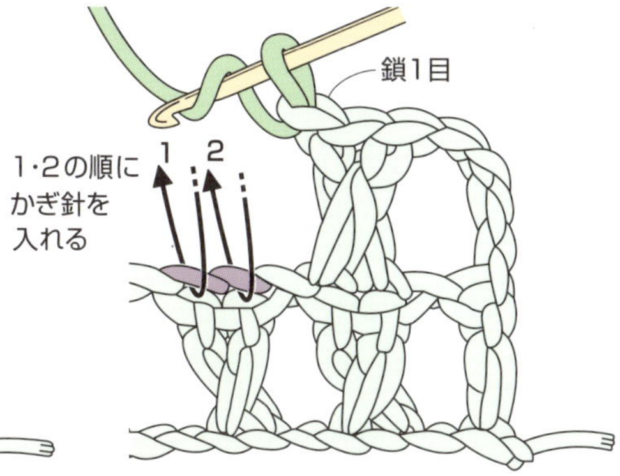
鎖1目
1·2の順に
かぎ針を
入れる
1
2

❺次も①〜③をくり返して編みます。

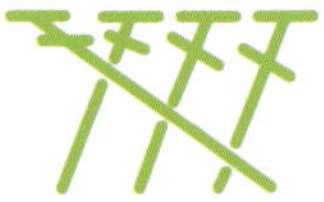

変わり長編み1目と3目の交差編み目(右上)《かわりながあみひとめとさんめのこうさあみめ(みぎうえ)》

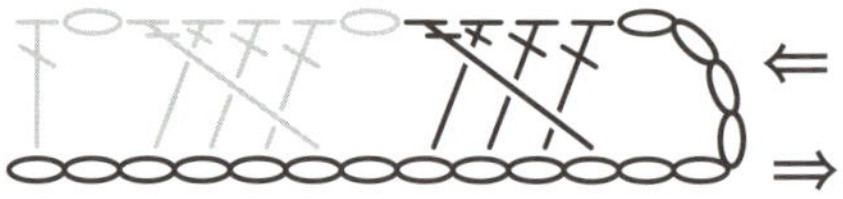

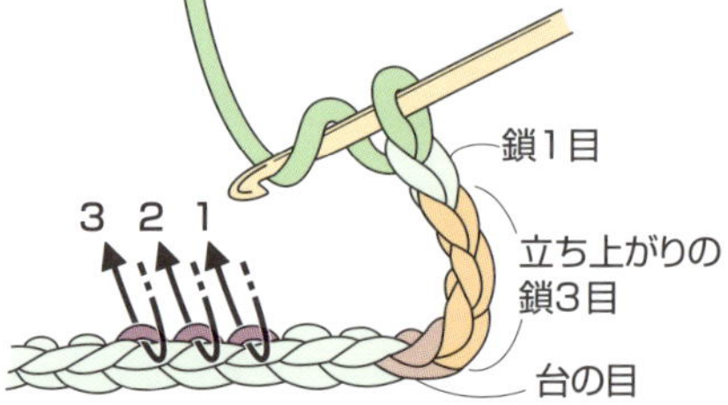

❶台の次の目から3～5目め、交差する長編み3目を1、2、3の順に鎖の裏山を拾って編みます。

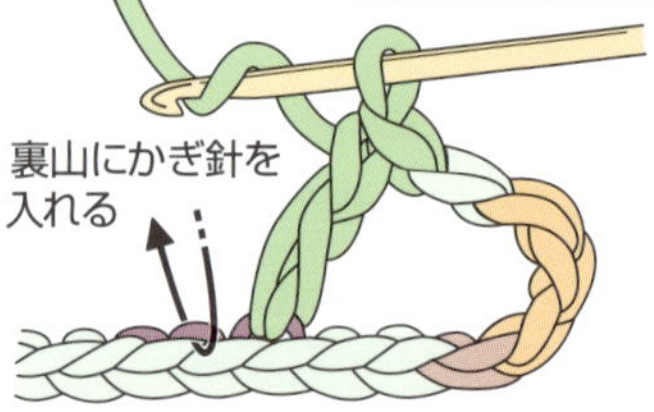

❷まず1目めの長編みを編み、かぎ針に糸をかけて、次の鎖の裏山にかぎ針を入れ、2、3目めの長編みを編みます。

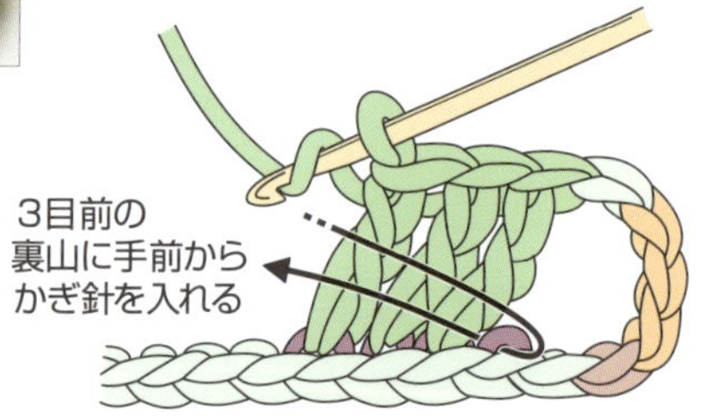

❸右上の長編み1目はかぎ針に糸をかけて、先に編んだ**長編み3目の手前から**鎖の裏山に矢印のようにかぎ針を入れます。

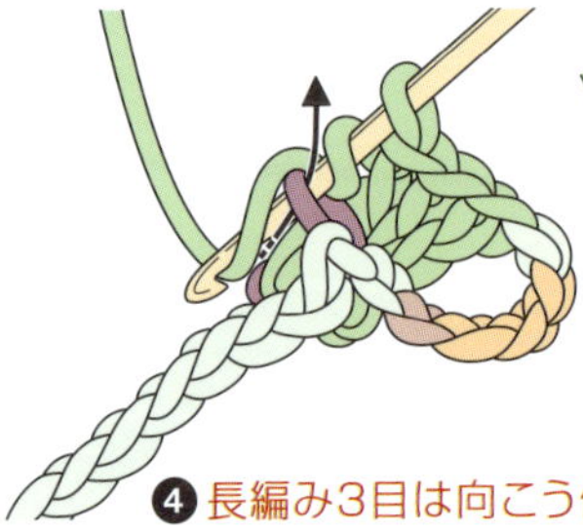

❹**長編み3目は向こう側に**あります。かぎ針に糸をかけて、**鎖2目分の長さよりも少し長めに**糸を引き出し、

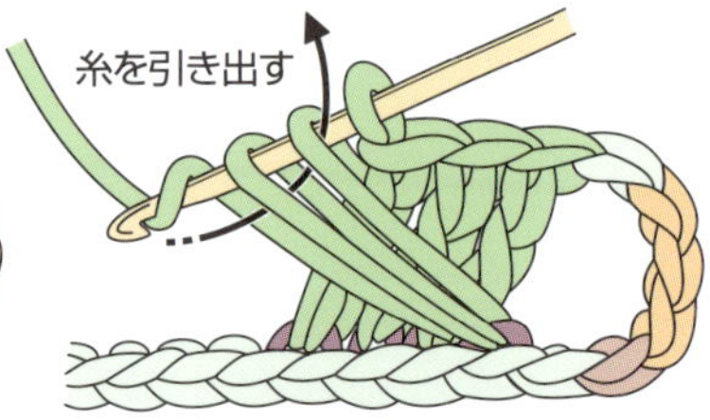

❺かぎ針に糸をかけて針先の2ループを引き出します。

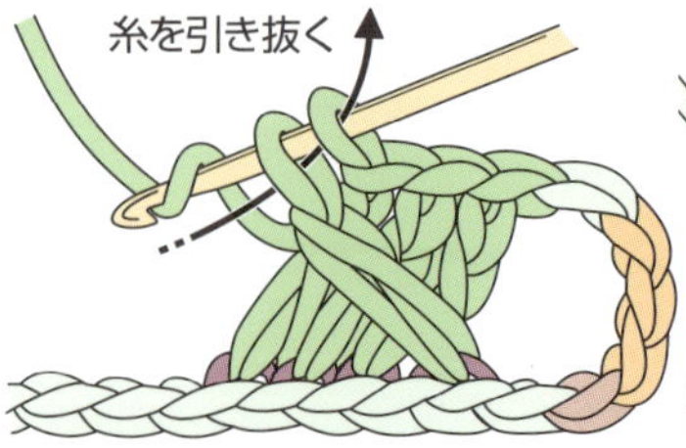

❻もう一度かぎ針に糸をかけて、かぎ針の2ループを引き抜きます。

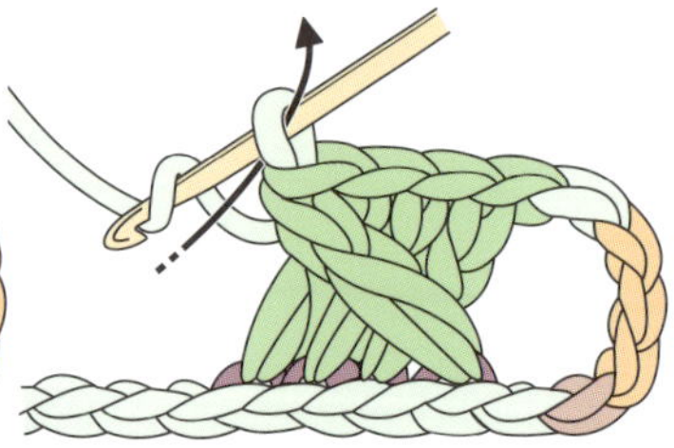

❼「変わり長編み1目と3目の交差編み目(右上)」(交差する長編みが**くるまない状態で右上に**なる)が編めました。鎖1目を編みます。

変わり長編み1目と3目の交差編み目(左上)《かわりながあみひとめとさんめのこうさあみめ(ひだりうえ)》

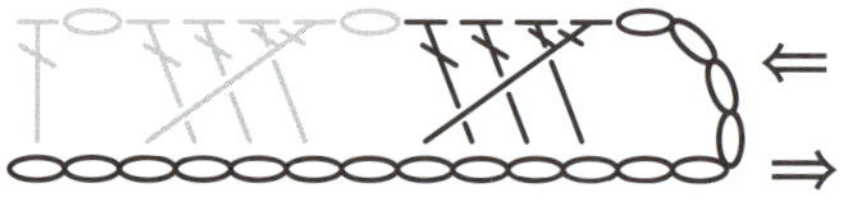

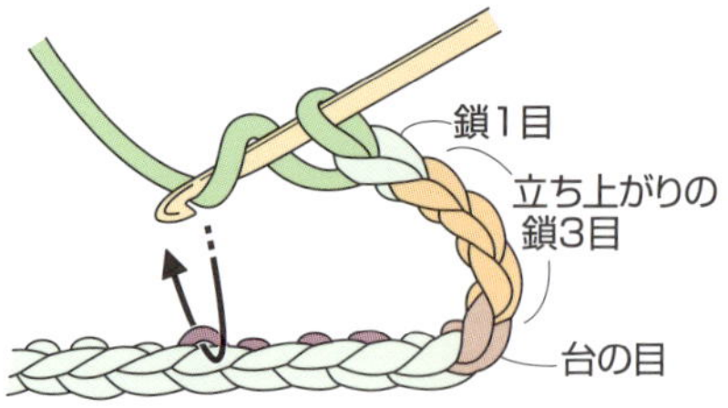

❶かぎ針に糸をかけて、台の次の目から5目めの鎖の裏山にかぎ針を入れて、**鎖2目分の高さよりも少し長めに**糸を引き出し、長編みを編みます。

❷交差する長編み3目を矢印のように**1目めの長編みの向こう側から**かぎ針を入れて**(左側の長編みの目をくるまない状態で)**、1、2、3の順に鎖の裏山を拾って編みます。

❸矢印のようにかぎ針を入れます**(長編み1目は手前側に)**。かぎ針に糸をかけて、糸を引き出し、

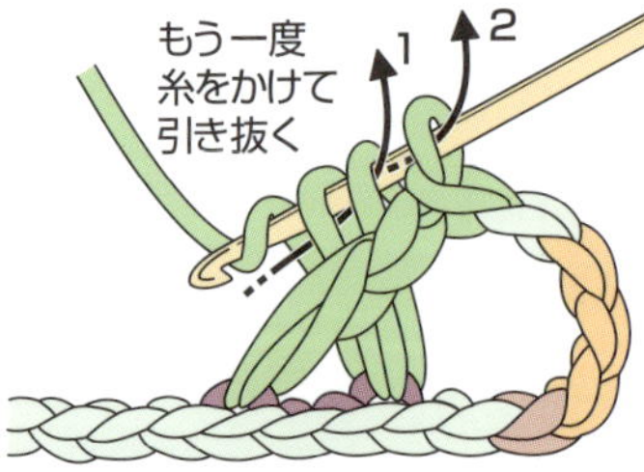

❹かぎ針に糸をかけて針先の2ループを引き出します。さらにかぎ針に糸をかけて2ループを引き抜きます。

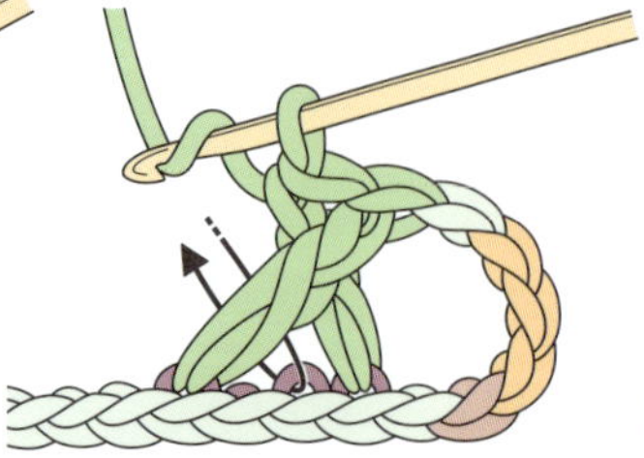

❺かぎ針に糸をかけて、2目めも1目めと同じように長編みを編みます。

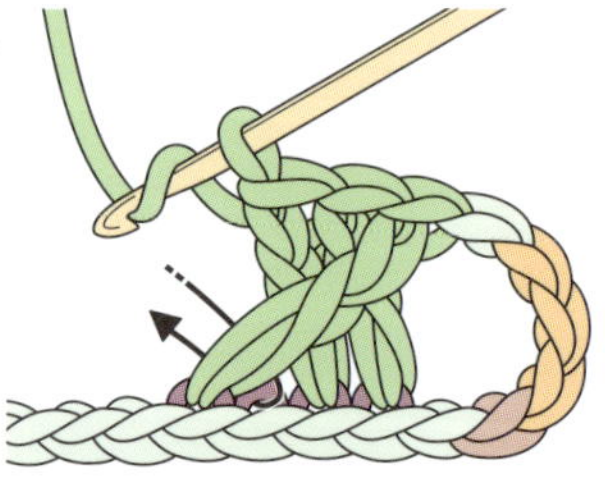

❻かぎ針に糸をかけて、3目めの長編みを編みます。

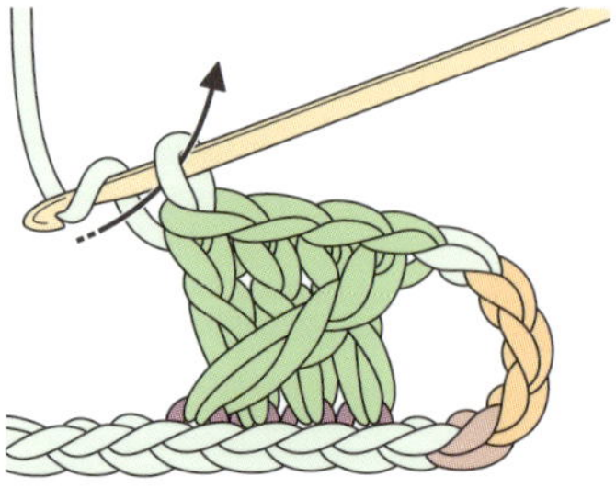

❼「変わり長編み3目と1目の交差編み目(左上)」(交差する長編みが**くるまない状態で左上に**なる)が編めました。鎖1目を編みます。

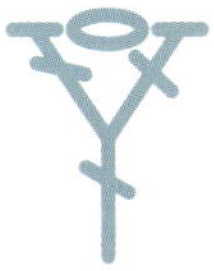

Y字編み目《わいじあみめ》

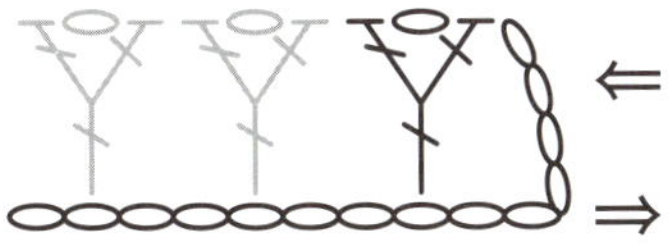

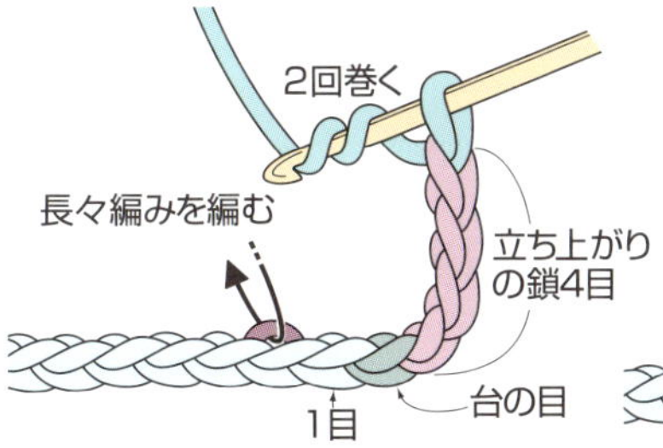

❶かぎ針に2回糸を巻いて、台の次の目から2目めの鎖の裏山にかぎ針を入れて、長々編みを編みます。

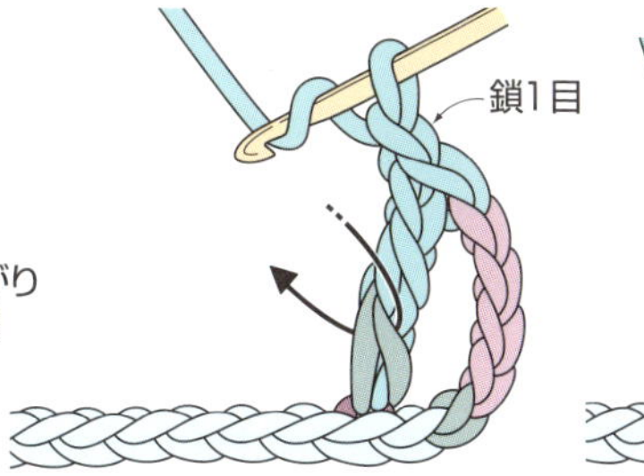

❷鎖1目編み、かぎ針に糸をかけて、矢印のように長々編みの一番下の足2本にかぎ針を入れ、

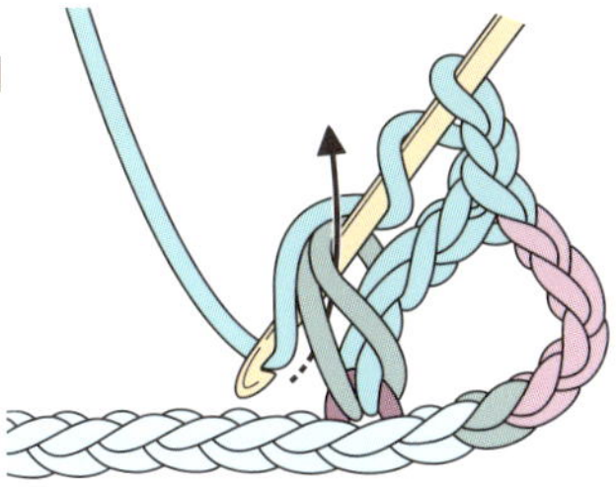

❸かぎ針に糸をかけて糸を引き出します。

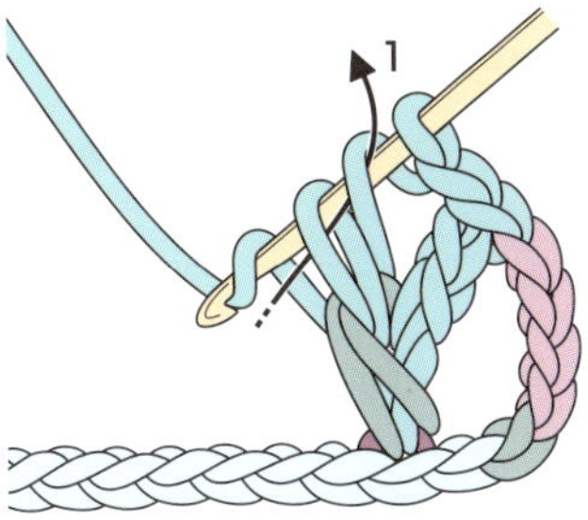

❹かぎ針に糸をかけて、針先の2ループを引き出します。

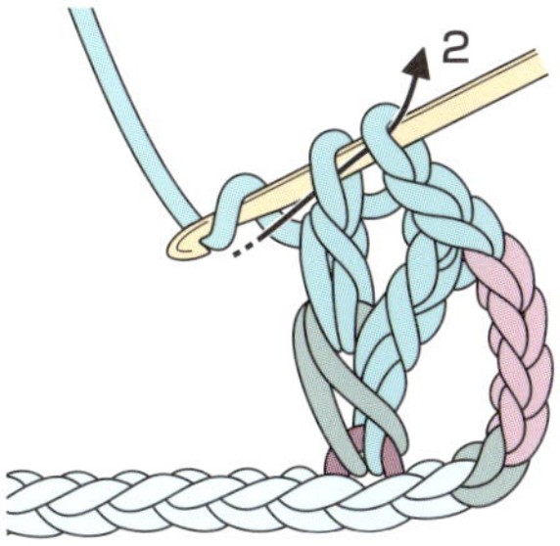

❺かぎ針に糸をかけて、かぎ針にかかっている2ループを引き抜きます。

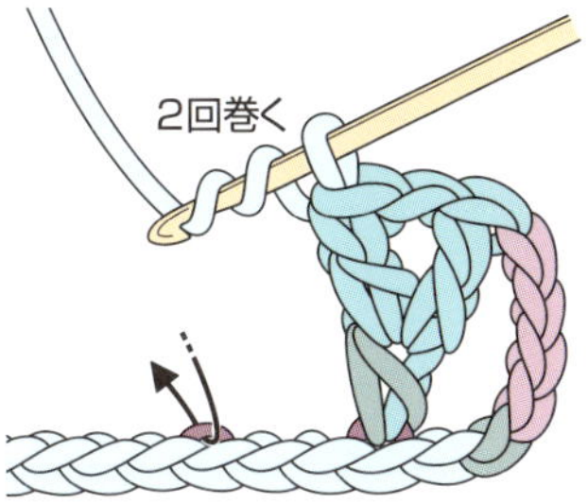

❻「Y字編み目」が編めました。次の目もかぎ針に2回糸を巻いて、2目とばした作り目の鎖の裏山にかぎ針を入れて、①～⑤をくり返します。

逆Y字編み目《ぎゃくわいじあみめ》

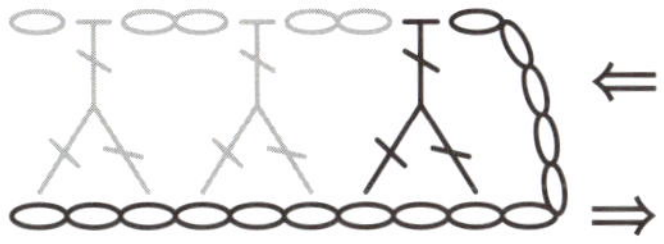

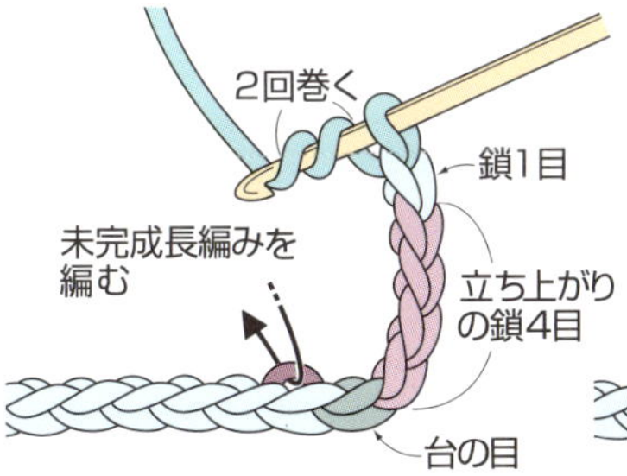

❶かぎ針に2回糸を巻いて、台の次の目の鎖の裏山にかぎ針を入れて、鎖2目分の高さの糸を引き出し、

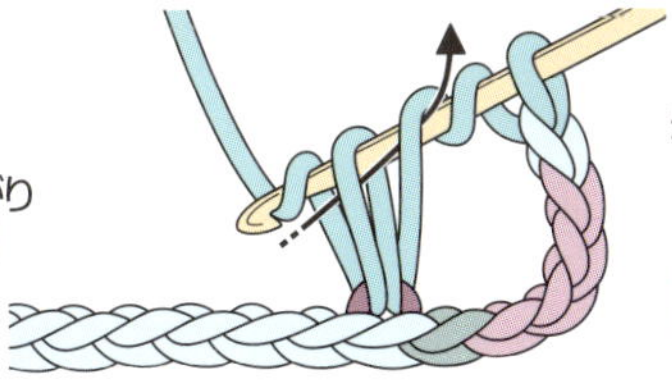

❷かぎ針に糸をかけて、針先の2ループを引き出します（未完成長編み）。

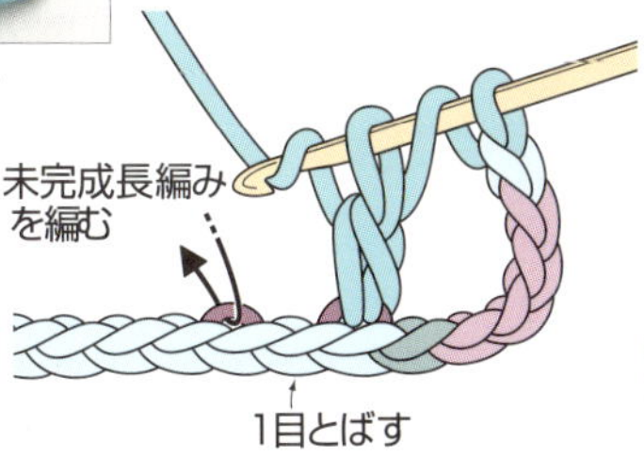

❸かぎ針に糸をかけて、作り目1目とばした鎖の裏山にかぎ針を入れて、かぎ針に糸をかけて、

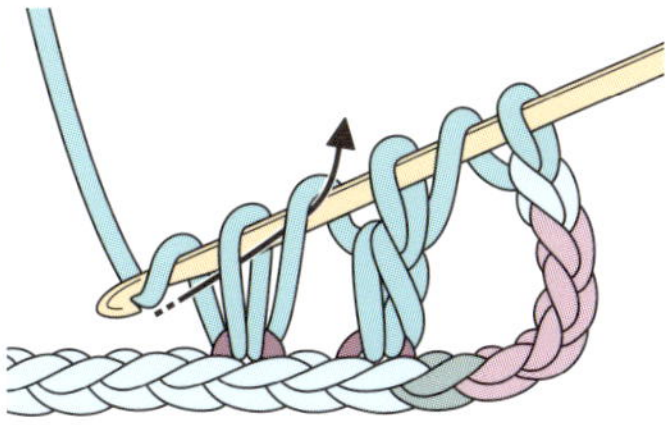

❹鎖2目分の高さの糸を引き出します。かぎ針に糸をかけて、針先の2ループを引き抜きます。

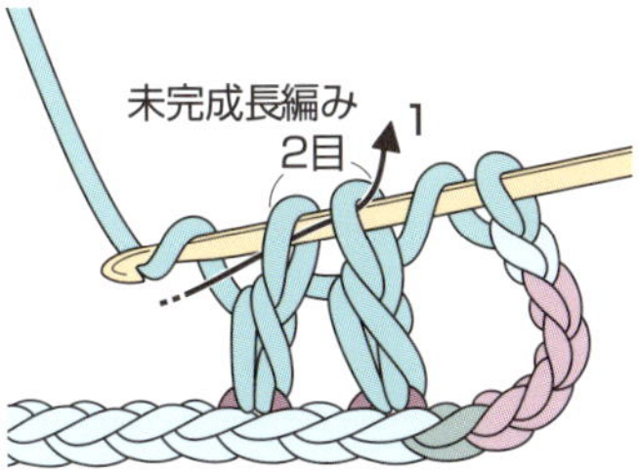

❺2目の未完成長編みです。かぎ針に糸をかけて、針先の2ループを引き出します。

❻かぎ針に糸をかけて、針先の2ループを引き出します。もう一度かぎ針に糸をかけて、かぎ針の2ループを引き抜きます。

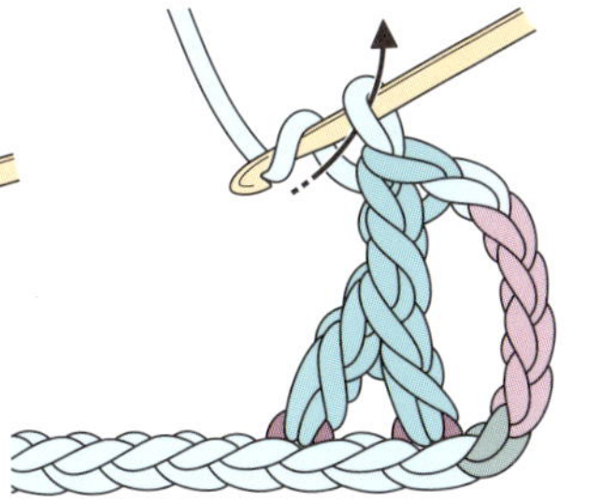

❼「逆Y字編み目」が編めました。鎖2目編んで、

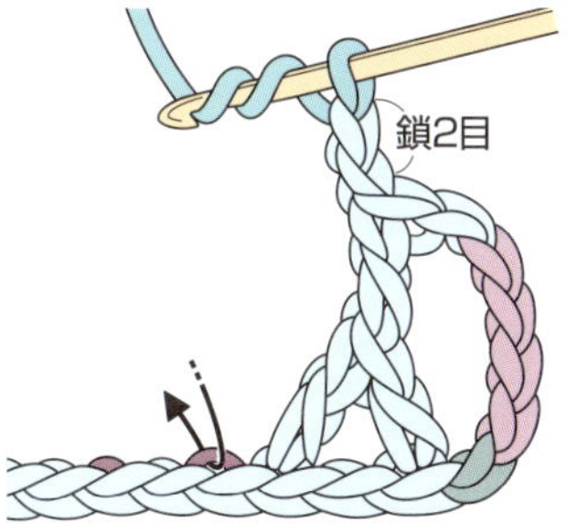

❽かぎ針に2回糸を巻いて、次の目の鎖の裏山にかぎ針を入れて、①～⑥をくり返します。

逆Y字編み目《ぎゃくわいじあみめ》

未完成長編み2目を一度にするとき、
かぎ針の1ループも一緒に引き抜きます。

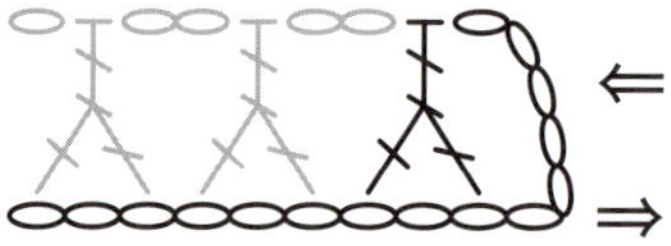

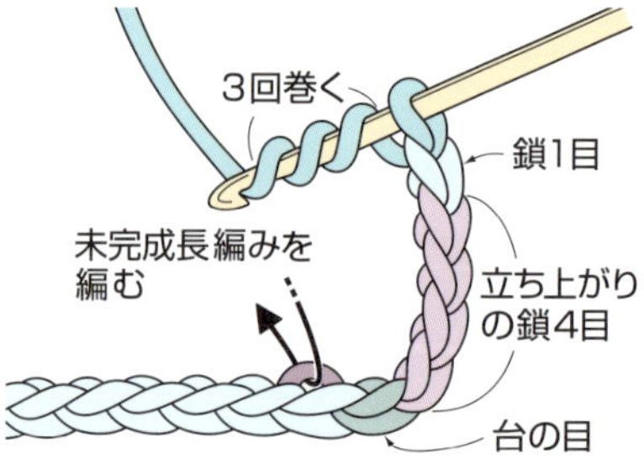

❶かぎ針に3回糸を巻いて、台の次の目の鎖の裏山にかぎ針を入れて、鎖2目分の高さの糸を引き出し、

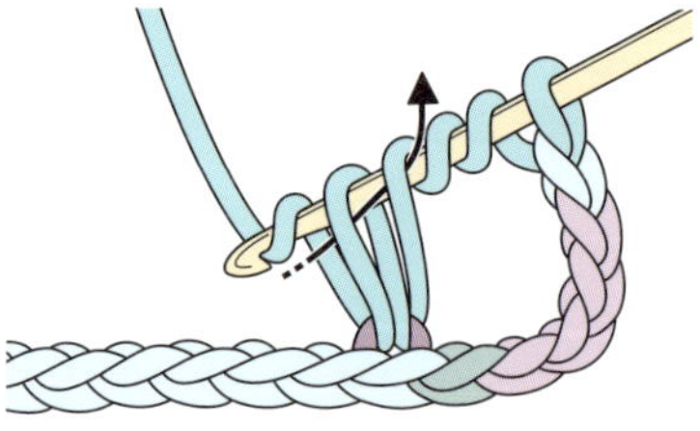

❷かぎ針に糸をかけて、針先の2ループを引き出します（未完成長編み）。

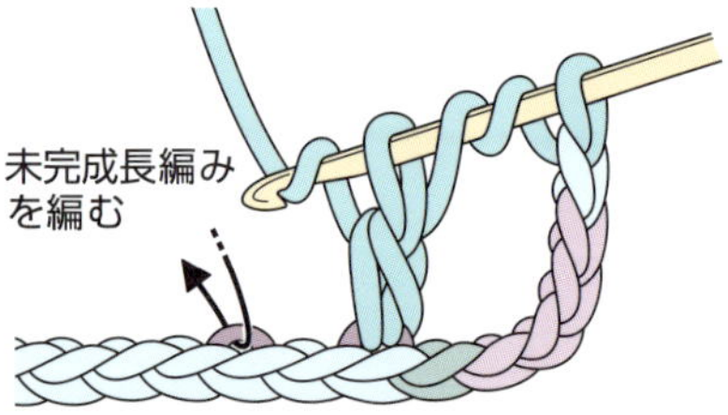

❸かぎ針に糸をかけて、作り目1目とばした鎖の裏山にかぎ針を入れ、かぎ針に糸をかけて糸を引き出し、

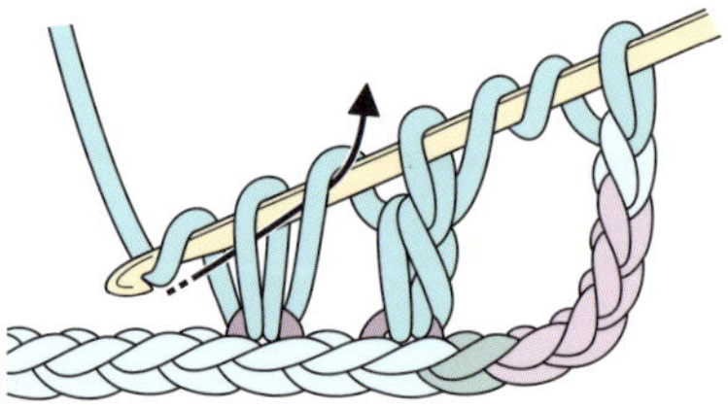

❹針先の2ループを引き出します（未完成長編み）。

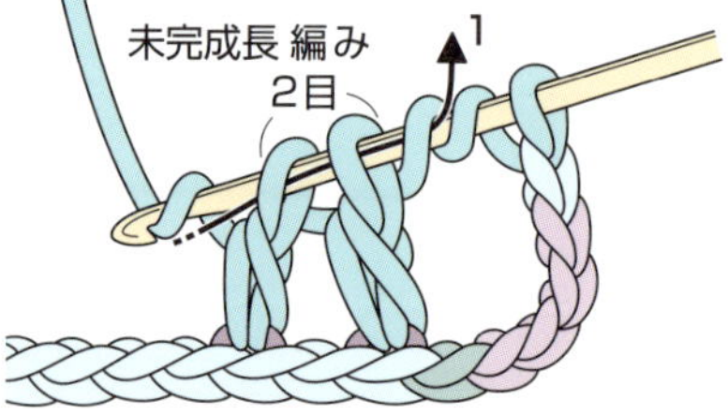

ぎ針に糸をかけて、針先の3ループを引き出します。

❻かぎ針に糸をかけて、針先の2ループを引き出します。もう一度かぎ針に糸をかけて、かぎ針の2ループを引き抜きます。

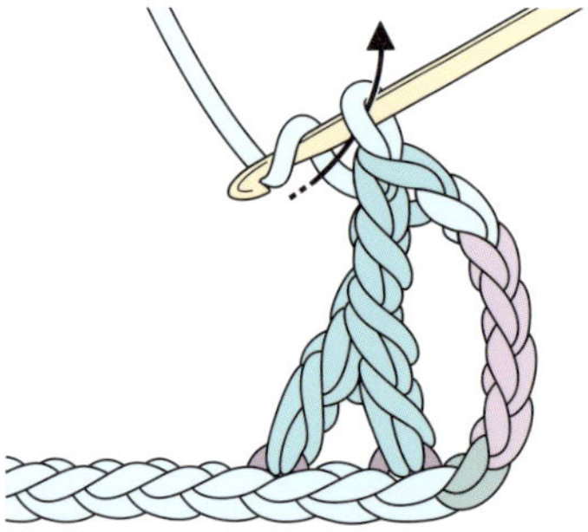

❼「逆Y字編み目」が編めました。鎖2目編んで、

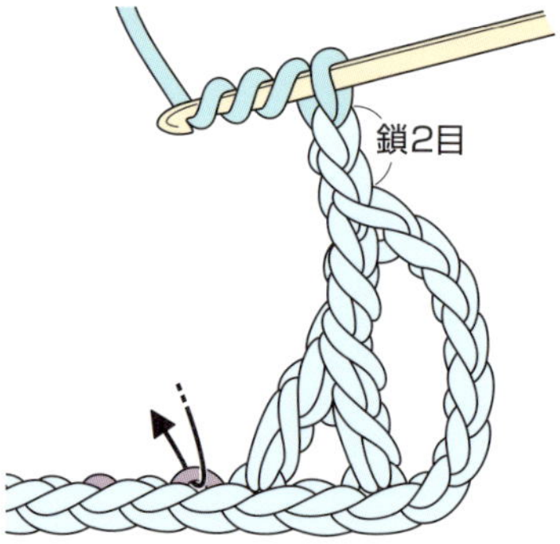

❽かぎ針に3回糸を巻いて、次の目の鎖の裏山にかぎ針を入れて、①～⑥をくり返します。

長編み5目の足つき玉編み目《ながあみごめのあしつきたまあみめ》

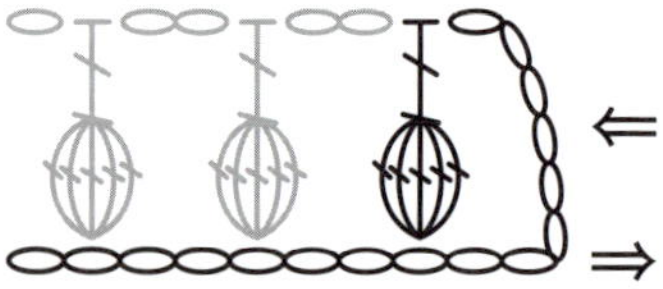

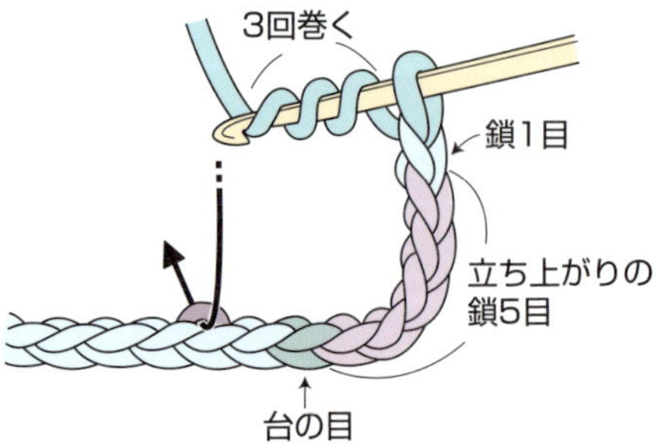

❶かぎ針に3回糸を巻いて、台の次の目から2目めの鎖の裏山にかぎ針を入れて、未完成長編みを編みます。

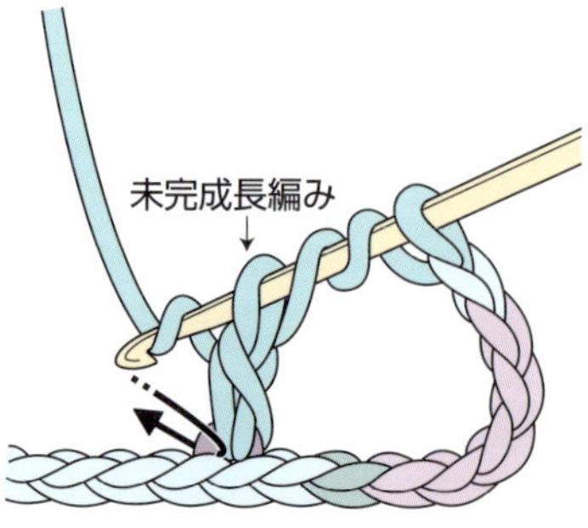

❷かぎ針に糸をかけて、同じ鎖の裏山にあと未完成長編みを4目編みます。

三角編み目《さんかくあみめ》

未完成の針足の長い編み目から短い編み目を編み、1目ずつ引き出していく方法です。出来あがりが三角になります。

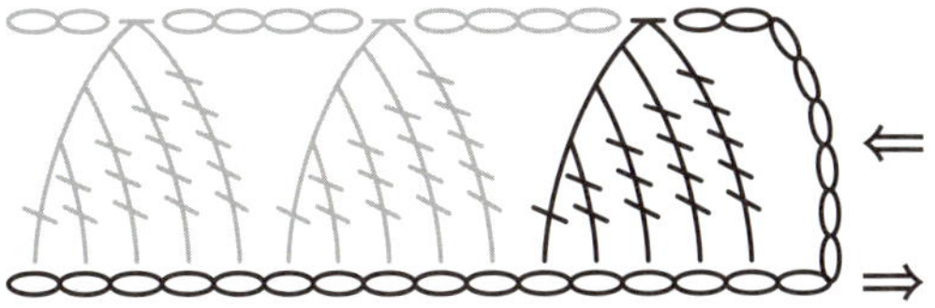

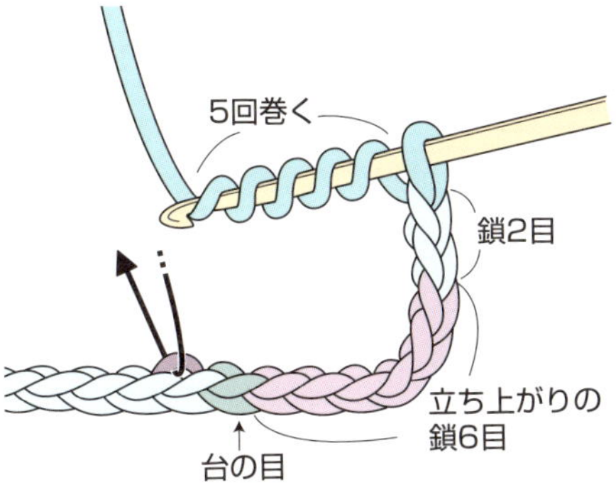

5回巻く
鎖2目
立ち上がりの
鎖6目
台の目

❶かぎ針に5回糸を巻いて、台の次の目の鎖の裏山にかぎ針を入れて、未完成五つ巻き長編みを編みます。

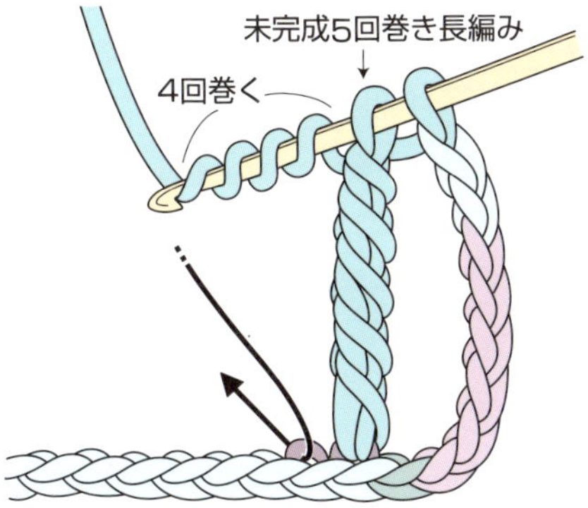

未完成5回巻き長編み
4回巻く

❷かぎ針に4回糸を巻いて、次の鎖の裏山に未完成四つ巻き長編みを編みます。

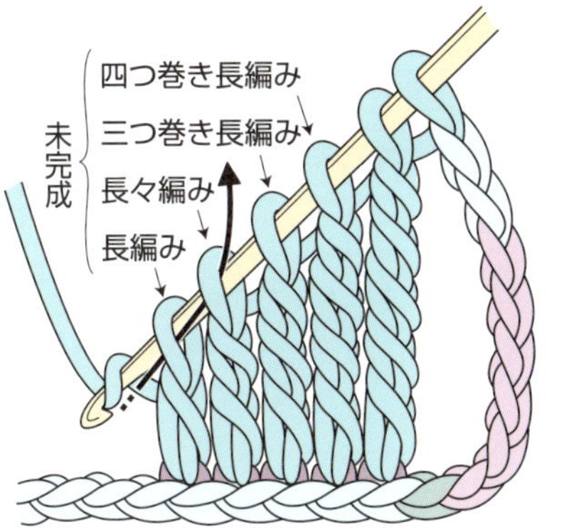

未完成
四つ巻き長編み
三つ巻き長編み
長々編み
長編み

❸次々と巻き数を減らした未完成長編みを編みます。かぎ針に糸をかけて、針先の2ループを引き抜きます。

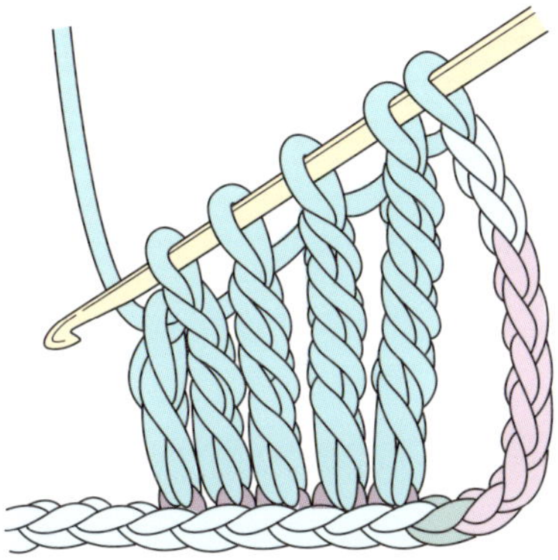

❹2ループを引き出したところです。

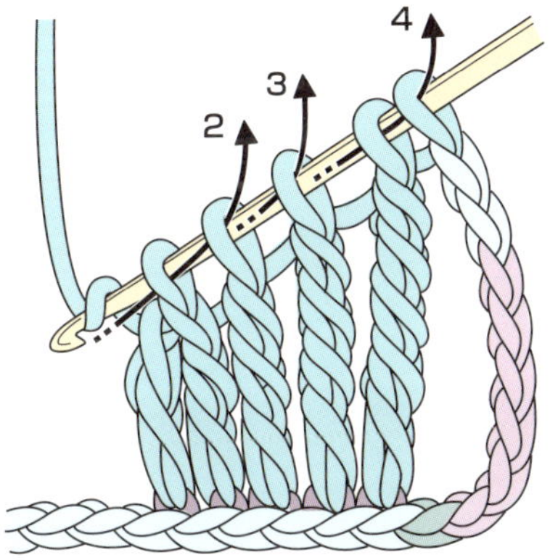

2
3
4

❺「かぎ針に糸をかけて、針先の2ループずつを引き出す」をくり返し、最後はかぎ針の3ループを引き抜きます。

❻「三角編み目」が編めました。

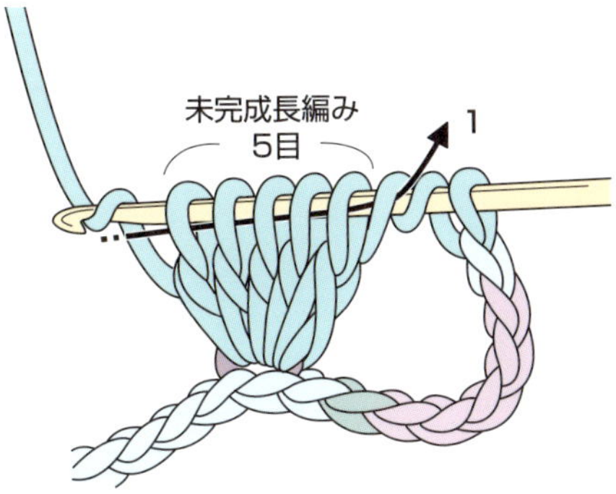

未完成長編み
5目
1

❸かぎ針に糸をかけて、未完成長編みの5ループとかぎ針の1ループを一度に引き出します。

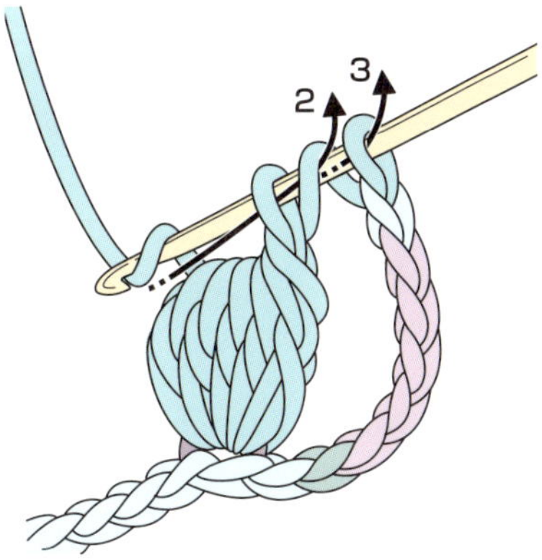

2
3

❹かぎ針に糸をかけて、針先の2ループを引き出します。もう一度かぎ針に糸をかけて、かぎ針の2ループを引き抜きます。

❺「長編み5目の足つき玉編み目」が編めました。

長編みのクロス編み目《ながあみのくろすあみめ》

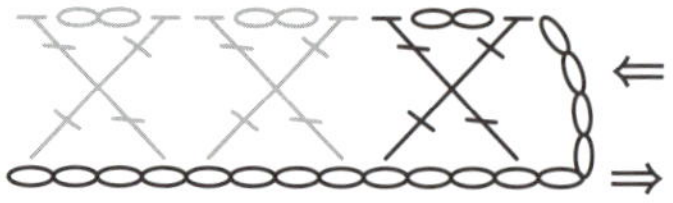

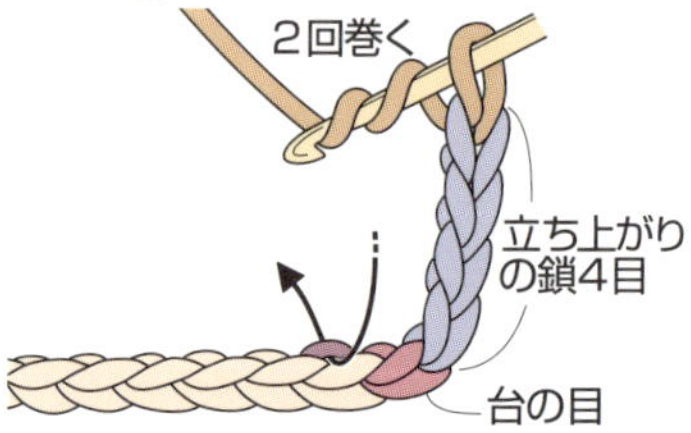

❶かぎ針に2回糸を巻いて、台の次の目の鎖の裏山にかぎ針を入れて、

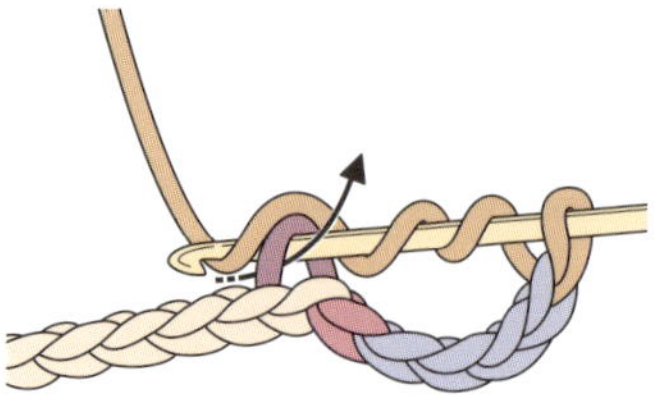

❷かぎ針に糸をかけて糸を引き出し、

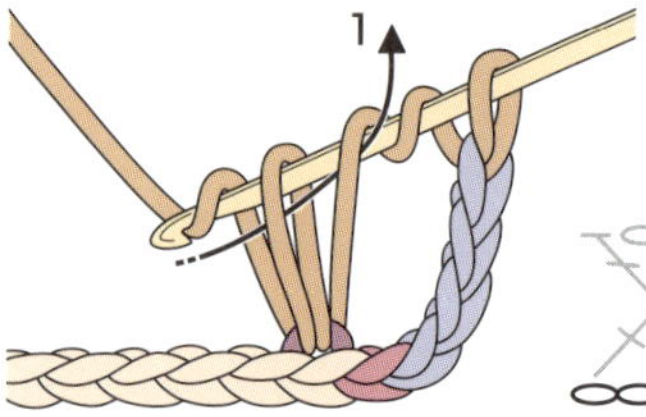

❸未完成長編みを編みます。

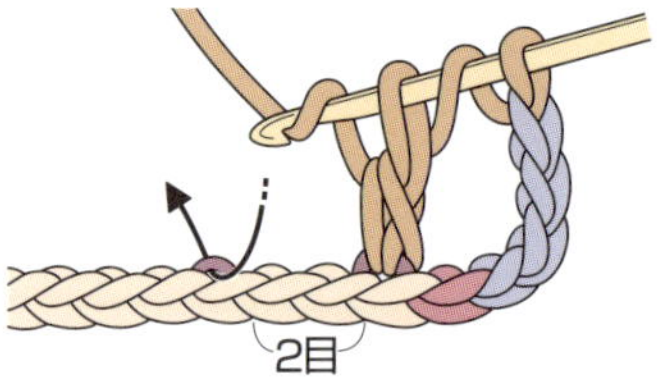

❹かぎ針に糸をかけて、作り目2目とばした鎖の裏山にかぎ針を入れてかぎ針に糸をかけて糸を引き出し、

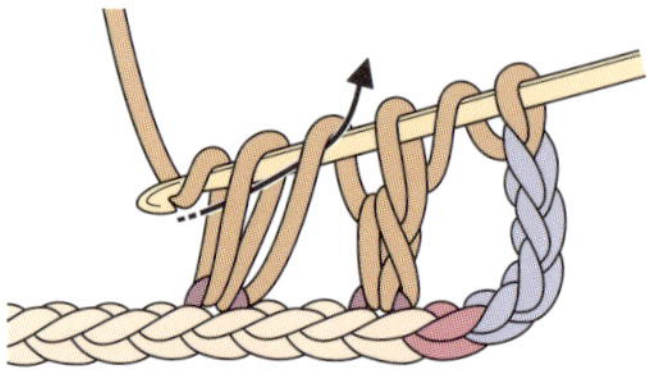

❺針先の2ループを引き出します（未完成長編み）。

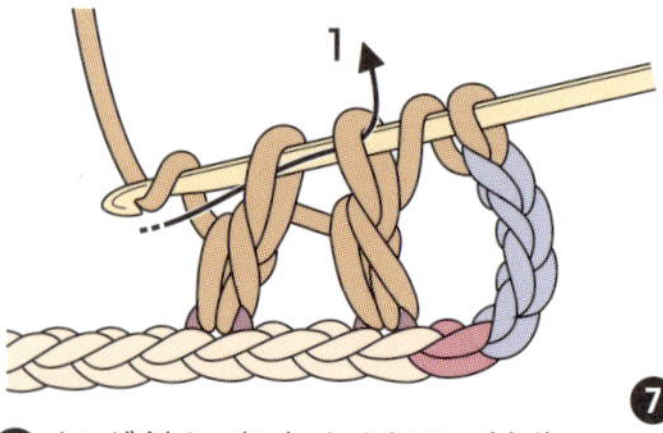

❻かぎ針に糸をかけて、針先の2ループを引き出します。

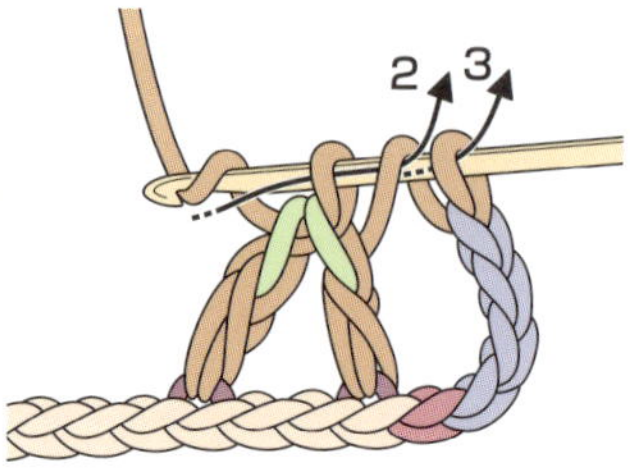

❼かぎ針に糸をかけて、針先の2ループを引き出します。もう一度かぎ針に糸をかけて、かぎ針の2ループを引き抜きます。

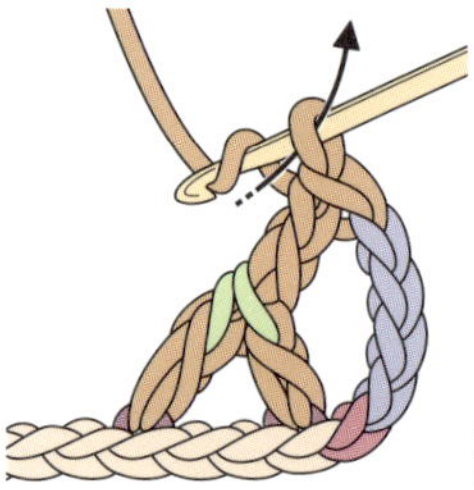

❽鎖2目を編み、

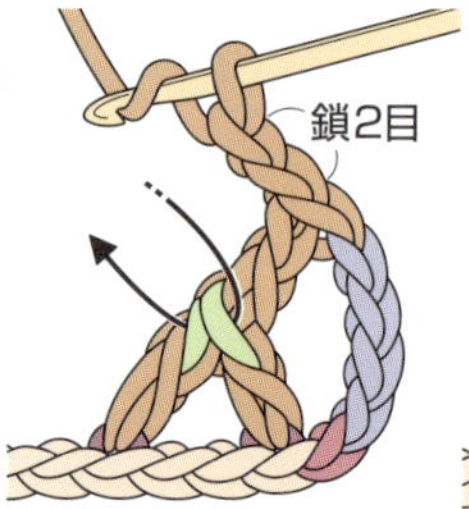

❾かぎ針に糸をかけて、長編み2目一度した半目ずつにかぎ針を入れます。

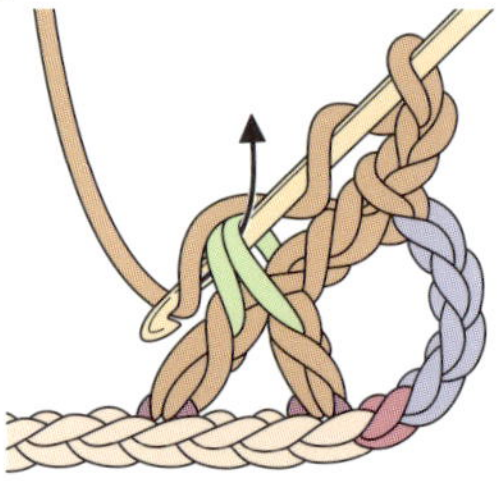

❿かぎ針に糸をかけて、糸を引き出します。

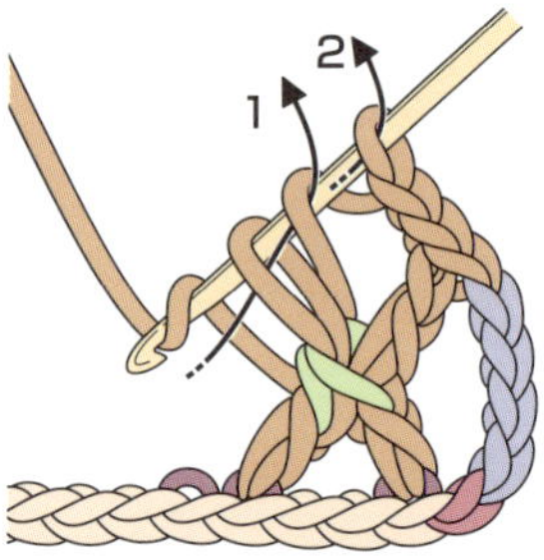

⓫かぎ針に糸をかけて、針先の2ループを引き出します。さらにかぎ針に糸をかけて、かぎ針の2ループを引き抜きます。

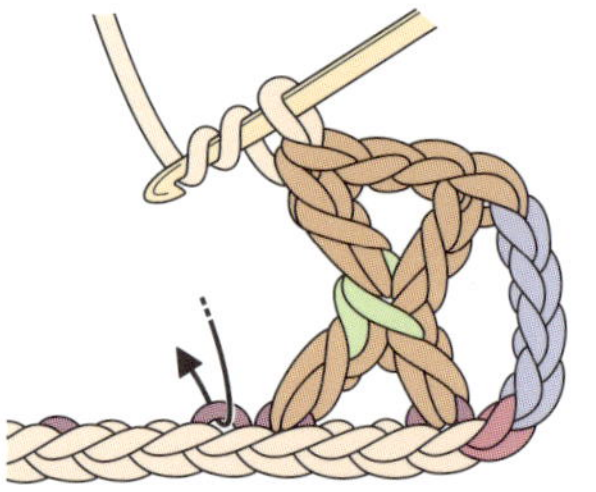

⓬「長編みのクロス編み目」が編めました。次もかぎ針に2回糸を巻いて、次の目の鎖の裏山に①～⑪をくり返して編みます。

長編みの クロス編み目《ながあみのくろすあみめ》

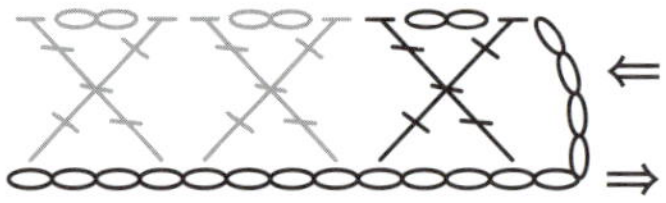

未完成長編みを2目一度にするとき、かぎ針の1ループも一緒に引き出します。

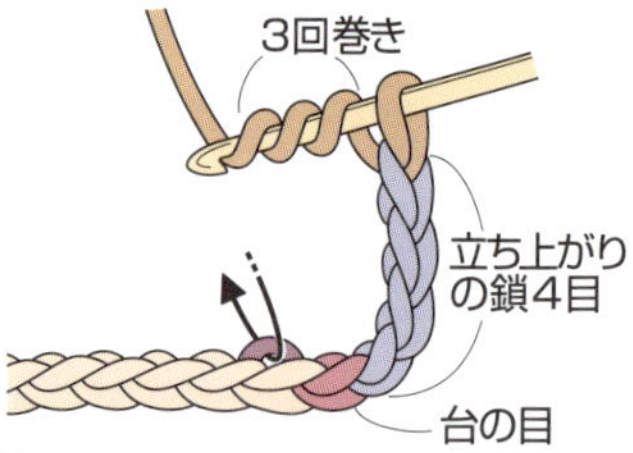

❶かぎ針に3回糸を巻いて、台の次の目の鎖の裏山にかぎ針を入れて、糸を引き出し、

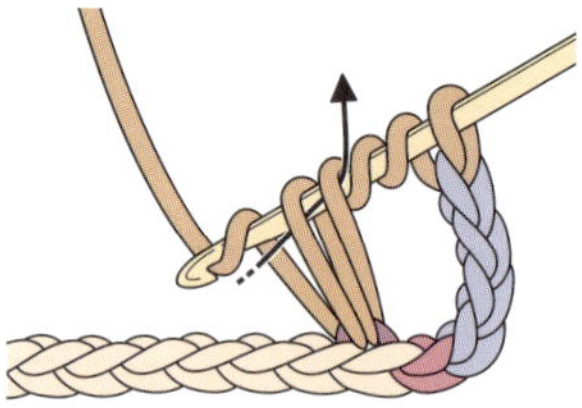

❷未完成長編みを編みます。

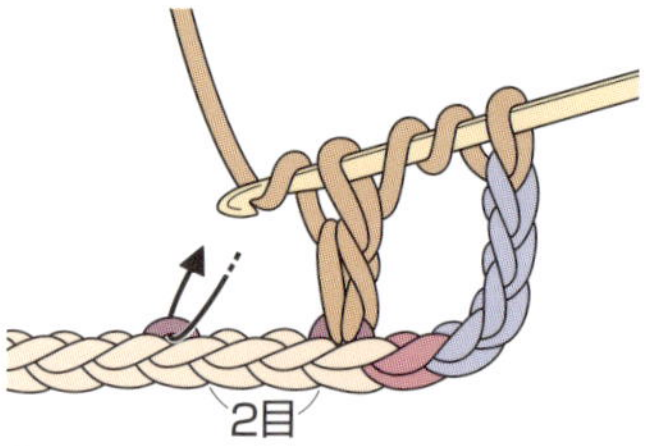

❸かぎ針に糸をかけて、作り目2目とばした鎖の裏山にかぎ針を入れて糸を引き出し、

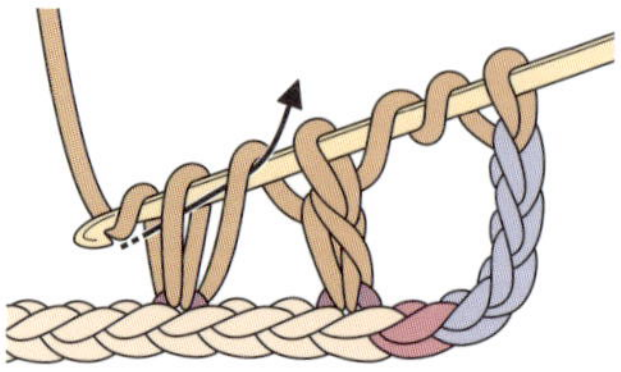

❹かぎ針に糸をかけて、針先の2ループを引き出します（未完成長編み）。

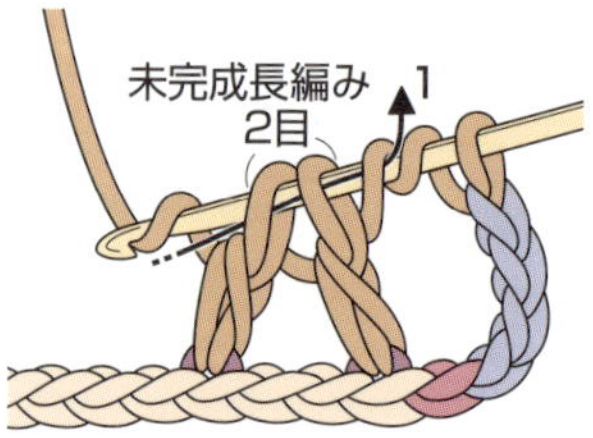

❺かぎ針に糸をかけて、針先の3ループを引き出します。

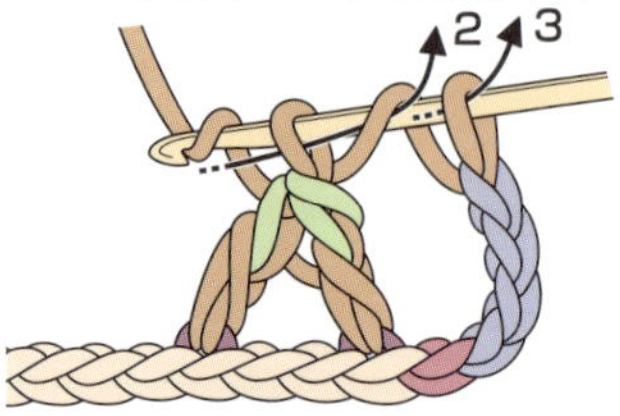

❻かぎ針に糸をかけて、針先の2ループを引き出します。もう一度かぎ針に糸をかけて、かぎ針の2ループを引き抜きます。

長々編みのクロス編み目《ながながあみのくろすあみめ》

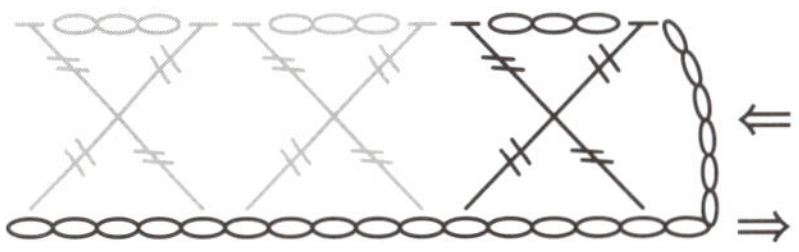

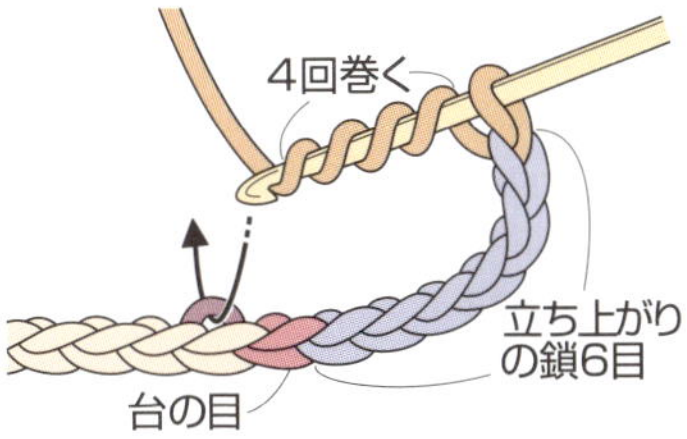

❶かぎ針に4回糸を巻いて、台の次の目の鎖の裏山にかぎ針を入れて、糸を引き出し、

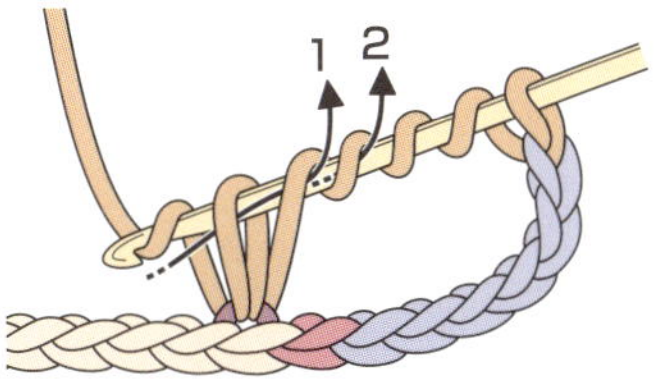

❷未完成長々編みを編みます。

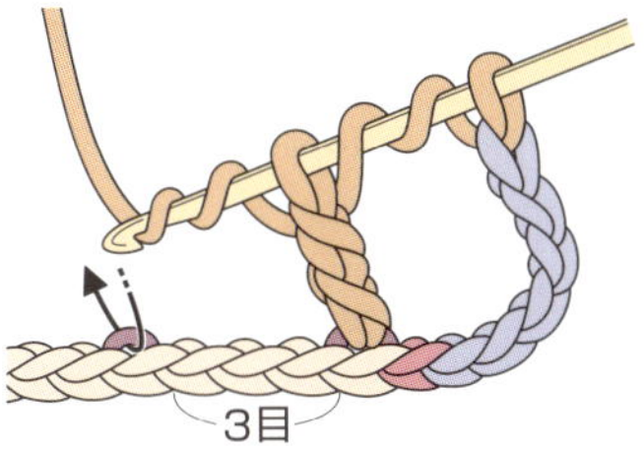

❸かぎ針に2回糸を巻いて、作り目3目とばした鎖の裏山にかぎ針を入れて糸を引き出し、

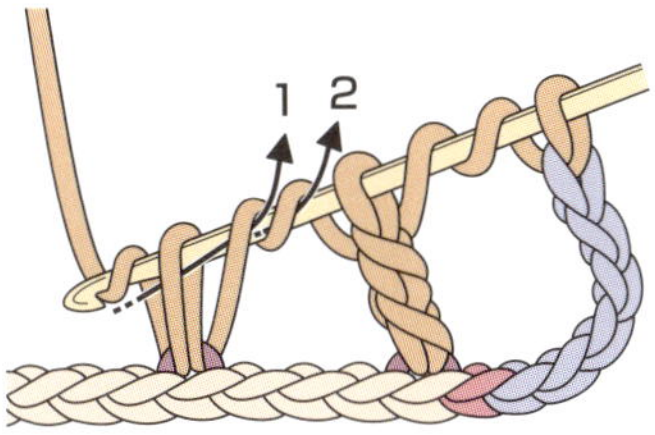

❹かぎ針に糸をかけて、未完成長々編みを編みます。

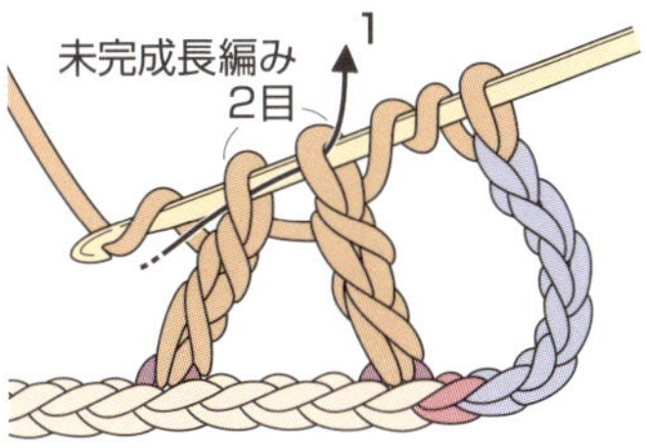

❺かぎ針に糸をかけて、針先の2ループを引き出します。

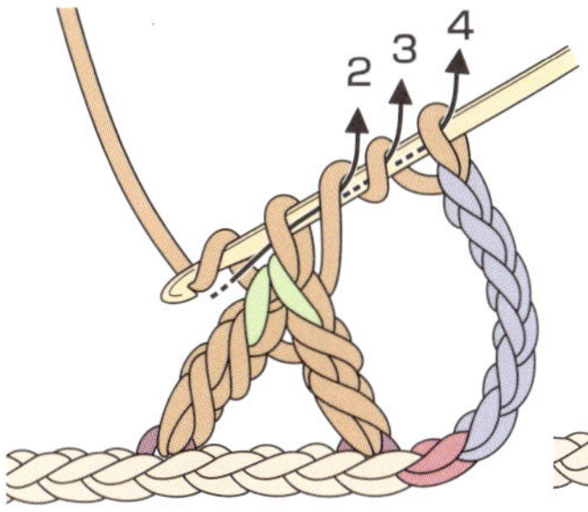

❻かぎ針に糸をかけて、針先の2ループを引き出します。もう一度くり返します。かぎ針に糸をかけて、かぎ針の2ループを引き抜きます。

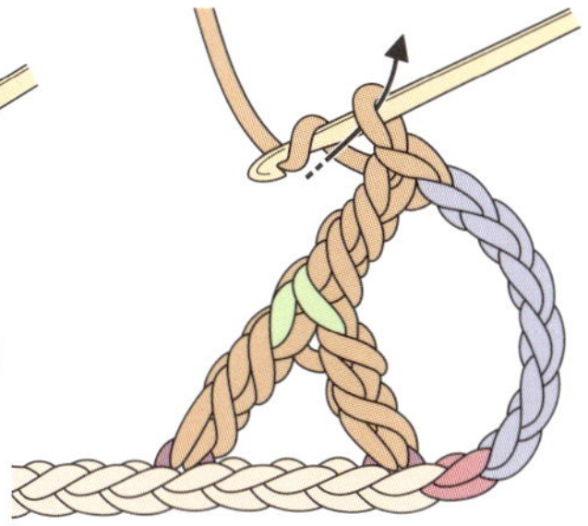

❼鎖3目を編み、

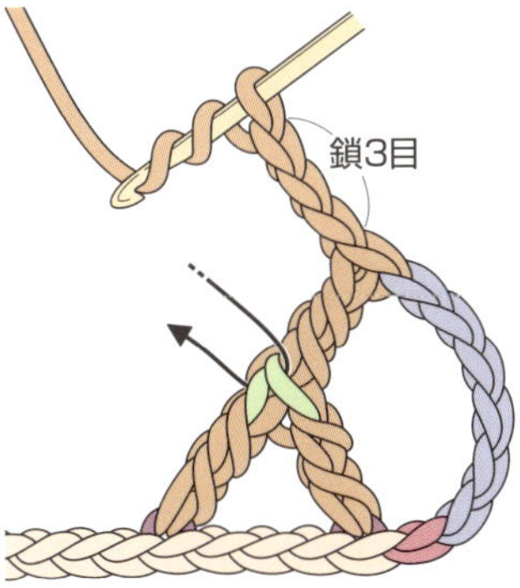

❽かぎ針に2回糸を巻いて、長編み2目一度した半目ずつにかぎ針を入れます。

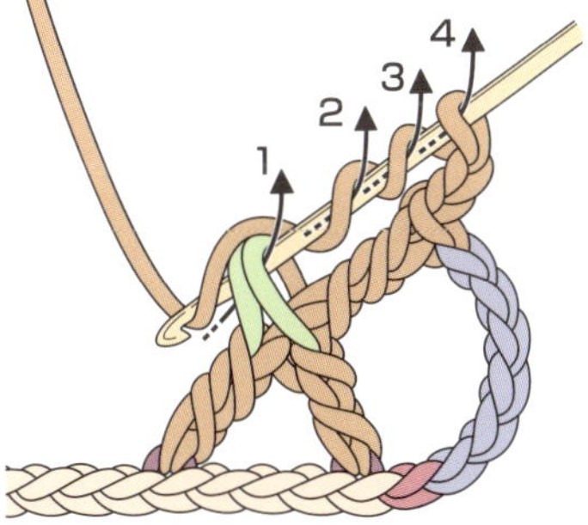

❾かぎ針に糸をかけて糸を引き出し、長々編みを編みます。

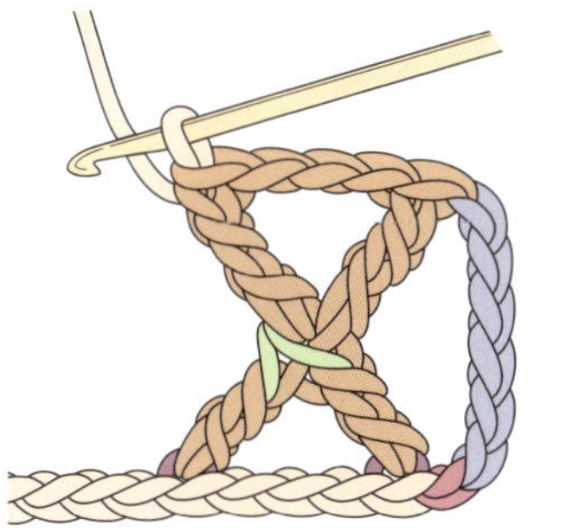

❿「長々編みのクロス編み目」が編めました。

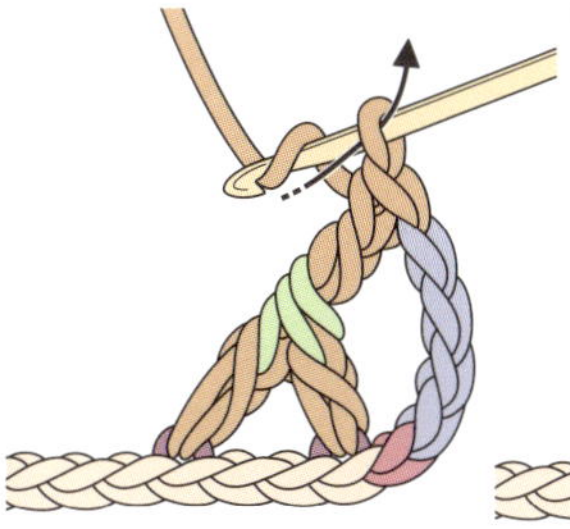

❼鎖2目を編み、

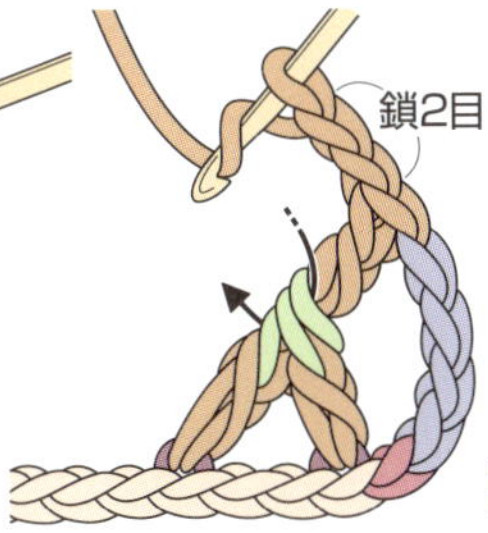

❽かぎ針に糸をかけて、矢印のようにかぎ針を入れます。

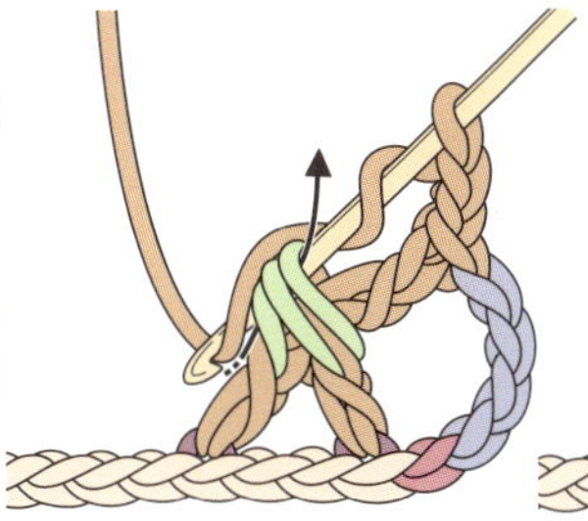

❾かぎ針に糸をかけて、糸を引き出します。

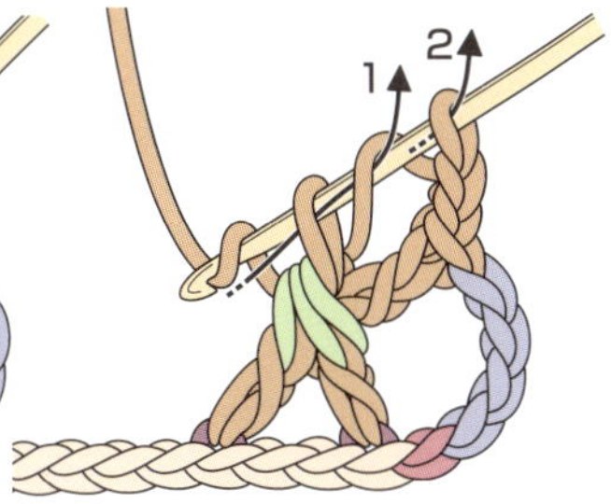

❿かぎ針に糸をかけて、針先の2ループを引き出します。さらにかぎ針に糸をかけて、かぎ針の2ループを引き抜きます。

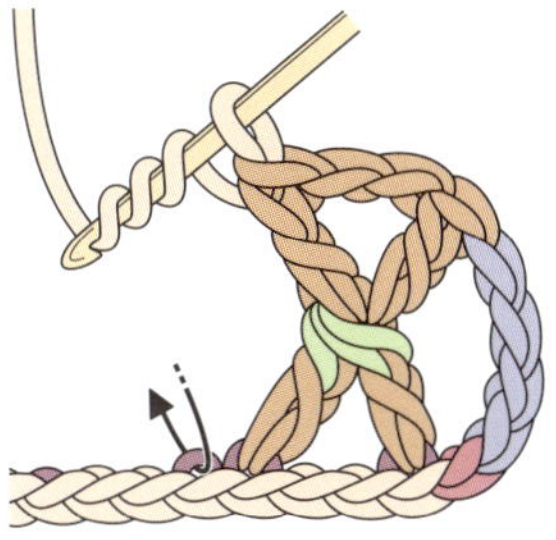

⓫「長編みのクロス編み目」が編めました。次もかぎ針に3回糸を巻いて、次の目の鎖の裏山に①〜⑩をくり返して編みます。

逆Y字とY字を組み合わせた編み目《ぎゃくわいじとわいじをくみあわせたあみめ》

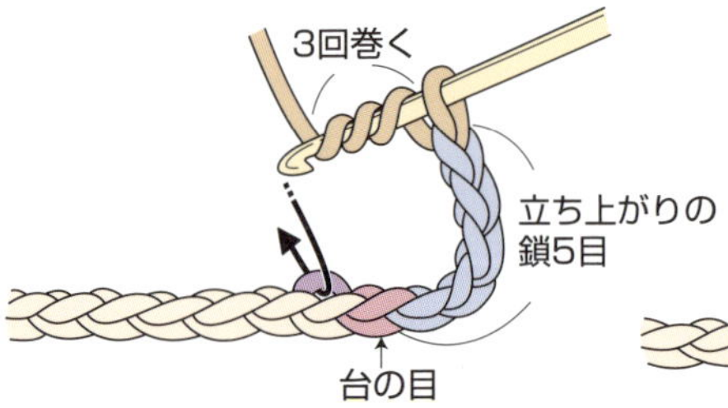

❶かぎ針に3回糸を巻いて、台の次の目の鎖の裏山にかぎ針を入れて、鎖2目分の高さの糸を引き出し、

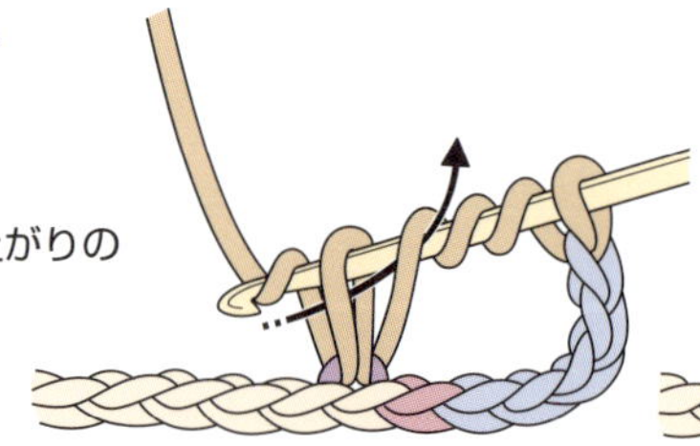

❷かぎ針に糸をかけて、針先の2ループを引き出します（未完成長編み）。

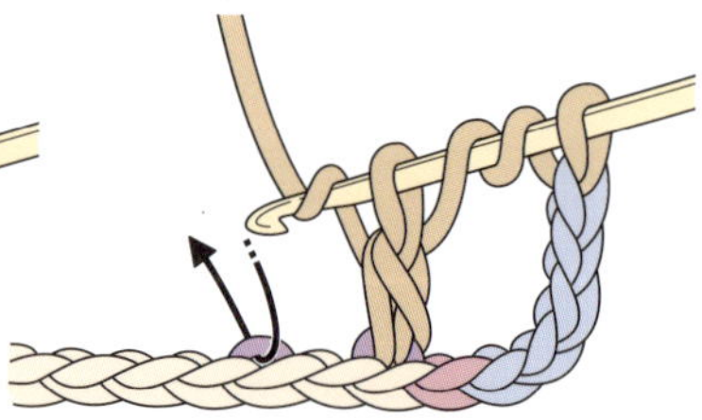

❸かぎ針に糸をかけて、作り目1目とばした鎖の裏山にかぎ針を入れ、

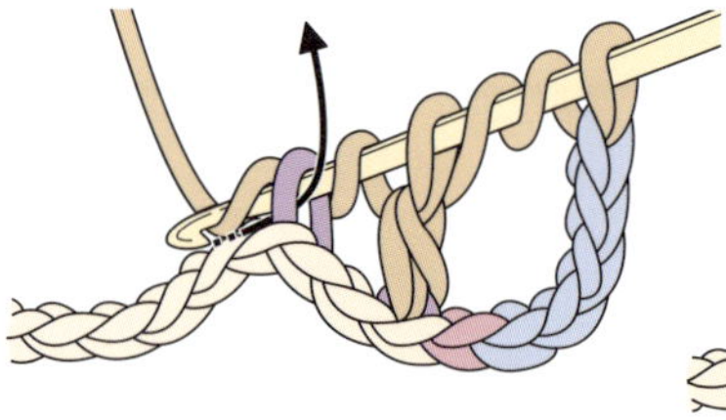

❹かぎ針に糸をかけて糸を引き出し、

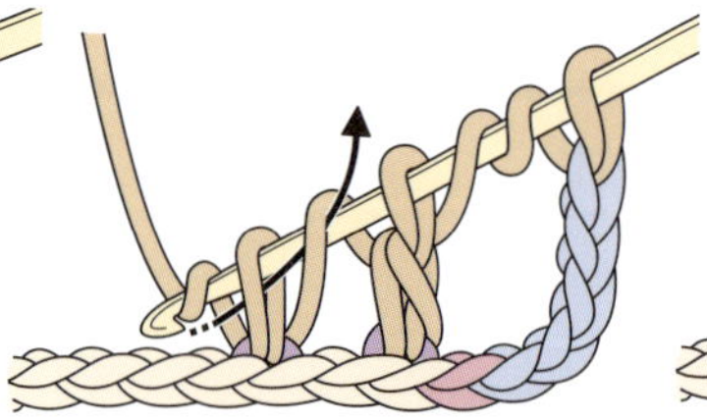

❺針先の2ループを引き出します（未完成長編み）。

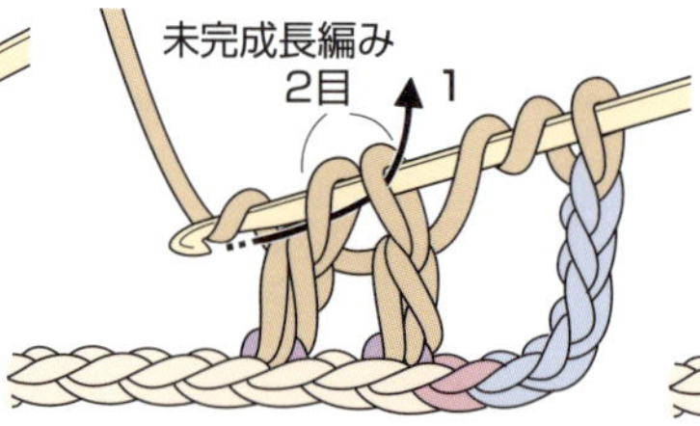

❻かぎ針に糸をかけて、針先の2ループを引き出します。

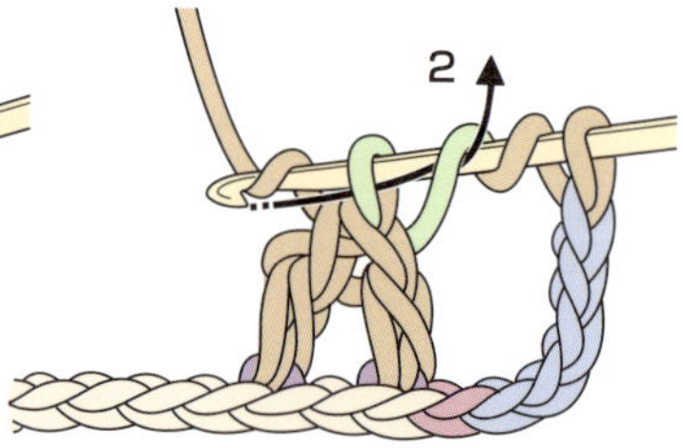

❼かぎ針に糸をかけて、針先の2ループを引き出します。

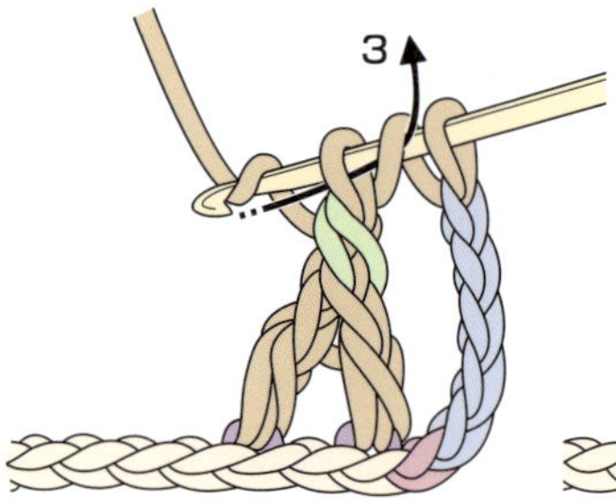

❽もう一度くり返します。

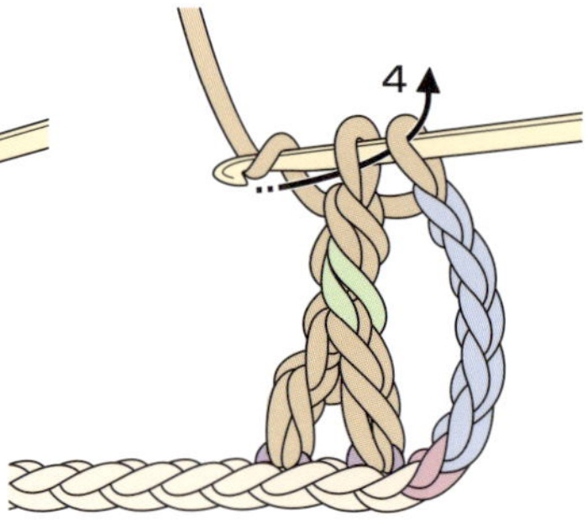

❾かぎ針に糸をかけて、かぎ針の2ループを引き抜きます。

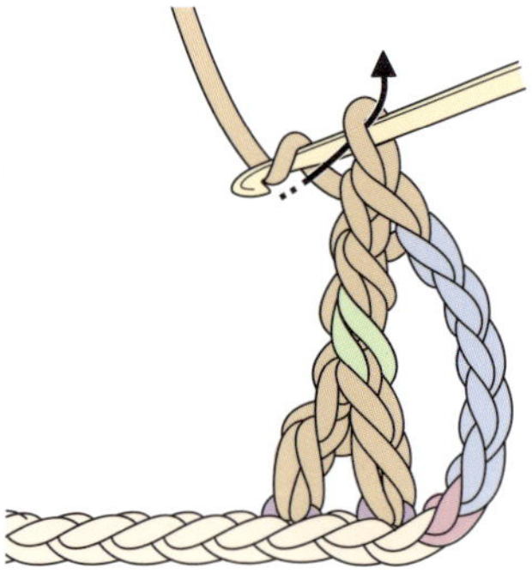

❿かぎ針に糸をかけて鎖1目編み、

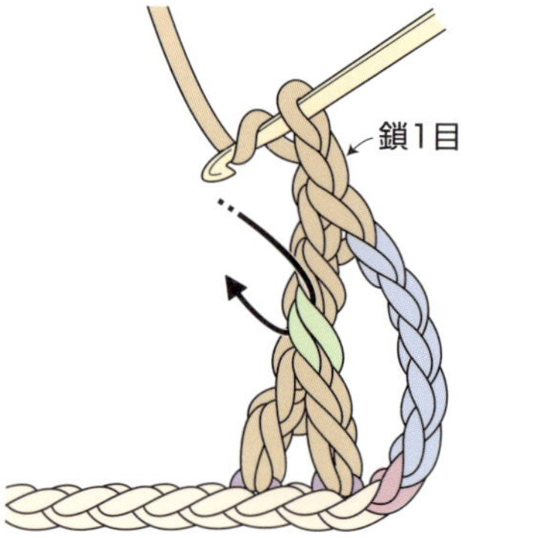

⓫かぎ針に糸をかけて、矢印の半目ずつにかぎ針を入れます。

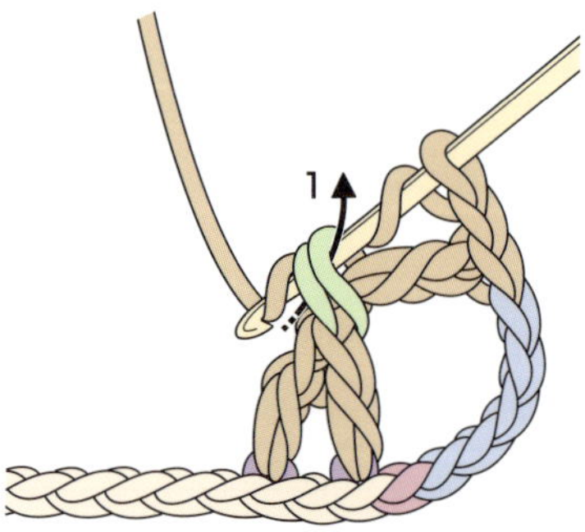

⓬かぎ針に糸をかけて、糸を引き出します。

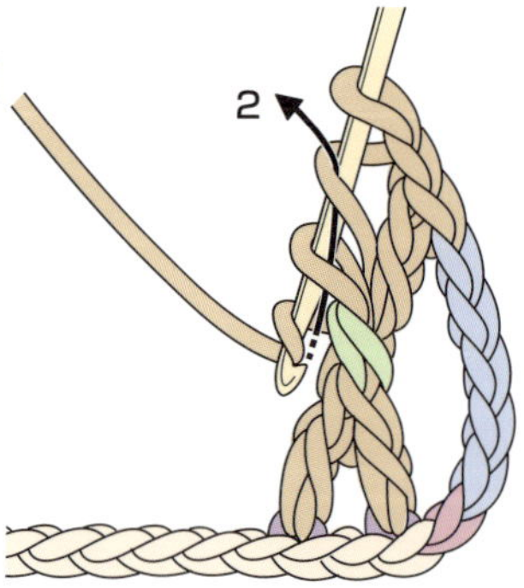

⓭かぎ針に糸をかけて、針先の2ループを引き出します。

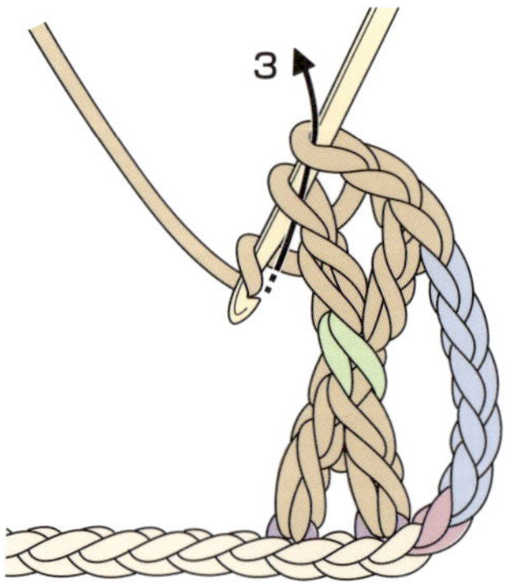

⓮さらにかぎ針に糸をかけて、かぎ針の2ループを引き抜きます。

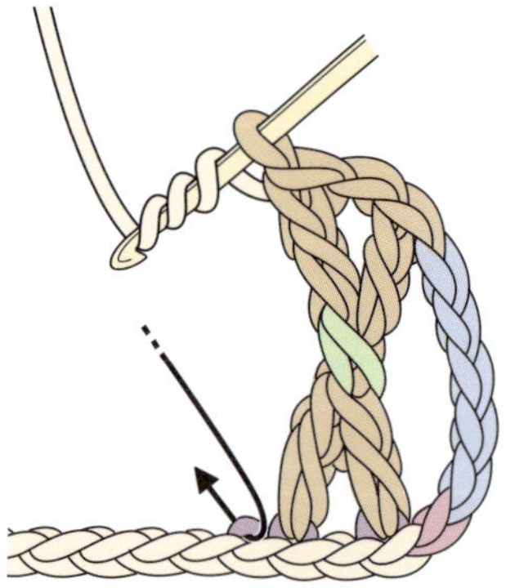

⓯「逆Y字とY字を組み合わせた編み目」が編めました。次もかぎ針に3回糸を巻いて、次の目の鎖の裏山に①～⓮をくり返して編みます。

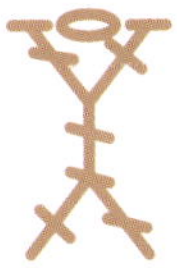

逆Y字とY字を組み合わせた編み目《ぎゃくわいじとわいじをくみあわせたあみめ》

未完成長編み2目を一度にするとき、
かぎ針の1ループも一緒に引き出します。

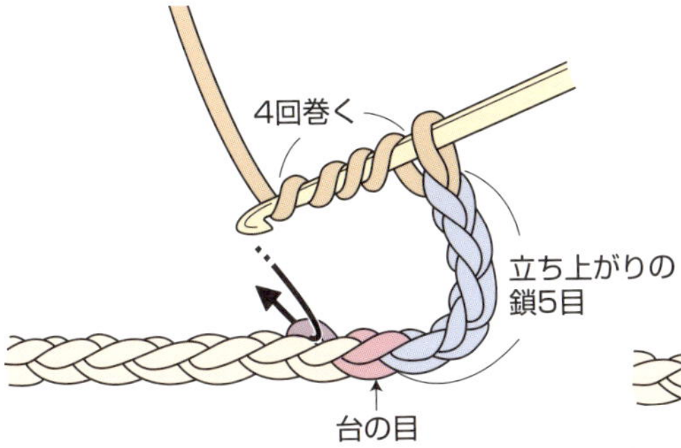

❶かぎ針に4回糸を巻いて、台の次の目の鎖の裏山にかぎ針を入れて、未完成長編みを編みます。

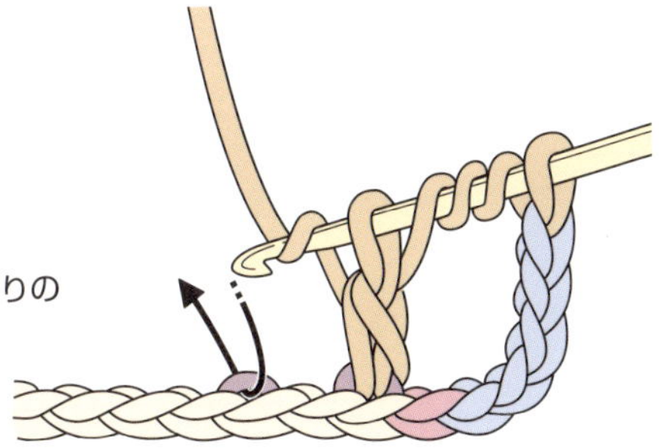

❷かぎ針に糸をかけて、作り目1目とばした鎖の裏山にかぎ針を入れ、未完成長編みを編みます。

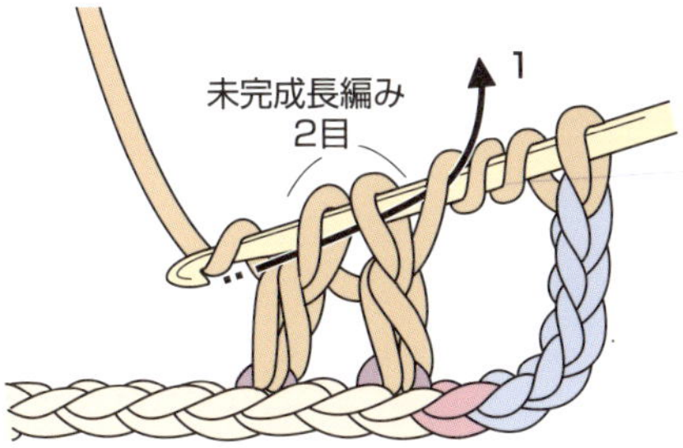

❸かぎ針に糸をかけて、針先の3ループを一度に引き出し、

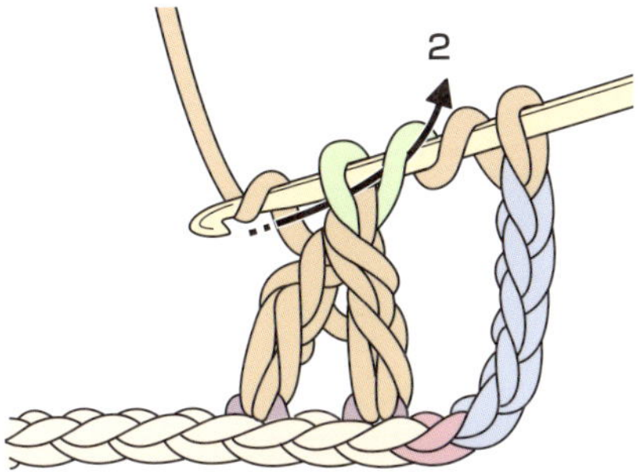

❹かぎ針に糸をかけて、針先の2ループを引き出します。

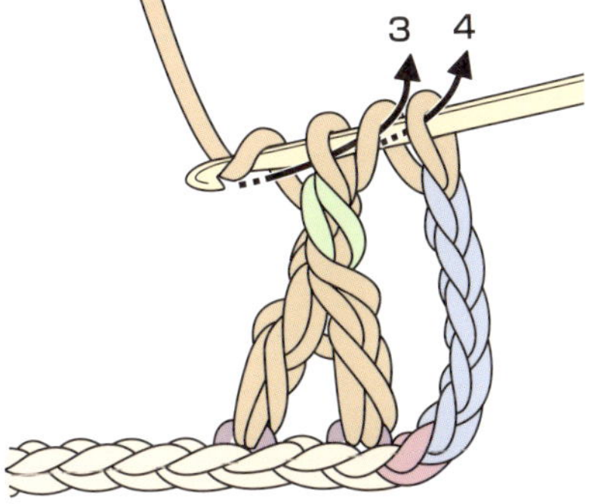

❺かぎ針に糸をかけて、もう一度、針先の2ループを引き出し、かぎ針に糸をかけて、かぎ針の2ループを引き抜きます。

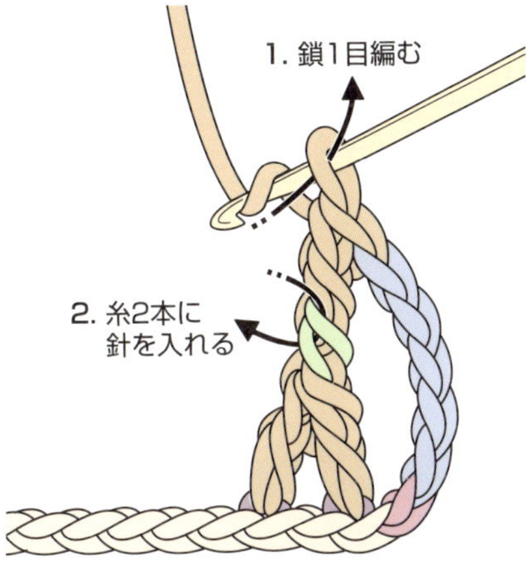

❻鎖1目編み、かぎ針に糸をかけて、矢印の半目ずつにかぎ針を入れます。

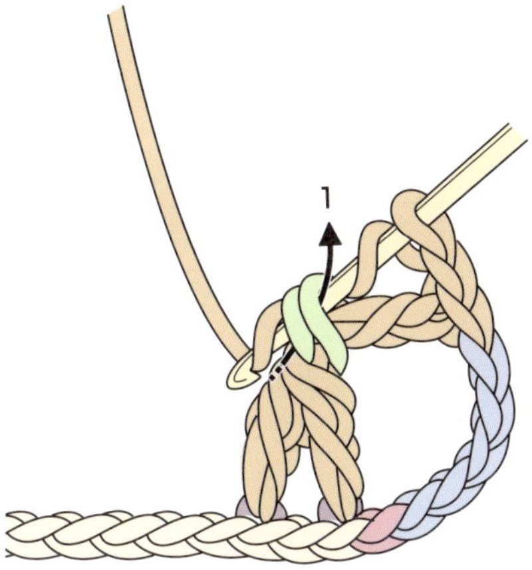

❼かぎ針に糸をかけて糸を引き出し、

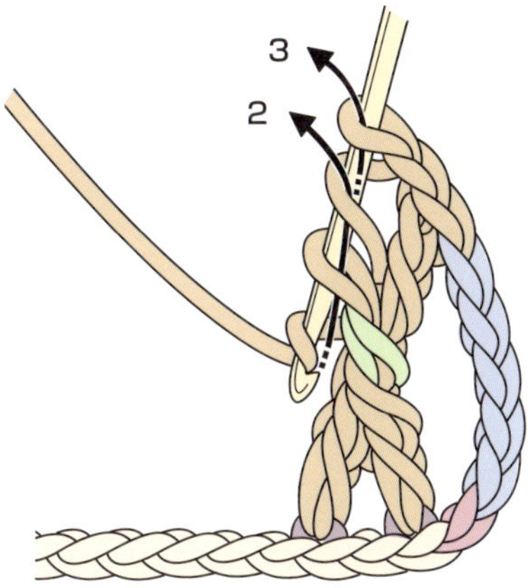

❽かぎ針に糸をかけて、針先の2ループを引き出します。かぎ針に糸をかけて、かぎ針の2ループを引き抜きます。

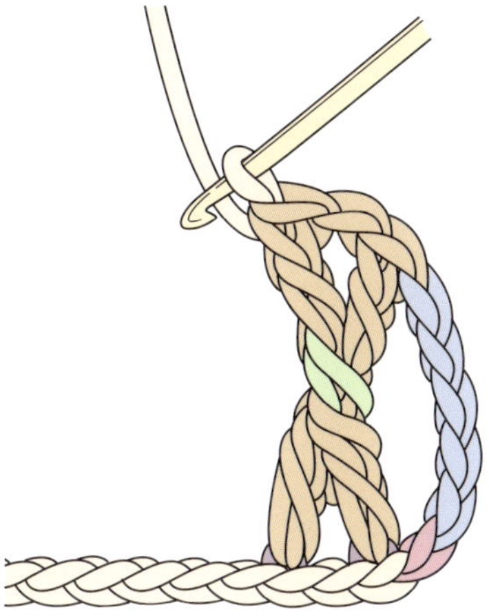

❾「逆Y字とY字を組み合わせた編み目」が編めました。次も①～⑧をくり返して編みます。

ち 細編みの表引き上げ編み目《こまあみのおもてひきあげあみめ》

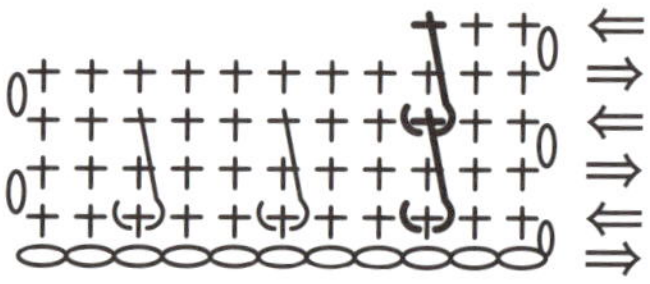

3段め

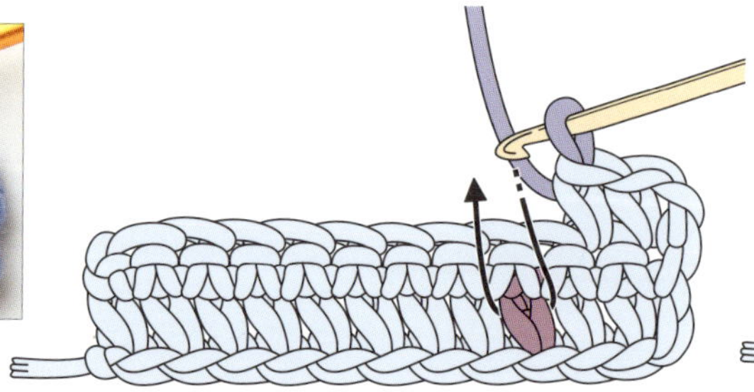

❶前々段の細編みの目にそっくりと、手前側からかぎ針を入れます。

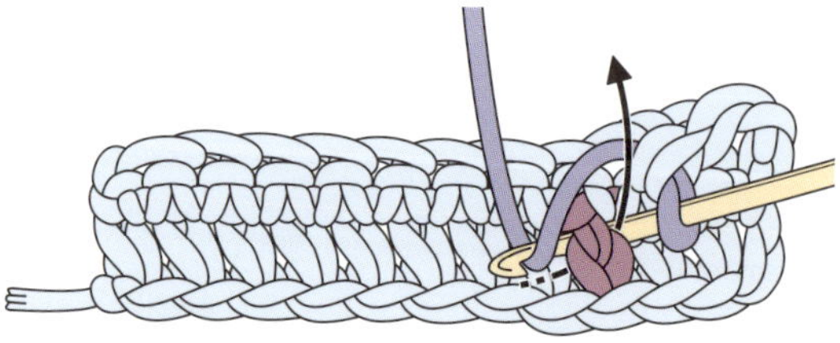

❷かぎ針に糸をかけて、矢印のように糸を長めに引き出します。

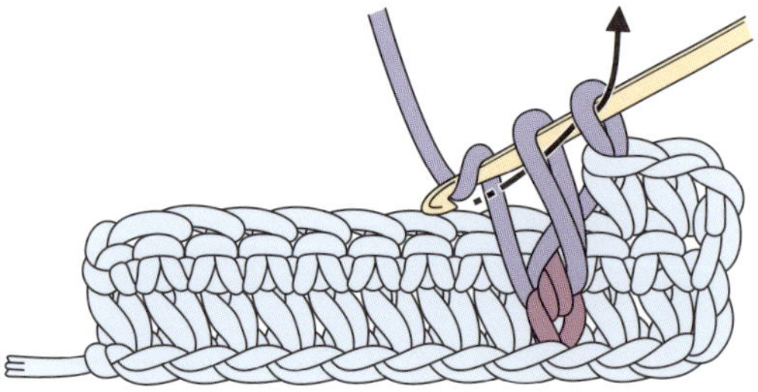

❸かぎ針に糸をかけて、かぎ針の2ループを引き抜きます。

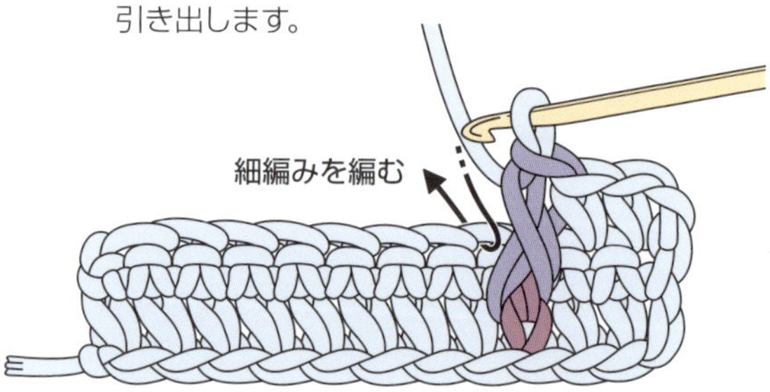

❹次の細編みは前段を1目とばして編みます。

5段め

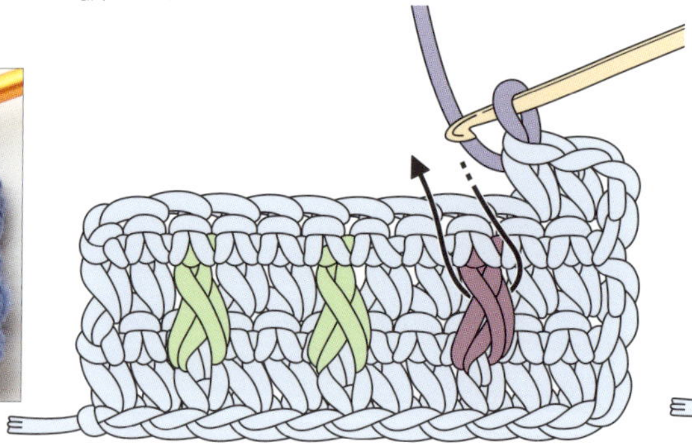

❶前々段の細編みの表引き上げ編み目にそっくりと、矢印のように手前側からかぎ針を入れます。

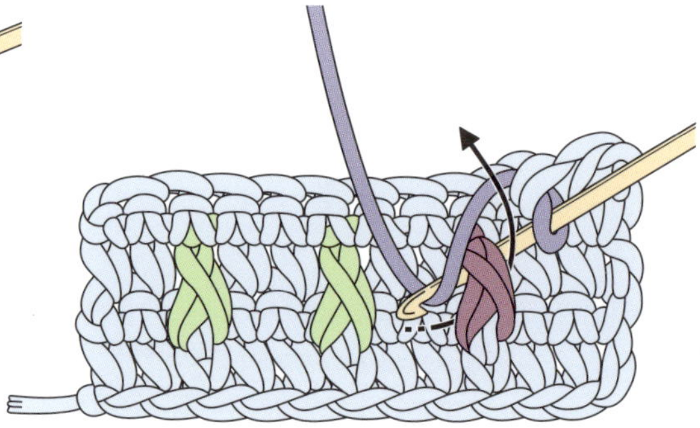

❷かぎ針に糸をかけて、矢印のように糸を長めに引き出します。

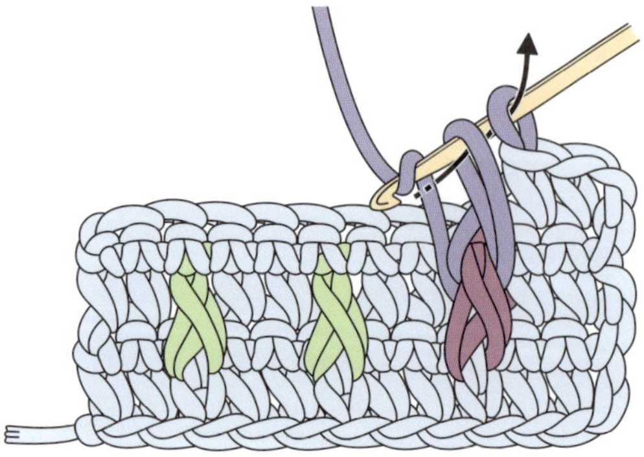

❸かぎ針に糸をかけて、かぎ針の2ループを引き抜きます。

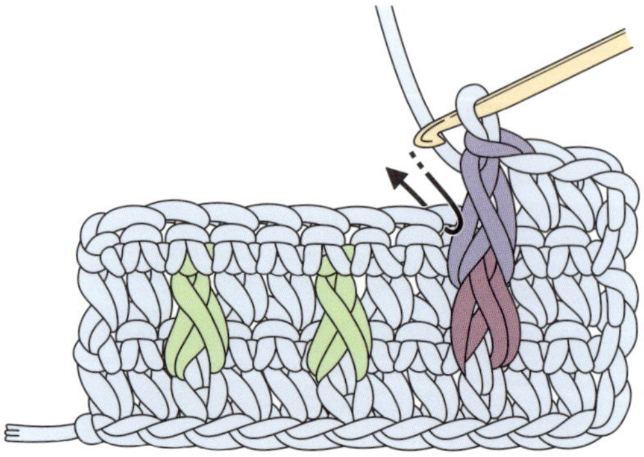

❹次の細編みは前段を1目とばして編みます。

細編みの裏引き上げ編み目《こまあみのうらひきあげあみめ》

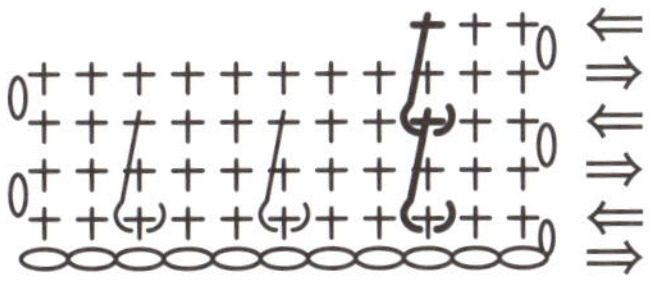

3段め

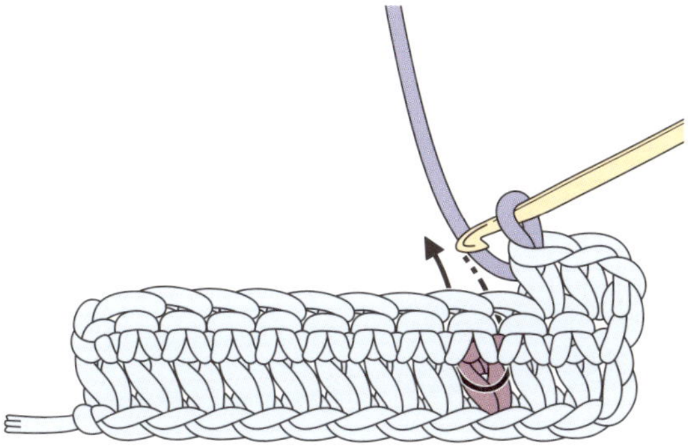

❶前々段の細編みの目にそっくりと、矢印のように向こう側からかぎ針を入れます。

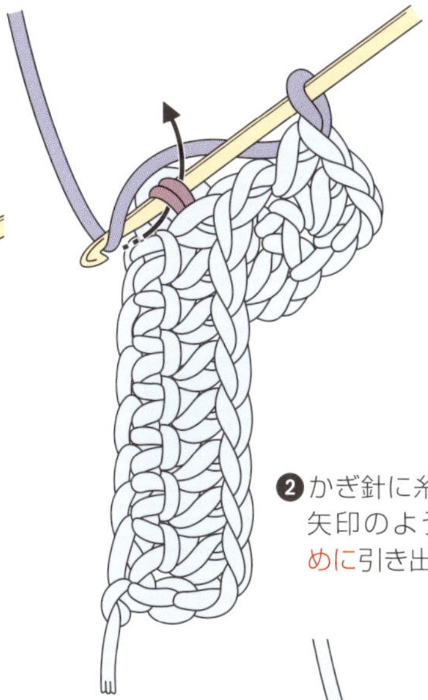

❷かぎ針に糸をかけて、矢印のように糸を長めに引き出します。

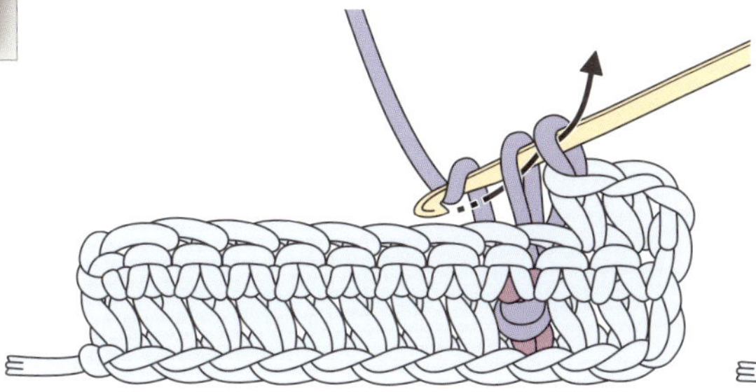

❸かぎ針に糸をかけて、かぎ針の2ループを引き抜きます。

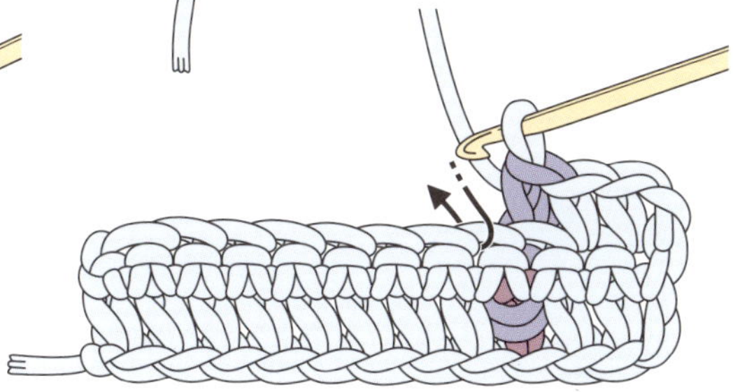

❹次の細編みは前段を1目とばして編みます。

5段め

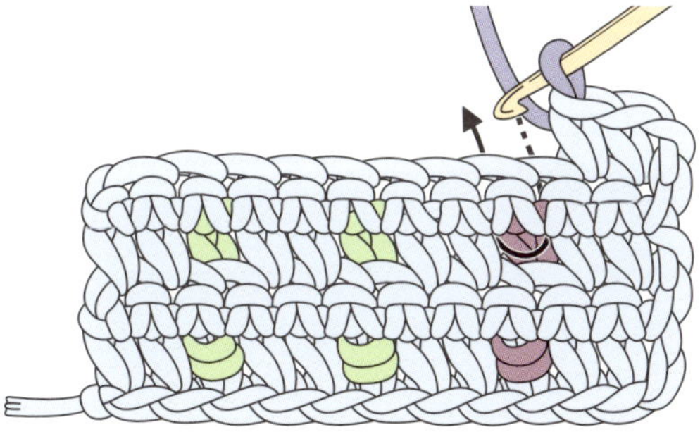

❶前々段の細編みの裏引き上げ編み目にそっくりと、矢印のように向こう側からかぎ針を入れます。

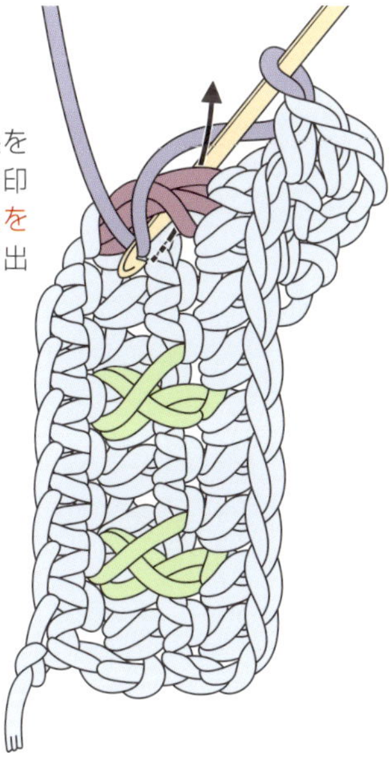

❷かぎ針に糸をかけて、矢印のように糸を長めに引き出します。

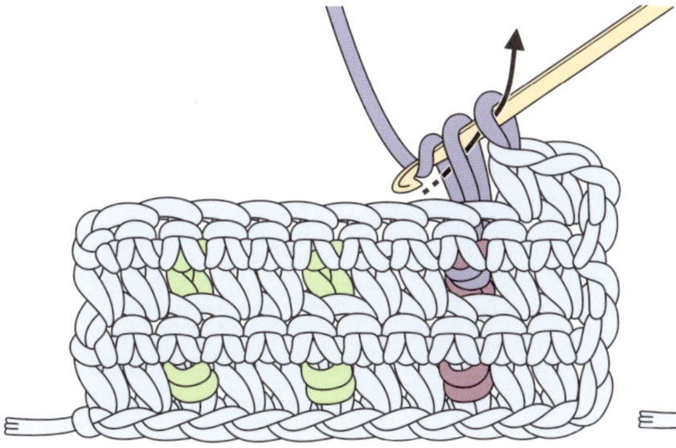

❸かぎ針に糸をかけて、かぎ針の2ループを引き抜きます。

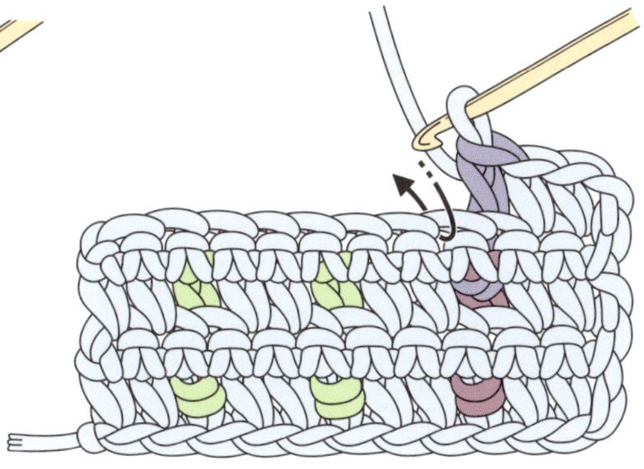

❹次の細編みは前段を1目とばして編みます。

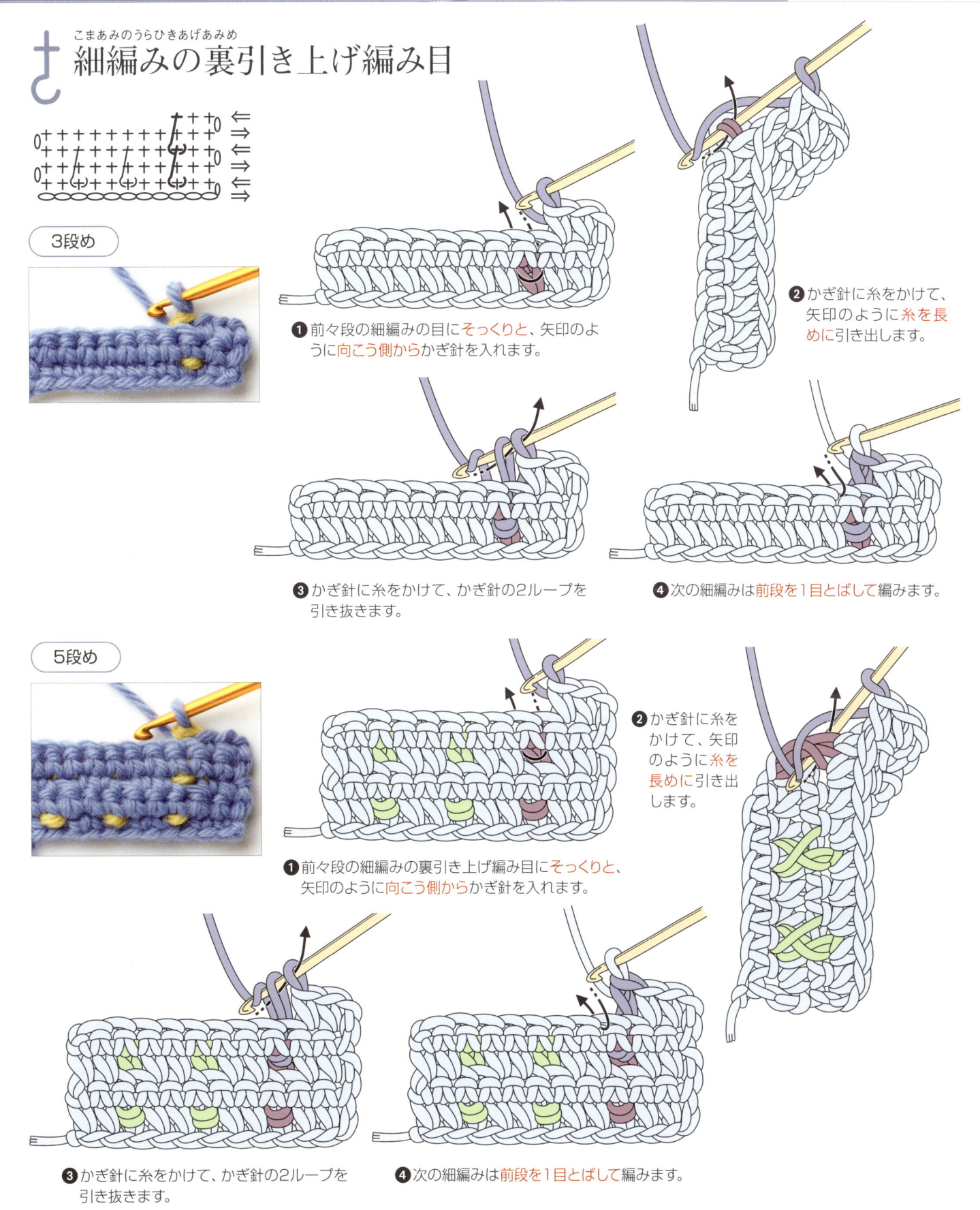

中長編みの表引き上げ編み目《ちゅうながあみのおもてひきあげあみめ》

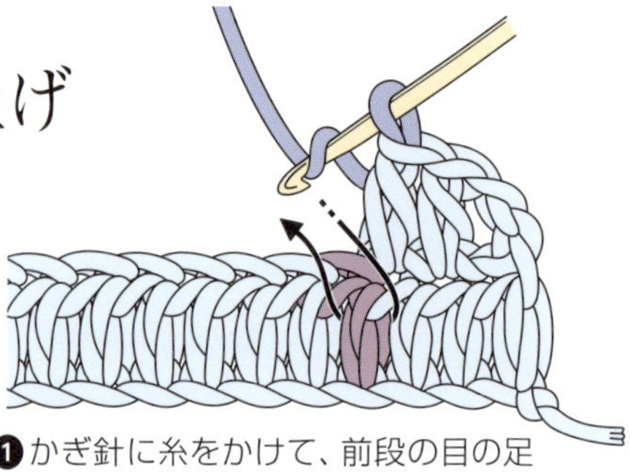

❶かぎ針に糸をかけて、前段の目の足にそっくりと手前側からかぎ針を入れます。

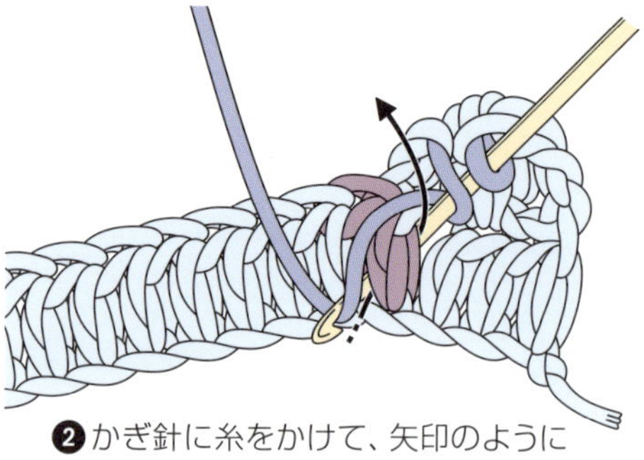

❷かぎ針に糸をかけて、矢印のように糸を長めに引き出します。

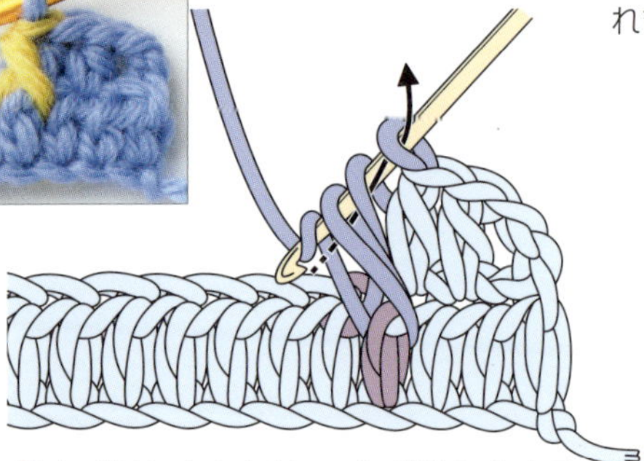

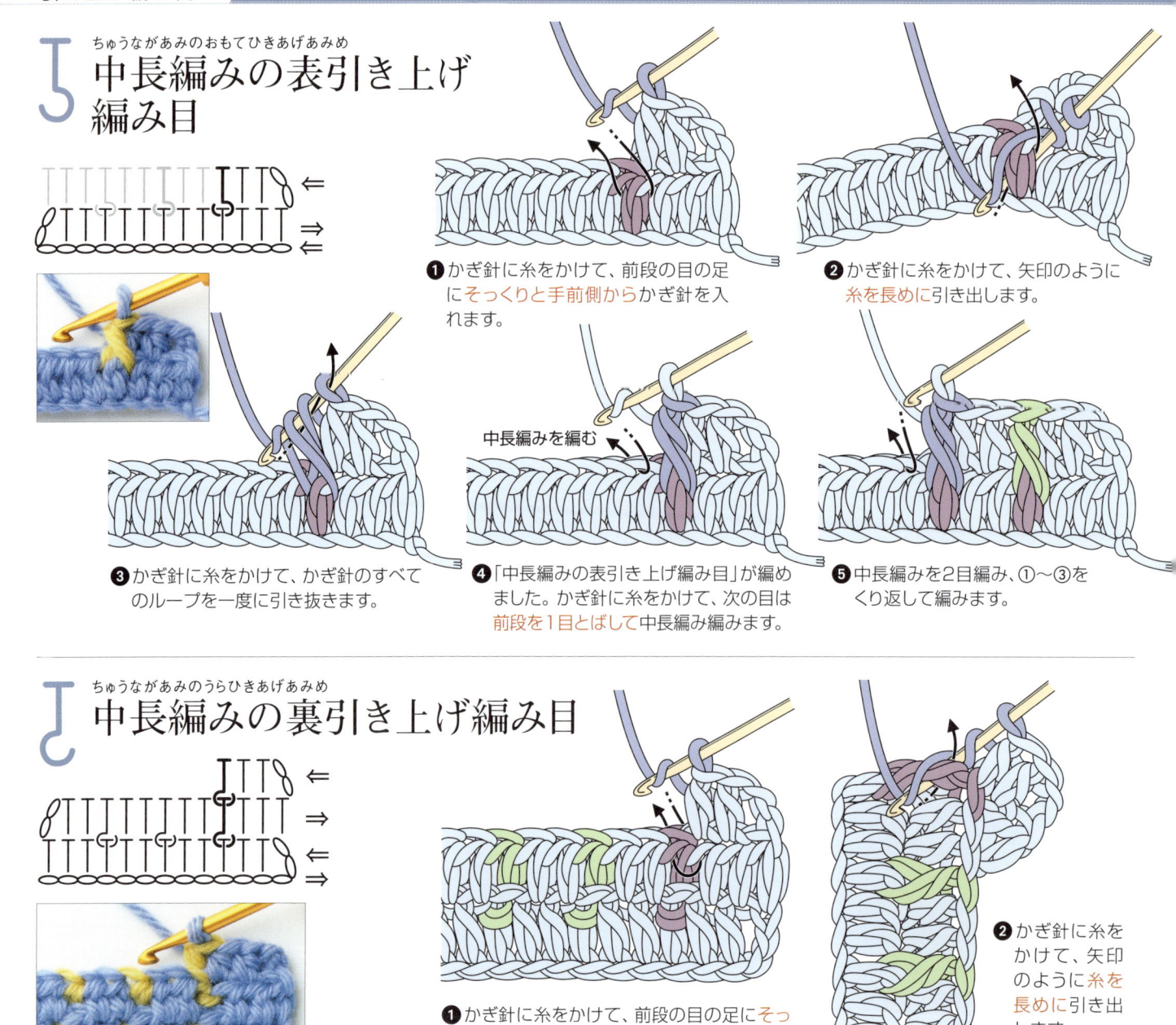

❸かぎ針に糸をかけて、かぎ針のすべてのループを一度に引き抜きます。

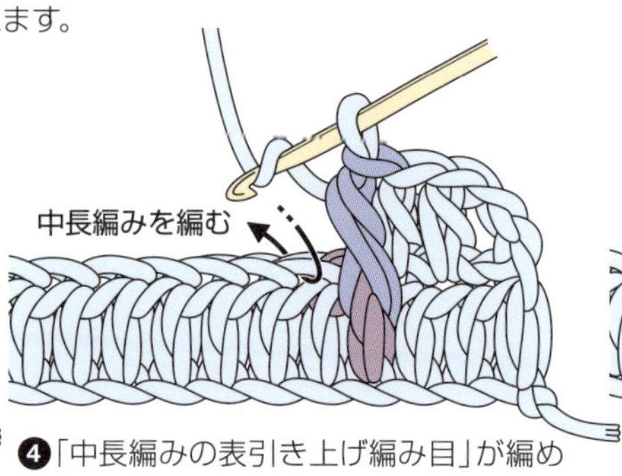

❹「中長編みの表引き上げ編み目」が編めました。かぎ針に糸をかけて、次の目は前段を1目とばして中長編み編みます。

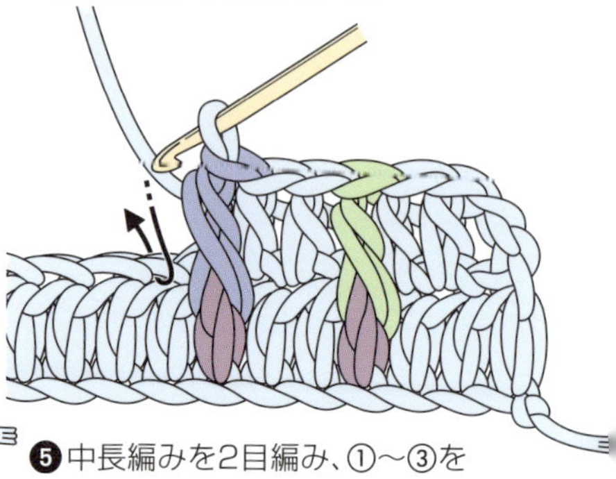

❺中長編みを2目編み、①～③をくり返して編みます。

中長編みの裏引き上げ編み目《ちゅうながあみのうらひきあげあみめ》

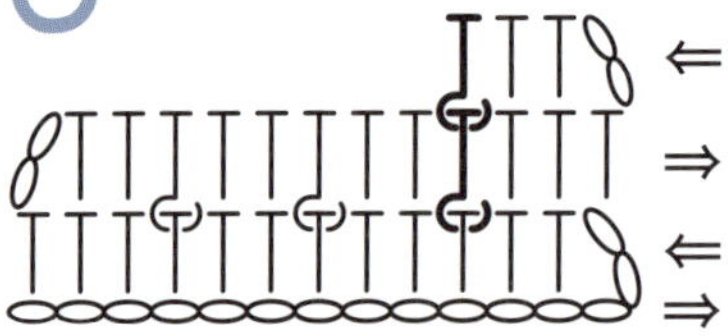

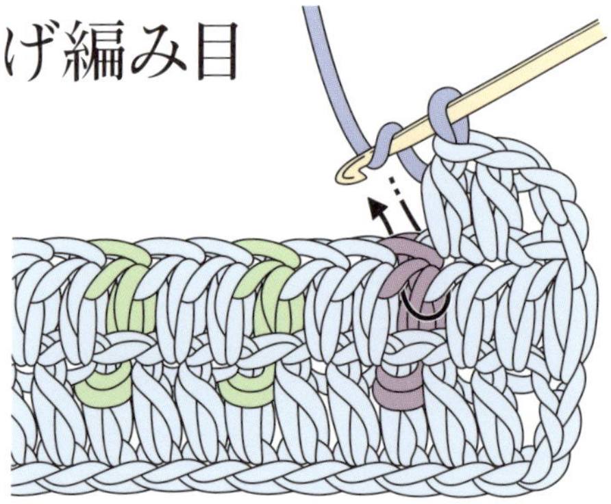

❶かぎ針に糸をかけて、前段の目の足にそっくりと向こう側からかぎ針を入れます。

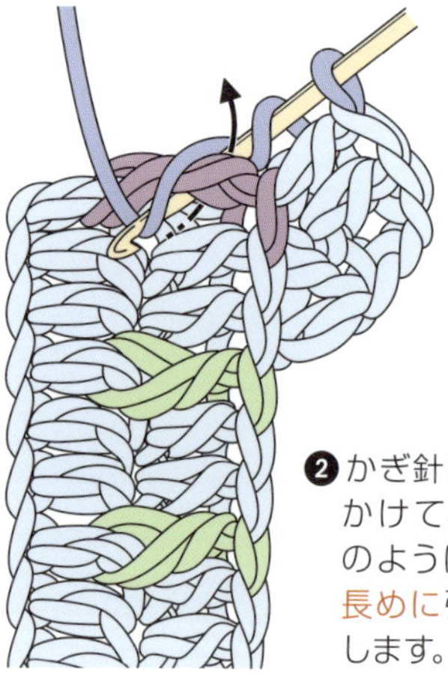

❷かぎ針に糸をかけて、矢印のように糸を長めに引き出します。

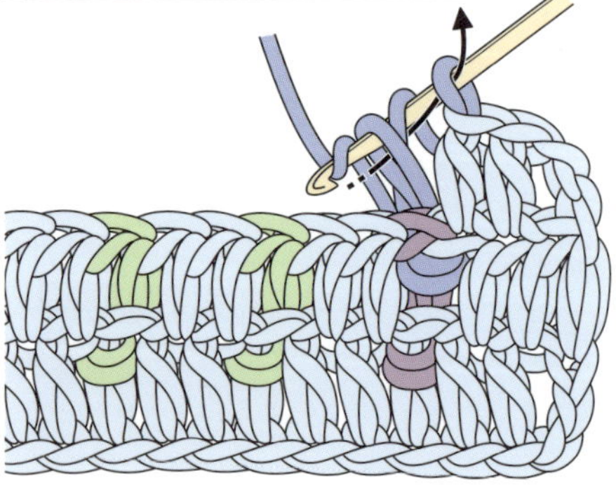

❸かぎ針に糸をかけて、かぎ針のすべてのループを一度に引き抜きます。

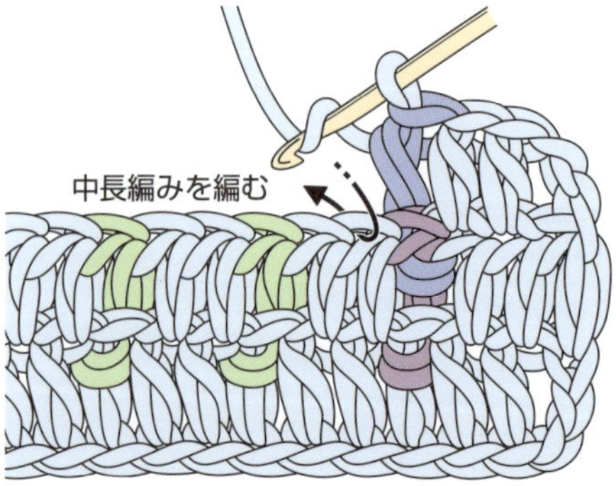

❹「中長編みの裏引き上げ編み目」が編めました。かぎ針に糸をかけて、次の目は前段を1目とばして中長編みを編みます。

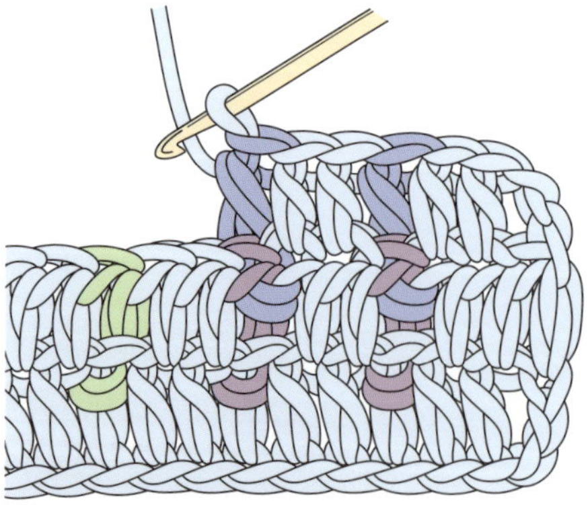

❺中長編みを2目編み、①～③をくり返して編みます。

長編みの表引き上げ編み目《ながあみのおもてひきあげあみめ》

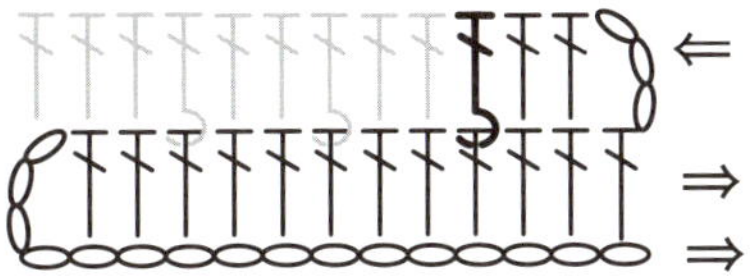

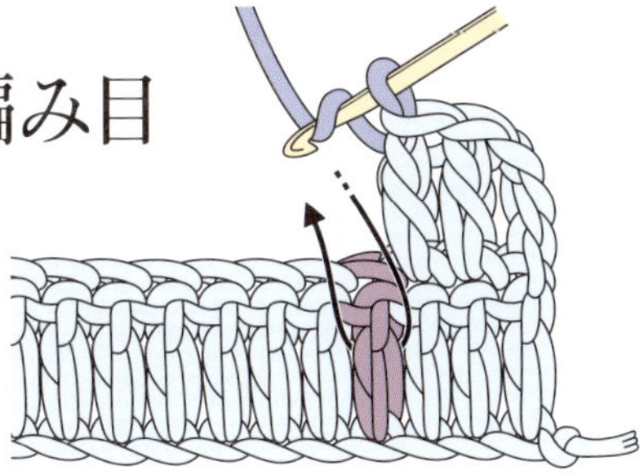

❶かぎ針に糸をかけて、前段の目の足にそっくりと手前側からかぎ針を入れます。

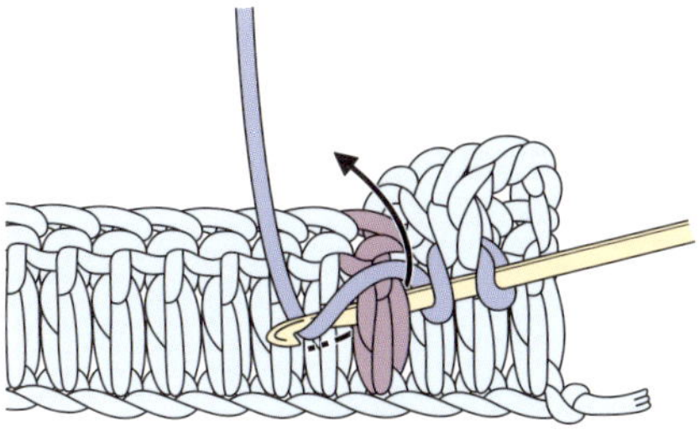

❷かぎ針に糸をかけて、矢印のように糸を長めに引き出します。

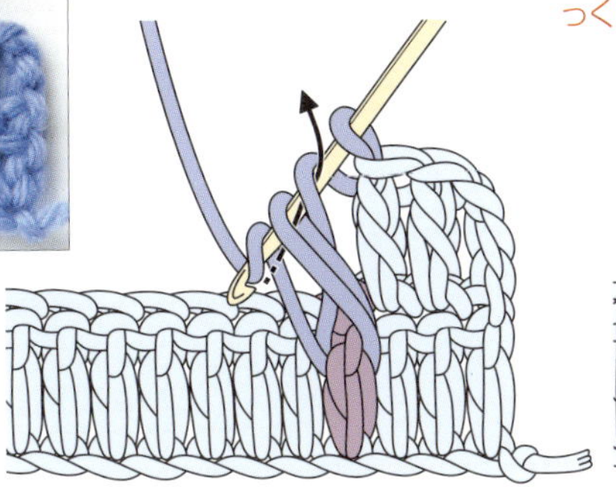

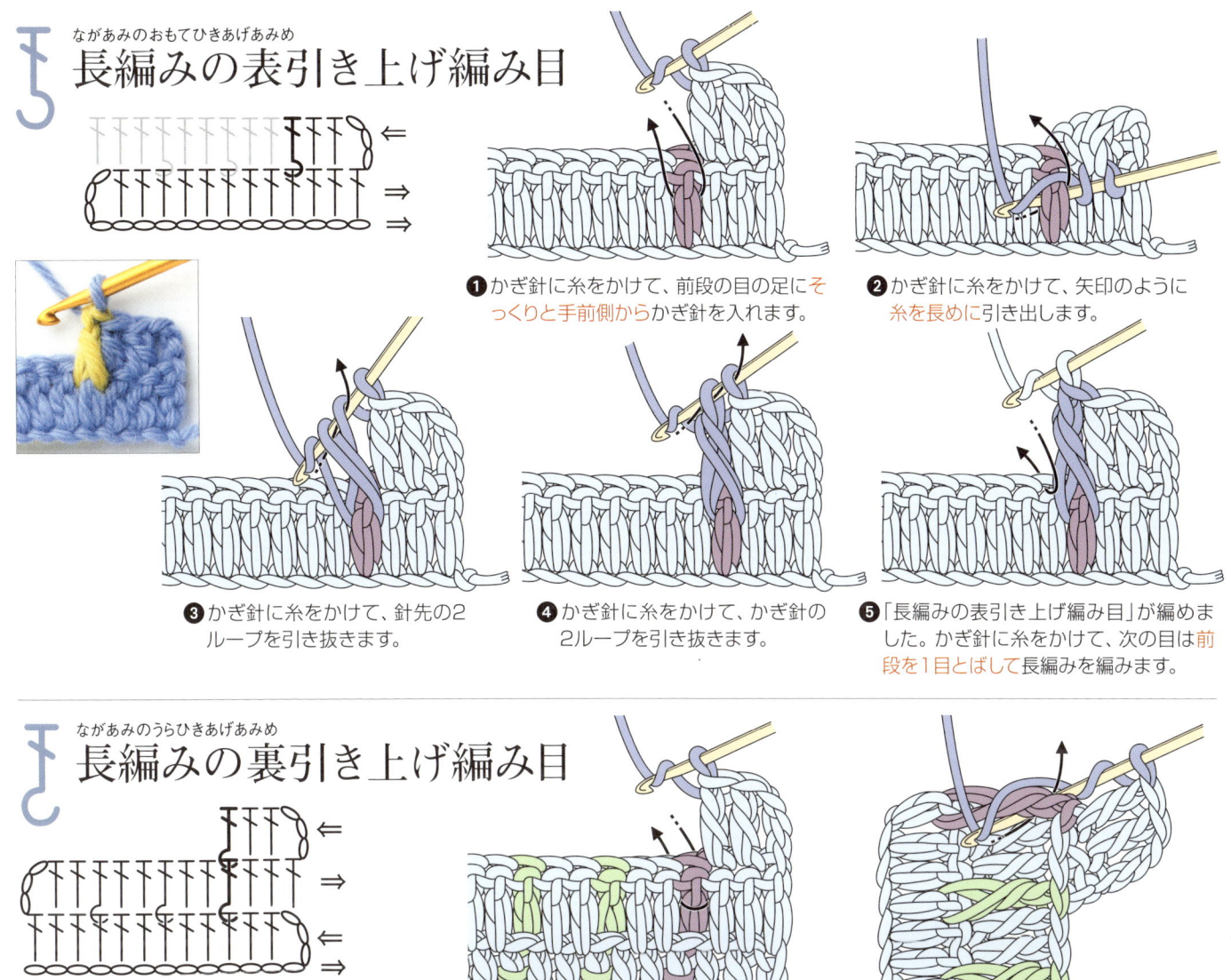

❸かぎ針に糸をかけて、針先の2ループを引き抜きます。

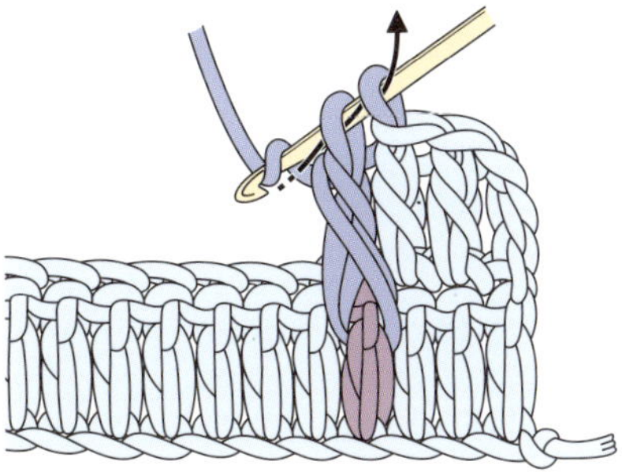

❹かぎ針に糸をかけて、かぎ針の2ループを引き抜きます。

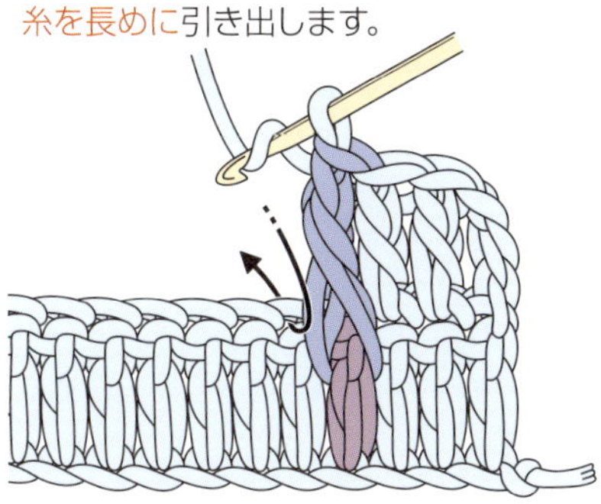

❺「長編みの表引き上げ編み目」が編めました。かぎ針に糸をかけて、次の目は前段を1目とばして長編みを編みます。

長編みの裏引き上げ編み目《ながあみのうらひきあげあみめ》

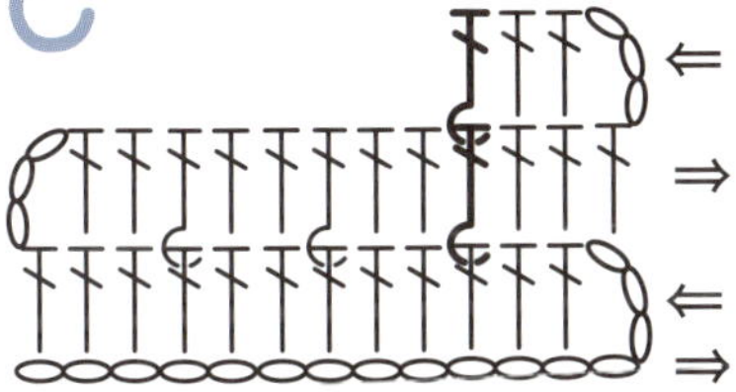

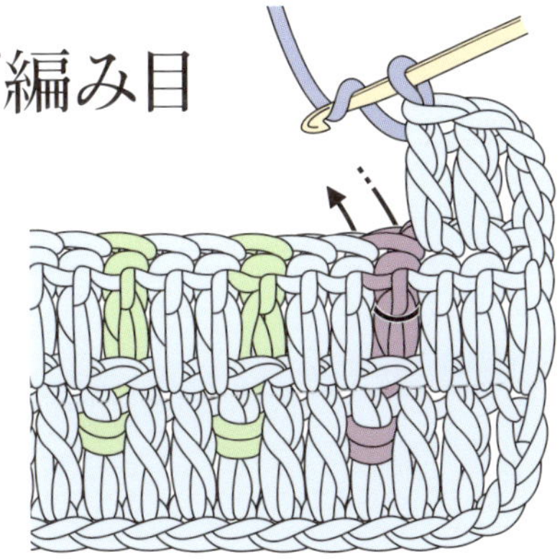

❶かぎ針に糸をかけて、前段の目の足にそっくりと向こう側からかぎ針を入れます。

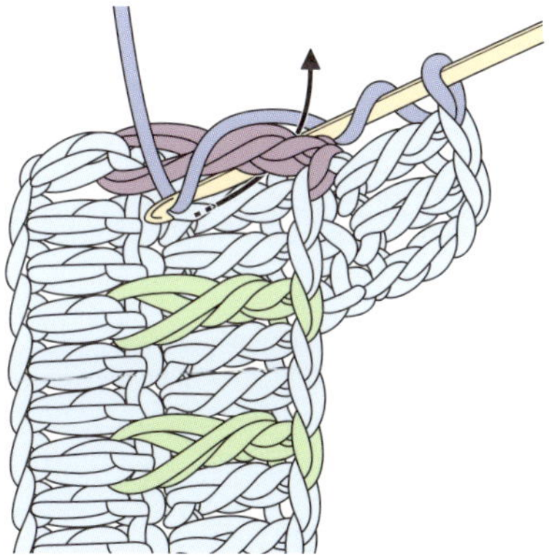

❷かぎ針に糸をかけて、矢印のように糸を長めに引き出します。

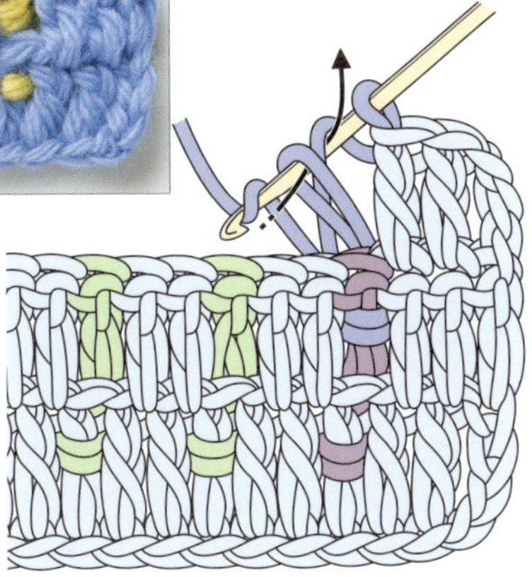

❸かぎ針に糸をかけて、針先の2ループを引き出します。

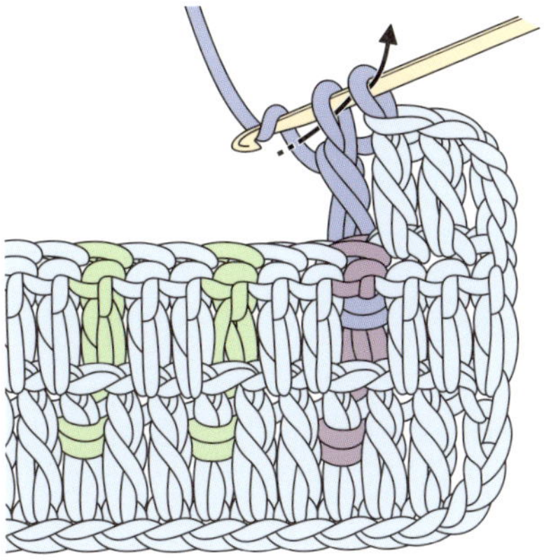

❹かぎ針に糸をかけて、かぎ針の2ループを引き抜きます。

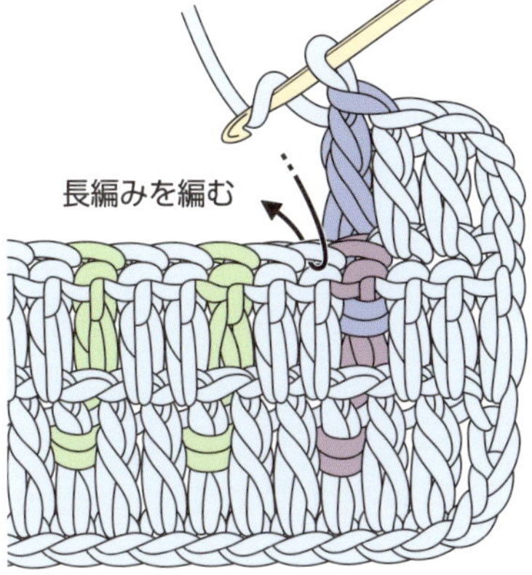

❺「長編みの裏引き上げ編み目」が編めました。かぎ針に糸をかけて、次の目は前段を1目とばして長編みを編みます。

長編みの表引き上げ1目交差《ながあみのおもてひきあげひとめこうさ》(鎖1目入る)

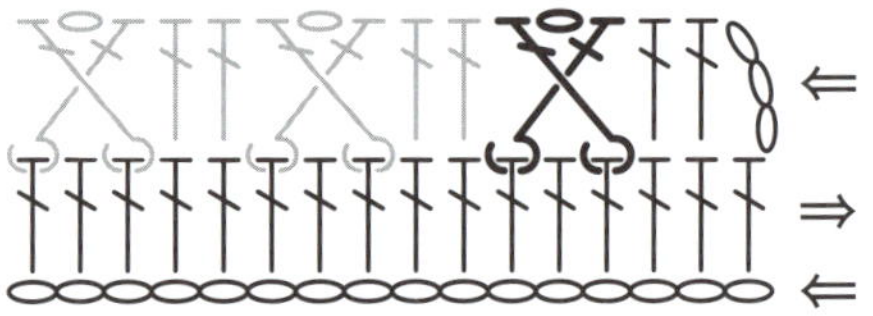

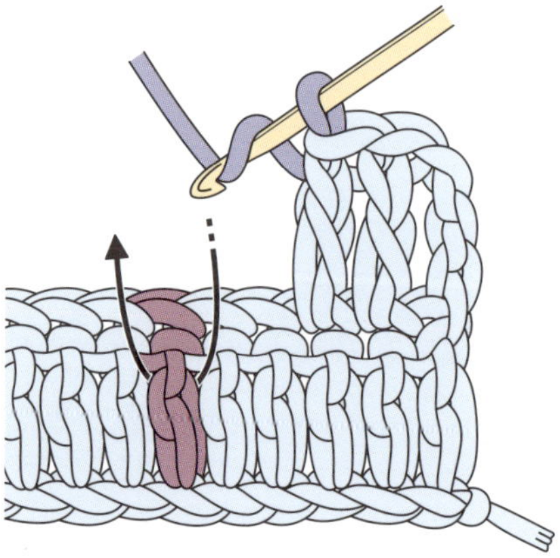

❶かぎ針に糸をかけて、前段の目の足(長編みの3目め)にそっくりと手前側からかぎ針を入れます。

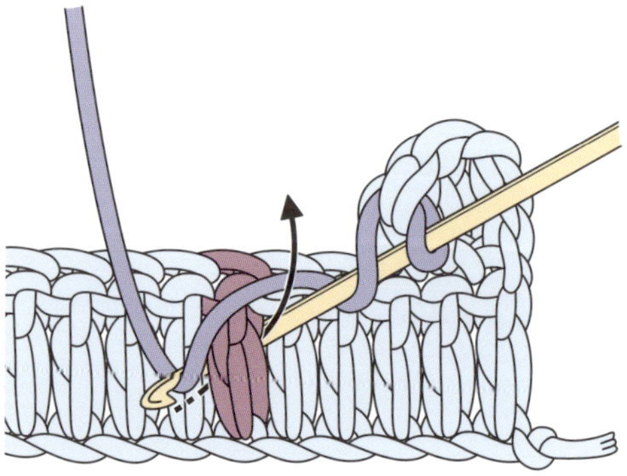

❷かぎ針に糸をかけて、矢印のように糸を長めに引き出します。

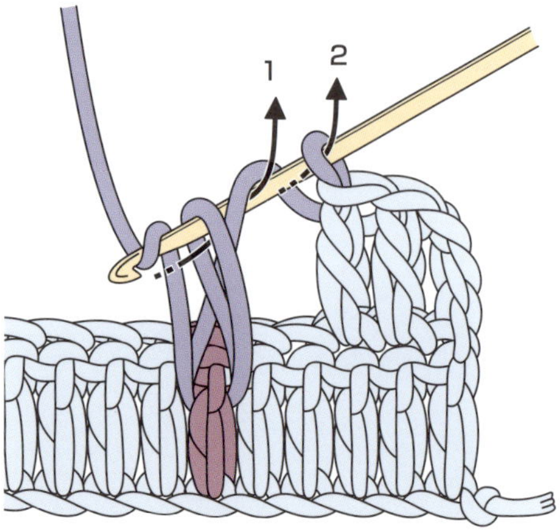

❸かぎ針に糸をかけて、針先の2ループを引き出します。さらにかぎ針に糸をかけて、かぎ針の2ループを引き抜きます。

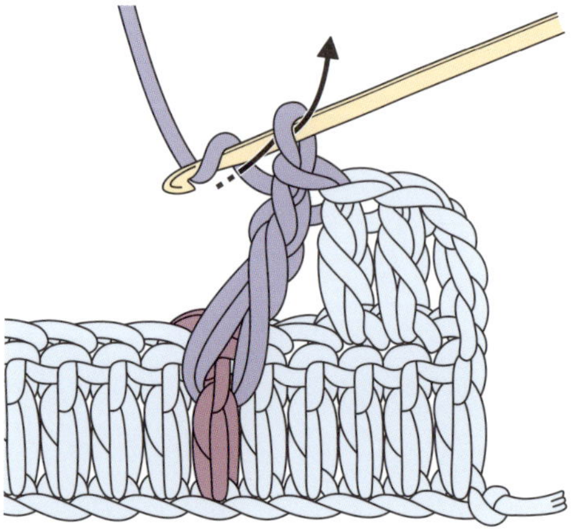

❹鎖1目編み、

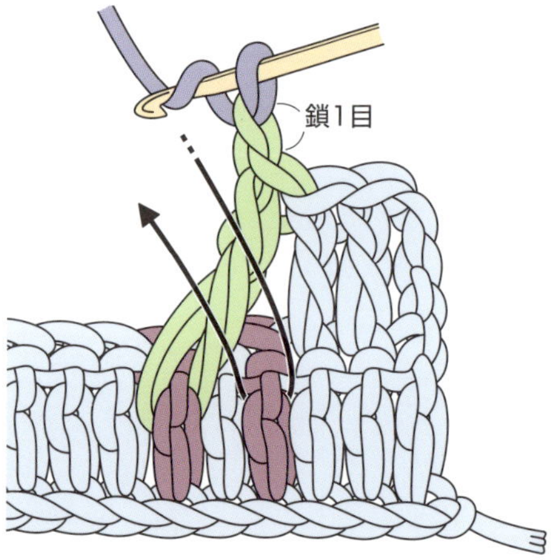

❺かぎ針に糸をかけて、前段の目の足(長編みの1目め)にそっくりと手前側からかぎ針を入れます。

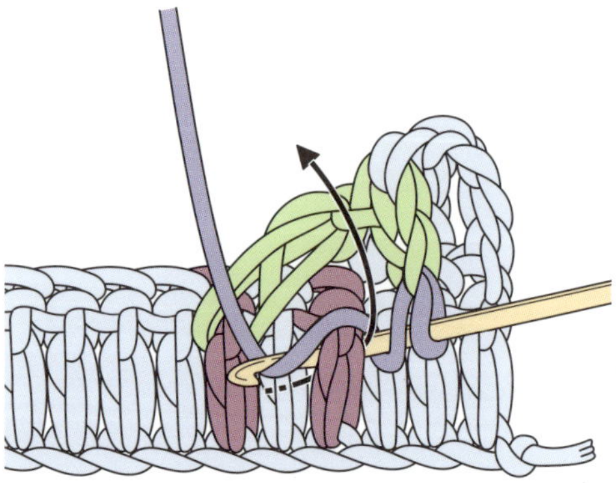

❻かぎ針に糸をかけて、矢印のように糸を長めに引き出します。

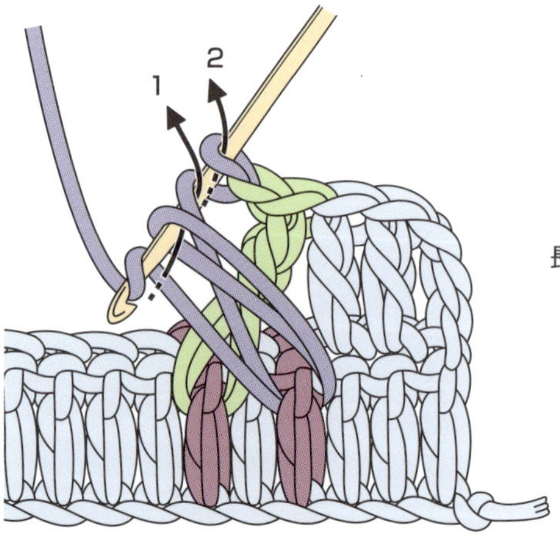

❼かぎ針に糸をかけて、針先の2ループを引き出します。さらにかぎ針に糸をかけて、かぎ針の2ループを引き抜きます。

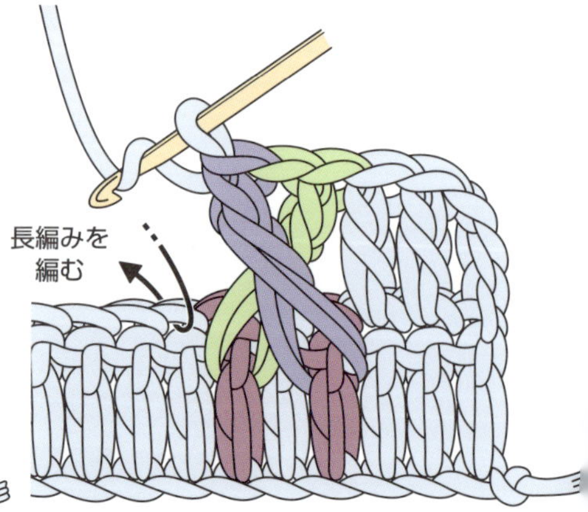

❽「長編みの表引き上げ1目交差」が編めました。次の目は前段を3目とばして長編みを編みます。

長編みの表引き上げ目を2目編み入れる《ながあみのおもてひきあげめをふためあみいれる》

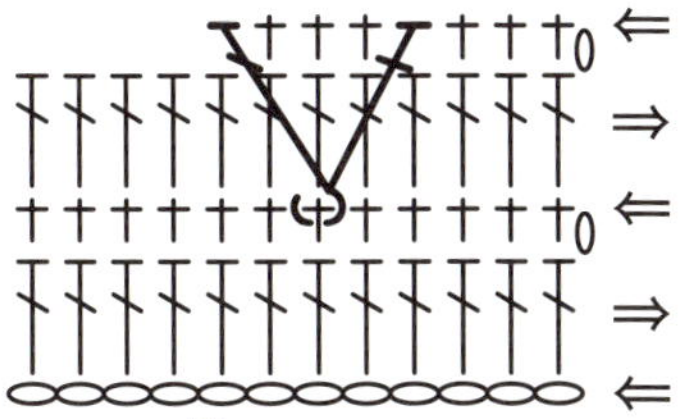

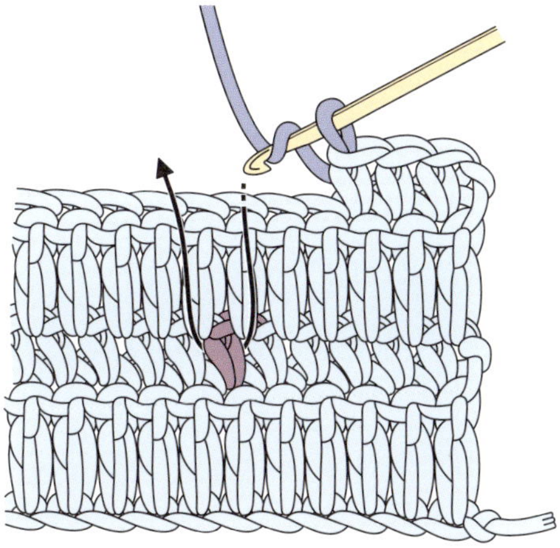

❶かぎ針に糸をかけて、前々段の目の足（細編みの3目め）にそっくりと手前側からかぎ針を入れます。

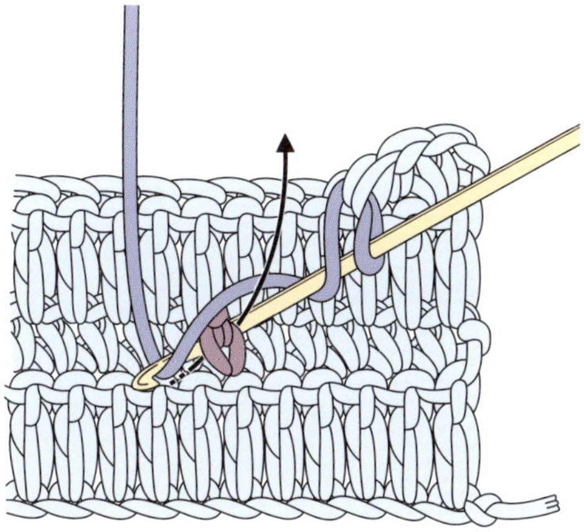

❷かぎ針に糸をかけて、矢印のように糸を長めに引き出します。

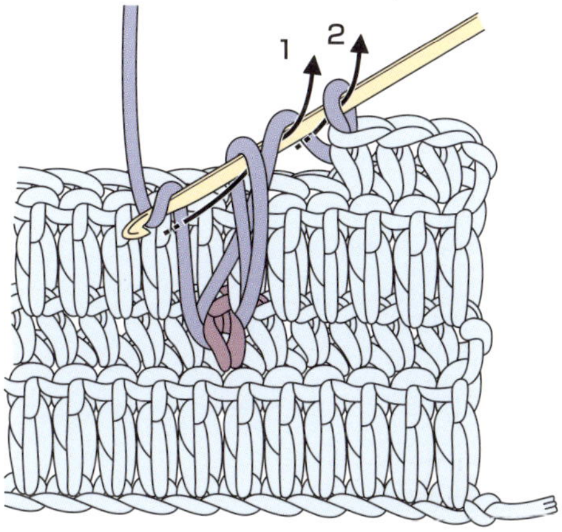

❸かぎ針に糸をかけて、針先の2ループを引き出します。さらにかぎ針に糸をかけて、かぎ針の2ループを引き抜きます。

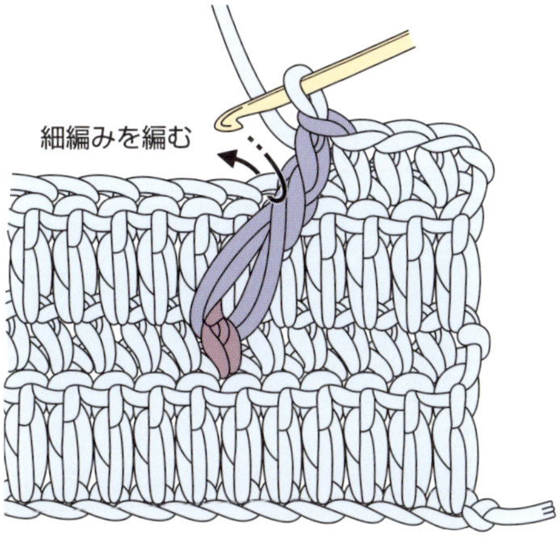

❹前段を1目とばして細編みを3目編み、

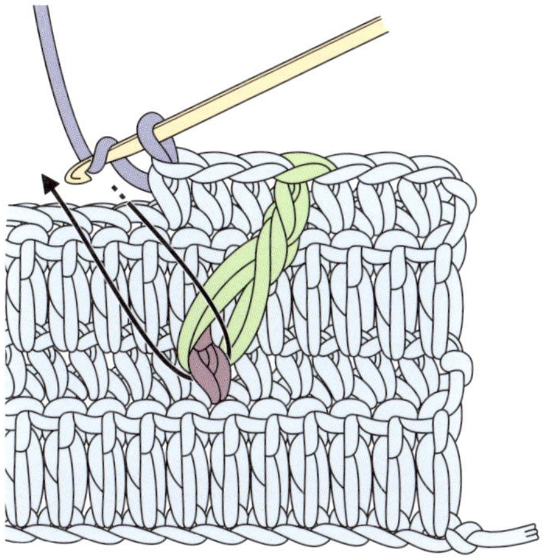

❺かぎ針に糸をかけて、①と同じ前々段の細編みの目にそっくりと手前側からかぎ針を入れます。

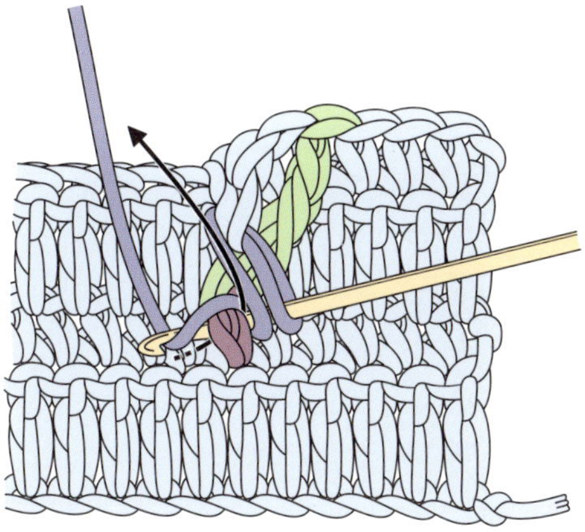

❻かぎ針に糸をかけて、矢印のように糸を長めに引き出します。

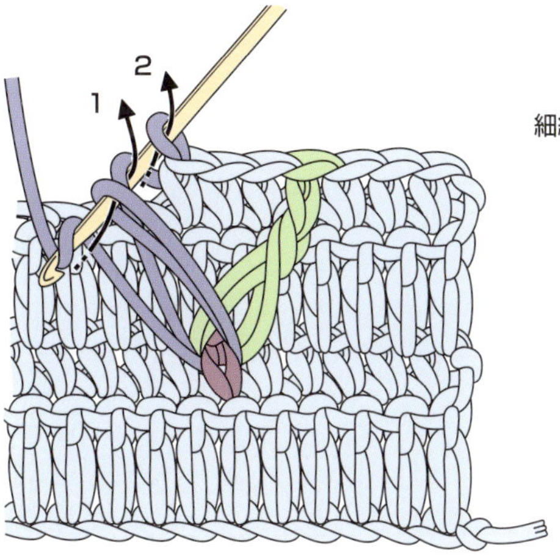

❼かぎ針に糸をかけて、針先の2ループを引き出します。さらにかぎ針に糸をかけて、かぎ針の2ループを引き抜きます。

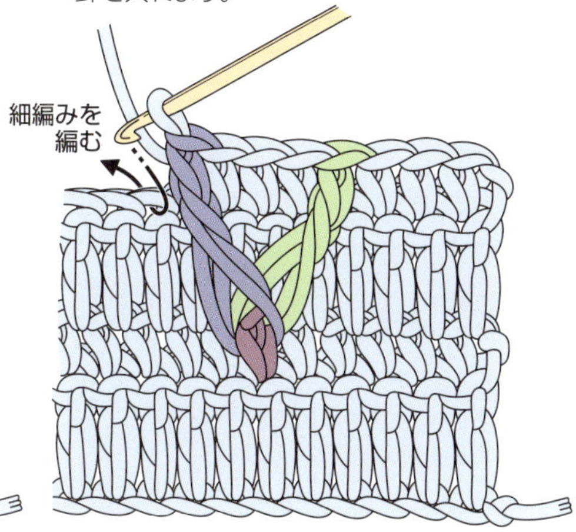

❽「長編みの表引き上げ目を2目編み入れる」が編めました。次の目は前段を1目とばして細編みを編みます。

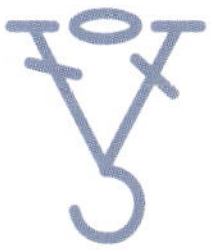

長編みの表引き上げ2目一度《ながあみのおもてひきあげふためいちど》

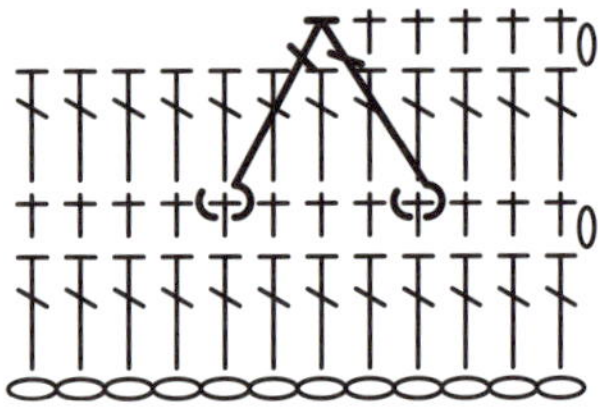

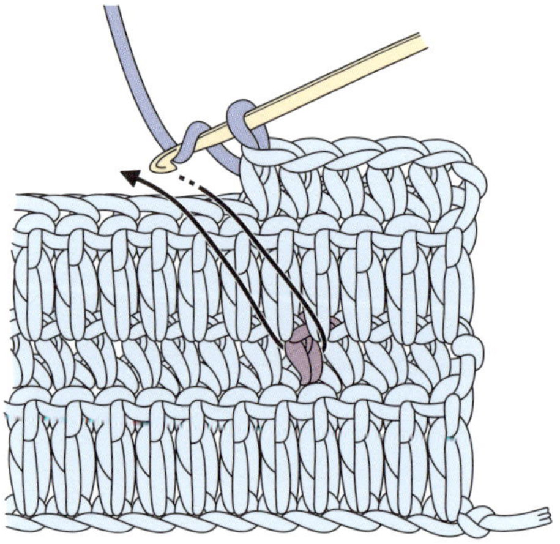

❶かぎ針に糸をかけて、前々段の目の足（細編みの1目め）にそっくりと手前側からかぎ針を入れます。

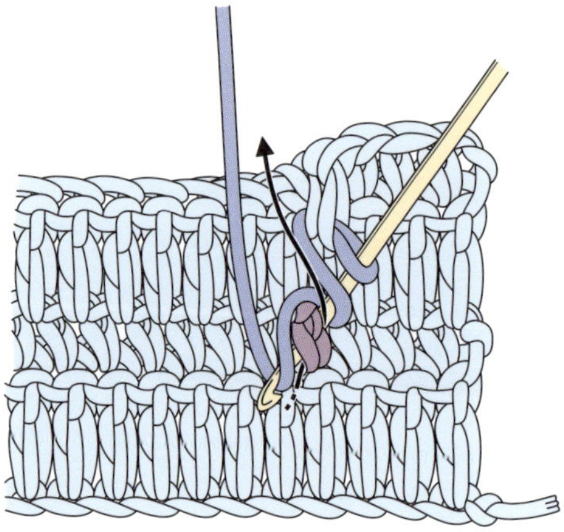

❷かぎ針に糸をかけて、矢印のように糸を長めに引き出します。

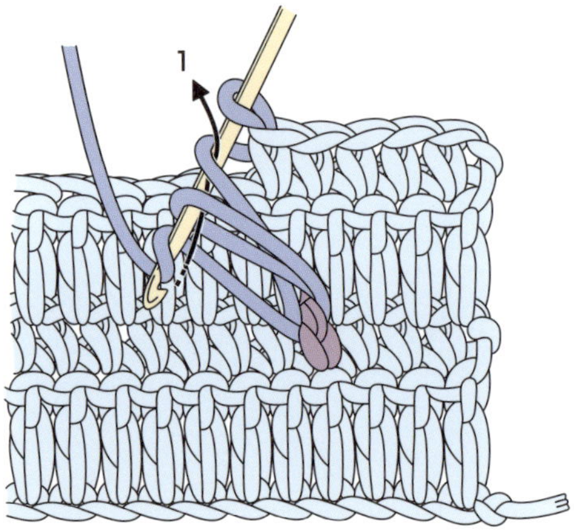

❸かぎ針に糸をかけて、針先の2ループを引き出します。

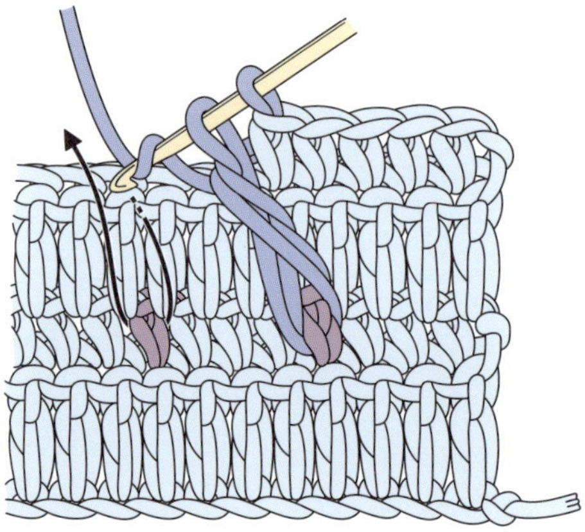

❹かぎ針に糸をかけて、前々段の目の足（細編みは3目とばす）にそっくりと手前側からかぎ針を入れます。

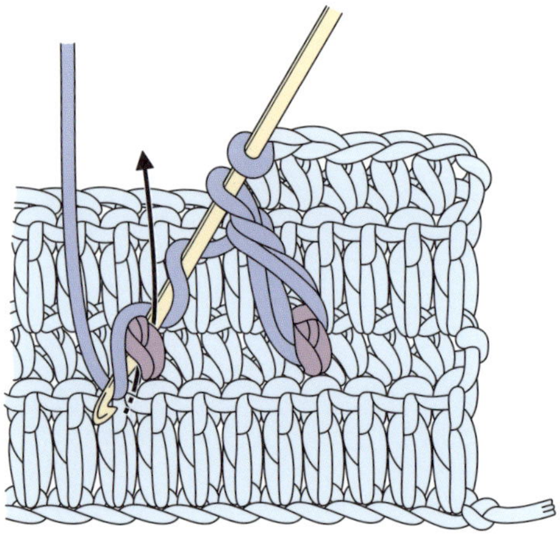

❺かぎ針に糸をかけて、矢印のように糸を長めに引き出します。

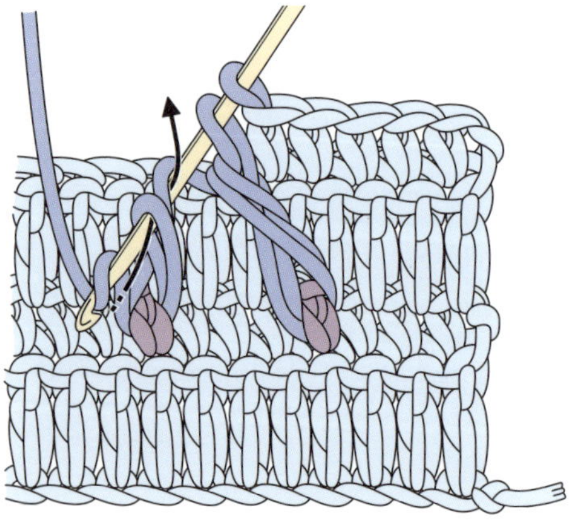

❻かぎ針に糸をかけて、針先の2ループを引き出します（未完成表引き上げ長編み）。

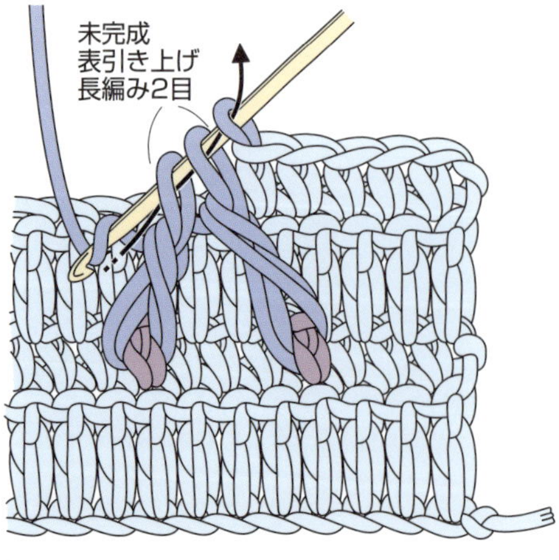

❼かぎ針に糸をかけて、かぎ針の3ループを一度に引き抜きます。

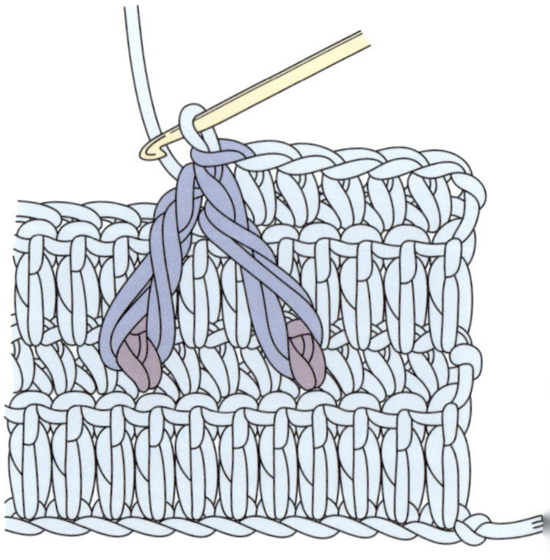

❽「長編みの表引き上げ2目一度」が編めました。次の目は前段を1目とばして細編みを編みます。

長々編みの表引き上げ2目一度《ながながあみのおもてひきあげふためいちど》

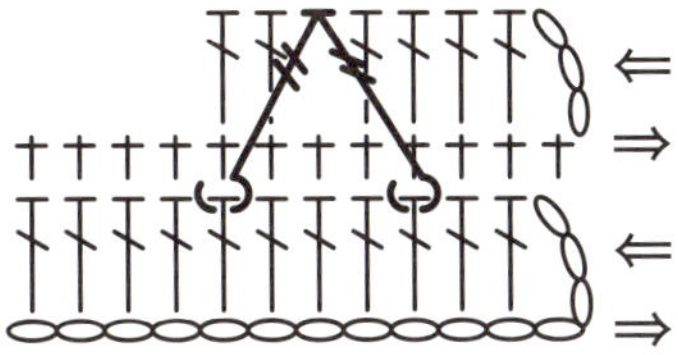

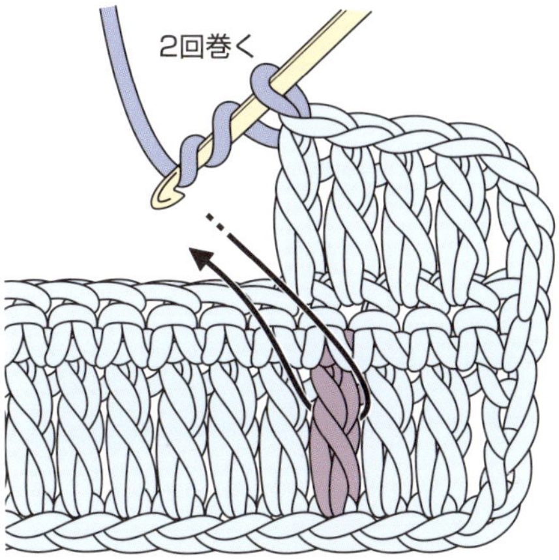

❶かぎ針に糸を2回巻いて、前々段の目の足（長編みの1目め）にそっくりと手前側からかぎ針を入れます。

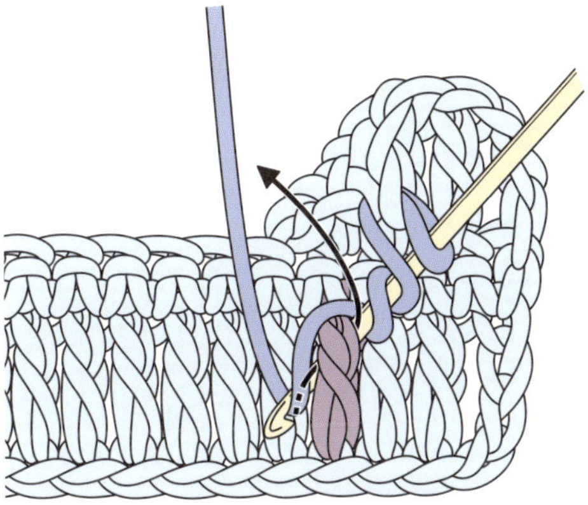

❷かぎ針に糸をかけて、矢印のように糸を長めに引き出します。

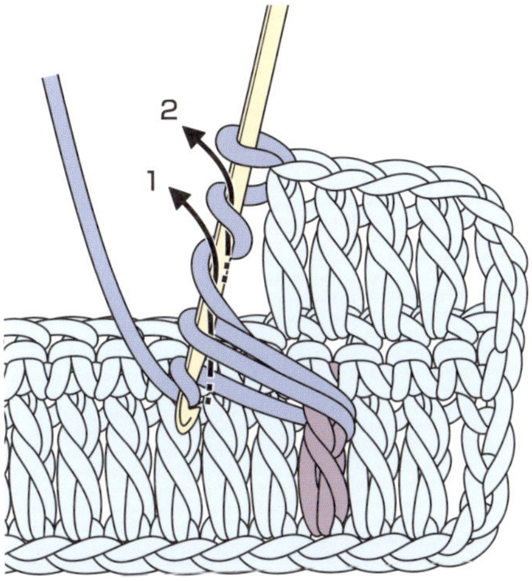

❸「かぎ針に糸をかけて、針先の2ループを引き出す」を2回くり返します（未完成表引き上げ長編み）。

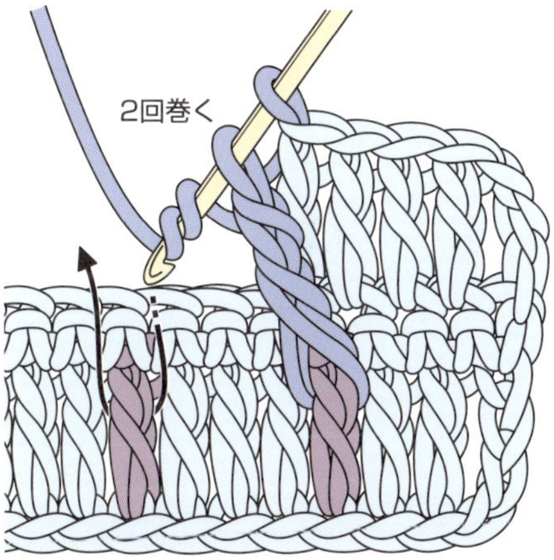

❹かぎ針に糸を2回巻いて、前々段の目の足（長編みは3目とばす）にそっくりと手前側からかぎ針を入れ、未完成の長々編みを編みます。

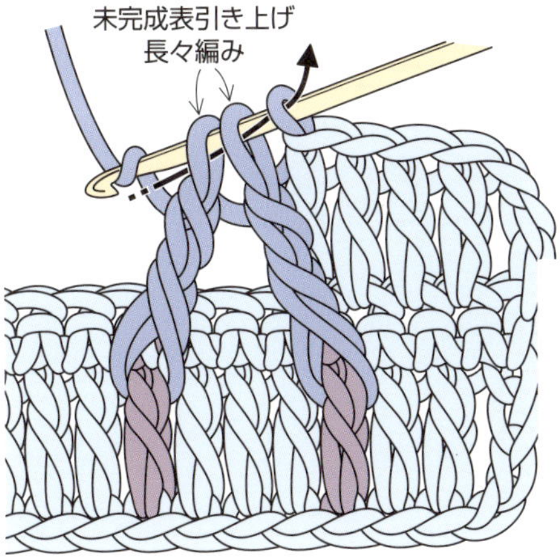

❺かぎ針に糸をかけて、かぎ針の3ループを一度に引き抜きます。

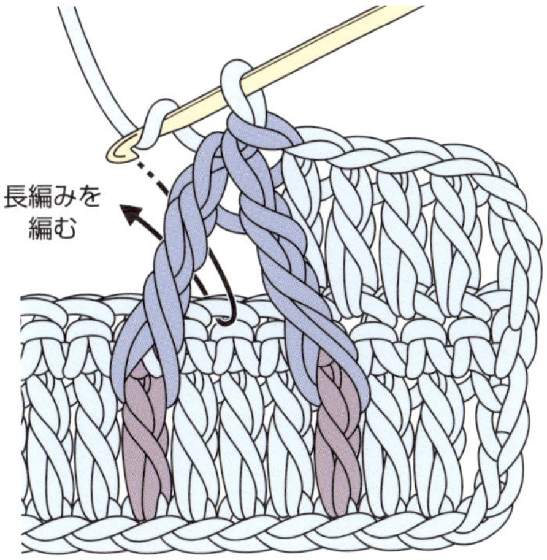

❻「長々編みの表引き上げ2目一度」が編めました。次の目は前段を1目とばして長編みを編みます。

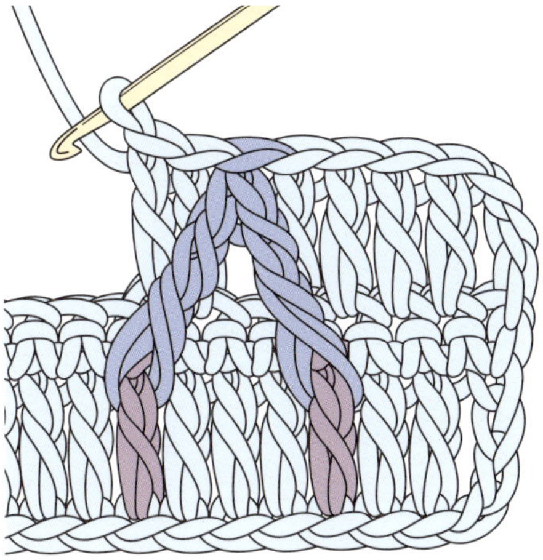

❼長編み2目編んで、1模様の出来あがりです。

細編みのリング編み目《こまあみのりんぐあみめ》

リングの長さは左手の中指で調整しながら編んでください。リングは編み目の裏側に出来ますので、時々ループの長さを確認しながら編みましょう。

裏から見た状態です

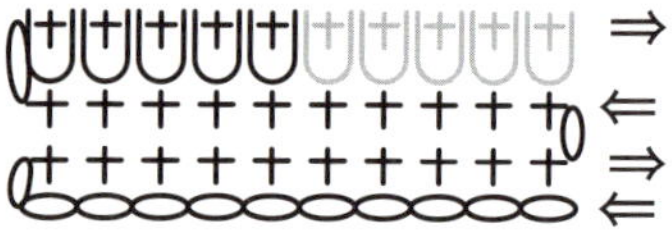

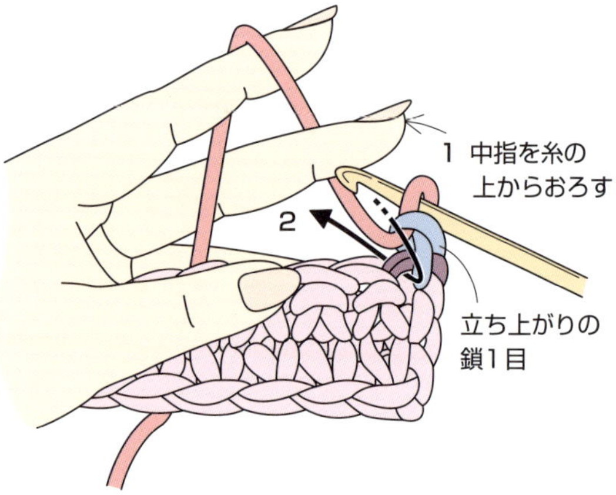
1 中指を糸の
上からおろす
2
立ち上がりの
鎖1目

❶左手の中指を糸の上からおろし、前段の頭鎖2本に矢印のようにかぎ針を入れます。

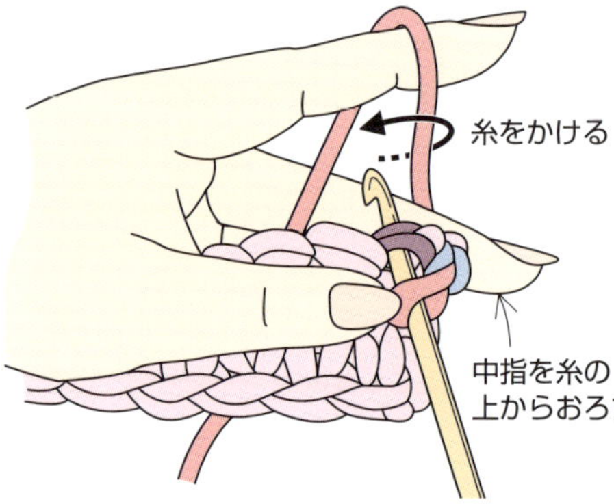
糸をかける
中指を糸の
上からおろす

❷左手の中指で糸を押さえたまま、矢印のようにかぎ針に糸をかけて

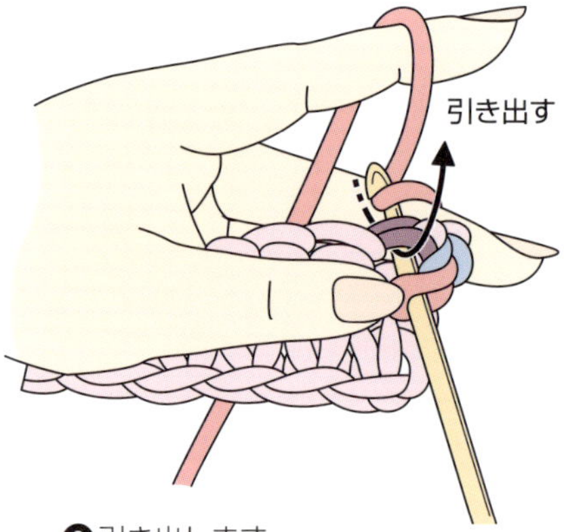
引き出す

❸引き出します。

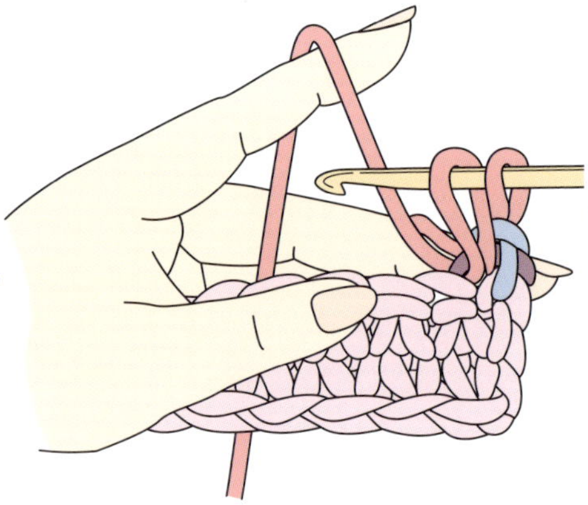

❹ 糸を引き出したところです。

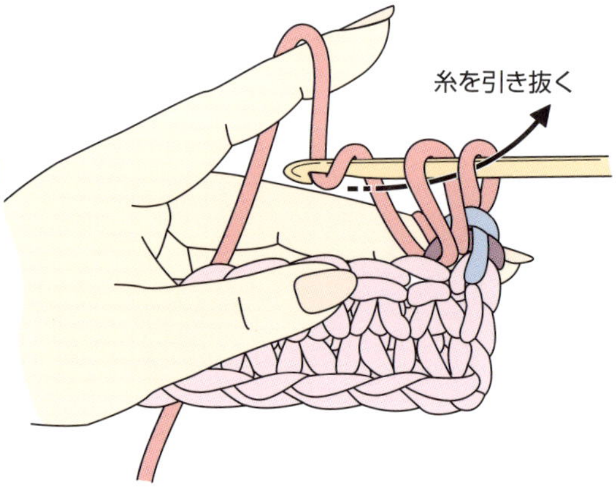
糸を引き抜く

❺かぎ針に糸をかけて、かぎ針の2ループを引き抜きます。左手の中指をはずすと裏側にリングが出来ています。

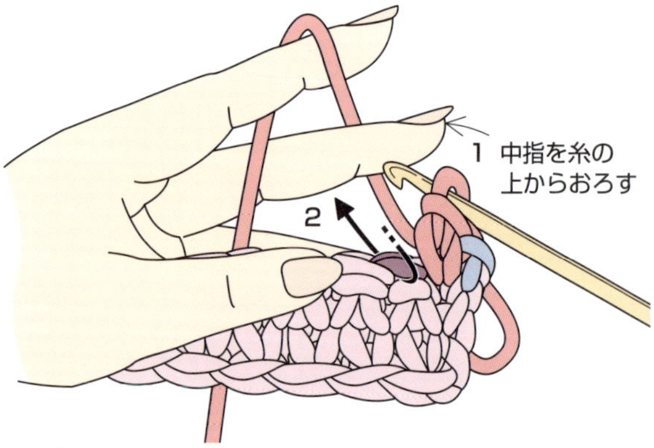
1 中指を糸の
上からおろす
2

❻次の目も左手の中指を糸の上からおろし、前段の頭鎖2本に矢印のようにかぎ針を入れて、細編みを編みます。①〜⑤をくり返して編みます。

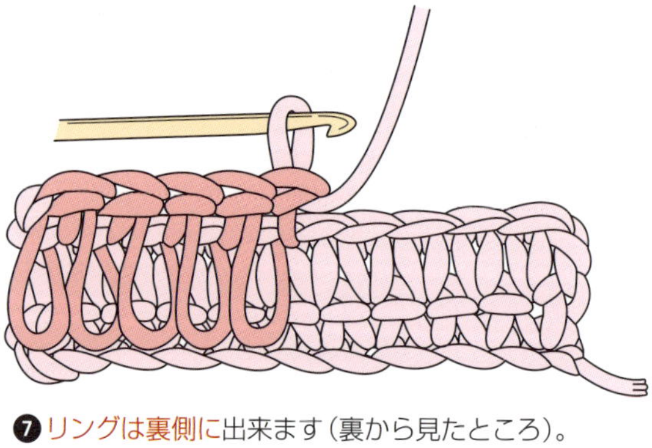

❼リングは裏側に出来ます（裏から見たところ）。

長編みのリング編み目《ながあみのりんぐあみめ》

リングの長さは左手の中指で調整しながら編んでください。長編みのリングは裏側に出来ますので、時々ループの長さを確認しながら編みましょう。

裏から見た状態です

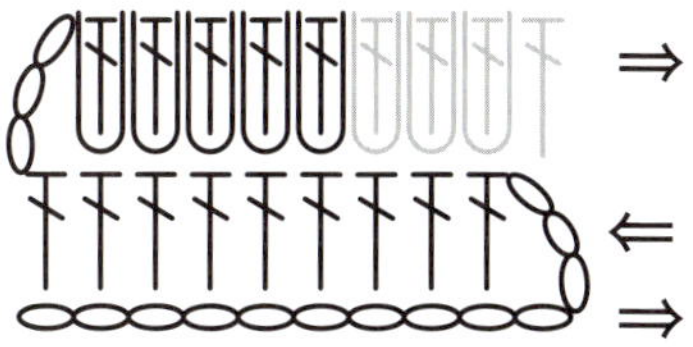

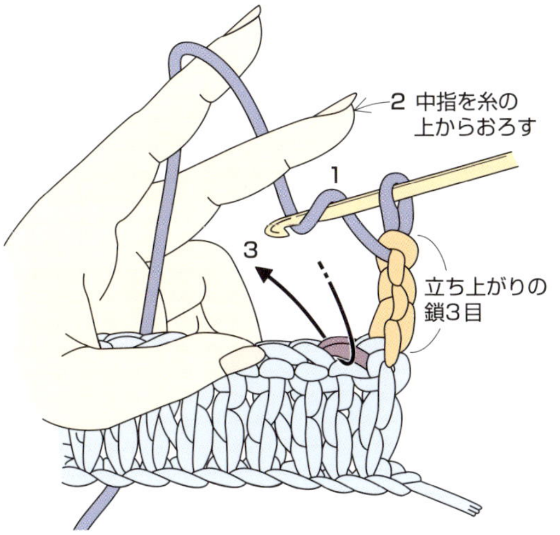

❶かぎ針に糸をかけて、左手の中指を糸の上からおろし、前段の頭鎖2本に矢印のようにかぎ針を入れます。

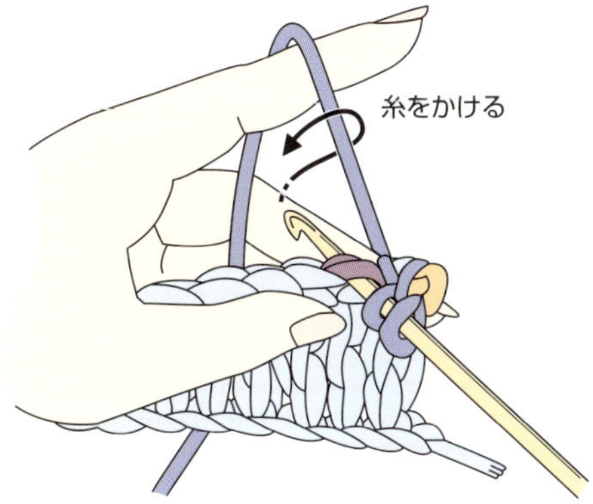

❷左手の中指で糸を押さえたまま、矢印のようにかぎ針に糸をかけて

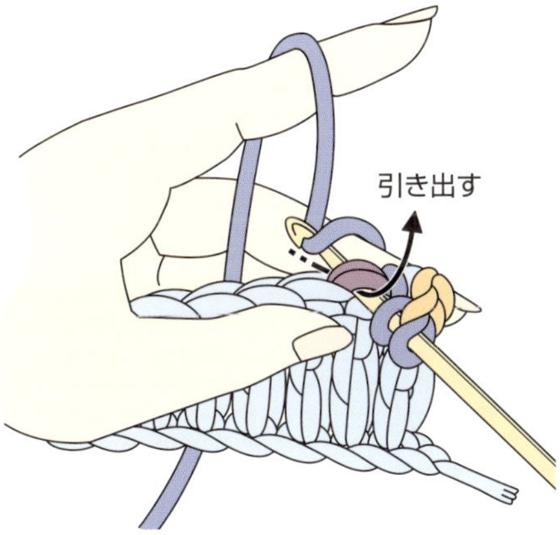

❸引き出します。

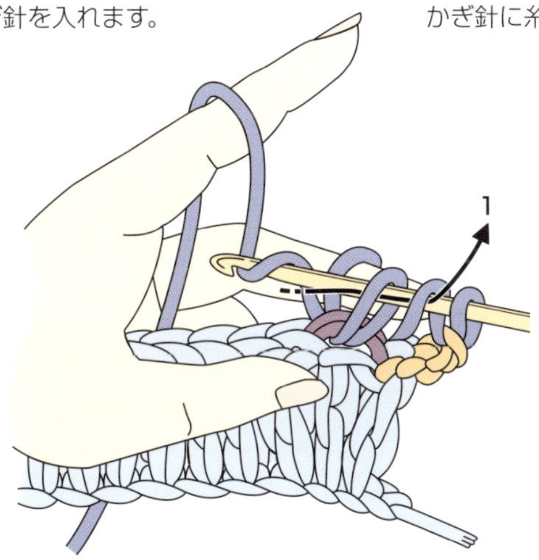

❹ かぎ針に糸をかけて、針先の2ループを引き出します。

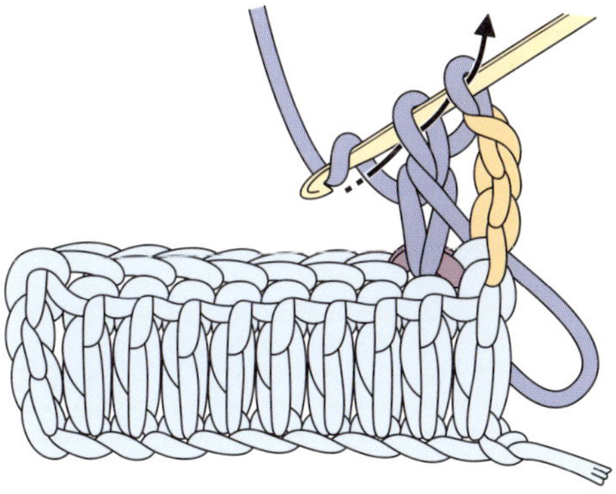

❺もう一度かぎ針に糸をかけて、かぎ針の2ループを引き抜きます。

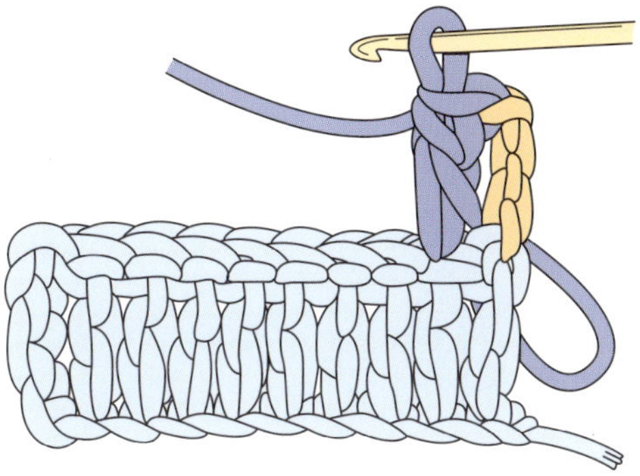

❻左手の中指をはずすと裏側にリングが出来ています。①〜⑤をくり返して編みます。

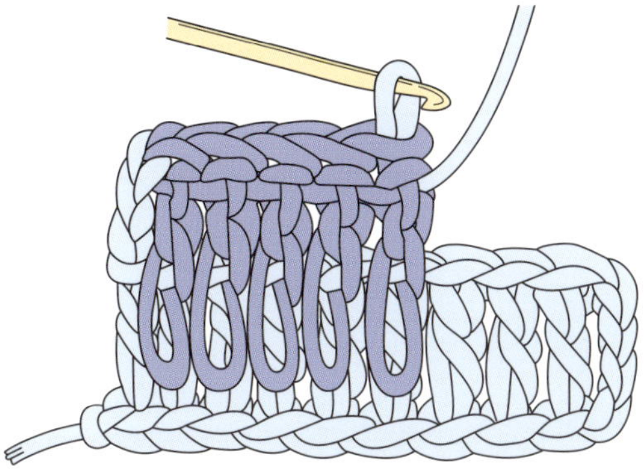

❼リングは裏側に出来ます(裏からみたところ)。

七宝編み目《しっぽうあみめ》

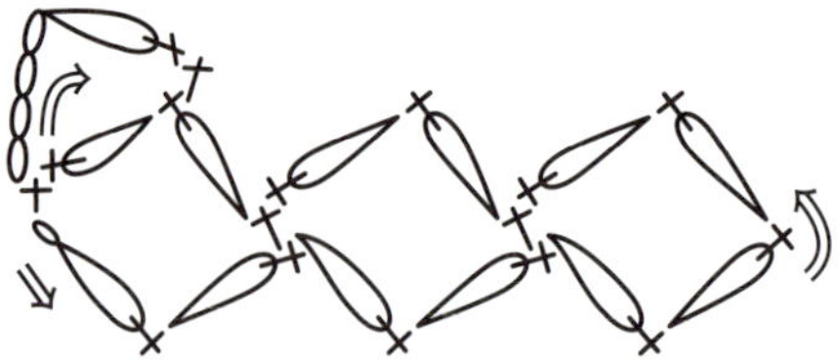

1段め

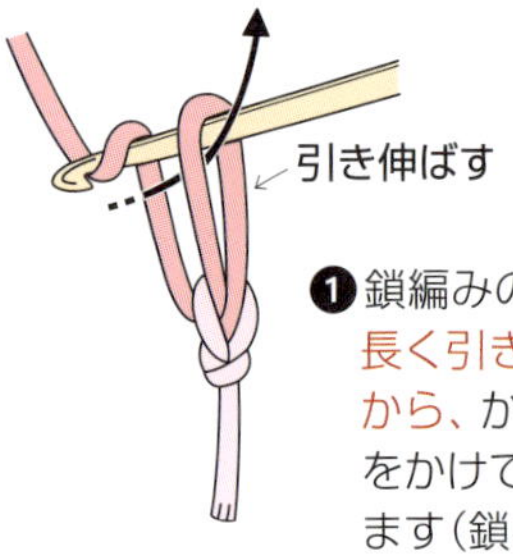
引き伸ばす

❶鎖編みの2目めを長く引き伸ばしてから、かぎ針に糸をかけて引き抜きます（鎖目）。

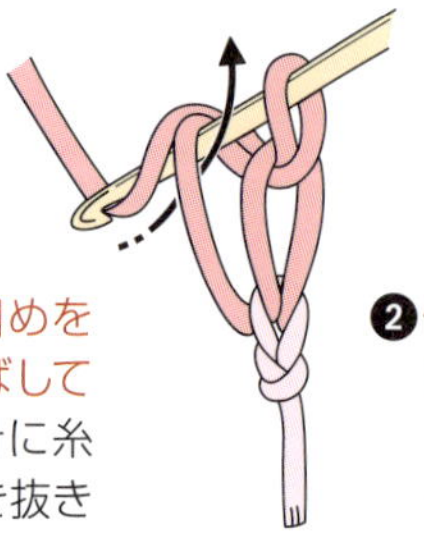

❷伸ばした鎖目の裏山にかぎ針を入れて、かぎ針に糸をかけて、糸を引き出します。

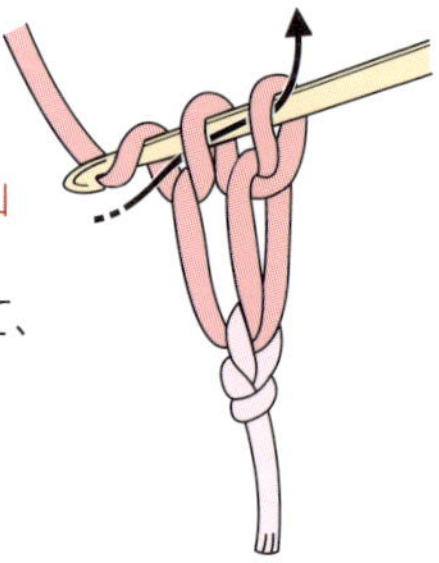

❸かぎ針に糸をかけてかぎ針の2ループを引き抜きます（細編み）。

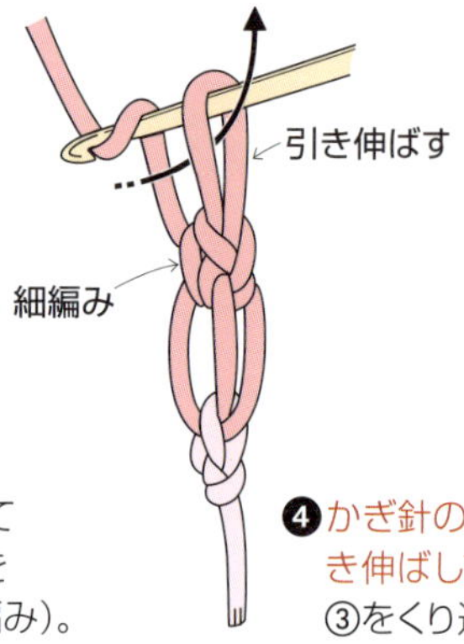
引き伸ばす
細編み

❹かぎ針の目を長く引き伸ばしてから、②、③をくり返します。

2段め

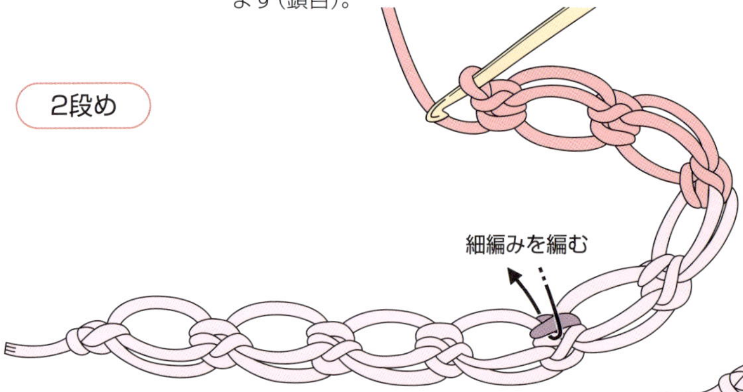
細編みを編む

❶2模様編み、1段めの細編みの足2本にかぎ針を入れて、

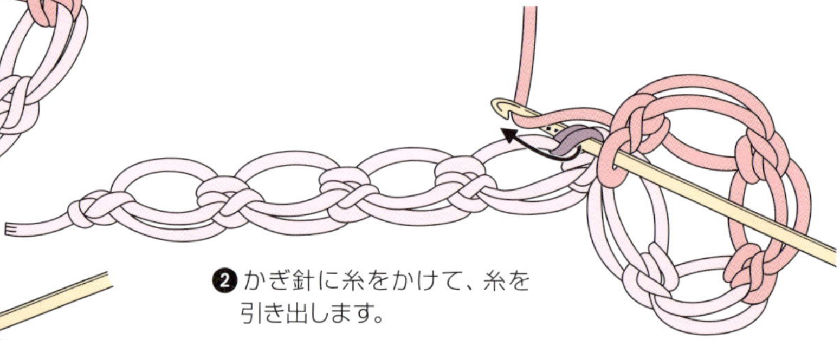

❷かぎ針に糸をかけて、糸を引き出します。

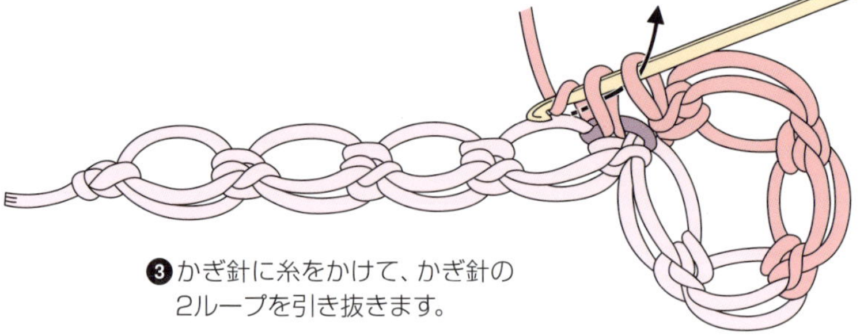

❸かぎ針に糸をかけて、かぎ針の2ループを引き抜きます。

❹細編みが編めました。次は2模様編んで、細編み1目をとばしてかぎ針を入れ、細編みを編みます。

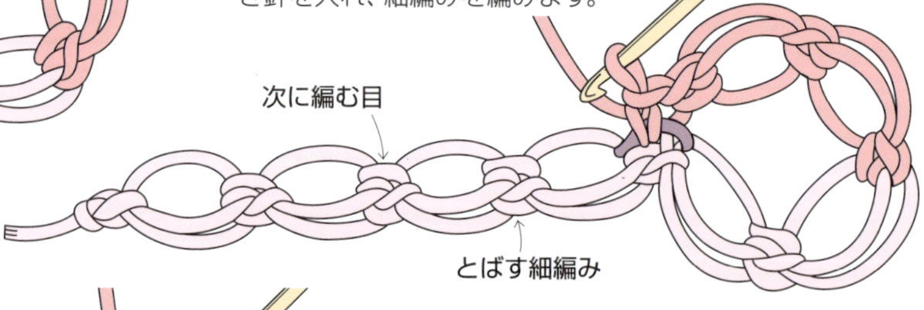
次に編む目
とばす細編み

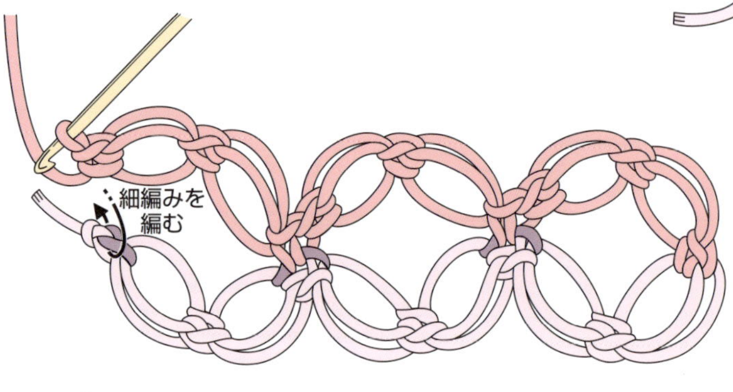
細編みを
編む

❺2段めの編み終わりは1段め編み始めの鎖1目めの半目と裏山に細編みを編みます。

❻最後の細編みを編んだところです。

巻き編み目《まきあみめ》

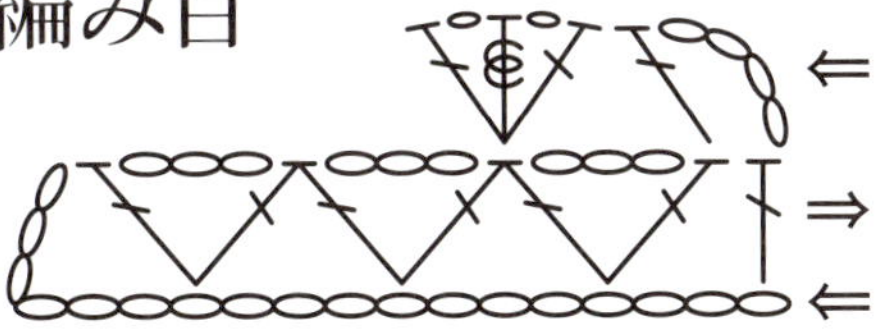

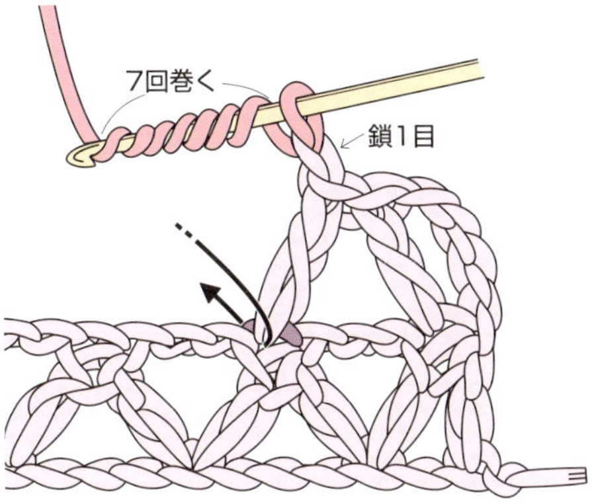

❶かぎ針に糸を7回巻き、矢印の目にかぎ針を入れます。

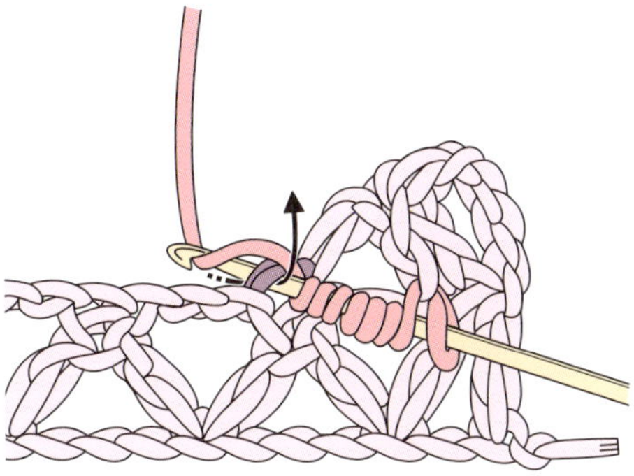

❷かぎ針に糸をかけて糸を引き出し、

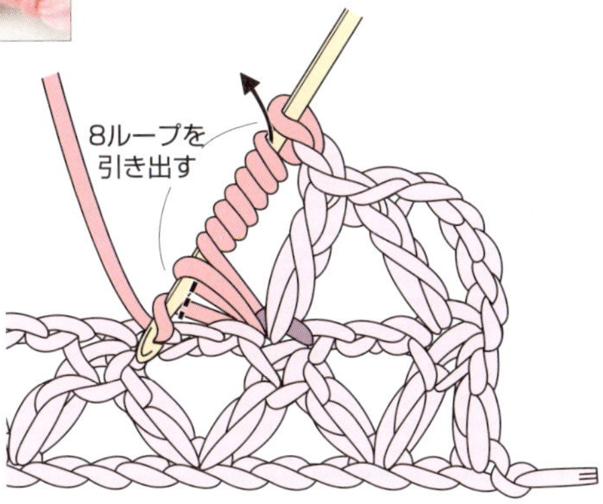

❸かぎ針に糸をかけて、引き出した1ループと巻かれた糸7ループを一気に引き出します。

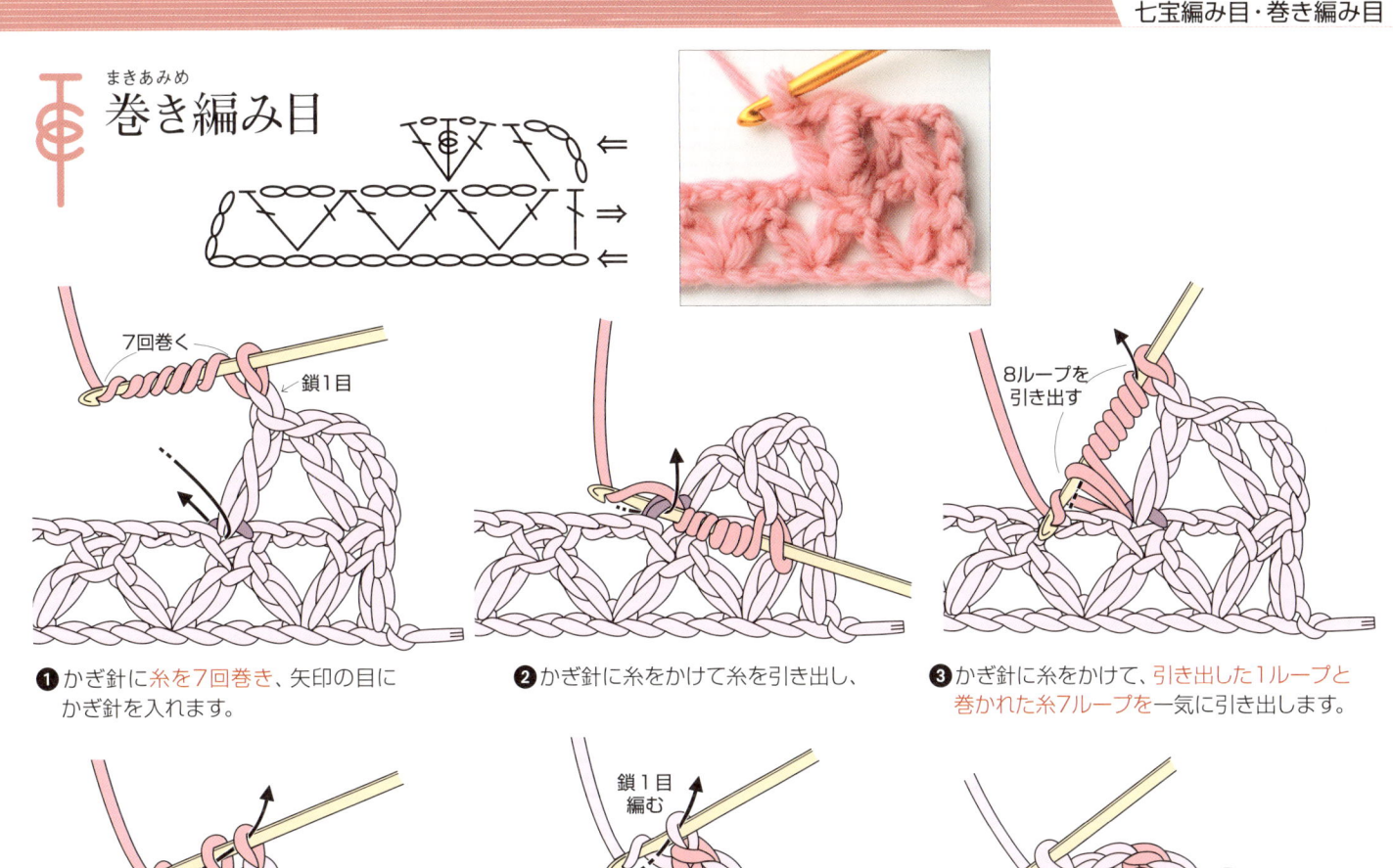

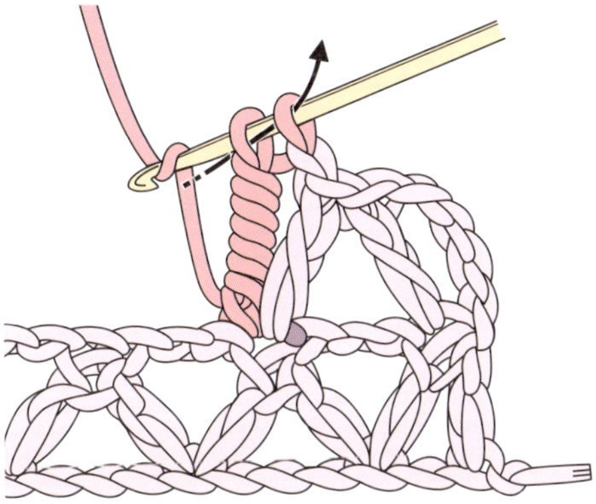

❹かぎ針に糸をかけて、かぎ針の2ループを引き抜きます。

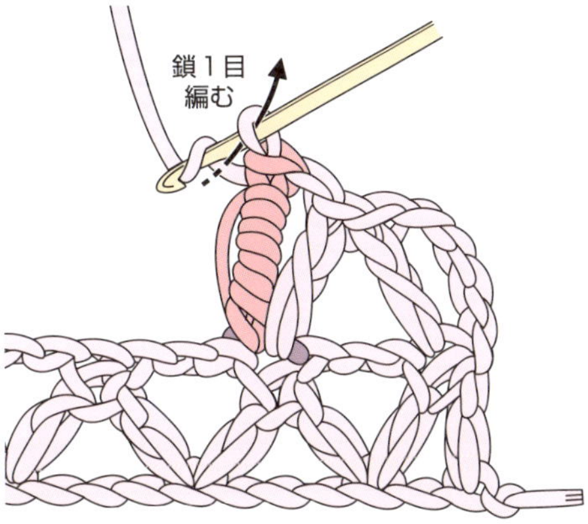

❺巻き編み目が編めました。鎖1目編み、

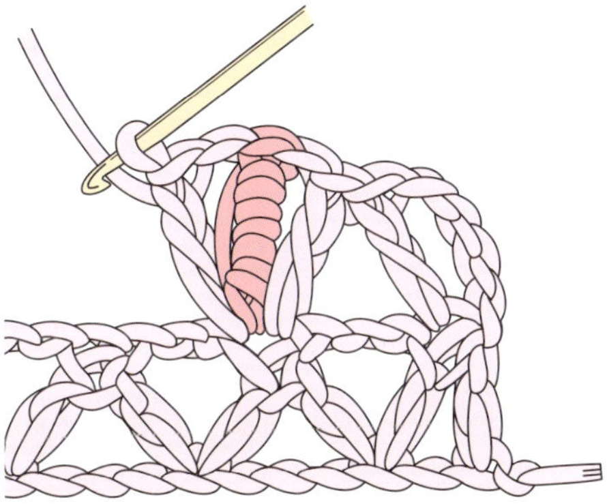

❻同じ目に長編みを1目編んで、1模様の出来あがりです。

3段め

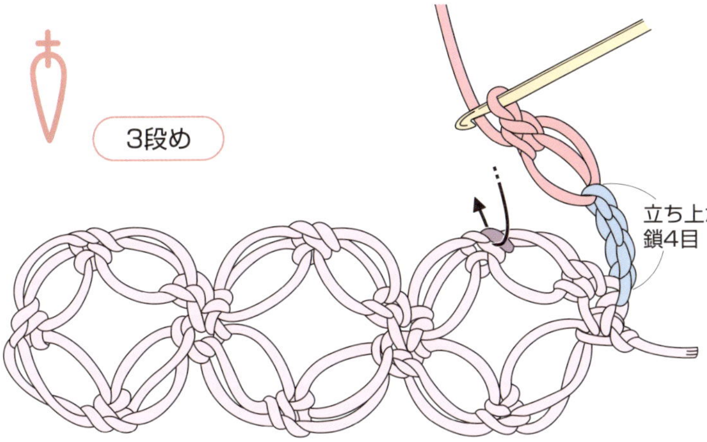

❶立ち上がりの鎖4目を編んで編み地を持ち替えて、1段めの①～③を編みます。前段の細編みの頭鎖2本に細編みを編みます。

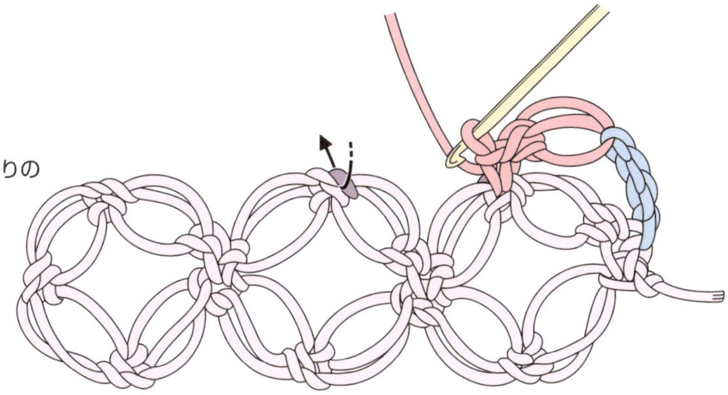

❷細編みを編んだところです。1段めの①～③を2回くり返し、前段の細編みの頭鎖2本に細編みを編みます。

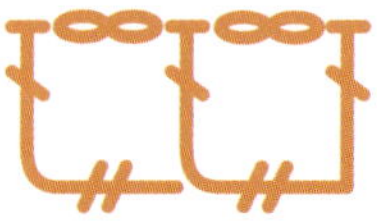

方眼編みの増し目《ほうがんあみのましめ》（鎖編みのとき）

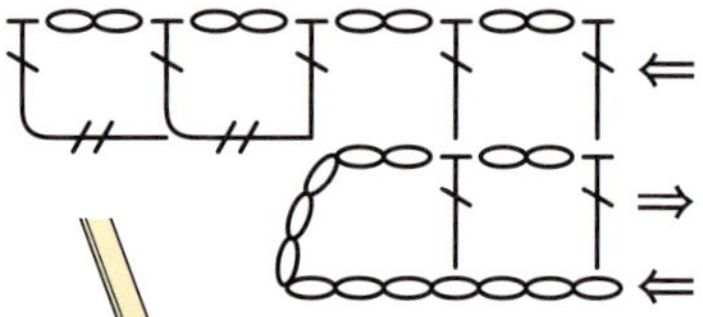

1マスめ

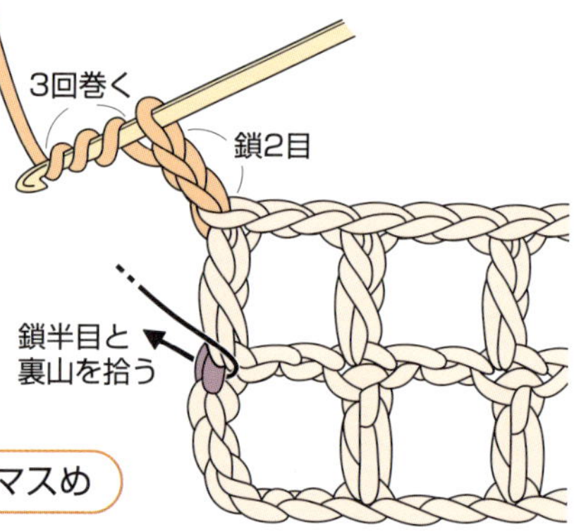

❶段の編み終わりで1マスの鎖2目を編みます。かぎ針に糸を3回巻いて、立ち上がりの鎖半目と裏山にかぎ針を入れます。

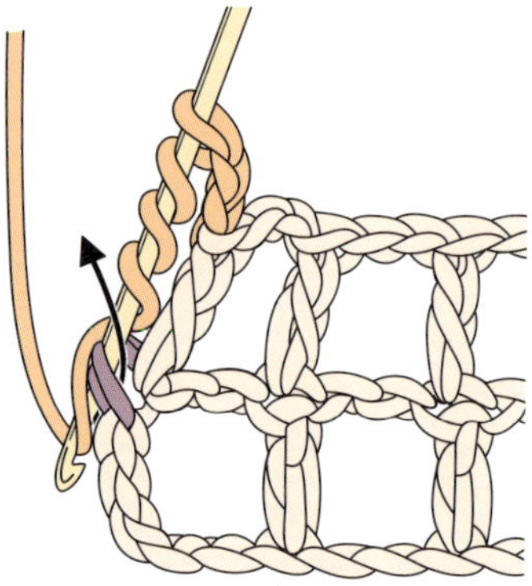

❷かぎ針に糸をかけて、糸を引き出します（長めに）。

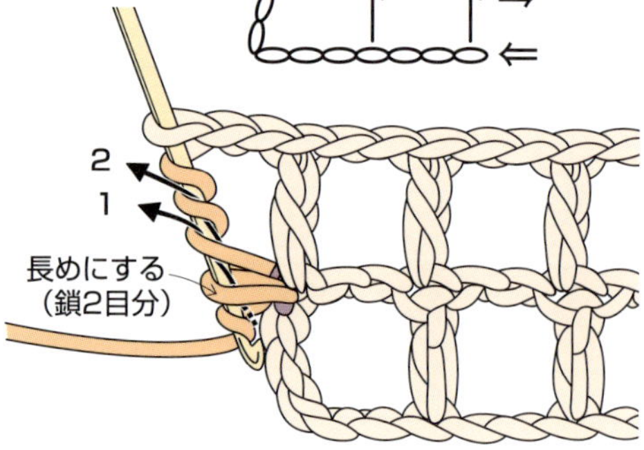

❸かぎ針に糸をかけて、針先の2ループを引き出します。もう一度くり返します。

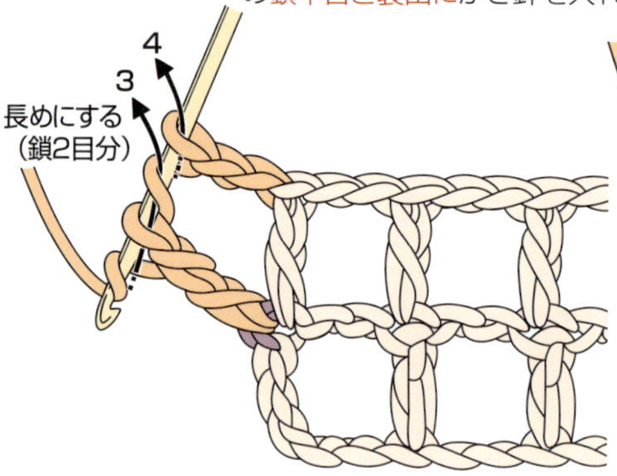

❹かぎ針に糸をかけて、針先の2ループを引き出し、もう一度かぎ針に糸をかけてかぎ針の2ループを引き抜きます。

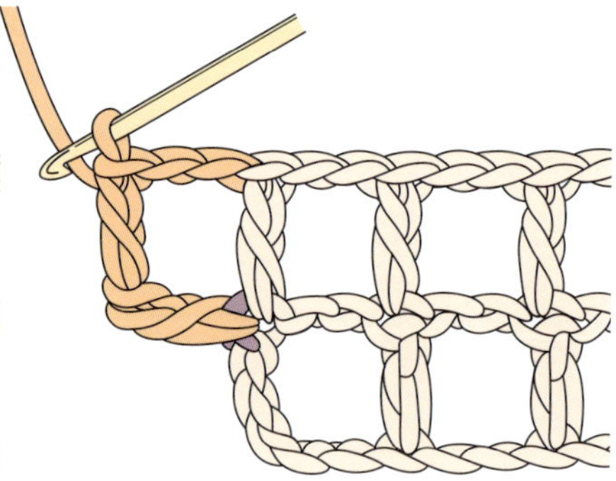

❺方眼編みの1マスが増えました。

2マスめ

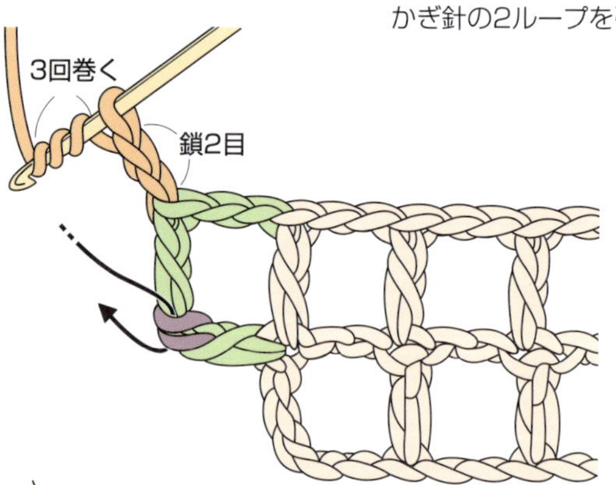

❶鎖2目編み、かぎ針に糸を3回巻いて、矢印の三つ巻き長編みの足にかぎ針を入れます。

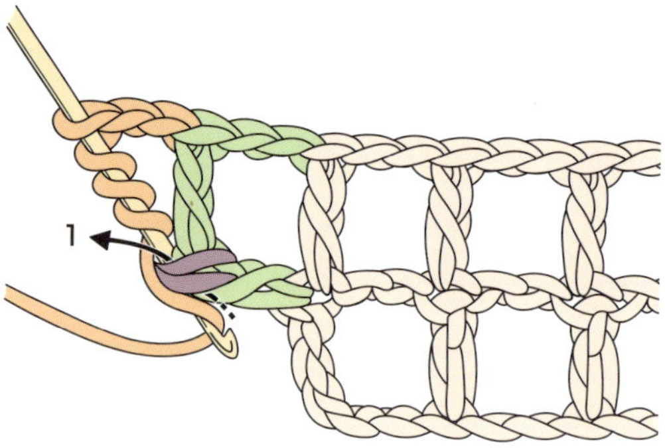

❷かぎ針に糸をかけて、糸を引き出します（長めに）。

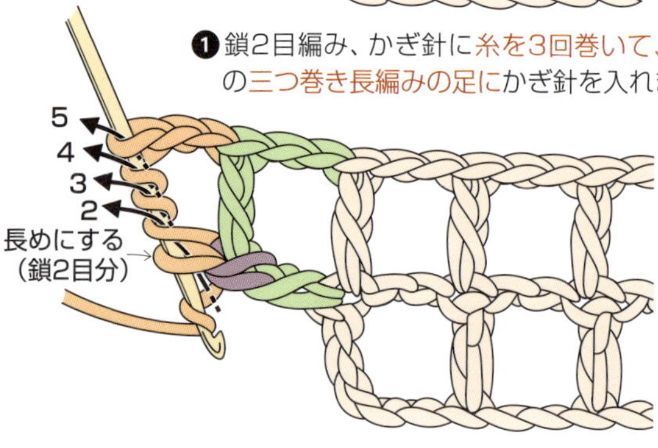

❸「かぎ針に糸をかけて、針先の2ループを引き出す」を3回編みます。もう一度かぎ針に糸をかけて、かぎ針の2ループを引き抜きます。

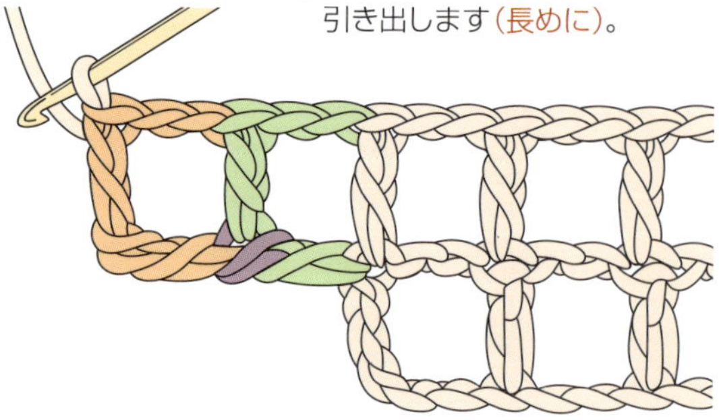

❹方眼編みの2マスめが増えました。

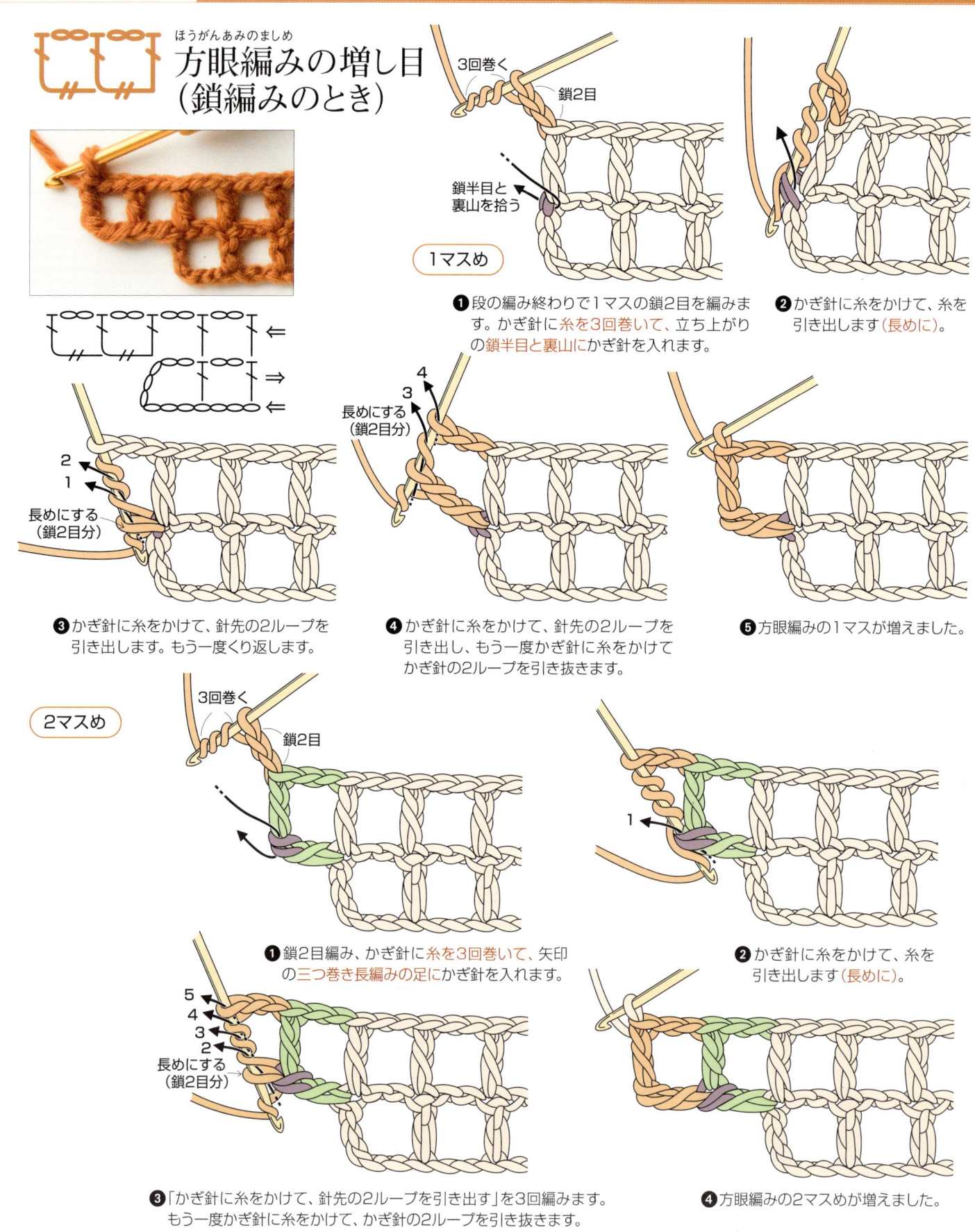

方眼編みの増し目《ほうがんあみのましめ》(長編みのとき)

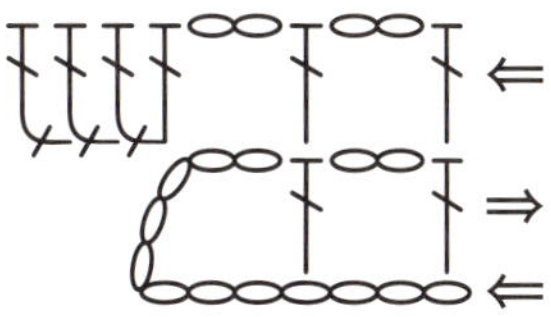

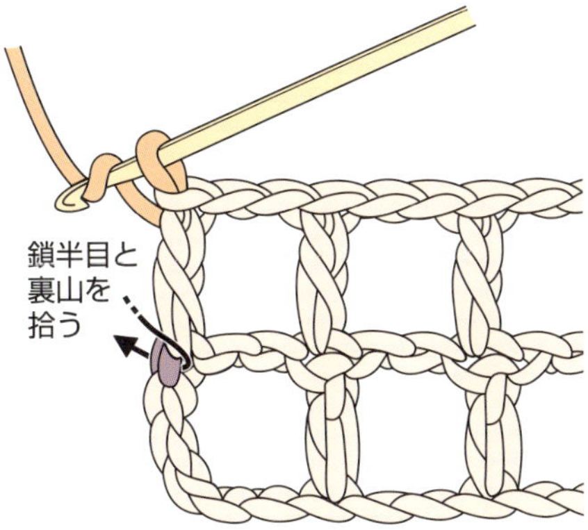
鎖半目と
裏山を
拾う

❶段の編み終わりでかぎ針に糸をかけて、立ち上がりの鎖半目と裏山にかぎ針を入れます。

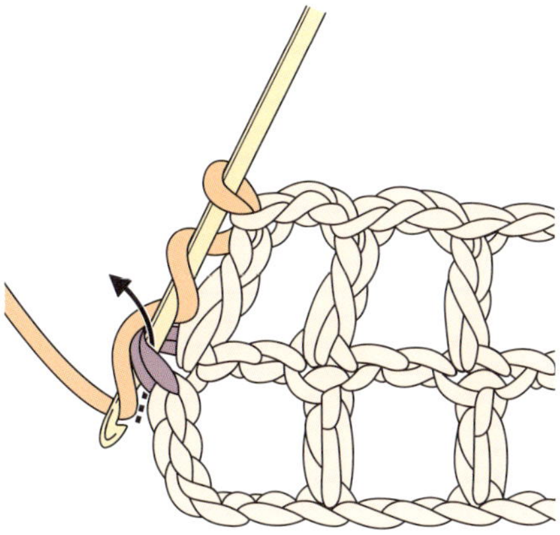

❷かぎ針に糸をかけて、糸を引き出します。

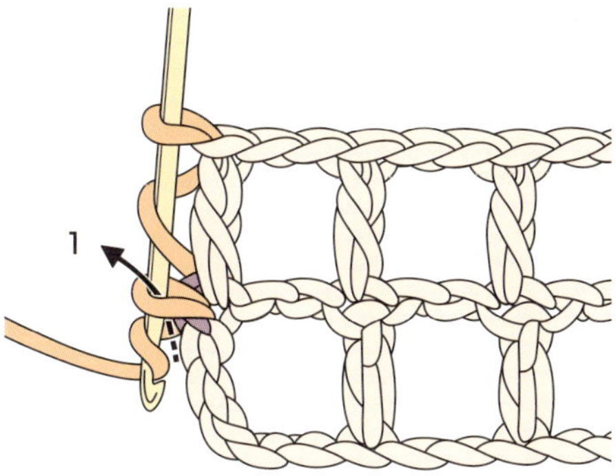
1

❸かぎ針に糸をかけて、針先の1ループを引き出します(土台の目)。

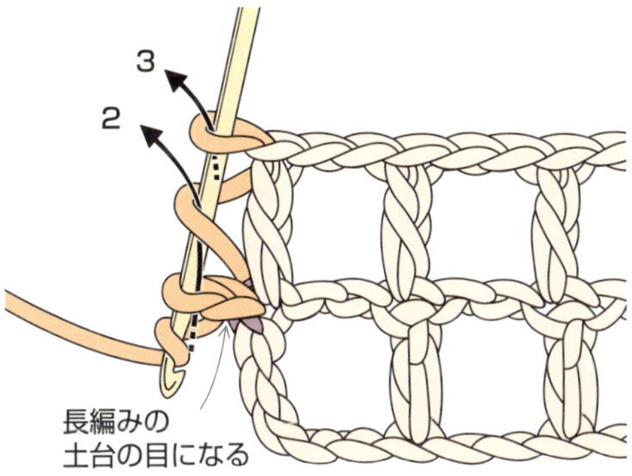
3
2
長編みの
土台の目になる

❹かぎ針に糸をかけて、針先の2ループを引き出し、もう一度かぎ針に糸をかけて、かぎ針の2ループを引き抜きます。

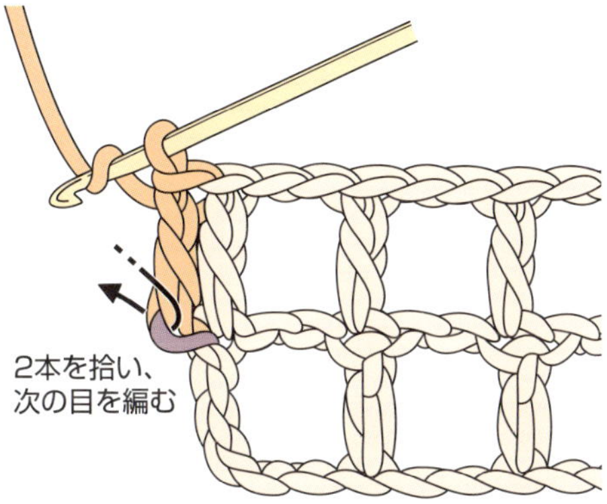
2本を拾い、
次の目を編む

❺長編みが1目増えました。かぎ針に糸をかけて、矢印の土台の鎖目2本にかぎ針を入れ、

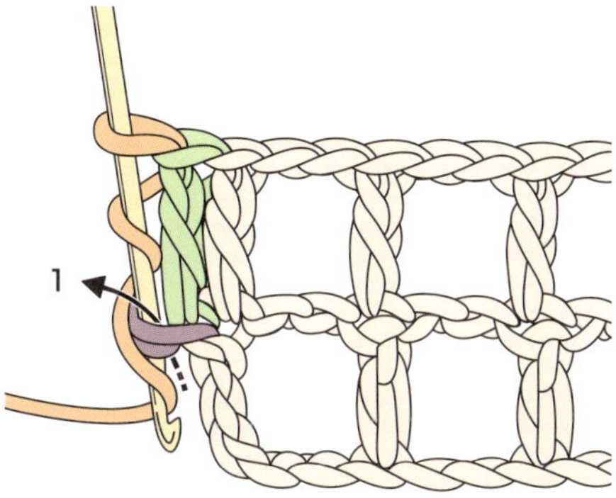
1

❻かぎ針に糸をかけて、糸を引き出します。

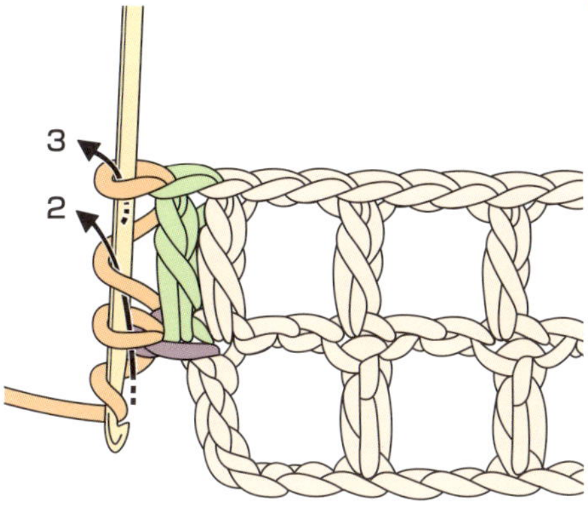
3
2

❼かぎ針に糸をかけて、針先の2ループを引き出し、もう一度かぎ針に糸をかけて、かぎ針の2ループを引き抜きます。

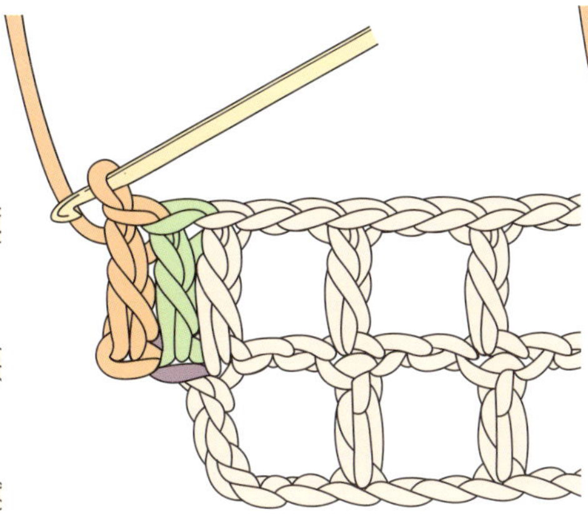

❽2目めが増えました。

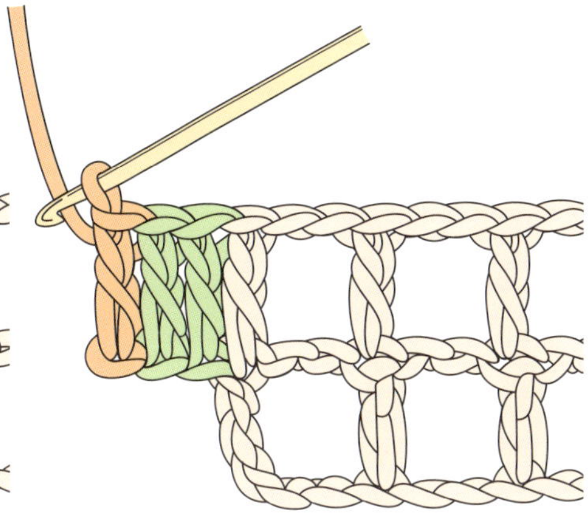

❾⑤~⑦をくり返して編みます。

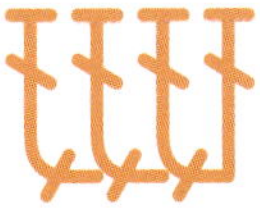

方眼《ほうがん》編《あ》みの減目《げんめ》(鎖編みのとき)

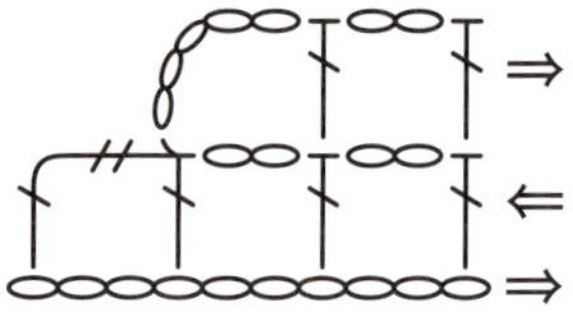

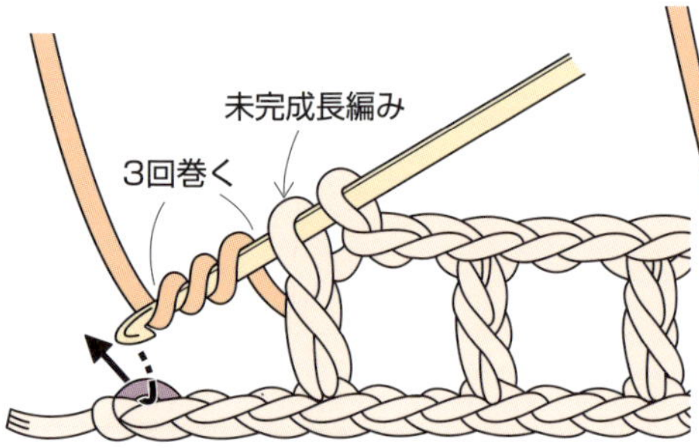

❶最後の長編みは未完成長編みを編み、かぎ針に糸を3回巻いて、作り目1目めの鎖の裏山にかぎ針を入れます。

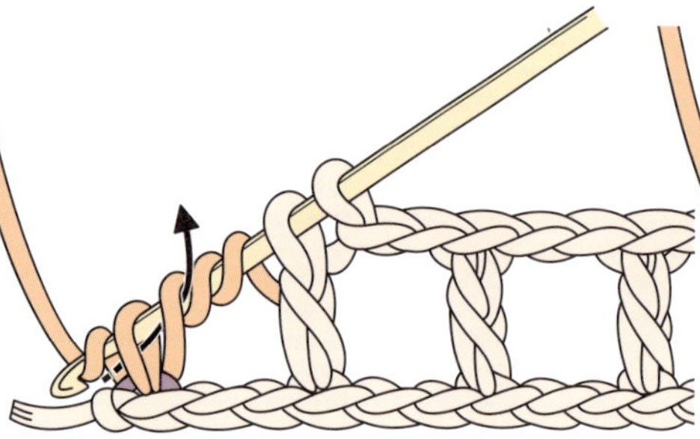

❷かぎ針に糸をかけて、糸を引き出します。かぎ針に糸をかけて針先の2ループを引き出し、

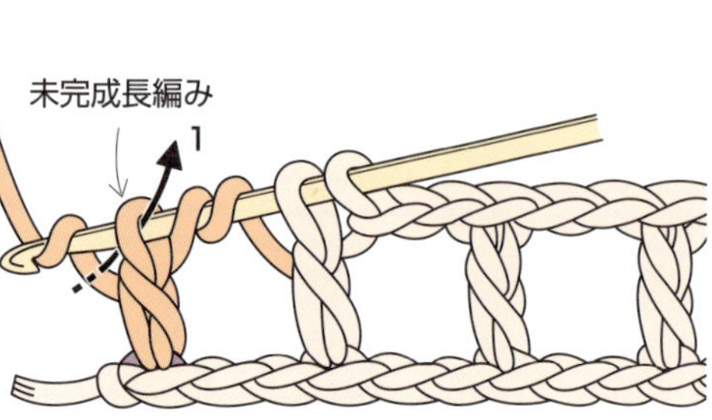

❸もう一度かぎ針に糸をかけて、かぎ針の1ループを引き出します。

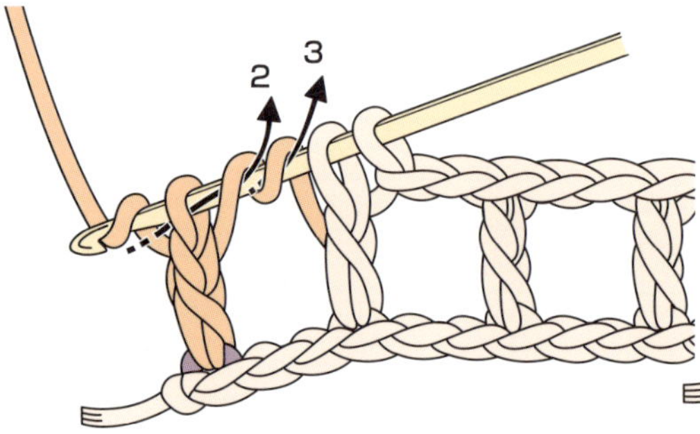

❹「かぎ針に糸をかけて、針先の2ループを引き出す」を2回くり返して編みます。

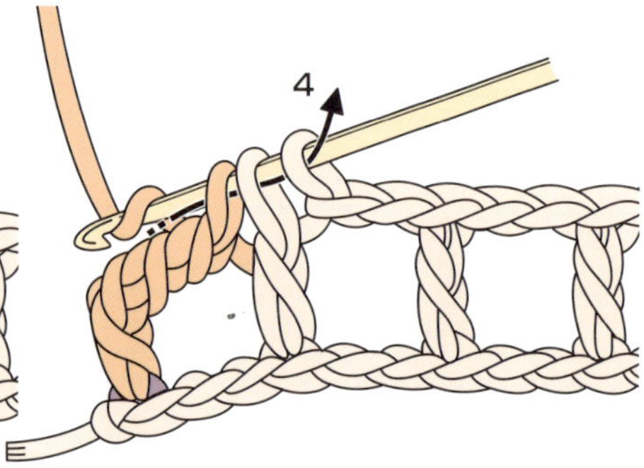

❺かぎ針に糸をかけて、かぎ針の3ループを一度に引き抜きます。

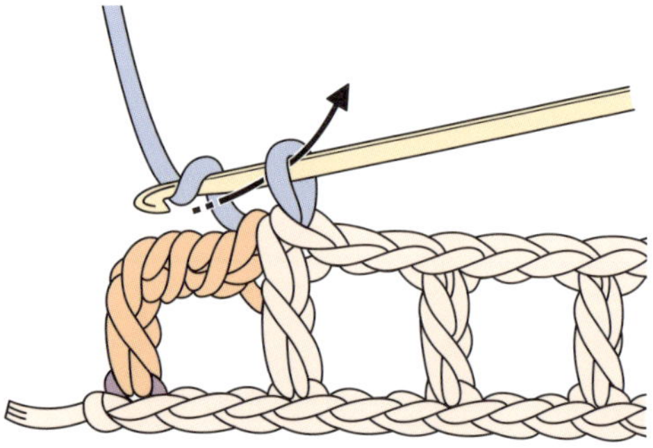

❻1マスの減目をしました。立ち上がりの目が1マス内側になります。

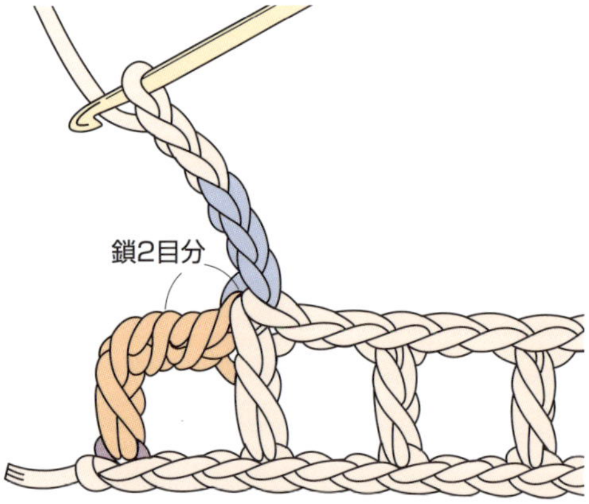

❼立ち上がり鎖3目と2目を編み、

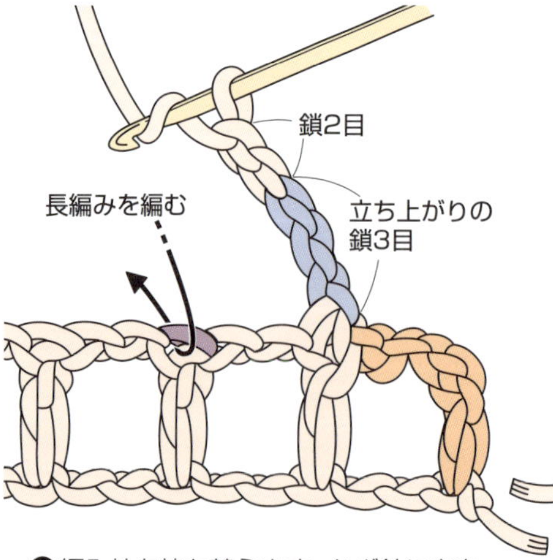

❽編み地を持ち替えます。かぎ針に糸をかけて、次の長編みを編みます。

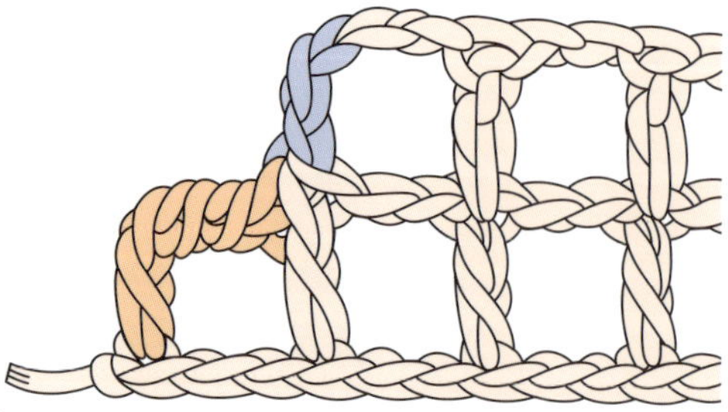

❾表から見たところです。3段めは1マス編み残すことで減目になります。

方眼《ほうがん》編《あ》みの減目《げんめ》（長編みのとき）

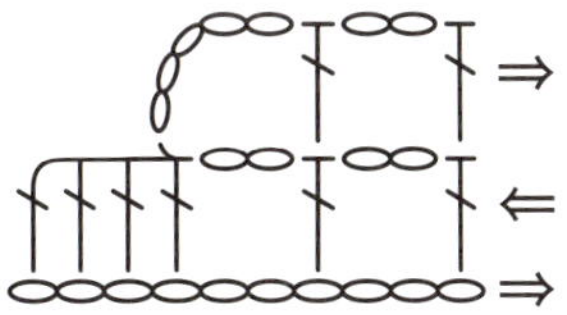

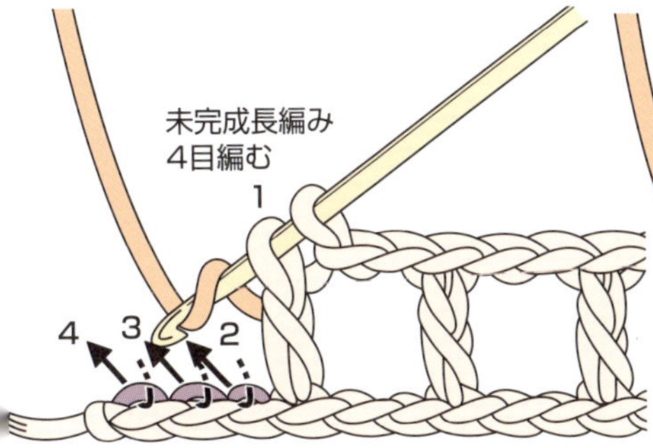

❶最後の方眼の目は未完成長編みを4目編み、

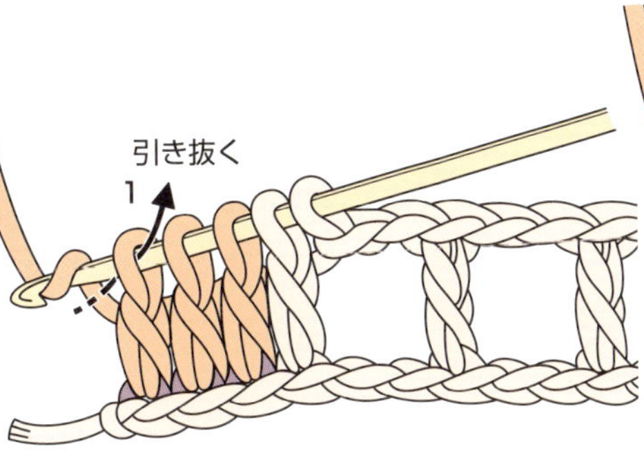

❷かぎ針に糸をかけて、針先の1ループを引き出します。

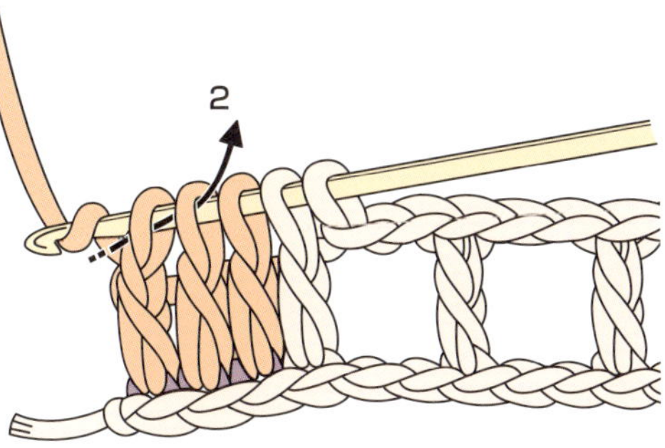

❸もう一度かぎ針に糸をかけて、針先の2ループを引き出します。

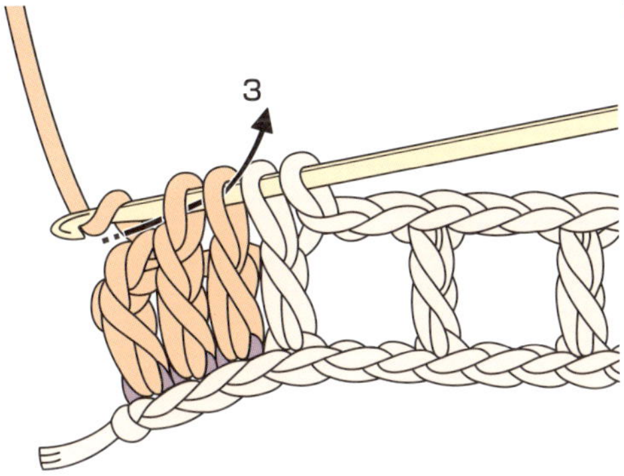

❹さらにかぎ針に糸をかけて、針先の2ループを引き出します。

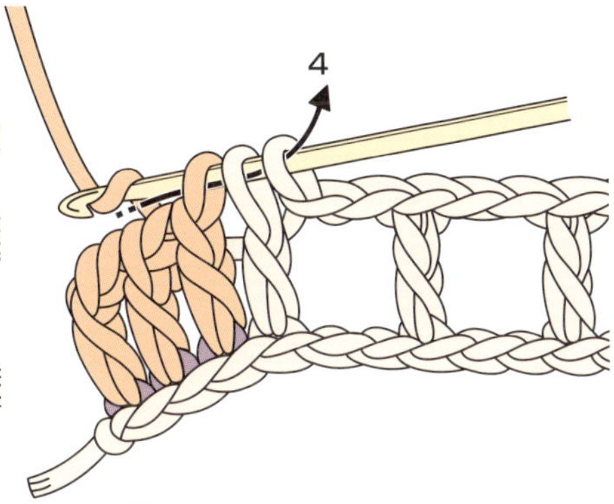

❺かぎ針に糸をかけて、かぎ針の3ループを一度に引き抜きます。

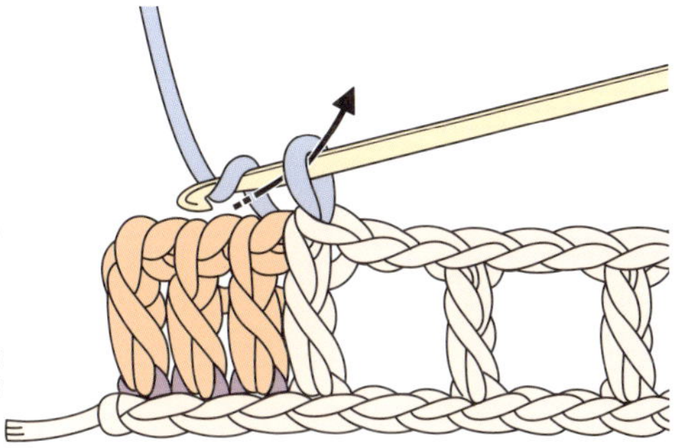

❻1マスの減目をしました。立ち上がりの目が1マス内側になります。

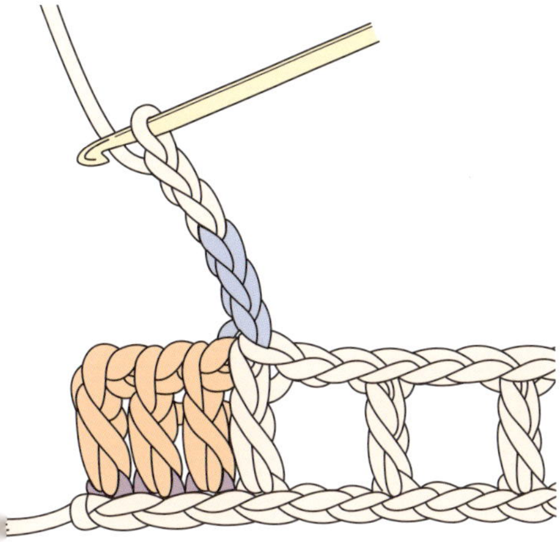

❼立ち上がり鎖3目と2目を編み、

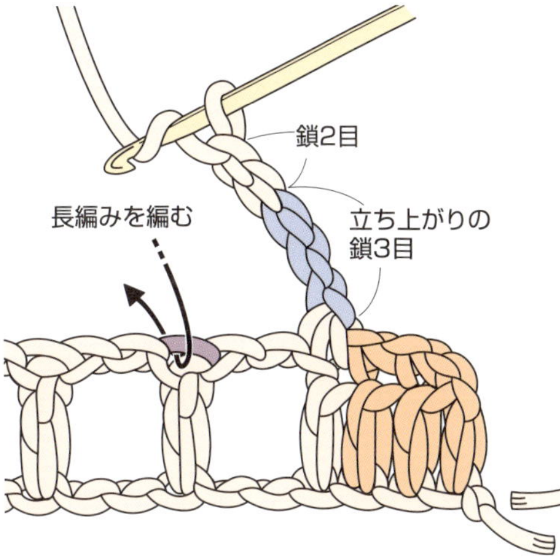

❽編み地を持ち替えます。かぎ針に糸をかけて、次の長編みを編みます。

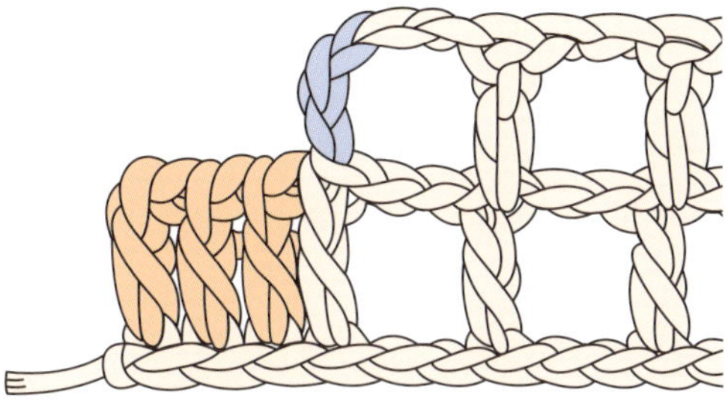

❾表から見たところです。3段めは1マス編み残すことで減目になります。

横に糸を渡す編み込み模様《よこにいとをわたすあみこみもよう》

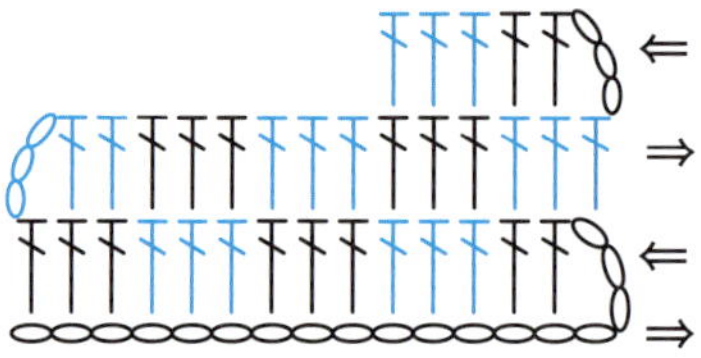

1段め

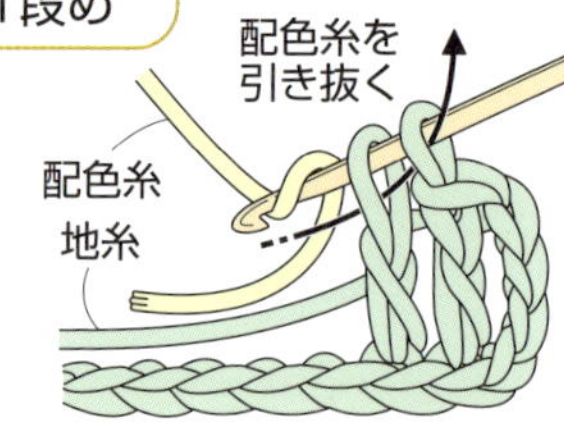

❶配色糸に替える1目手前の最後の引き抜きをするときに、地糸を休ませて、かぎ針に配色糸をかけて地糸の2ループを引き抜きます。

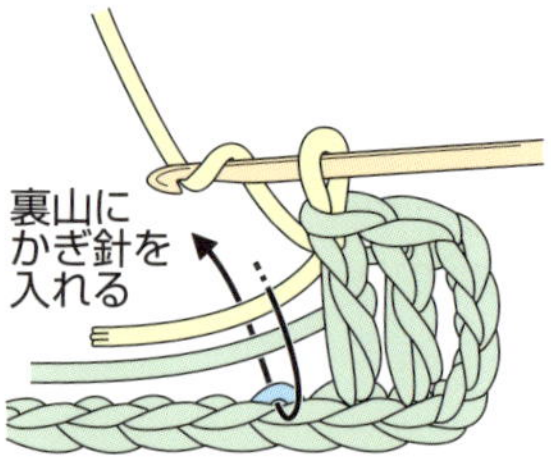

❷配色糸の1目めはかぎ針にかけて、地糸と配色糸の糸端をくるんで編みます。

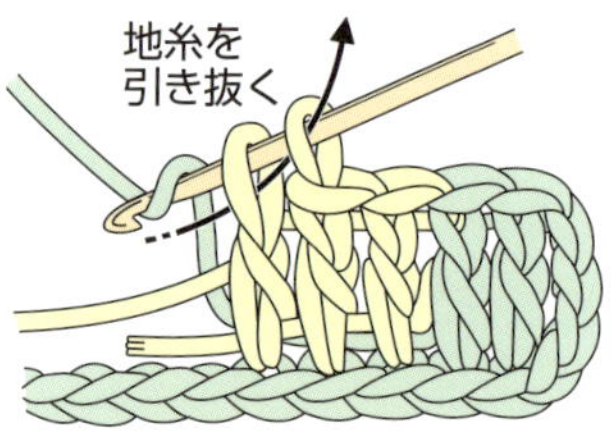

❸配色糸の最後の引き抜きをするときに、地糸をかぎ針にかけて、かぎ針の配色糸の2ループを引き抜きます。

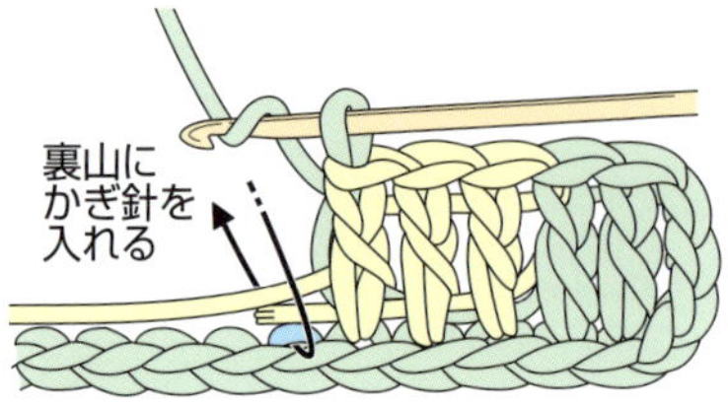

❸配色糸をくるみながら地糸で編みます。

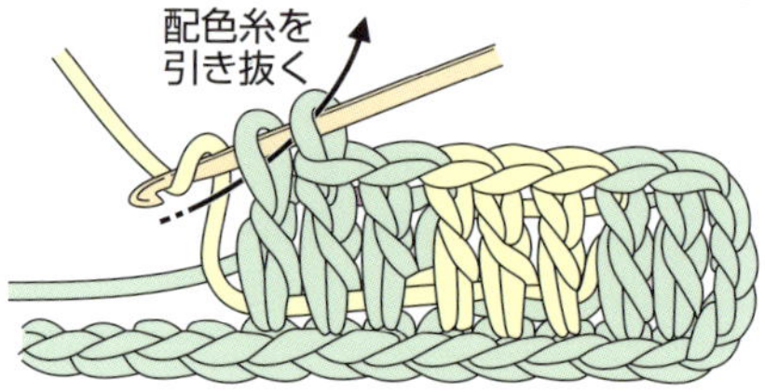

❹地糸の最後の引き抜きをするときに、地糸を休ませて、かぎ針に配色糸をかけて、地糸の2ループを引き抜きます。

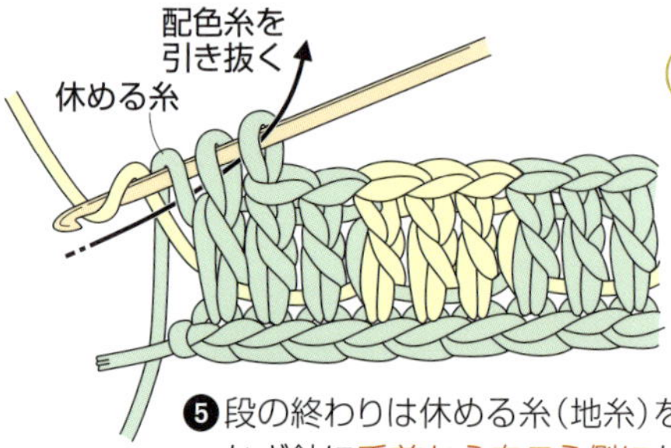

❺段の終わりは休める糸（地糸）をかぎ針に手前から向こう側にかけて、配色糸で引き抜きます。

2段め

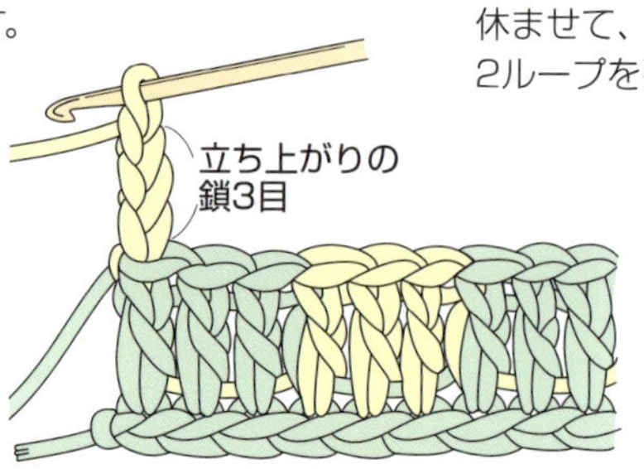

❶配色糸で鎖3目で立ち上がります。

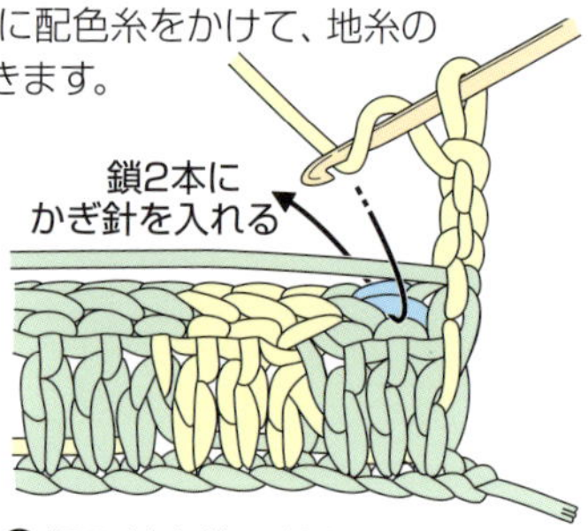

❷編み地を持ち替えて、配色糸をかぎ針にかけて、

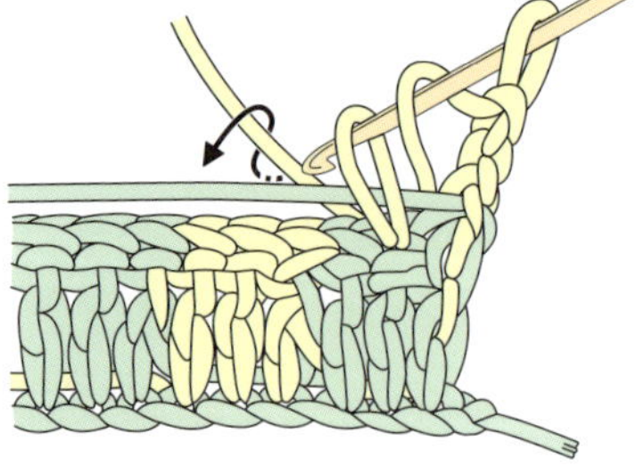

❸休める地糸をくるみながら編みます。

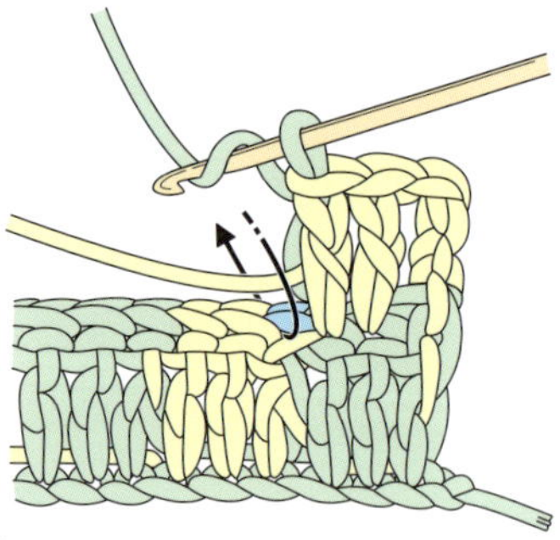

❹配色糸の最後の引き抜きをするとき、編みくるんでいた地糸を持ち上げて、糸を替えます。

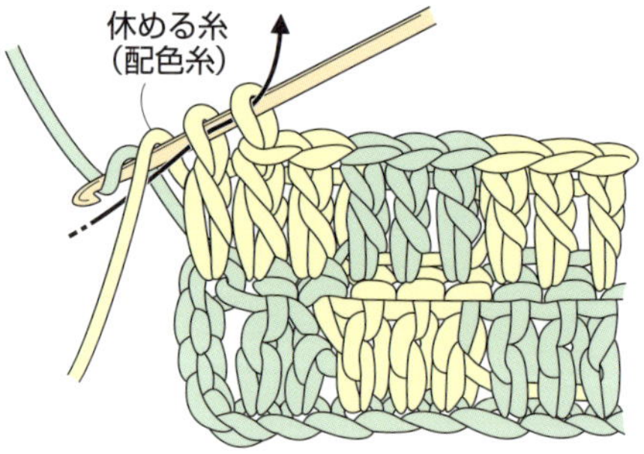

❺2段めの編み終わりは休める配色糸を向こう側から手前にかぎ針にかけて、地糸で引き抜きます。

3段め

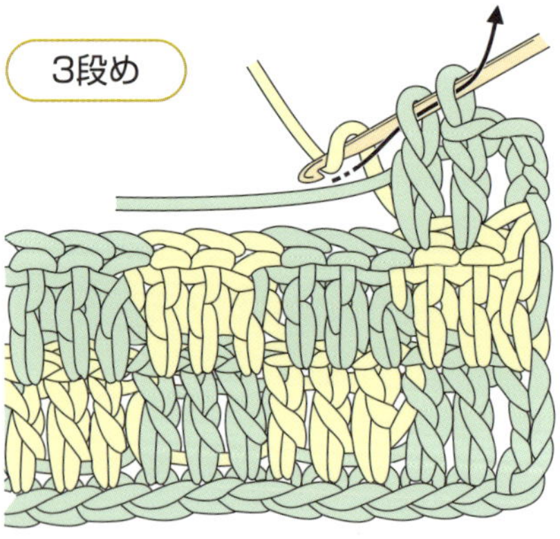

❶編み地を持ち替えて、休める配色糸をくるみながら地糸で編みます。地糸の最後の引き抜きをするとき、配色糸に替えます。

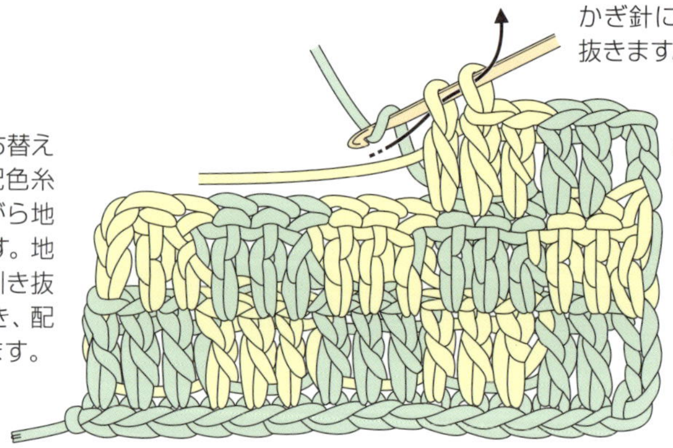

❷配色糸の最後の引き抜きをするとき、編みくるんでいた地糸を持ち上げて、糸を替えます。①、②をくり返して編みます。

二重鎖編《にじゅうくさりあ》み（引き抜き編み）

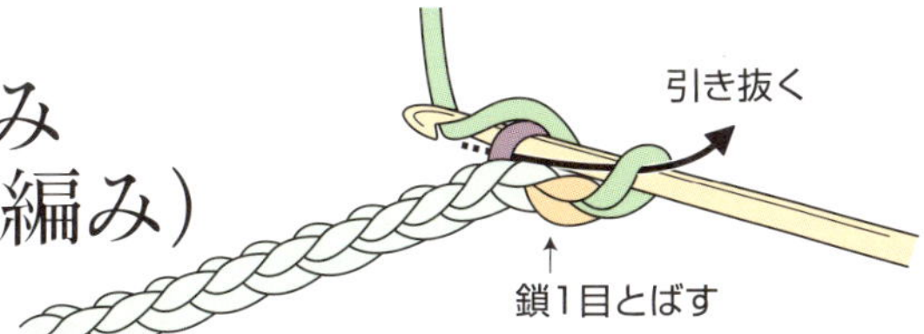
引き抜く
鎖1目とばす

❶かどを出すため、鎖1目とばして次の鎖の裏山にかぎ針を入れ、かぎ針に糸をかけて矢印のように一度に引き抜きます。

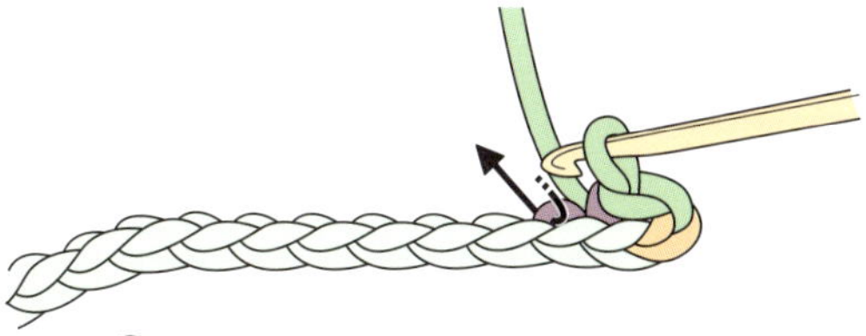

❷次の目も鎖の裏山にかぎ針を入れて、

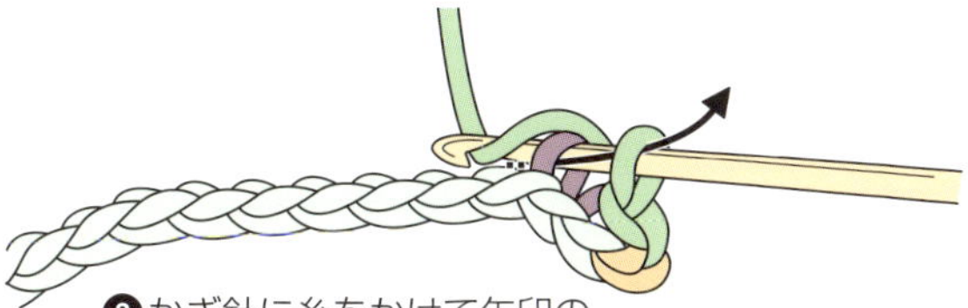

❸かぎ針に糸をかけて矢印のように一度に引き抜きます。

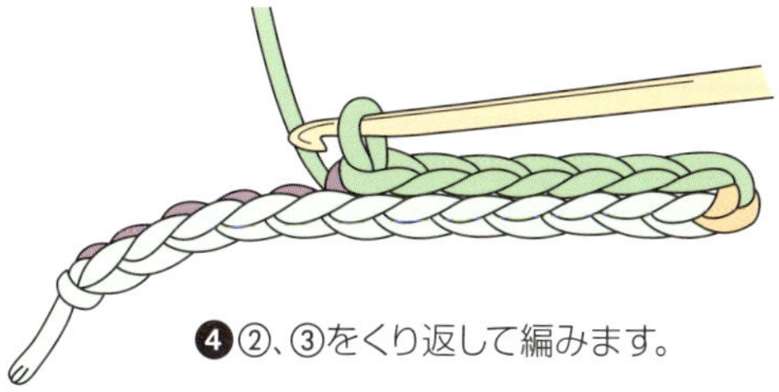

❹②、③をくり返して編みます。

二重鎖編《にじゅうくさりあ》み

❶鎖1目を編み、その鎖目の裏山にかぎ針を入れます。

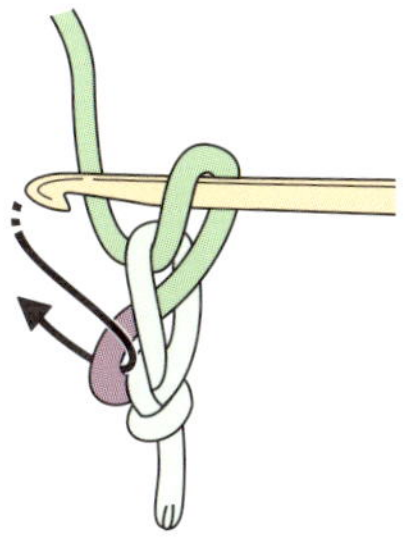

❷かぎ針に糸をかけて、糸を引き出します。

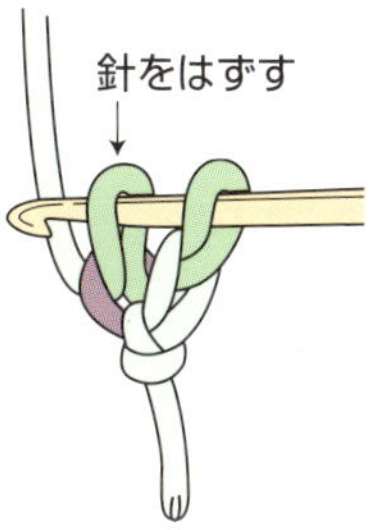
針をはずす

❸②で出来た目をかぎ針からはずし、

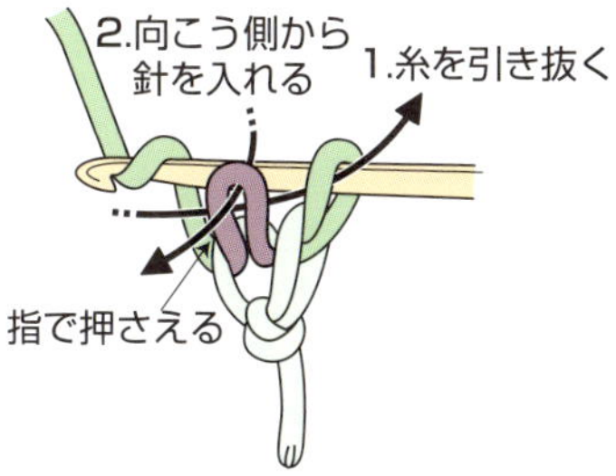
2.向こう側から
針を入れる
1.糸を引き抜く
指で押さえる

❹③ではずした目がほどけないように指で押さえて鎖1目を編み、向こう側からかぎ針を入れて、

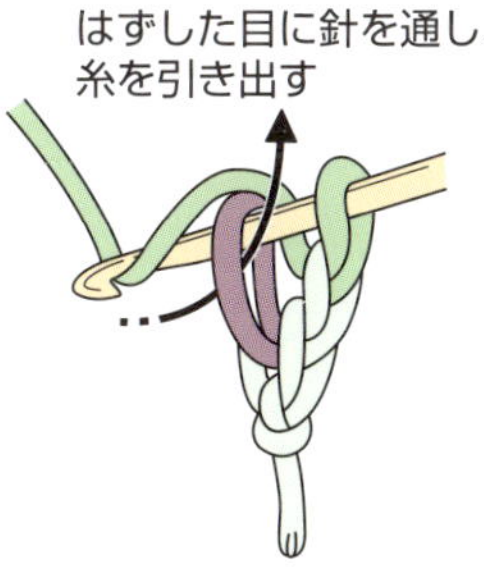
はずした目に針を通し、
糸を引き出す

❺かぎ針に糸をかけて、糸を引き出します。

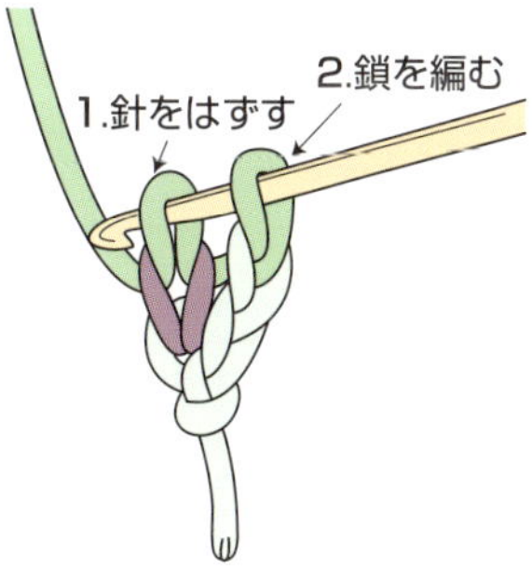
1.針をはずす
2.鎖を編む

❻引き出したところです。③～⑤をくり返します。

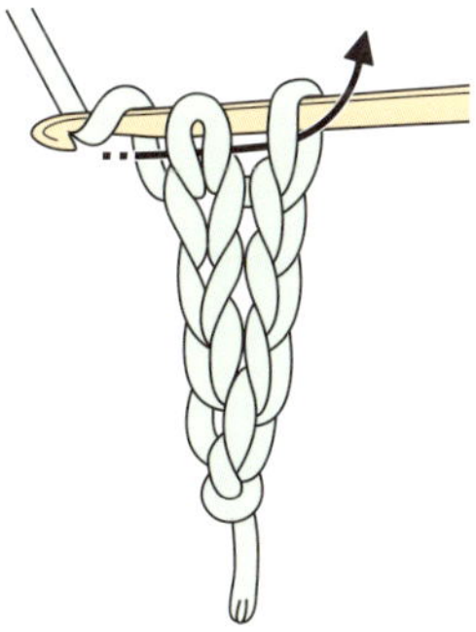

❼必要な寸法を編みます。最後はかぎ針の2目を一緒に引き抜きます。

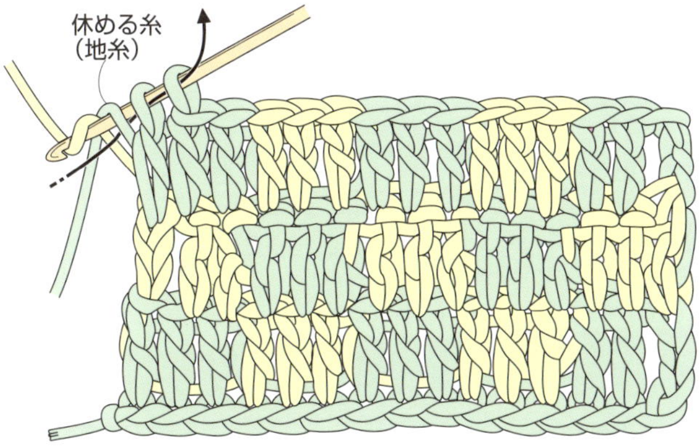
休める糸
（地糸）

❸3段めの編み終わりも休める糸（地糸）を手前から向こう側にかぎ針にかけて、配色糸に替えます。

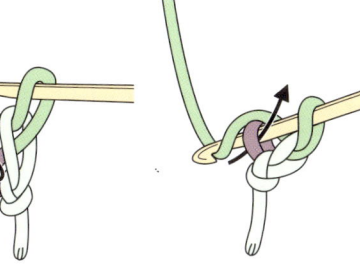

えびコード

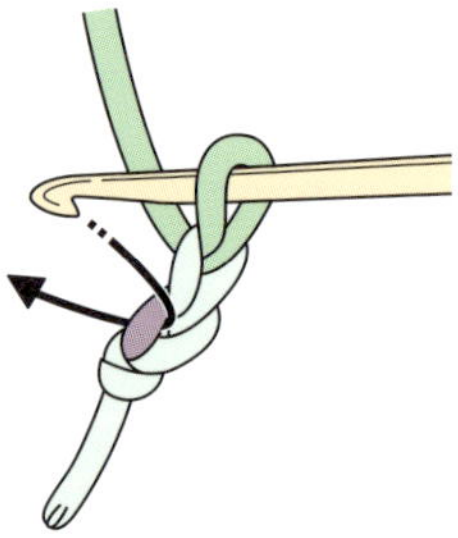

❶鎖2目を編み、1目めの半目と裏山にかぎ針を入れます。糸を引き出し、

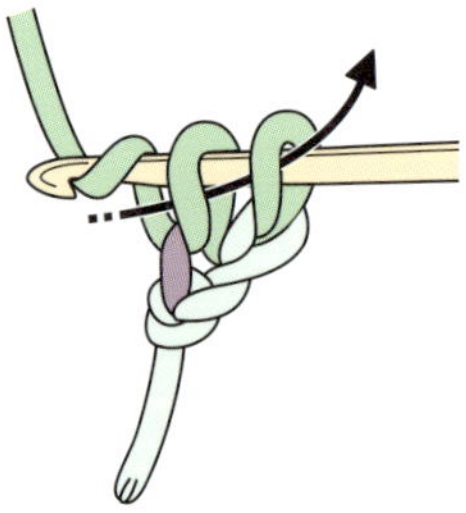

❷かぎ針に糸をかけて、かぎ針の2ループを引き抜きます（細編みが編めました）。

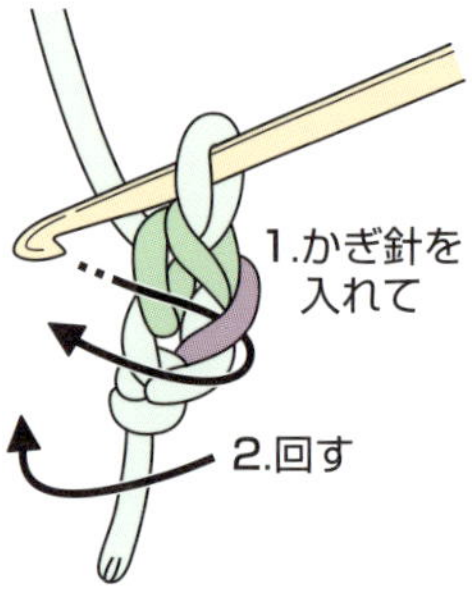

❸①の鎖2目めの半目に矢印のようにかぎ針を入れて、かぎ針を入れたまま、編み地を左方向に回します。

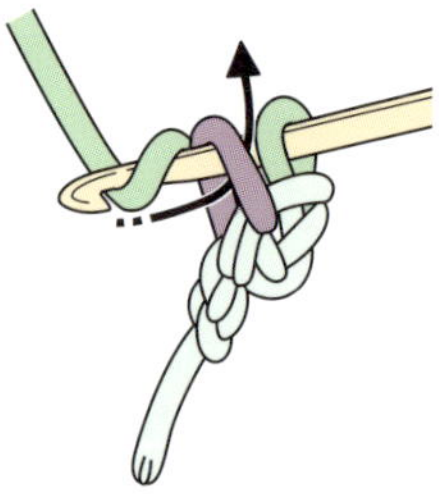

❹かぎ針に糸をかけて、糸を引き出します。

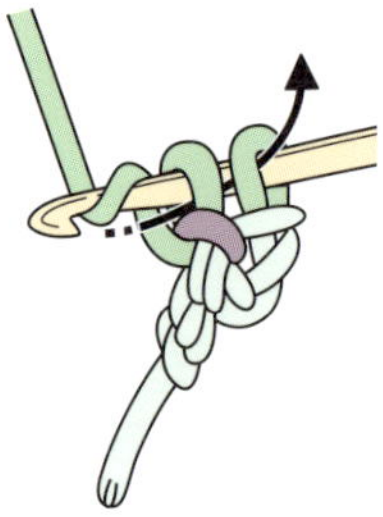

❺かぎ針に糸をかけて、かぎ針の2ループを引き抜きます（細編み）。

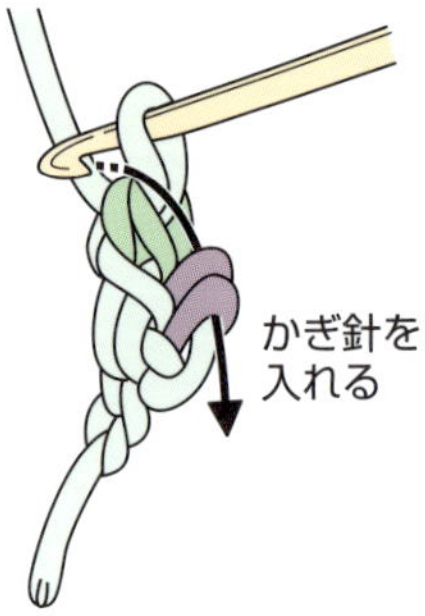

❻矢印のように2ループにかぎ針を入れて、

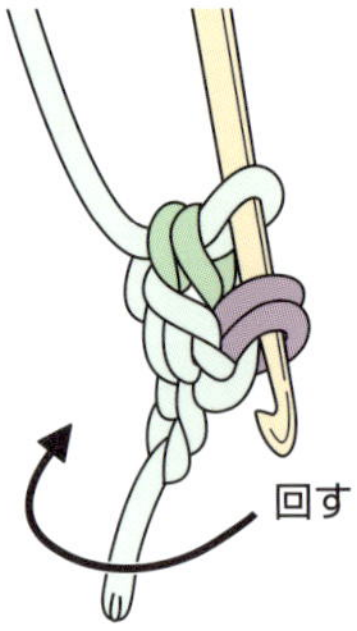

❼かぎ針を入れたまま、編み地を左方向に回します。

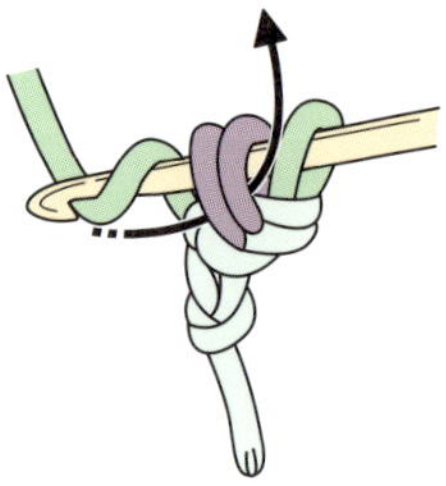

❽かぎ針に糸をかけて、針先の2ループを引き出します。

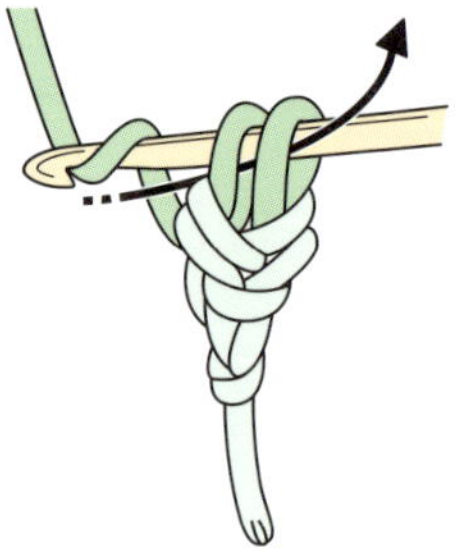

❾かぎ針に糸をかけて、かぎ針の2ループを引き抜きます（細編み）。

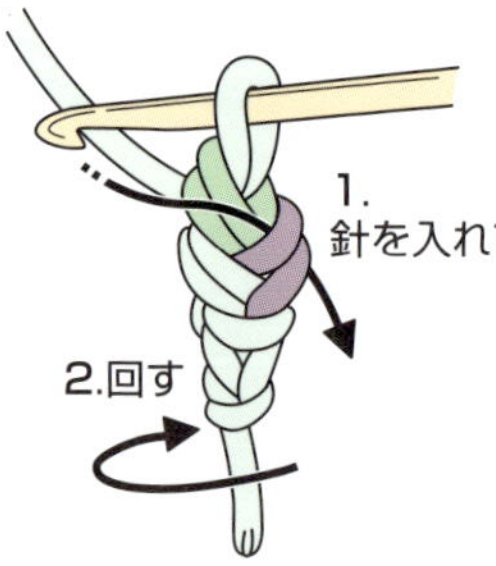

❿「2ループにかぎ針を入れて編み地を左方向に回し、細編みを編む」をくり返します。最後は細編みを引き抜きます。

スレッドコード

鎖編みに糸をかけながら編む方法です。
簡単にボリュームのあるコードが作れます。

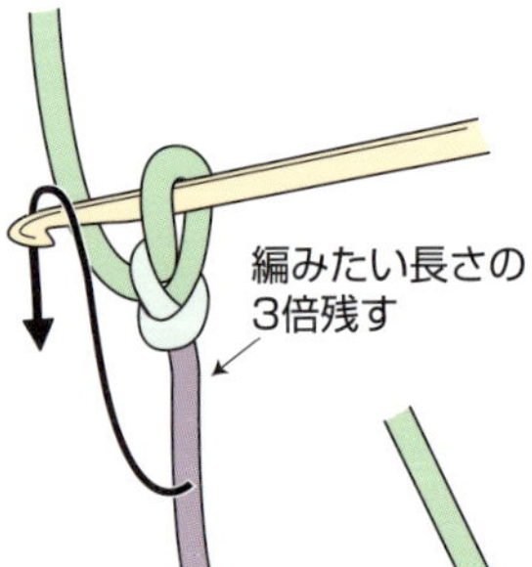

❶糸端は必要な長さの3倍残します。糸端をかぎ針に手前から向こう側にかけます。

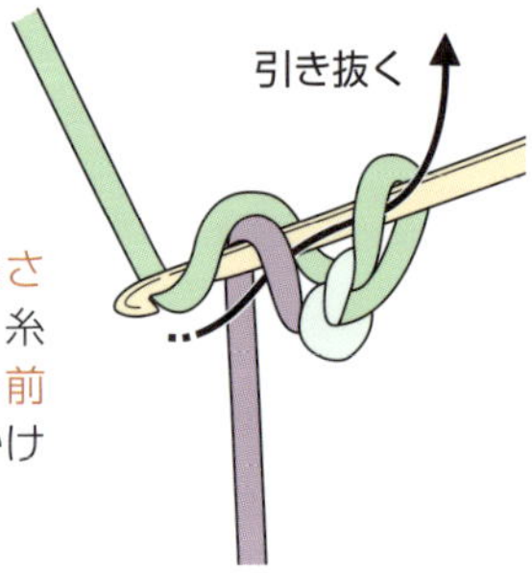

❷かぎ針に糸をかけて、かぎ針にかけた糸端と1ループを引き抜きます。

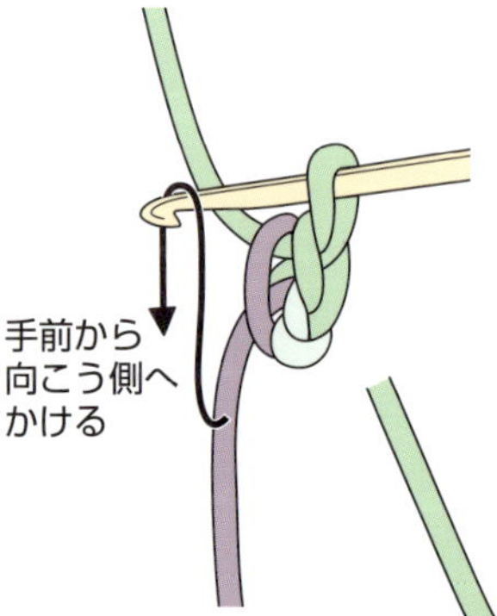

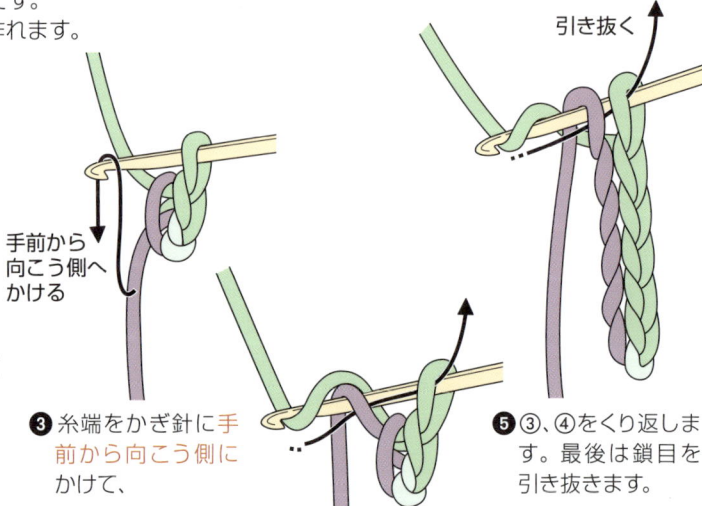

❸糸端をかぎ針に手前から向こう側にかけて、

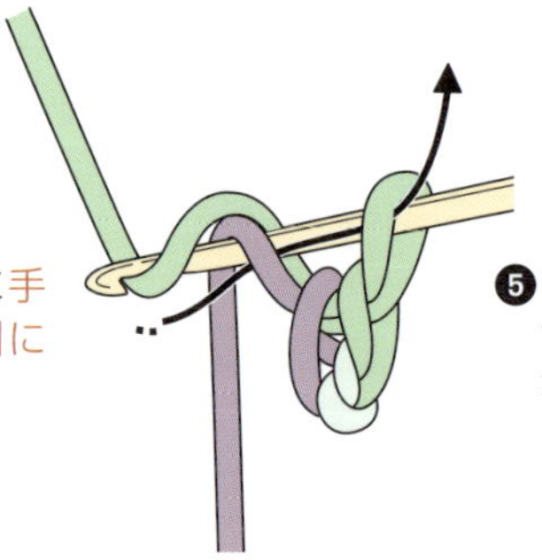

❹かぎ針に糸をかけて、かぎ針にかけた糸端と1ループを引き抜きます。

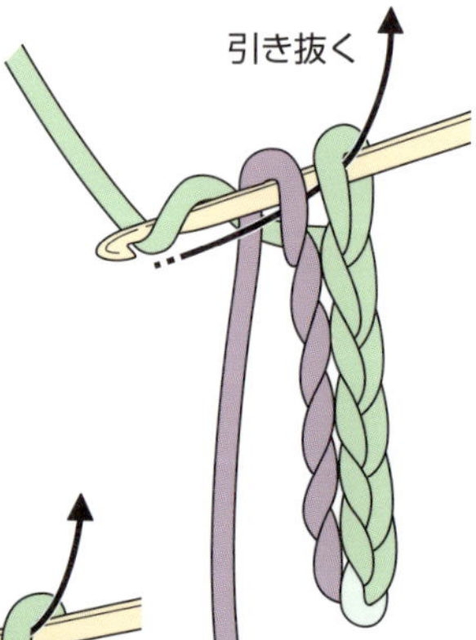

❺③、④をくり返します。最後は鎖目を引き抜きます。

指コード

用具を使わず、指だけで編めるコードです。
しっかり固く仕上がります。

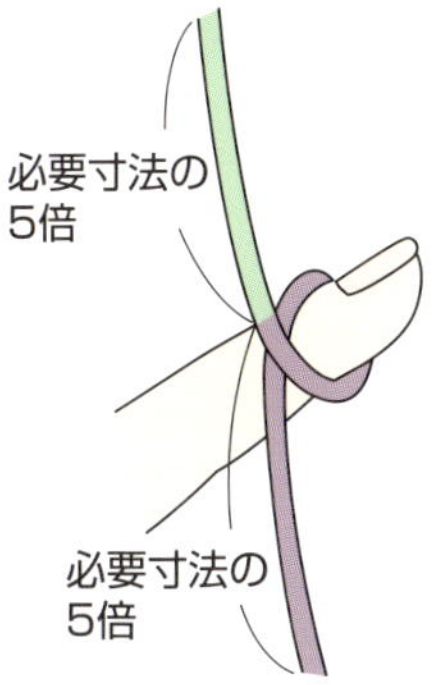
必要寸法の
5倍
必要寸法の
5倍

❶必要寸法の10倍の糸を用意して、糸の中央で左手の人さし指で輪を作り、

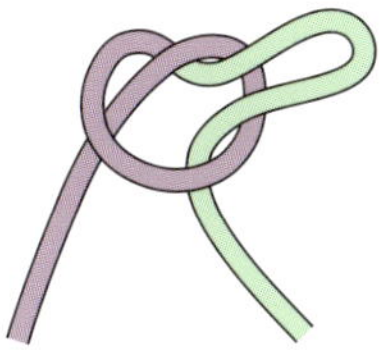

❷その輪から糸を引き出し、ループを作ります。

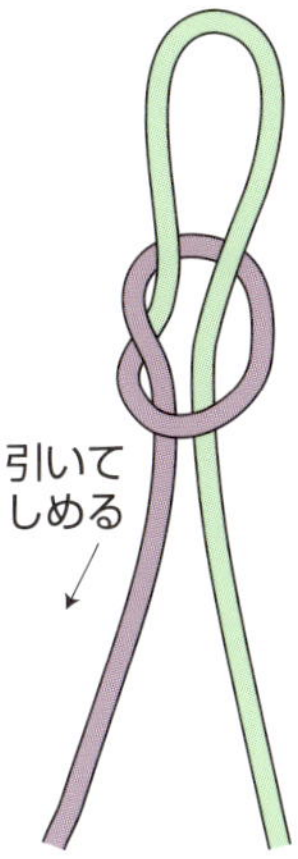
引いて
しめる

❸結びめの糸端を引いてしめます。

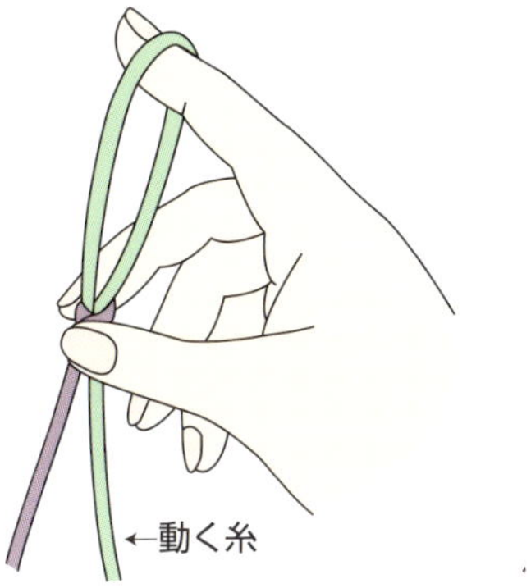
←動く糸

❹右手にループをかけて、図のように結びめを持ちます。

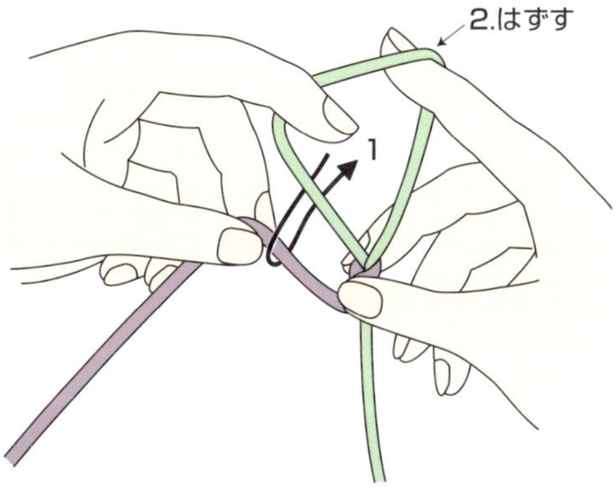
2.はずす
1

❺左手で左の糸端を持ち、ループの中に上から左人さし指を入れて左糸端をくぐらせます。

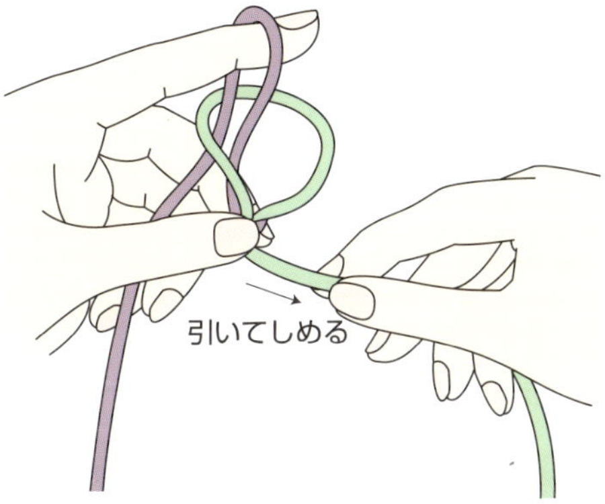
引いてしめる

❻右手から左手へ結びめを持ち替えて、右の糸端を引きしめます。

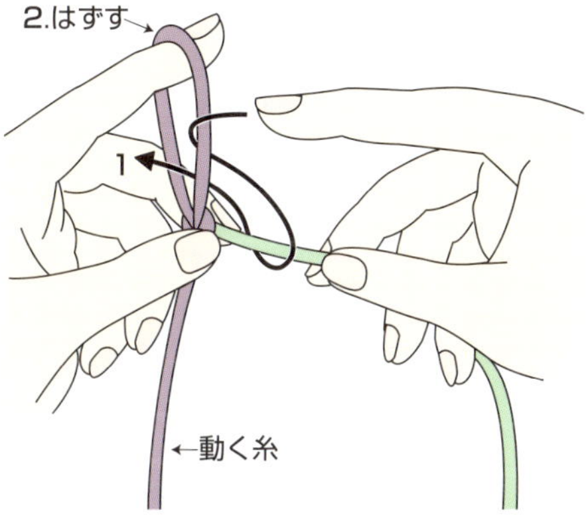
2.はずす
1
←動く糸

❼ループの中に上から右人さし指を入れて右糸端をくぐらせます。

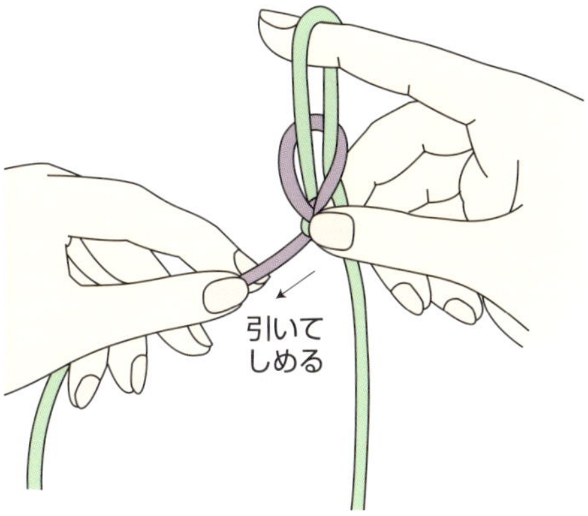
引いて
しめる

❽左手から右手へ結びめを持ち替えて、左の糸端を引きしめます。

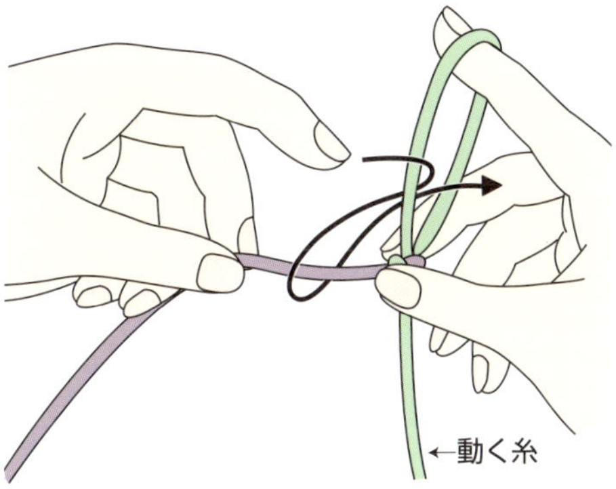
←動く糸

❾⑤〜⑧をくり返します。

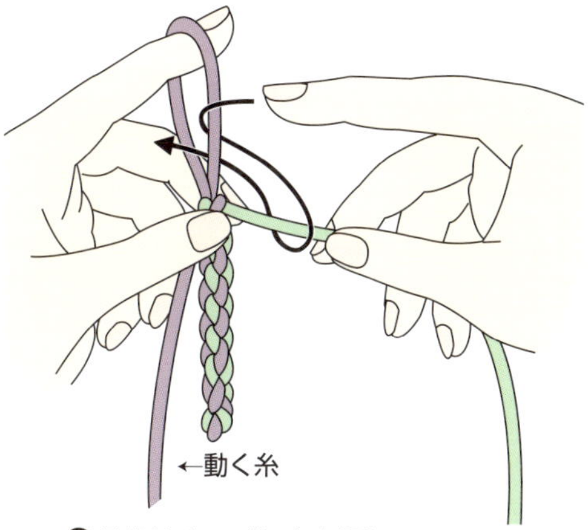
←動く糸

❿最後はループに糸を通して引きしめます。

素材提供
ハマナカ株式会社　http://www.hamanaka.co.jp
京都本社／〒616-8585　京都市右京区花園藪ノ下町2番地の3　TEL.075-463-5151(代表)
東京支店／〒103-0007　東京都中央区日本橋浜町1丁目11番10号　TEL.03-3864-5151(代表)

ハマナカ株式会社　リッチモア営業部　http://www.richmore.jp
京都本社／〒616-8585　京都市右京区花園藪ノ下町2番地の3　TEL.075-463-5151(代表)
東京支店／〒103-0007　東京都中央区日本橋浜町1丁目11番10号　TEL.03-3864-5151(代表)

STAFF
撮影／真木英寿
ブックデザイン／黒柳真美
トレース／コマツ・コージ　二宮知子　日野堅治　藤井千春
編集協力／松本かおる
編集／石原賞子

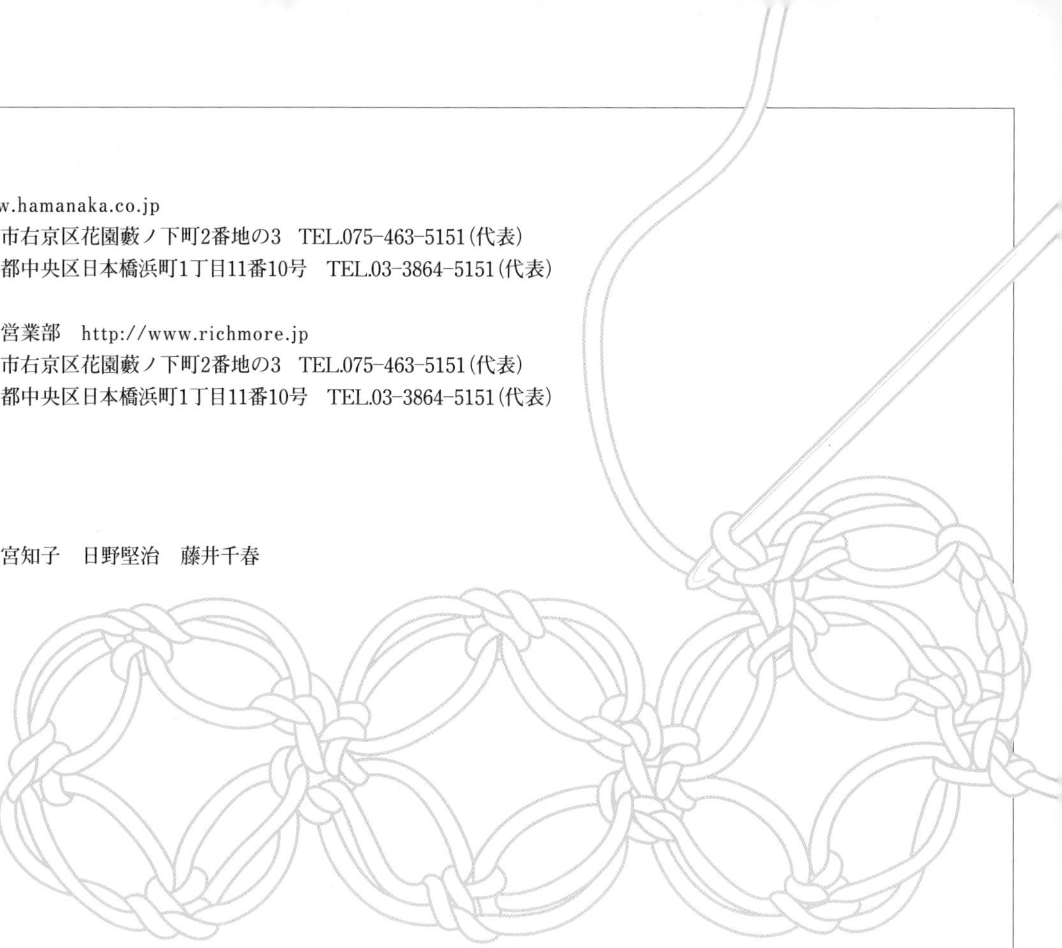

あなたに感謝しております *We are grateful.*

手づくりの大好きなあなたが、
この本をお選びくださいましてありがとうございます。
内容はいかがでしたでしょうか？
本書が少しでもお役に立てば、こんなにうれしいことはありません。
日本ヴォーグ社では、手づくりを愛する方とのおつきあいを大切にし、
ご要望にお応えする商品、サービスの実現を常に目標としています。
小社および出版物について、何かお気付きの点やご意見がございましたら、
何なりとお申し出ください。そういうあなたに私共は常に感謝しております。
株式会社日本ヴォーグ社社長　瀬戸信昭　FAX.03-3383-0602

日本ヴォーグ社の基礎BOOK
ゴールデンシリーズ
編み目記号の本　かぎ針あみ

監修／今泉史子
発行日／2009年3月6日　第1刷
2022年5月2日　第5刷
発行人／瀬戸信昭　　編集人／小林和雄
発行所／株式会社 日本ヴォーグ社
〒164-8705 東京都中野区弥生町5-6-11
TEL 編集／03-3383-0637
出版受注センター／TEL.03-3383-0650
FAX.03-3383-0680
印刷所／大日本印刷株式会社 Printed in Japan
© N.Seto 2009
ISBN 978-4-529-04589-6